ひれふせ、女たち

ミソジニーの論理

ケイト・マン

小川芳範 訳

Down Girl

The Logic of Misogyny

Kate Manne

慶應義塾大学出版会

ひれふせ、女たち——ミソジニーの論理

モーゼは女をかく評しけり。「世のはじめ、神は男の助けとすべく女をつくり給うた」と。まさしくそのとおり。女は男が辛苦して得たものを消尽するのを助けるのだから。モーゼはまたいわく。女は男の肋骨からつくられた。女の御しにくい本性はこれを表わすと。ねじ曲がった肋骨に外の使い途もなし。しかして女は生来のひねくれ。些細なことにて色を作《な》す。

（ジョゼフ・スウェットナム『好色、怠惰、強情、不実な女たちの糾弾』一六一五年）

有罪、有罪、有罪。女性にたいする誹謗中傷のかどで有罪なり。

（作者不明『スウェットナム、女嫌い』一六一八年）

マニンガム氏　見事だ、愛しいベラ。まことに見事だ！　論理学者も顔負けだ。ソクラテスか、J・S・ミルか。君は当代の鋭才として歴史に名を残すことだろう。もっとも歴史が君をすっかり呑み込んで、世の中から連れ去ってしまわなければの話しだが。そんな危険もないわけじゃないだろう。いろんな意味でだよ。［マントルの上にミルクを置く］ところで、領収書が出てこなかったら、私はどうすると君に言ったかな？

マニンガム夫人　［声を詰まらせながら］部屋に鍵を掛けて、私を閉じ込めると仰いましたわ。

（パトリック・ハミルトン『エンジェル通り』（あるいは、「ガス燈」）一九三八年）

目次

第二章　ミソジニーの定義を改良する　88

第三章　性差別主義《セクシズム》と区別する　117

凡例

一、本書は Kate Manne, *Down Girl: The Logic of Misogyny*, Oxford University Press, 2018 の完訳である。訳出にさいしては、ハードカバー版と電子書籍版を使用した。
一、原注は番号を付し、各章末に記した。また、本文中の［　］は原著者による注記である。
一、訳注は、短いものについては〔　〕で本文中に、長いものについては＊付き番号を付し、各章末に記した。訳文をわかりやすくするために、原文にない「　」および（　）を加えた部分がある。
一、原文で書名等以外に用いられたイタリック（主として強調の目的）については、訳文では傍点を付した。
一、引用文の翻訳については、既訳のある文献にかんしては、できるかぎり既訳を利用した。ただし、表記を統一するために、また、前後の文脈の関係で適宜表記を改めた。既訳に大きな変更を加えた場合は、その旨を記した。
一、索引は原著の索引項目にもとづくが、人名索引と事項索引とを分けた。また、原注にのみ出現するものは適宜省略した。

ひれふせ、女たち――ミソジニーの論理

はじめに　道を誤る

草むらの上においてみると、この私の考えはなんと小さく、なんと取るに足らないものに見えたことでしょう。熟練の釣り師だったら、後日もっと育ってから食膳にのせることができるようにと水中に戻してやるような類の魚なのです。（中略）ですが、それはどんなに小さくても、それにもかかわらず、独自の神秘的な性質を持っていました――頭の中に戻されると、それはたちどころに刺激的で重要なものになったのです。そして突進したり沈んだり、あちらこちらに行ったりする毎に、さまざまな思いのうねりや渦を惹き起こすので、じっと坐っていることができなくなりました。私が猛烈な勢いで芝生の区画を横切っていたのは、こういう次第だったのです。たちどころに一人の男が姿を現わし、私を阻止しました。最初、モーニング・コートと礼装用シャツを着けた奇妙な装いの人物の興奮した身振りが、私に向けられたものであるとは思いませんでした。彼の顔には嫌悪と憤激がありありと浮かんでいます。この時、理性ではなく本能が私を助けてくれました。彼は大学の祭式係で、私は女性である、ここは芝生であり。小道は向こうにあるのだ。特別研究員たちだけがここに立ち入ることを許されているのであり、私が歩くのはあの砂利道なのだ。こういった考えが一瞬の中にひらめいたのです。

（ヴァージニア・ウルフ『自分だけの部屋』）

「いつ女は人間になれるのだろうか？　一体いつになったら？」フェミニストとして知られる法学者キャサリン・マッキノンは一九九九年に書かれたエッセイの中でそう問いかけた。[1] 同様の問いは、女性の性的モノ化をめぐってマーサ・ヌスバウム（Nussbaum 1995; 2001）やレイ・ラングトン（Langton 2009）ら哲学者によって、また、ミソジニー的な脅迫や暴力をめぐって、とりわけアーサー・チュウ（Chu 2014）やリンディ・ウエスト（West 2015）のような人気作家によっても提起されてきた。この問いはまた、性的暴行、ストーカー行為、パートナー間暴力、そしてある種の殺人にかんしても口の端に上る。これらは（つねにではないにせよ）一般的に、男性ではなく女性が被害者であるような犯罪、そして、ほとんどもっぱらと言ってよいほど、女性ではなく男性が加害者であるような犯罪である。[2]

なぜこうしたパターンがしつこく続くのだろう。しかも、今日のアメリカやイギリス、オーストラリアなど、ポスト家父長制社会を自称する国々においてさえそうなのだ。[3] 本書が考察することになる他の多くの種類のミソジニー——捉えがたいほど微妙なものから臆面のないものまで、慢性かつ累積的なものから急性かつ激情的なものまで、そして、集団的（ないし「ギャング」的）な行為によるものや、まったく構造的な仕組みによるものから、一個人の行為によるものまで——についても、まったく同じことを問うことができる。人気司会者ジョン・オリバー［イギリス出身のコメディアン、俳優。政治風刺バラエティ番組のレポーター役で人気を博した］の決め台詞を借りるならば、なぜミソジニーはいまだに「例のあれ」なのだろうか。

これらの地域では、フェミニズム運動、文化的変革、法改正（たとえば、性差別を禁ずる法律の制定）、制度的政策における変化（たとえば、積極的優遇措置《アファーマティヴ・アクション》を挙げられるだろうが、アメリカで恩恵を受けているのは主に白人女性である）を受けて、ジェンダー間の平等が大きく進歩してきたことは疑う余地がない。にもかかわらず、本書において明らかとなるように、ミソジニーは現在もれっきとして存在する。

現在も消え去らない問題群——それどころか、なかには増加傾向にあるとされる問題もある——が提起する問いの数々は、争点も多く、どう考えたらよいのか見当もつかないが、それでいて喫緊のものばかりである。とすると、ここで重要な役割を果たすのは道徳哲学ではなかろうか、私にはそう思われる。もちろん、ミソジニーというこの現象について十全な理解を得るためには、最終的には、大勢の理論家が必要になるだろうが。私は本書が、ミソジニーの一般的論理とそれが発動されるさいの動力学《ダイナミクス》という二つの意味において、ミソジニーの本質（nature）を理解する一助となることを望む。ミソジニーは、非対称な道徳的援助の役割を使って、男性が女性を利用することにかかわる。（ここでの私の考察は、先述した文化的脈絡に限定されるが、一般化もしくは修正されて、特定文脈を超えて適用されることを大いに期待する。）

では、「道徳的援助関係」とはどんなものだろうか。これを理解するには、まずは、最も特権的な立場を占める男性――たとえば、白人、異性愛《ヘテロ》（もしくは「ストレート」）、トランスジェンダーでないシスジェンダー（生まれたときに割りあてられた性別に違和感のない人）であり、中流階級に属し、障害をもたない健常者男性――について考えてみるとよい。こうした人たちは、彼らほど恵まれた境遇にない人たちと比べて、自らの行動にかんして、社会的、道徳的、法的制約を受けにくい。その場合、多様な女性たちからなるある集合を想定できるのだが、彼女たちは、こうした男性のために、養育、慰安、世話と、性・感情・生殖にかかわる労働をこなすものだとされており、彼らには彼女たちを当てにする権利があると、暗黙裡に見なされている。言い換えれば、彼女たちは、そうした目的のためにかつて彼らに仕えたかもしれない、あるいは、今後そのために駆り出されるかもしれない女性の「型《タイプ》」を代表すると言ってもよい。

もちろん、この種の意味合いで女性に依存することについて暗黙の社会的承認があるからといって、じっさいにこうした男性がそれを望むとはかぎらないし、もしくは、そう望んだとしても、女性に依存すること（そして、それによって、この可能性を利用すること）に成功するともかぎらない。同様に、たとえ、行動にかんする外部からの制約が、自分ほど恵まれてはいない人たちの場合と比べて少ないにせよ、この種の規範について、こうした男性はそれに従うことが道徳原理もしくは良心の問題であると考えて、そうするかもしれない。しかし、そうでない場合、行動制約が少なく、女性を利用する権利らしきものが存在するということは、こうした男性が自らの社交圏内の女性を見たり、彼女たちとかかわったりする仕方に影響を及ぼすことになるだろう。具体的には、女というのは、自分や自分の仲間にたいして、先述したような、際だって人間的なサービスや能力の数々を提供する義務を負っている（だが、その逆は成り立たない）と考えるようになるのである。

　こうした非対称な道徳的援助関係は、それぞれに多様なかたちで具現化されうる。たとえば、親密で比較的安定した社会的役割においては、母、恋人、妻、娘などとして。あるいは、これらの関係は職場において現実化され、男性をサービスの享受者として位置づけるかもしれないし、少女や成年女性との行きずりの接触においてその姿を現すかもしれない。男性はさまざまな手段によって女性の気を引こうと試みるかもしれない。SNS上での軽い冷やかし、挑発的なメッセージの故意の発信、そしてマンスプレイニング[*1]にいたるまで。

　私の考えでは、（私の生活する環境における）ミソジニーの大部分――すべてと言うほどではないにせよ――は、女性に課されたこれらの社会的役割が遵守されることを監視し、道徳的財や道徳的資源を女性から引き出すことを、そして、務めを無視したり、怠ったり、裏切る者にたいして異議を申し立てることを、その機能とする。その他――これまた、すべてと言うほどではないにせよ――の形態のミソジニー、たとえば女性著名人に向けられるそれは、そうした原型的ミソジニーからの派生であると言って構わないだろう。それが映し出すのはある種の剝奪の心性、すなわち、惜しみなく与え、ケアし、愛し、気を配ってくれる者としての女性を奪われ、代わりに権力欲が強く、思いやりのない、支配的な存在をそこに見る者の心的態度である。それは衆人から道徳的承認を与えられるような身分にたいする嫉妬の入り交じった感情、そして歴史的にそれを享受してきた男たちへの敬服をそのうちに含む。こうした地位を得ようと競争に参入する女性は、少なくとも三つの点で道徳的に疑わしい存在であると見られる。第一に、思いやりに欠け、自分の周囲の、か弱い者たちにたいする気遣い〔本書では「attention」つまり、「注意」の概念が重要な役割を果たすが、訳語には文脈に応じて「注意」、「気遣い」などをあてる〕が不十分である点。第二に、自身にそれを得る資格がないような権力を獲得しようとこっそり企んでいる点。そして、第三に、上記二つの違反にかんがみて、道徳的信頼に値しない人物である点。

女性にたいするそうした見方は誤りであるし有害でもあるが、多くの点で理解可能でもある。というのも、従来の不平等なジェンダー間契約の観点からすると、まさにこのとおりだからである。まさしく、こうした女性は道徳的に誤った側に立っている。すなわち、誤った道徳規準（彼の道徳規準）に照らしてみるとそうなるのである。そうした道徳規準は、特権的立場を占める有力な男性が道徳的失墜の憂き目に合わないよう守るために機能する。それはまた、罪の宣告がもたらす損害と面目の喪失だけでなく、道徳的非難によって生じる社会的、法的損失からも彼を守る。さらには、こうした男性は善良、公正、かつ、真理の人である、そんなデフォルトの前提の下に、彼が意見を形成し、主張を行なうことを、それは可能とする。そして、彼にたいする道徳的な義務を負わされる女性の側は異議を申し立てることを許されない。

その結果として、多くの（こうした男性ほど恵まれていない）人たち――ミソジニーの標的とされる女性は彼らにたいしてより多くを負っているかもしれないし、恵まれた男性よりもそうした人たちの言葉に重きを置くべきなのであるが――にとって、彼女は道徳的にはまるで信頼できない存在であるかもしれない。そして、このことは、彼女ほど恵まれていない、より脆弱な状況にある少女や成年女性たちについてはさらに有害な影響をもたらす。

私の知るかぎり、本書は、フェミニズム分析哲学の伝統において、ミソジニーを扱った、あるいは少なくともそうした題名の下に書かれた最初の専門書である。しかしながら、ミソジニーおよびそれに関連する諸概念の中核的な現象、たとえば、性的モノ化（sexual objectification）、性暴力、ジェンダーへの誹謗・中傷、性差別《セクシズム》、抑圧などについては、これまでに他の哲学者（フェミニズム系であるかどうかを問わず）による多くの解明の試みがあったことが強調されなくてはならない。[4] したがって、私がここで描こうとする描像は、他の理論家たちによって見事に示された点《ドット》の数々を線で結ぶ作業をしばしばともなうだろう。別の場合には、他人の描いた描像を背景として、その上に刺繍をする、もしくは、それらを私自身の目的のために、――たんなる模倣になっていないとよいのだが――私の描像の中へと取り込むことになるだろう。また、ときには、メタ倫理と呼ばれる哲学の領域における、道徳的思考の本性と道徳の社会的基盤についての私のこれまでの仕事を取り上げることにもなるだろう。

私が属するような環境においては、そこで比較的恵まれた立場にある、たとえば私のような女性にとって、その人間性は一般的に十全に認められている、これが本書における私の論点である。[*2] しかも、それはかなり以前からそうであったのではないかと思われる。[5] このことは次の事実に反映されている。すなわち、ミソジニーは、イギリスの哲学者P・F・ストローソンが呼ぶところの「反応的態度」——怒り、責め、憤り、非難、（そしてその一人称的な類似物としての）罪、恥、責任の意識、さらには、何か非難に値すると思われているときに、進んで罰を受けようという気持ち——をともなう。そうした二人称的および三人称的反応は、少なくともその第一義的な意味では、自分たちと「同じ人間（fellow human beings）」[*3] と認知されているような他者と自分たちとの関係に限定されるべきであると考えられている。[6] さらに言うならば、私たちがこうした、道徳的価値観を担った（morally laden）、広い意味で司法的または法的な反応を向けるのは、道理をわきまえた、分別のある成年と想定される相手、その行動にかんして抗議したいというような気になる、そして抗議することができるような相手に限定される。ストローソンによれば、これにたいして、幼い子どもや極度の酩酊状態にある人、精神的に錯乱状態にある人、一時的にではあれ「我を忘れた」ような状態にある人などにたいしては、私たちは客体にたいして取るような態度を取る。「客体への態度（objective stance）」を向ける人については、私たちはむしろその人を管理するか、治療するか、教育するか、それとも単純に避けようとするかもしれない。また、その気になればそうすることもできるが、個人間の関係をもたないことを選びたくなるような人にたいして、その人との「関わりに付随する精神的負担」から「逃れよう」として、客体にたいするような態度を取るかもしれない（[1962] 2008, 10, 13, 18; 邦訳四一、四四、四八頁）。さまざまな可能性がありうるだろうが、もう疲れ切ってしまった、どうも気乗りがしない、圧倒されてしまったといった理由から、こうした場合には相手にかかわることができないということなのかもしれない。

反応的態度についてのストローソンの考察は秀逸かつ斬新であり、それ以降の道徳哲学の議論をきわめて実のあるものとしてきた。けれども、ストローソンの関心範囲の狭さは、二〇世紀中盤のオックスフォードの学監《ドン》に典型的なそれであり（というのも、彼はまさにその一人であった）、彼の考察は、怒りと責めについての私たちの実践、不承認もしくは狼狽の表現、（それらの相当物であり、肯定的価値を付与された）許し、賞賛、そして承認もしくは感謝の表現などにそなわる有益な側面に限られていた。

また、ストローソンは、議論を進めるために使うミニドラマを、登場人物の一方の側からしか見ず、したがって当然ながら主人公の側からしか考察しない。主人公は、怒りを表出することを欲し、何らかの釈明もしくは謝罪を予期するか希望する側の男性である。ストローソンの論文の冒頭の例はその典型である。そこでは、ある女性がある男性の手を踏みつけてしまうのだが、彼は、それが彼女の故意による行為ではなく、彼女が彼に抱く感情は善意にほかならないこと、つまりそれは偶発事故であるということを納得できなければ、彼女にたいして怒りを覚えるだろうというのである。この例は期せずして、本書の文脈にとって示唆に富む。

あなたがこのストーリーの女性側だったらどうだろう。男性の手、もしくは、つま先を踏みつけたのがあなたの側だったらどうだろう。それとも、ヴァージニア・ウルフの『自分だけの部屋』（一九二九年）の冒頭の場面を思い出してみてもよい。立ち入り禁止の区画、「彼」の領分に無断で足を踏み入れた（とされる）のがあなただったらどうだろう。あなたには柔らかな草むらは許されていない。冴えない、足元の不安定な砂利道に留まらなくてはならない。もしも彼が誤解してそう考えているとしたらどうだろう。自分の所有物、もしくは、他者の財産として保護されるものについての彼の感覚が極度に敏感で、公正を欠き、まるで歴史の残滓にすぎないようなものだとしたら、どうだろう。

あなたの「不法侵入」にたいする彼の反応がまったく理に適わないものだとしたらどうだろう。不法侵入にたいしては法に訴えるか、さもなくば、今日でもときどき目にするが、銃の力に訴えると、標識を建てて彼が掲示したらどうだろう。

ストローソンの例の「主人公」、つまり、あなたの無断立ち入りに腹を立てている人物は、あなたが規範を守らなかったこと、もしくは、割り当てられた役割を果たさなかったことで、心からの驚きと苦痛を経験するかもしれない。長い習慣によって、あなたのような立場にある人からの服従、あるいは行為の遂行を当然のごとくに期待していたのかもしれない。あなた自身、彼のそうした期待に応えるべく、これまで従順に行動してきたのかもしれない。だから、あなたがそれを止めれば、彼が立腹するのは当然のことだ。あたかもあなたが過ちを犯しかのごとく彼は反応する。なぜなら、彼の視点からは、あなたはまさに誤っているのである。あなたは踏み「誤まり」、踏み「外して」いる。逸脱し、彼にたいして不正を犯しているのである。

何かしらの不公正かつ不相応な特権に浴する者の多くは、こうした過ちを犯しやすい。特権というのは、それに浴する者にたいして、自らの「縄張り」について（認識においても、道徳においても）誤った考えを与えやすい。たとえば、白人女性が黒人女性にたいして抱く、語ることをめぐっての、もしくは、道徳上のスポットライトを浴びることをめぐっての優越意識は、（白人）フェミニズムの内部では深刻な問題である。

オックスブリッジで芝生に足を踏み入れたとき、ヴァージニア・ウルフは祭式係によって怒りをもって追い払われた。彼女は図書館への小道を見つけたものの、図書館に留まることは許されなかった。大学の特別研究員《フェロー》からの紹介状または同伴が必要だったのである。そうした規則は今日では廃止され、ジェンダーにかかわらず利用が認められている。だが、かつては男性の占有領域だった場所に女性が足を踏み入れること（もしくは、時代遅れの、公平さを欠く規則を破ること）にかんして、怒りや憤りをもって反応する人も依然として存在する。こうした反応それ自体は、それを引き起こしている原因が何であるかを詳らかにしないかもしれないし、たいていはしない。（この場合は、彼女が伝統的に禁止されているような意味で道を外れる、もしくは分をわきまえないような女性であることが、その原因である。）だから、それは後付けの解釈（post hoc rationalization）を受けやすい。よく考えると、あの女はなんとなく怪しいかんじがした。人に危害を加えそうな気配があった。冷たくて、よそよそしい、横柄なかんじがした。さもなければ、厚かましそうで、自分の邪魔になる人間は容赦なく突き飛ばすようなそんな女に見えた、など。

だから、おそらく祭式係はわがままな女たちに、それまでどおり疑いの目を向けるのを止めてはいなかっただろうし、決められた道を外れた者の姿を見つければやはり腹を立てるだろう。彼は的外れの理由に飛びついたり、誰にでもあるようなほんのわずかな過失をひきあいに出して、彼女にたいする自らの怒りを正当化しようとするだろう。彼には、彼女にたいする自らの反感の原因が何であるのか、ほとんど見当もつかないかもしれない。祭式係夫人も夫のこの道徳的判断に完全に賛同するかもしれない。後で見るように、夫人にはそれ以外にえらべる選択肢はほとんど、あるいは一つもないのかもしれない。

そこであなたは祭式係夫妻を説得しはじめることになる。いまはもうそんなものを信じてはいないと彼ら自身が主張しようとも、彼らの怒りは、心の奥深くへと内在化された、道徳的根拠を欠く古い社会規範を反映するものなのだ、と。だが、あなたが議論を進めるにつれ、夫は怒りに体をこわばらせ、妻は不満そうに首を横に振るだろう。その顔には苛立ちを超えて嫌悪の表情さえ浮かんでいるかもしれない。そして、あなたは自分がとんでもない罠に落ちたことに気づく。あなたのような女性（私もその一人だろう）は、道徳的権威（この場合、取るに足らないようなものだが）をともなう地位にある男性にたいして、ある種の善意を示すことを期待されている。同胞である人間からそれを受け取ることがきわめて重要だと、ストローソンが言うような種類の善意である。しかし、ストローソンが「同じ人間」とか「人」と言うとき、その場合に求められる善意と善意への欲求が、（数ある支配と不利益のシステムの中でもとくに）ジェンダーにどれほど左右されているかという事実を覆い隠す。

たとえば、道徳的援助にかんして男性と非対称な関係に置かれる女性は、男性にたいして、道徳的気遣い、共感、関心とともに、道徳的尊敬、承認、敬服、服従、感謝を示すことを歴史的に求められてきた。女性がお仕着せの殻を破って、道徳的批判もしくは非難を男性に向けようとすれば、女性は男性にたいして、男性が女性から受け取ることに慣れ親しんできた善意を、男性に与えないということになる。男性のほうは、自己および自己価値についての薄弱な感覚を維持するために、ある意味において女性のこの善意に頼ってさえいたかもしれない。とすると、女性からの怒りや非難は、男性には裏切り、それとも、自分とのあいだに結ばれている適正な道徳的関係の破棄のように感じられるかもしれないし、その結果として、男性は報復、復讐、処罰を求めるかもしれない。そして、彼の側に立つ人――祭式係夫人はその一人だろうが、その範囲はそれよりもはるかに広い――の目には、祭式係にたいする道徳的批判は逸脱行為か厚かましい嘘と映るだろう。道徳上、彼を批判する者は信頼されないのである。

したがって、ミソジニーは自己隠蔽的（self-masking）な現象である。人の注意をそれに向けようとすると、かえって問題の現象を増幅させることになりやすい。これはどうにもならない逆説的な状況を生み出すことになる。しかし、私の見るところ、迂回路は存在しない。

この点からさらに明らかになるのは、女性を人間として認知しないことがかならずしもミソジニーを生み出すわけではないし、しばしば両者は無関係であるということである。というのも、ミソジニーは、女性が自分と同じ人間であるという意識を前提するような仕方で女性を標的にするかもしれないからである。そこで、鍵となる問いは、女性が人間であるか否かということから、人間的「存在」であるかどうかに移ることとなる。女性にたいしてさまざまな道徳的援助、尊敬、気遣いなどを求める支配的な男性にとって、女性はたんに人間的存在（*beings*）なのではなく、人間的与える者（*givers*）と位置づけられるかもしれない。女性は男性がそうあるように、そうあることを許されない。女性は十分に与えることをしない場合、困難に陥ることになりやすい。そして、この点で過失を犯すか、いて、正しい人たちにたいして与えない場合、もしくは、正しい方法で、正しい精神にお自分のために男性と同じような援助や気遣いを求めるならば、ミソジニー的な怒り、処罰、憤りを誘発する危険がある。

だから、女性の人間性を認知するというだけでは、道徳的自由のためにはまだ不十分なのである。また、女性が抱く義務意識は過剰になりがちな一方で、他の多くの点では不足しがちである。

こうして考えると、本書執筆は、偽りの義務の数々についての意識から自らを解放し、真の義務を一つずつ拾い集め、それに応えるための長い試みであった。私はまた、道徳的権威者と思しき（そして、ときには、そのようにでっちあげられた）人物と意見の不一致が生じた場合に覚えがちな偽りの罪や恥の意識を克服したいと思った。一見権威的な主張でありながら、よく考えてみれば、根拠を欠く、ひょっとすると有害であるような主張に抗さざるをえないときに、私は、とりわけある種の道徳的困惑――それはミルグラム実験（一九七四年）〔閉鎖的な状況下で権威者の指示に盲目的にしたがう人間の心理状況を明らかにした有名な実験〕被験者の心持ちを想起させる――を覚えることが多かった。

本書の論述はアイラ・ヴィスタ事件の考察から開始されるが、この事件で標的とされ、殺害された女性たちの視点から事件を見るとき、私は道徳的困惑を覚えた。それだけでなく、そもそも事件について述べ立てること自体に困惑を覚えた。女性被害者にかんして、距離を置いて冷ややかな目を向けるべきなのだろうか。じっさいのところ、私は、彼女たちや同じような理由で日々命を落としているアメリカ全土の他の女性たちを思い、道徳的な恐怖と悲しみで気持ちを高ぶらせているにもかかわらず。むしろ純粋に構造的なミソジニーの事例、さもなければ、より「巧妙」な、もしくは慢性的で累積的な種類のミソジニーに目を向けるべきではなかろうかといったプレッシャーを感じた。

たしかに、これらはすべて探究されるべき重要な現象なので、本書においても取り上げることとなるだろう。けれども、レンズを変えて焦点の範囲を広げるどころか、考察対象に背を向けるという、私の当初の反射的衝動に疑いの念を抱くようになった。この衝動は私の思考に悪影響を及ぼしているのではなかろうか。ある種の知的卑怯さを反映しているのではなかろうか。そんな懸念が湧いてきたのである。フェミニズム哲学が焦点を合わせるべきなのは、男性優位、家父長制、有毒な男性性、そして、ミソジニーだけでないのは言うまでもない。それでもやはり、ミソジニーを主題とする哲学書の執筆といった企ては時代後れだという意見をもつ人も学界の権威を呼ばれる人のなかにはいることであるし、私が本書の企画に着手した二〇一四年五月の時点において、ミソジニーそれ自体を扱ったものは、書籍はおろか、雑誌論文一本さえ存在しなかったという事実によって、すでにその可能性を消し去られているように思われた。しかしながら、どちらかといえば古風で、時流から外れた性格をもつこの仕事にも価値はあるし、また、議論はあるだろうが、平易な言葉で書かれたら、そうした仕事はもっと必要とされるだろうと考える。私のこの考えは、二〇一六年のアメリカ合衆国大統領選挙戦の期間中に、その正当性を増し、それに続く、ドナルド・トランプの勝利という結果によってさらに強められた。有毒な男性性やミソジニーはすでに過去の遺物だというのは、とんでもない誤りであり、こうした現象について明瞭さを得られれば得られるほどよいと私は思う。私たちは、政治的言説のその他の分野とはまったく異なる語り方で、フェミニズムの「波（waves）」[*4]ということについて語るように思う。それはなぜだろうか。まるでフェミニズムの思考には、修正、追加、新たな討議のための新たな中心ではなく、滅びいくことがそもそも組み込まれていたり、想定されているかのようではないだろうか。

この点を必要以上に論じるのは、私たちは、自らの行動と思考の多くにおいて、自らの意識の閾を、もしくは自らの回復の能力さえはるかに超えた、そしてときには自らが信奉する道徳的信念や政治的信条に著しく反する、そんな社会的力を媒介し、それを実行に移してしまう傾向があるように思われるからである。自らの文化の中でいまも作動しつづける家父長制的力の姿を直視することなく、むしろ、後付け的な説明に依拠して了解してしまうという危険性を、私たちは有している。その一方で、家父長制的力のほうはと言えば、私たちが手をこまねいているのをよいことに、私たちをあざ笑うように、その力を結集し、さらに強めているのである。陰鬱な気分のときには、パーティ用の三角帽子を被って乱痴気騒ぎをする「奴ら」の姿が私には目に浮かぶ。

ミソジニー的行動にたいする非難と責任から個々の行為者を免責してしまうというリスクも存在する。序論で触れるように、非難には限度があると私は考える。だが、個人の行為を手厳しく糾弾するような真似はすべきでないというのであれば、その結果が行為者への政治的配慮や、ひょっとすると体裁への配慮によってさえ曇らされるだろうことは、想像にかたくない。ある意味で、そのほうが物事は容易に進むだろうし、不安をかき立てるようなこともないだろう。しかし、そんなことでは腑に落ちない。だから、本書では、たっぷりと時間をかけて、行為者が社会制度を背景に、またはそれに助けられるかたちで、ミソジニー的な社会的力を伝達したり、広めたりすることについて考察することにする。

本書ではおしなべて、何かしっくりとこない場、しっくりとこないやり方、しっくりとこない時流、しっくりとこない風潮について、じっくりと、ぎこちなく、ときには気の進まないような角度から、そしてしばしば痛みをもって、検討しようと努めた。自分の目の前にありながら、その存在に気づいていないような何か、私たちにとって当たり前の道徳的そして感情的支柱によって見えにくくされている何か、そんな中に検討に値するものがあるのではないか、そう考えてのことである。何も見つからないこともあった。本当はあったのだとすれば、私が拾い損ねたのであろう。それらはとうとう本書に含まれることはなかった。しかし、当初想像していたよりも多くのことをたった一つの事例から学ぶこともあった。モチーフ、主題、そしてパターンがそこから浮かび上がり、そこに通底する統一性が私を驚かせた。これまでにない、新たな、実りの多い探究の芽が萌したのだ。だから、最終的には、現場から目を背けるという反射的衝動に従わないという決断を信じてよかったと思う。ことミソジニーにかんしては、私は道を外れようと試みた。

多くの人たちからの知的、道徳的サポートなしには、私がこの（曲がりくねった）道に留まり、本書の著述を継続することはできなかっただろう。まず初めに思い浮かぶのは、私の両親ロバートとアン、そして妹のルーシーである。地球半周分も離れて暮らす家族一人ひとりのことを思わない日はない。道徳上の深刻な会話の最中、社会や政治で出くわす馬鹿馬鹿しさを大声で笑い飛ばすような、そんな家庭に育ったことをありがたく思う。次に、かつての指導教官や現在のメンター、そしてその他の多くの友人や同僚、とくに（そして順不同に）、サリー・ハスランガー、レイ・ラングトン、リチャード・ホルトン、ジュリア・マルコヴィッツ、マット・デズモンド、モーラ・スマイス、ジェイソン・スタンリー、アマルティア・セン、スザンナ・シーガル、ナンシー・バウアー、スーザン・ブライソン、ミシェル・コシュ、ハナ・ターニー、ウィル・スター、サラ・マレー、タッド・ブレナン、ダーク・ペレブーム、ジョシュア・コーエンは本書に結実することとなったアイデアの数々を考え抜き、改善するのを手伝ってくれた。彼らに心から感謝したい。次に、有益なコメントをくれた以下の人たちに感謝を捧げる。キャスリン・ポギン（二〇一六年一月、イェール大学での学会の席上）、デイヴィッド・シュローブ（二〇一七年二月、カリフォルニア大学バークレー校での発表において）。そして、イマニ・ペリー、アンバー・アリー・フロスト、スーザン・J・ブライソン、クリスティナ・ホフ・ソマーズ、ダグ・ヘンウッド、タリ・メンデルバーグ、ヴィヴィアン・ゴーニックは、二〇一六年七月発刊の『ボストン・レヴュー』誌に巻頭論文として掲載された拙稿「ミソジニーの論理」（Manne 2016d）に寛大なコメントを寄せてくれた。

　学生たちからの貴重な手助けにも大いに感謝している。とくに、二〇一七年春学期の大学院セミナーにおいて、草稿段階の本書をともに読み、すばらしい洞察を与えてくれた学生たち。ビアンカ・タカオカ、エン・ティン・リー、アドナン・ムッタリブ、エイミー・ラミレス、ベンジャミン・サレス、エリン・ガーバー、エリザベス・サウスゲイト、キテリー・ゴノー、アレグザンダー・ボグリン、エマ・ロジバル。本書にかかわるトピックについて発表を行なった以下の諸機関での聴講者。ハーヴァード大学、プリンストン大学、カリフォルニア大学バークレー校、ウィスコンシン－マディソン大学、ピッツバーグ大学、コーネル大学、ノースカロライナ大学チャペルヒル校、デューク大学、クイーンズ大学、キングズ・カレッジ・ロンドン、コネティカット大学（哲学科教員「不正義リーグ」運営による「支配するスピーチ」についての学会）、および、キム・マローンがホストを務めた、シリコンバレーでの『ボストン・レヴュー』誌のイベント。これらの実り多い訪問のさいに提起された鋭い質問や興味深い例の数々によって、私の思索は影響を受け、よりよい方向へと進んだ。同じことは電子メール上の寛大な文通者、そして、私がより広範な読者に向けて書き始めた二〇一四年一〇月以来、関連する題材について一緒に取り組んできた編集者たちにも言える。[7] お世話になった人々のリストを作り始めたのだが、それはあっという間に気恥ずかしくなるほど長大になった一方で私の記憶の欠落ゆえに過小包摂となる恐れもあった。加えて、私の大切なフェイスブック上の友人たちも忘れてはならない。世界中の優しくて優秀な人々からなるコミュニティをラップトップ上に持っていられるのは、なんと幸運なことだろうと思う。彼らの多くが、卵から孵《かえ》ったばかりのアイデアの数々を育んでいく上で大きな助けとなってくれた。全体として、私は本書の執筆にさいして多くの人たちから受けた支援と助けに、彼らの洞察の数々を取り入れる私のやり方はあるいは不適切であったかもしれないが、とても感謝している。私はまた、ジニー・フェイバーとジュリア・ターナーによる入念で明敏な原稿整理と編集の技術に大いに感銘を受け、また感謝している。ターナーは本書の制作過程を見事に管理してくれた。

最後に、とくに二人の人物に感謝の意を表したい。彼らの存在なくして、本書は——欠陥や欠点があるにせよ——こうしたかたちで出版に漕ぎつけることはできなかっただろう。彼らはそれぞれ草稿段階から、本書のすべての部分について、いくつものバージョンに注意深く、ときには幾度も、そして、本書の一部となりえなかった断片の数々も含めて、目を通してくれた。まず一人は本書の編集者であるピーター・オーリンである。彼は執筆のすべての段階で私を勇気づけてくれた。彼以上に著者の支えとなり、しかも忍耐強く、マンスプレイニングの片鱗すらなしに編集上のアドバイスを提供してくれる編集者を私は想像することさえできない。彼の冷静な監督と適切な判断によって本書は計り知れないほどの恩恵を受けた。

そして誰よりも、私の夫であり、一〇年以上に及ぶパートナー、そして、毛皮を纏《まと》った子どもたち——コーギー犬パンコとそのきょうだい猫アメリアといまは亡きフレディ（安らかに眠れ）——の共同養育者であるダニエル・マンに心から感謝する。家庭生活における光、笑い、愛、そして、実践面、感情面そして知的な面におけるダニエルの絶えざるサポートなくして、こんなに暗く、気を滅入らせるテーマと取り組みつづけることは私にはとても不可能だっただろう。そして、ここに記された私の考えの数々（繰り返しになるが、限界もあり、たかだかこの程度でしかないのはもちろん私一人が責を負うものである）は、彼とのジャムセッションなくして、かたちを成すことはなかっただろう。また、以下で取り上げるいくつかのケーススタディーに私の目を向けさせ、実例によって私に着想を与えてくれたのは、まさにダニエルだった。彼は、弁護士としてＤＶ（ドメスティック・バイオレンス）被害者の弁護のためにプロボノ〔法律相談と弁護のボランティア活動〕を行ない、ハーヴァード大学ロースクールでパートナー間暴力についてダイアン・Ｌ・ローゼンフェルド教授と共同で研究を進めている。最後に、ダニエルは彼らしい才気煥発さで、「ヒムパシー（himpathy）」という語を思いついてくれた。

私は本書を深い愛と感謝をもって——とりわけ、言葉を見つける手助けと、私にそれらを使いたい気を起こさせてくれたことについて——ダニエルに献げる。

原注

（1）（MacKinnon 2006）に再録。引用部分は同エッセイの最終行から（43）。

（2）子ども全般と、女性もしくは男性のどちらにも分類されないノンバイナリージェンダーの成人はさしあたり考慮外とする。こうした人たちにたいする（酷い）待遇にかんして重要な問題が存在しないからではなく、私の目下の目的とは次元を異にするような、問題の複雑化をそれはもたらすからである。

（3）これらの国々の社会が本書における私の関心の第一義的な焦点となるだろう。それは部分的には、それらの国々こそが、ミソジニーという現象がしばしば否認される、さもなければ、不可解であると見なされる文脈《コンテクスト》であるからという理由による。また、私は広く世に流通する文化的ナラティヴおよびパターン認識に関心をもっており、これらの国々こそが私が内部者知識と呼べるものを有する文脈でもあるからである。

（4）これらの主題にかんする豊富なフェミニズム文献から、ごく一部の例を以下に挙げるが、まったく網羅的なものではない。性的暴行については、Cudd 1990, Brison 2002; 2006; 2008; 2014。有色人種の女性にたいする暴力および交差性の概念については、Crenshaw 1991; 1993; 1997; 2012。性的モノ化および口封じ的、隷属化する言説については、Langton 2009, Maitra 2009, Maitra and McGowan 2010, Bauer 2015。認知的抑圧および不正義については、Dotson 2011; 2012; 2014, Fricker 2007。暴力と抑圧を可能ならしめる言説的実践については、Tirrell 2012, Kukla 2014。ジェンダーにまつわる中傷については、Ashwell 2016。抑圧、性差別、特権についての古典的著作であり、パトリシア・ヒル・コリンズの「支配するイメージ（controlling images）」の概念について論じたものとして、Frye 1983, McIntosh 1998, Hill Collins (1990) 2000 をそれぞれ参照のこと。繰り返しになるが、ここに挙げたのは、ミソジニーと密接に——そして、きわめて明らかに——関連する概念および現象の数々を取り扱う労作のうちのほんの一握りにすぎないことを強調しておく。もちろん、本書の考察を進めながら、適宜、関連する参考文献を挙げていく。また、本書の執筆にあたって私に知識とインスピレーションを与えてくれた、多くのフェミニズム研究者および批判的人種理論研究者の著作については、巻末の参考文献一覧も参照のこと。

(5) ただし、私は以下の可能性を保留する。すなわち、たとえば、複合的に交差し合う抑圧システム、そして、貧困やホームレス状態などの物質的状況をともなうような、さまざまに異なる社会的地位を占める少女や成年女性が、人間性の剥奪（dehumanization）と理解するしかないような不正義に直面するかもしれないという可能性である。ミソジニーとの関連で、それに答えるには私は適任でないと感じるような問題が多くあるが、これはそのうちの一つである。けれども、本書において展開する、ミソジニーを理論化するための一般的枠組み（そして、実質的内容にたいする、その「論理」）が、異なる声の数々、また、それらの問いに答えることができる他の研究者たちのために、道を開くことを私は願う。もちろん、私はそれらの問いが、私が本書で光を当てようとする問いの数々と比較して喫緊でないなどとは思わないし、じっさい、事態はまったく反対であることも多々ある。しかし、この後、序論で論じるように、両者は分かちがたく結びついてもいると思う。

(6) こうした反応がそう限定されるべきであるかどうかというのは、擬人化の適否はさておき、また別問題ではあるが、ここではそれが妥当だろうと思われる。ただし、たとえば、ペットのコーギー犬がリスに向かって突進していったまま、いくら呼んでも戻ってこない場合に、コーギーの安否を心配しながら、飼い主は正確にはどんな気持ちを抱くことになるか、それを考えてみるのは興味深いことであるだろう。「道徳的落胆」というのは、いくらか奇妙な記述かもしれないが、私が考えるに、そのあたりが、文献で理論化されている、こうしたまったく処罰的でない、それでいて規範的に価値づけされた驚きに最も近いのではないかと思う。これについては、Fricker 2007, 第四章第二節を参照のこと。

(7) これらのいくつかは『ニューヨーク・タイムズ』（第五章の一部）、『ボストン・レヴュー』（第三章の一部）、『ハフィントンポスト』（第四、六、八章の一部）、そして『ソーシャル・セオリー・アンド・プラクティス』（第五章は同誌に発表された拙稿（Manne 2016）の修正版である）にそれぞれ掲載された。それ以外の部分については本書執筆にさいしてすべて書き下ろした。ただし、巻頭二章の元となる論文草稿は、私の個人ウェブサイトおよび www.academia.edu.page 上にこの数年来アップされている。

訳注

＊1　一般的に、男性から女性にたいして行なうもので、相手が自分よりも多くを知っているという可能性を考慮しようともせず、女性を見下しながら、何かを解説・助言したりすること。「man（男）」と「explain（説明する）」を掛け合わせた言葉。

＊2　現代（西洋）社会において、女性（の少なくとも一部）がその人間性を認められているというのは、あまりにも平凡な主張であると思われるかもしれない。しかし、この後、詳細に論じられるように、（とりわけ）フェミニズムの文脈では、女性にたいする不当な待遇は女性の人間性が否定されることを必然的にともなうという考えが大きな影響力をもっている。したがって、人間性を認められつつも（そして、まさしくそれだからこそ）、ミソジニーが「可能」となるという議論を展開する点に、本書の斬新さがある。

＊3　「fellow」の語について、本訳ではその名詞形については「仲間」とし、「fellow human beings」の場合のように、その形容詞形については、「同じ」とする。原語では「対等」を意味する語であり、日本語の「味方」や「支持者」のような意味はない。したがって、「仲間」とする場合も、あくまで「同類」もしくは「同一集団の成員」など、価値中立的な意味で理解してほしい。この点については、一九九頁以下を参照のこと。

＊4　フェミニズムには、今日にいたるまでに四つの波があったとされる。第一波は、一九世紀から二〇世紀初めにかけての女性参政権運動を中心とする。第二波、いわゆるウーマンリブ運動は一九六〇年代に始まり、女性の法的および社会的平等を訴えた。一九九二年頃に始まったとされる第三波は、女性の個別性と多様性に焦点を合わせたことによって特徴づけられる。二〇一二年頃から現在（二〇一九年）にいたる第四波は、ソーシャルメディアを利用して、セクシュアルハラスメント、女性にたいする暴力、レイプ文化とたたかうもので、#MeToo 運動として知られる。

序論　前言を取り消す

［フェミニズムへの］バックラッシュがしばらく続いていると強く感じていた。でも、どうしてそれに驚くの。私には驚きなどない。家父長制にたいして深刻な疑義が突きつけられることはまずなかったし、家父長制は変わっていない。言ってみれば、ずっと戦争が続いていて、家父長制がその発言権を公的に是認される一方で、フェミニストは沈黙させられたということでしょう。「勝ちはもらった」。家父長制はそんな風に感じているのでしょう。

（二〇一六年一一月、大統領選についてのベル・フックスへのインタビュー[1]）

息を塞ぐ

首を絞められた女性が警察に協力的であることはまずない（Resnick 2015）。しばしば誤って「窒息」と呼ばれるが、死にいたらずとも、手による絞首は本質的に危険である。脳への酸素供給の欠乏から生じる合併症のために、数時間後、数日後、さらには数週間後に死にいたることもありうる。[2] 痕は残らないかもしれないが、咽喉への損傷を引き起こすこともある。被害者の喉をどう調べるか、眼球に何を見出せばよいか（「点状出血」と呼ばれる変色した斑点）、尋ねるべき適切な問いは何か。こうしたことに無知であれば、絞首によって害が生じるようにはまったく思われないかもしれない。たいてい話はそれでおしまいとなる。被害者女性は医療処置を求めないかもしれない。事件は「沈黙に覆い隠される」（Dotson 2011, 244）。だがその翌朝、あるいはもう少し経ったある朝、彼女が目を覚まさないということもありうる。また、この種の非致死性暴行の被害者が、同一犯による殺人未遂の被害者となる確率は、そうでない場合と比較して約七倍に上ると言われる（Strack, McClane, and Hawley 2001）。にもかかわらず、米国の多くの州では、絞首は単純暴行として、たいていは軽犯罪の一種に分類されていて、それ自体を犯罪とする特定法令は存在しない（Turkel 2008）。

絞首はパートナー間暴力に広く見られる一類型であり、また、その他の家族関係内で起こることもある。それは特定の地域に限定されることなく、データ収集がなされている地域では、まず間違いなくその発生が確認される傾向にある。けれども、多くの国、とくに貧困国については、データ収集それ自体がなされていない（Sorenson, Joshi, and Sivitz 2014）。

絞首は手により、つまり、素手で実行されることもあれば、ロープ、ベルト、紐、電気コードやそれに類する道具を使ってなされることもある（Sorenson, Joshi, and Sivitz 2014）。最近フロリダの地方報道機関で報道された事件では、犬を散歩中の七五歳の女性への暴行にさいして、金属製のペット用鎖が使用された。犯人の男は被害者と面識がなかったようだが、これは珍しい例である。(3)

絞首をともなう暴行事件の大多数は、女性がパートナーから被害を受けているケースである。ただし、子どもや幼児の被害もきわめて多い。また、大多数の事例において、加害者は男性であることをメタ分析の結果が示している（Archer 2002, 327）。もちろん、だからと言って、少なからぬ割合の男性が絞首にかかわっているというわけではない。(4)「（おおよそ）男だけが」と言うのと、「（ほとんど）すべての男が」と言うのは明らかに異なる。だが、「絞首するのは男である」と包括的に述べることによって、両者の差異は曖昧になりかねない。(5)

もう一点、絞首は拷問の一形態であることが注記されねばならない。研究者は、苦しさや恐怖など、被害者にとってそれがどのような経験であるのか、そして、それがその後もたらす社会的意味にかんして、絞首と水責めの類似性を語る。そうした行為は権威や支配関係を実地に示すものと特徴づけられる（Sorenson, Joshi, and Sivitz

2014)。それ自体として、また、そのジェンダー化された性格において、絞首は、私が本書で展開する説明にしたがえば、ミソジニーの典型となる行為の一類型である。さらに特徴的なのは、この行為をめぐる無関心と無知、そして、その被害者の多くが被害を過小申告すること、または、この後すぐに論じるが、彼女たちが「ガスライティング〔心理的虐待の一種。被害者に故意に誤った情報を提示し、被害者が自身の記憶、知覚、正気を疑うよう仕向ける。その名称は戯曲（およびその映画化である）『ガス燈』から取られた。扉頁裏を参照〕」されるかもしれないという点である（Abramson 2014; McKinnon 2017)。

絞首の被害者は加虐者に抗して証言することにきわめて消極的であるため、捜査員の中には、加害者の起訴は確固たる証拠にもとづく事例にかぎるべきだとはたらきかける者もいる（Resnick 2015)。つまり、犯罪の証人があらかじめ脅迫され、いわば、窒息させられているのである。この最後の点は、クリスティ・ドトソン（2011）の言う「証言的窒息（testimonial smothering)」、すなわち、話し手の側のある種の自発的沈黙を思い起こさせる。これはある特定の主張を行なうことが安全でない、もしくは、危険をともなうことによるのであるが、加えて、聞き手側が「悪質な無知」を装い、そのために証人としての適性（testimonial competence）を欠くという結果を生じ、証言の効果を見込めない場合も多い。(6) こうした判断基準にかんがみれば、パートナー関係における絞首がドトソンの言う意味での証言的窒息を生じやすいだろうことは容易に察しがつく。加害者が、自らの優位を回復するためには手段を選ばないことを態度で示している以上、女性が被害を表沙汰にすることは危険な状況を招きかねない。この後の論述で明らかとなるように、絞首の概念にかんしては、被害者側の証言についての適格の欠如が広く認められる。そうした欠格がじつはミソジニーがもたらす、また、それを増長する、有害な無知によるものであることを実証するのが本書全体の主眼でもある。

沈黙

認識的抑圧（epistemic oppression）についてのドトソンの一連の仕事（Dotson 2011, 2012, 2014）が示すように、さまざまな仕方で、人は沈黙し、また、沈黙させられる。[7] ドトソンの正確な分析によると、そうした行為について、たとえば、以下のような表現上の粉飾がなされる。女の口に言葉を押し込んだらいい。慎みを説くような決まり文句を女の口いっぱいに頬張らせておいたらいい。女が証言台に立つのはおろか、自分や他人に起こっていることを公に認めることすらしないよう、脅して口にしそうな言葉を飲み込ませてしまうのもいい。発言妨害をする。そして、女が確実にしくじるように、まったく内容のないことしか言えなくするのもいい。

「首を絞められた」ではなく、「息を塞がれた」と証言するよう女をしつけておいてもいい。「つかまれた」だともっとよいが、最善なのは無言だろう。ただ無である。何も起こりはしなかったのである。女性器をわしづかみにしてやったと男が自慢げに語るとき、それは「男子更衣室《ロッカールーム》トーク」となる。批判を封じるにはそれで十分であるかのように。[8] その結果、多くの人にとっては事実上そうなった。元妻は彼にレイプされたと証言していた。だが、それは「昔のニュース記事にすぎず、そんなことはけっしてなかった」。彼のスポークスパーソンはそう述べた。そして、彼の弁護士であるマイケル・コーエンによれば、それは「彼女が意図した言葉ではなかった」。イヴァナ・トランプは「感情の面でレイプされたと感じていたのであって、（中略）犯罪的事柄としてそのことに言及したのではないし、字義どおりにその語を使ったのではない。もちろん、いくつもの意味がその語にはあるのだろうが」。これはコーエンが（二〇一五年に『デイリービースト』誌の記者にたいして）次のように強く主張した後の発言である。「それがレイプだったはずがない。確立した判例によれば、そもそも自身の妻をレイプすることはできないのだから」。しかし、その後まもなく指摘されたように、この事件に数年ほど先立ち、ニューヨーク州では配偶者間のレイプはじっさいに違法とされていた。遅きに失した観は否めないが、それでも、ドナルド・トランプの自動的な無罪放免は成立しなかったのである(Darcy 2015)。その結果、別の逃げ口上が必要となったが、どんでん返しは「感情」のレベルで起こった。問題は本質的にはすべてイヴァナの「頭の中の事柄」だというのである。だとすれば、イヴァナ証言による事件の顚末の記述を含む、ハリー・ハート三世著『ロスト・タイクーン』が出版されたさい、彼女自身が(くり返しになるが、トランプの弁護人からの圧力に屈するかたちで)「但し書き」を加えたように、それは「法的もしくは刑事的意味」での違反ではない。かくして、ある一点(これについては後述)を除いて、申し立てにたいするトランプの抗弁は曖昧な物言いに終始した。

そうした抗弁はさまざまな形をとりうる。「レイプではない、そこまでのことではないが、それでも不本意、あくまで不本意なことだ」。J・M・クッツェーの小説『恥辱』の主人公、五二歳の大学教授デイヴィッド・ルリーは教え子のメラニーとの性交をそう表現する。「彼女はされるままになり、事のあいだ自分を殺すことにする。首にキツネの牙がせまっているウサギのように」(Coetzee 1999, 23; 邦訳三三頁)。これをなんと呼べばいいのだろう。レイプとは言えないのだとしたら、一体何なのだろう。(9)

上述の話を携えて近づいてきた『デイリービースト』誌の記者にたいして、トランプの弁護士であるマイケル・コーエンは、記事にしないよう忠告し、「さもないと」以下のようなことになると述べた。

近いうちに君とは法廷で会うことになる。そして、君がまだ手にもしていない一セントにいたるまで、私は君から奪い取る。君の新聞社、それに、君の知人も一人残らず追いかけることになるだろう。警告しておくよ。よく考えてから行動するんだな。君は相当えげつない目に遭うことになるからね。わかったかい。

コーエンはさらに続ける。

誰かが「レイプ」という言葉を使った。だから、それについて記事を書きたいなんて、まるで馬鹿げてる。

彼女の言ってるのは感情面で満足を感じられないということなんだから。

そしてこうくり返した。

辞書を引けば、その言葉にはいくつもの意味が見つかるだろうさ。だが、それを曲解して、トランプ氏の名前を冠して記事にしようものなら、それ相応の結果を引き受けてもらうことになる。それは約束する。やりたかったら何でもやったらいい。二〇歳で人生を終わらせたいかい。やってごらん。喜んでそれを実現してあげるから（Darcy 2015）。

トランプの選挙対策本部はこうした脅迫行為からトランプ自身を遠去けようと動いた。「トランプ候補は［コーエンの］発言については何も知りませんでしたが、その内容は否定しています。トランプ氏を弁護できるのはトランプ氏本人だけです」。スポークスパーソンはそう述べた（Santacci 2015）。

イヴァナは現在、少なくとも表面上は、自身による過去の説明（そして、離婚調停時の宣誓証言の内容）を強く否定している。自身の説明には「何の価値もなかった」と彼女は主張する。『デイリービースト』誌の記事が最近になって公にされたさい、イヴァナは報道機関に向けて以下のように発表している。

約三〇年前、ドナルドとの離婚調停の最中の、とても張り詰めた毎日を送っていた頃に私が語ったとされる内容の載った新聞記事を最近読みました。この話には何の価値もありません。ドナルドと私はいまはとても仲の良い友人どうしです。二人の誇りである愛する三人の子どもたちを一緒に育ててきたのです（Santucci 2015）。

ここに述べられているのは誰あろう、妻が薦めた美容整形外科医が頭皮の縫縮手術をしくじったと言って――痛みをともなった上に手術は失敗だったようである――、その腹いせに妻の髪をわしづかみにして引き抜いた男である。イヴァナの証言によると、暴力に続けて、夫は何の警告もなしに（したがって、同意なしに）、彼の性器を彼女の中に無理やり「ねじ込んできた」。翌朝、彼は薄笑いを浮かべて近づいてくると、気味が悪いほど気軽に「どうだ、痛いか」と、彼女に言葉を掛けたという。彼がそう望んでいることは明らかだった。自分が被った痛みへの仕返しだったのである。この件にかんして、トランプが否定したのは一つのことだけだった。ありもしない問題に対処するためにそうした医療処置を受けたという事実などない、つまり、自らが禿げていることを否定したのである（Zadrozny and Mak 2015）。

イヴァナの記事発表は以下の言葉で締めくくられている。

ドナルドにたいして私は好意しか抱いていませんし、今回の選挙では最高の幸運を心から祈っています。ついでながら、彼だったら、信じられないほどすばらしい大統領になると私は思います。

本書の執筆時点（二〇一七年五月）では、トランプ大統領の最初の一〇〇日間は、まさしく信じがたい日々の連続であった。

声の変容

虐待の加害者である男性について、かつて公衆の面前で率直に語った女性。そんな女性のうちに同じ声音を認めるのが難しいような事例がある。リサ・ヘニングは、虐待を繰り返す夫の生き方を変えることよりも、自分自身に専心すると固く心に決め、他の女性にもそう勧めた。彼を変えることはできないと悟ったのだと彼女は言った。だから彼の元を去り、そしてすべてを失った。

思うに、私にとって、そして大多数の女性にとって、集中すべきなのは……。言い直させてください。私たちは男に焦点を合わせるのをやめる必要があります。彼が何をやっているか、どうやったら彼を変えられるのか、そんなことを考えるのを。自分自身に焦点を合わせなくてはいけません。あの連中をコントロールするなんてできないのです。自分自身に立ち戻るのです。

これはリサ・ヘニングが一九九〇年に「アン」という仮名で、顔がすっかり隠れるような大きなサングラスとウィッグを被って、『オプラ・ウィンフリー・ショー』に出演したさいの言葉である。番組タイトルは「虐待されたセレブ妻たち」だった。ヘニングが雄弁に語るところによれば、家父長制的圧力のせいで彼女は、気づいてみれば、法的支援の見通しも保護を受ける期待も奪われた状態にあった。社会が自分の側に立ってはくれないという問題についてヘニングは、夫が裕福で成功した弁護士であることととくに関連づけて語っている。彼女たちにとってそれは明白だった。

とくに司法制度を相手に闘っているときはそうです。とても家父長制的なシステムです。とどのつまり、連中はお友だちどうしなのです。仲間が集まって、すべて牛耳っているというわけです。私たちはとてつもなく大きな問題に突き当たっているのです。

大きな問題の一つは、彼女の夫は免責特権を与えられており、彼自身そのことを知りすぎるほど知っているということであった。自らの行為がもたらす法的結果を考慮することなしに、彼は望むように行動することができた。そして、ヘニングによれば、彼の望むところはただ残忍であった。一九八六年に行なわれた離婚訴訟において、彼女は宣誓の下に、夫による身体的虐待、そして、とくに、絞首行為について証言した。

あの人は私に襲いかかってきました。首を絞められ、床に投げ飛ばされました。頭を殴られ、胸元に膝を押しつけられ、腕をねじられ、床の上を引きずられました。私が九一一番〔警察への緊急通報番号〕に通報しようとすると、壁に向かって突き飛ばされ、背中を蹴られました。

車内で殴打されたこと、通報で警察が二人の住居に来たことが二度あったことなどについても、ヘニングは証言した。ただし、『オプラ・ウィンフリー・ショー』ではこう述べている。

何よりも恐ろしかったのは家を出て行くことでした。だって、いったん家を出て、事を表沙汰にすれば……。ご存知のとおり、彼は有名人です。あの人が誰で、何をしてる人間か知らない人なんていないのです。公の場で喋ったら、復讐してやるってはっきり言われました。「どん底まで落ちてもらう。終わりなんてない。ツケは払ってもらう」と。

それで、ツケは払われることになったのか。

リサ・ヘニングはその後再婚し、姓を変えた。したがって、二〇一六年に元夫であるアンドルー・パズダーがドナルド・トランプによって労働省長官に指名されたというニュースを聞いたとき、彼女はリサ・フィアシュテインになっていた。夫のDVについての彼女の申し立てはすでに世間に知れわたってはいた。だが、『オプラ・ウィンフリー・ショー』の前述の部分が上院議会で上映され、その後、マスメディアに流布されるにいたり、パズダーの入閣の話は立ち消えとなった。本人が辞退したのである。

だが、どうしてそうなったのだろう。リサ・ヘニングはすでに自分の証言を撤回していた。この件はすべて彼女自身、あるいはこう言うべきかもしれないが、かつてリサ・ヘニングだった頃の彼女の作り話だったと、リサ・フィアシュティンは主張した。ヘニングの代理人を務める弁護士は、事件当時の彼女の主張を信じており、その後の彼女との話し合いと彼女の病歴などにかんがみて、現在の主張に信憑性はないと述べる。虐待の有無について真実を隠しているのではないか、もしくは、こちらのほうが正確だろうが、かつてのリサの証言の真実を弁護士は現在も信じているのだろう。「彼女の話は信用が置けるし、真実だと思った」。弁護士はそう述べているのである (Fenske 2016)。

他方、パズダーは離婚訴訟時の宣誓証言においても、『リバーフロント』誌のインタビューにおいても、元妻の申し立ては「根拠を欠く」として、虐待の事実を否定している。

「いついかなる時点においても身体的虐待はなかった」。パズダーはそう断言する。

現在リサ・フィアシュティンは元夫の言葉に完全に同意する。

「あなたは虐待などしませんでした」。二〇一六年一一月三〇日付の電子メールにおいて、彼女は単刀直入に、そしてきっぱりと述べた。

あの頃下した無思慮な決断の数々について、私がどれほど深く後悔しているか、わかってほしいのです。そして、そのせいであなたに面倒なことが起こることのないよう心から祈っています。あなたに何も知らせず衝動的に離婚訴訟を起こし、弁護士のすすめで虐待被害の申し立ても行ないました。そのことを後悔しましたし、いまも後悔しています。申し立ては三〇年以上前に取り下げました。あなたは虐待などしませんでした。

誰かに尋ねられるようなことがあれば、けっして虐待はなかったと、はっきりそう言います。あの頃私たちは激しい言い争いをしました。後悔したくなるような酷いことを私たちはお互い口にしました。でも、あのとき負った傷についてお互いを許し合えたことに、私はいつも感謝の気持ちで一杯です。

「後悔」の数々。二段落中に四回の「後悔」。さらなる確信をもって、メッセージは続く。

あなたと私はもうずっと前にこのことには決着をつけました。あれは過去のこととして、私が思うに、私たち二人は、愛情と尊敬のこもった関係を保っています。これはあなたの誠実さと思いやりの証しです。もしもあなたが乱暴で暴力をふるうような夫だったら、それはありえなかったでしょう。あなたは断じてそんな人ではありませんでした。私はいつだってあなたのお仕事がうまく運ぶことを祈っています。あなたはトランプさんとともにきっとすばらしい働きをなさるでしょう（Fenske 2016）。

『オプラ・ウィンフリー・ショー』とこのメールの両方を目にした上院議員たちがこの問題を水に流すことにしたかもしれないことは、明らかだろう[10]。元夫にたいする彼女の転回は目を見張る。これは説明であるよりはむしろ、論理学で言うところの「可能性証明」である。「アン」という仮名の下、偽装までして、先に見たような告白をした女性がこんなメールを書くことが可能であるということの証明。アンことリサ・ヘニングはこうも述べていた。「夫のような地位にある男の人は痕跡を残しません。私が被った被害はあなたには見えません。一生続く、一生消えない被害。でも、それを示すものはないんです。痕跡はなかったのです」。

痕跡はいまも存在しない。そして、この言葉を口にした女性はもういない。少なくとも表向きには。先の文章をもう一度読んでみよう。彼女は必死で別のフォーカス、別の視点――元夫のではなく、彼女自身の視点――にしがみつこうと試みた。彼女は言葉を見つけ、それを口にした。でも、なぜかどこかで彼女は言葉を失った。それとも、飲み込まされた。

申し立てとその撤回。こうした事例については、元々の証言がじっさいは誤りであった場合を含めて、いくつもの説明が可能だろう。けれども、他の類似の事例を重ねて見てみると、ある決まったパターンが浮かび上がってくる。男性支配、ことに最も特権的で有力な位置にある者たちの支配によって行なわれるのは、一つには、語《ナラティヴ》りの統制の掌握であり、それとともに、語り手である女性をコントロールし、同調を強いることであるように思われる。それはたんなる服従というのとはやや異なる。ケイト・アブラムソンの啓発的な説明（Abramson 2014）によれば、それはむしろ、ガスライティングが道徳的に狙うところにきわめて近い[11]。すなわち、被害者が独自の視点をもつ能力が、少なくともある特定の主題にかんして破壊される。彼女は彼に同意せざるをえない。そして、彼のストーリーを信じ、それを取り上げ、その語り部となることさえあるかもしれない。

これはある意味、そうした有力で支配的な行為主体の一般的なやり口、すなわち、今後人が信じ、公式の歴史として扱われることになる内容を規定するような宣言を発令するというやり方を拡張したものである。彼が発する、世界に方向性を与える主張（表面上は「信念」を表現するかたちをとるが、じっさいは命令である）は、心（mind）をその標的とする。人が心を変えて、通常は自発的に採用できそうもない方向性を与えられた事態（すなわち（少なくとも表面上は）信念）を採用するよう命じる。信念を形成するためには、ふつう、議論なり証拠なり、それを信じることの実際的な有益さのみならず、その真理を裏打ちするような何かが必要である。このように他者からの命令によって信念を変えることができるのかどうかはさておき（残念でもあり、理解しがたくもあるが、どうやらそうしたことは可能であると私には思われる）、彼の意志は法であり、彼の言葉は福音として聞こえるのだろう。

本書の狙い

これはよく言われることであり、ひょっとすると陳腐な決まり文句でさえあるかもしれないが、政治の世界では、道徳的価値を担わされた言葉が重要であり、「レイプ」「絞首」などはそうした類いの言葉である。しかしながら、言うまでもなく、名前をつけたら問題が解決するほど、事は単純ではない（Friedan 1963 を参照）。言葉が道徳や法にかんする重い意味をもつ場合、それを使うことを拒む人たちにとっては、そのことが理由や言い訳となりうる。あれがそういうことであるはずはない。彼はそんな風ではない。一つの言葉にいくつもの異なる意味が仮定される。告発を受ける身となる前は夢想だにしなかったほど多くの意味が。だから、それらの言葉を使って道徳上深刻な問題を名指す権利（entitlement）を私たちが有することを主張する必要がある。このおそらくは真正の権利が侵蝕される恐れがあるからである。

「ミソジニー」という言葉はその典型例であると私は思う。それは、フェミニストである私たちにとって必要であると同時に、消失の危険に晒されている語でもある。それゆえ、本書は、この領域におけるガスライティング、すなわち、私的生活と公的言説におけるミソジニーの問題から熱と光を吸い取ろうとする目論みやそれに付随する否定論にたいする防波堤となることを目指す。

ミソジニーのような、問題をはらんだ大きな主題をめぐって本を書くにあたっては、それにふさわしい目的と野心があるのかが問題になる。「はじめに」に記したように、私の専門領域では、この主題をめぐる単行本が書かれたことはこれまで一度もないのだからなおさらである。権威ということについて見れば、私が占める（きわめて特権的な）大学教授という社会的地位と、それに付随する知識にかんする特権的見地は足枷となりかねない。また、私が、心理学、社会学、ジェンダー研究、人類学、歴史学でなく、道徳哲学とフェミニズム哲学を専門とすることが、この主題にアプローチするさいに私が使用することになるレンズの種類を制限することにもなるだろう。[12]本書において、私は、論争の的となっている特定事例が、私の理論と照らし合わせて、ミソジニーにあたるかどうかについてしばしば見解を表明することになるだろう。だが、よく覚えておいてほしいのだが、筋の通った反論の余地がある場合もあるだろうし、私が、自分にとって最優先である目標を達成するために下す特定の判断について、読者が同意する必要はない。私は、これらの問題について問いを立て、問いに答え、議論するのに役に立つツールキットを提供したいのであり、ある特定の集団の少女と成年女性に影響を与えているミソジニーについて、詳細で実質的な説明をするための余地を提供したいのである。

本書の前半部分で試みたのは、言ってみれば、一つの概念的骨格として思い描くことができるものを構築することである。もっと具体的に言えば、女性にたいしてそれは何をするのかという視点でミソジニーを理解するための一般的な枠組みを構築することである。私は本書において、ミソジニーは家父長制秩序を支える機能をもつものと考えられるべきであり、人種主義、外国人嫌悪、階級主義、年齢差別主義、健常者優位主義、同性愛嫌悪、トランスジェンダー嫌悪などと同じく、人を支配するためのシステムの一形態として理解されるべきであると論じる。ミソジニーは、理論（すなわち、内容）もしくは実践（すなわち、規範を施行する仕組み）のいずれかにおいてジェンダー化される社会規範の数々を施行し、その遵守を監視（police）するために、敵意に満ちた、もしくは、逆境的な社会的帰結を（大体においてその範囲を定められた）少女や成年女性の一部の上に課すことによってその機能を果たす。

この主張が何を述べ、何を述べていないかに注意してほしい。すなわち、そうした規範の内容も規範の施行の仕組みも、全般的に見て、対象となる少女や成年女性がどのような社会的状況に置かれているかによって大きく異なる。複合化の可能性があるタイプの不利益もしくは脆弱性の場合、このことはまた、被害者にとってミソジニー行為がどのような経験となるか、あるいはそれがどのような衝撃を与えるかにかんしても重要な影響を及ぼすかもしれない。それこそが、「交差性（intersectionality）」という概念で知られる、キンバリー・W・クレンショーが創始した政治思想の方法・アプローチが明らかにした最も重要な点の一つであると、私は考える（Crenshaw 1991; 1993; 1997; 2012）。ミソジニー概念についての私の改良的分析（ameliorative analysis）がどのようにこうした洞察をさらに展開するための空間を開くかについては、第二章で詳細に述べることにする。

したがって、本書の論述はあくまで最低限の輪郭を与えるだけのものであり、それは関連分野における知識と道徳的権威を備えた理論家たちによって肉付けされることを期待しているものと考えていただいて構わない。そうした試みは、ある特定の集団の少女や成年女性たちを対象とする一群の社会規範を取り上げ、それらがどのような内容をもち、どのように施行（もしくは、過剰施行）されるかということだけでなく、彼女たちにたいして具体的にはどのような影響を与え、また、社会的に媒介された特権と脆弱性のその他のシステムとどのように相互作用するのかをも考察することとなるだろう。

ミソジニーの論理からその具体的内容もしくは性質へと視点を移動することは、私にとって次のことを意味するように思われる。すなわち、私は私自身にとって馴染みのある、私の占める特定の社会的位置におけるミソジニーに（全面的にということではないにせよ）とくに関心をもつべきなのである。しかし、私のような人物、つまり、きわめて特権的な地位にある、白人、中流階級、ヘテロ、非トランスジェンダーで、障害をもたない、現代のアングロ－アメリカ的社会（出生地であるオーストラリアを含めて）に生活する人物が、そんな限定をしても得られるものは皆無だろうと、思われるかもしれない。じっさい、そうした限定はまったく馬鹿げた、けしからぬことだと考える読者もあるかもしれない。（とりわけ）中流階級のヘテロ白人女性は、自分たちの経験を基に不当に風呂敷を広げた上に、それを普遍化するような仕方でフェミニズムを展開してきたという、まったく正当な批判を受けてきた。（「ご主人様の道具でご主人様のお屋敷は解体できない」（Lorde 1979, repr. 2007）という、オードリー・ロードの知られるべくしてよく知られた言葉はこの方向へのアクションを呼びかけたものである。）私には限界がいくつもある。だから、そうした限界のせいで、ぎりぎり自分に手の届くキャンバスの隅のほうを不器用に塗りたくるのが関の山かもしれないし、不可避的に（潜在的にではなく）へまをやらかすことになるだろう。それでも、私は自分の絵筆の向こうにあるもののことも思って、あえてそうすることにする。

私は、社会的に優位な位置を占める行為者が少女や成年女性にぶつけるミソジニーに関心がある。ここで少女や成年女性というのは、ほとんど（すべて）の女性を含むが、（この後すぐに論じるように）、社会的位置には他の側面も存在するということを考えれば、彼女たちがミソジニーに直面するその仕方は、それぞれまるで異なるかもしれない。けれども、ある意味においては、私はとくに、白人女性が白人男性の面前でどんなことを経験しているのかを是非とも理解したい。それ自体において重要な道徳的問題であるからというばかりでなく、それはよりいっそう深刻な道徳的問題――すなわち、より脆弱な立場にある女性たち、たとえば、非白人、トランスジェンダー、そしてその他の非特権的な立場にある女性たちが直面するミソジニー的行為――に直接的に動力を供給するものであると考えるからである。簡潔かつおおざっぱに述べるならば、最も強大な力をもつ白人男性、つまり道徳的にも法的にも制裁を受けることが最も少なく、他者に害を及ぼすことについて免責されているような者たちによるミソジニーが、最も脆弱な立場にある女性たちにたいして、比べものにならないほど大きな害を及ぼすのは明白である。だが、自己保存の目的とつながるようなかたちでそれを可能にしがちなのは、誰あろう私たち白人女性なのである。白人女性が直面するミソジニーは、議論の余地はあるにせよ、比較にならないほどのレベルで、ある一形式の損害、すなわち、道徳的損害をもたらす（Tessman 2005 を参照せよ）。だから、どのようにして私たち白人女性が誤りを犯すのか、そして、もっとうまくやるためにはどうすべきなのか、そのことを理解するためにも、この形態のミソジニーを明瞭に理解する必要があると私は考える。

アメリカ合衆国という文脈でこの問題がどれほど大きなものであるかは、今回の大統領選が終わってみて、投票所に足を運んだ白人女性のうちの半数以上がヒラリー・クリントンでなく、ドナルド・トランプに票を投じたということで明白となった。この後に、より詳細に検討することになるが、それは性的暴行とハラスメントといった、長年にわたるトランプのミソジニー行為の履歴にもかかわらずの結果である。しかしながら、現時点において白人女性にかんして問われるべきは次のことだろう。すなわち、いったい私たちは何を考えていたのだろうか。なぜ私たちのそんなにも多くが、トランプのような男のミソジニーを許し、忘れる心づもりができていたのだろうか。私たちはガスライティング直前の状態にあるのだろうか。私たちは自分自身でガスライティングしているのだろうか。[13]

不出頭

トランプ政権への参加を見込まれた人物の中で、女性にたいする暴力の履歴を有するのはアンドルー・パズダーだけではない。トランプ本人については先述したとおりだが、スティーヴ・バノンは、パズダーよりも一〇年ほどあとの一九九六年にＤＶで告訴されている。しかし、バノンは、トランプ陣営に逆転勝利をもたらした選挙対策本部長を経て、二〇一六年一一月の大統領選挙の数日後、首席戦略官に任命された。本書の執筆時点（二〇一七年五月）において、彼はその地位を維持している〔二〇一七年八月一八日に同職を辞任〕。

当時の妻メアリ・ルイーズ・ピカードの騒々しさにバノンが腹を立てたことが事の発端だった。生後七か月の双子の姉妹の泣き声に目を覚ましたピッカードはミルクの準備を始めたが、そのさい、リビングのソファで就寝していた夫が物音に目を覚ました。一九九六年元旦のことである（Gold and Bresnahan 2016）。ちなみに、二人の結婚はその七か月前、双子が生まれる三日前、羊水検査での「異常なし」の結果を受けてのことであった（それがバノンが提示した結婚の条件だったのである）（Irwin 2016）。

ピカードはそれからスーパーに買い物に行きたいのでクレジットカードを貸してほしいと夫に告げた。「それは俺の金だろう」。バノンはそう言って、小切手帳のほうを使うよう妻に命じた。そのまま外出しようとする夫の後をピカードは追い、車に乗り込んだバノンと、運転席側の窓越しに言い争いとなった。離婚を口にして迫ると、「俺は出て行かないぞ」、そう言ってあざけるように笑った。彼女は夫にたいして、あるいは、彼のほうに向けて――この点、警察の報告書は明確でない――唾を吐きかけた。すると、バノンは運転席から体を乗り出し、彼女の手首を、そして、首をつかんだ。引きずり倒して車内の自分のほうへ引き込もうとした。彼女は抵抗して、彼の顔面を殴打した。どうにかこうにか自由の身となった彼女は、家に駆け込み九一一番に通報した。バノンは後を追ってきた。[14]

彼女はコードレスフォンの子機を持ってリビングに走った。九一一番をダイアルするや、夫は双子の赤ん坊越しに彼女に飛びかかり、電話機を彼女の手から奪い取った。「頭がおかしいのか、お前は！」、そう叫び、壁に電話機を投げつけたと、後日、彼女は証言している。夫が家から車で走り去った後、電話機はばらばらに砕けて使い物にならなくなっていた。

九一一番通報が中断した場合のマニュアルどおり、警察はとにかくやって来た。警官はピカードの手首と首に赤い痕を認め、鑑識が報告書に付するための写真を数枚撮った。事件後、ピカードは、バノンは彼女の「息を詰まらせた（choke）」と述べ、二〇一六年の『ポリティコ』誌の報道以後、メディアもその記述にならっている（Gold and Bresnahan 2016; Irwin 2016）。この言葉は警察の報告書には見られないが、どういう質問をすればよいのかについて警官は無知だったのかもしれない。いまもそうした警官は多い。

だが、パートナー間の絞首についていくらかでも知識がある者であれば、ピカードが首に痛みを訴えたこと、バノンが首をつかんで彼女を車に引きずり込もうとしたこと、またそのさいに彼女がもがきながら（おそらくは、自由の利くほうの手で）彼の顔に引っ掻き傷を残したことなどの事実は、首を絞められた成人が意識を失う前までの一〇―一五秒のあいだに本能的に自己防衛のためにするであろうと予想されることと整合的であると、理解できるだろう。

また、絞首がじっさいに行なわれたとするならば、彼女の首に目につくほどの赤い痕が残っていて、それに気づいた警官がすぐに報告書のために写真を撮らせたという点はきわめて重要である。絞首事件において、目に見えるような痕跡が存在し、その記録写真が警察の報告書とともに提出されるのは、全体の一五パーセントにすぎず、多くの場合、損傷は身体の内側にとどまるからである（Snyder 2015）。ある調査によると、傷痕やその他の身体的徴候の顕著さは、襲撃の激しさに比例する（Plattner, Bolliger, and Zollinger 2005）。点状出血という、白目の部分の赤い斑点もそうした徴候の一つである。警察による報告書の冒頭には、ピカードの両目が「赤く、潤んでいる」こと、および、彼女が「動転しており、泣きつづけていた」ことが記されている。駆けつけた警察官にたいして、彼女は玄関先で「ああ、ありがとうございます。来てくださったのね。でもどうやってわかったのかしら」と言った。九一一番通報中に通話が切れたので、当該住所地に確認に来たことを警官は伝えた。その後、三―四分間にわたって、ピカードは嗚咽しつづけ、事情説明することができなかった。警官はそう記録している。

絞首予防訓練センターのＣＥＯ、ゲイル・ストラックへの聞き取りにもとづいて、ジャーナリストのレイチェル・ルイーズ・スナイダーは次のように綴っている。

警察官はしばしば、「頸部の赤み、切り傷、引っ掻き傷、擦り傷」などを軽視しがちである。また、救命センターも、CTやMRIによる検査なしに被害者を帰してしまう傾向がある。ストラックおよびDV問題にかんする専門家によると、現在の理解では、絞首は多くの場合、内部被害をもたらすこと、また、絞首は同一加害者が同一被害者に及ぼす殺人の一つ手前の加害行為であるということが知られている。「統計的に言えば、いったん首に手をかけたら、次の一歩は殺人であるというのは現在の常識です」。サンディエゴ警察DV担当課の刑事（臨床心理学博士）シルヴィア・ヴェラはそう語る。「逆方向に進むことはありません」（Snyder 2015）。

では、スティーヴ・バノンの首席戦略官任命について異議を唱える者たちは、なぜこの事件をもっと深刻に取り上げようとしなかったのだろうか。まだ記憶に新しい頃に、メジャーな媒体（この場合は『ニューヨーカー』誌）を通じてスナイダーの記事のような良質な情報が世に出回っていたにもかかわらず、絞首についての無知が広く蔓延しつづけるのはなぜなのだろうか。医療関係者のあいだにさえ、そうした無知、そしてときには、明らかな敵意が存在しつづけている。「旦那に向かって声を荒げるのを慎むべきかもしれないね」。絞首被害を受けて間もない女性にたいして、サンディエゴのある救命医はそう意見したと言う（Jetter, Braunschweiger, Lunn, and Fullerton-Batten 2014）。

それでも、メアリ・ルイーズ・ピカードの訴えは他の多くの被害者のそれよりも深刻に受け止められた。スティーヴ・バノンはこの件について、外傷的損傷と殴打をともなう家庭内暴力ならびに、証人にたいする脅迫の罪状で起訴された。バノンは「無罪」を申し立て、ピッカードが法廷での証言に現われなかったため、最終的に訴訟は却下された。不出頭の理由について、バノンに脅されたためとピカードは後日語っている。訴訟が終わるまでは姿を見せないようにと、バノンの弁護士から命じられたとも言っている。さもないと、住むところも、子どもたちを養う金もすべて失うことになると、バノンは彼女を脅した。「「裁判を起こしたりすれば、俺と俺の弁護士がかならずお前を有罪にしてやる」と彼は言いました」。ピカードはそう付け加えている。その後、彼女が訴訟を起こすことはなかったし、脅迫内容が実行されることもなかった。そして、現在は、「結論としては、バノン氏は双子たちとも別れた妻ともきわめて良好な関係を維持していますし、いまも経済的に彼らをサポートしています」と、彼のスポークスウーマンは述べている。

「沈黙は金なり」。女性を窒息させた上に、彼女がものを言わないように脅し、事件後も変わらず調和が続いているかのように彼女に語らせる男たちにとって、まさに沈黙は金である。沈黙は被害者を孤立させ、ミソジニーを可能とする。だからこそ、それを打破しようではないか。

本書の概略

本書はまずミソジニー概念についての一般的で辞書的な定義にもとづく理解についての批判的検討から始める。本書ではこれを「素朴理解」と呼ぶことにするが、それによると、ミソジニーは第一義的には、女性全般もしくは一般を、女性であるという、そのジェンダーゆえに嫌悪するといった傾向を有するミソジニスト個人の属性である。この理解では、ある主体が真正のミソジニストとされるためには、その主体は、その行為について「深層的」もしくは究極的な心理学的説明を与える事柄として、そうした嫌悪の情を胸に抱いている必要すらあると言えよう。だとすると、ミソジニストがいるところにミソジニーあり、ということになる。そして、ミソジニストとはある特定の心理的プロフィールにあてはまる人物である。

第一章ではこれに続けて、このようなミソジニーの「素朴理解」は、その被害者、対象、そして、まったくの潔白の身でありながらミソジニー嫌疑を受けている人たちのいずれにも助けとならないことを論じる。こうした理解の仕方はミソジニーを事実上存在しないものや政治的に周辺的な現象とするばかりか、文字どおり、不可解なものとしてしまうのである。被害者の側から見れば、「素朴理解」は、ある実践なり行動なりがミソジニー的であるという主張を正当化することをきわめて難しくする。行為者側からは、ミソジニーの告発にたいして弁護をすることがさしたる意味をもたなくなる。というのは、（かならずしも女性だけではないにせよ）とくに女性を標的とするように思われる怪しい人物でさえ、「素朴理解」によるミソジニストの要件を満たさない可能性が高いのであり、したがって、ミソジニストとしての嫌疑を晴らしたとしても、そうした輩の仲間の一人と映りかねないのである。しかし、以下に論じるように、ミソジニー的偏見が向けられるのは女性だけだろうというのは少しも明らかでない。偏見の形態は多々あるが、一つを有する者は高い確率で別の偏見も有するものである。

第二章において展開するミソジニー概念についての積極的な提案では、ミソジニーは第一義的に社会環境の属性として理解される。ここで言う社会環境には、家父長制的規範や期待の数々を施行し、その遵守を監視する機能が備わっており、その結果、そうした家父長制的法秩序に違反した場合（その場合のみに限られるわけではないが）、女性はしばしば敵意に直面することになる。私の考えでは、ミソジニーはそうした社会環境の属性として理解されるべきである。そうやってミソジニーは女性の隷属を実現し、それを監視する機能、および男性優位を下支えする機能を果たすのであり、ミソジニー以外の、それと交差する抑圧システムの数々、社会的諸構造、諸制度、官僚的メカニズムを存続させると同時に、それらを制限する脆弱性、支配、不利益などを司る諸システムを背景とする。

したがって、観念的で普遍的なミソジニー経験なるものについての想定は、私の見解には存在しない。ミソジニーとはむしろ、それが何であれ、（他の事情がすべて同じであるときに）、女性を男性から区別するかたちで、女性の行動にたいする背景の一部をなす、敵意のこもった力の場を指す。女性は、いかに行動するかによって、そうした敵意に現実に直面する結果となるかもしれないし、ならないかもしれない。社会統制というものは、一般的にそのように働く。すなわち、行動を動機づけるものとそれを妨げるもの、つまり、陽性および陰性強化のメカニズムを通して、それは働く。もしそうした選択肢が開かれているならば、女性は直接的にそれと連関する理想なり標準なりに準拠して「良く」あることによって、有害な帰結を回避することができる。ただし、そうした選択肢が開かれていないこともあるし、じっさいには八方塞がりのダブルバインド状況——そしてそれよりも酷い状況——も、いたって一般的である。

したがって、私が提案する分析によれば、ミソジニーの本質は、その心理学的性格にではなく、それが果たす社会的機能にある。この点を注記しておきたい。行為主体にとって、ミソジニーは何らそれに固有の特別な「感じ」であるとか、内面からの現象論をともなう必要はない。強いて言うと、それが何らかの「感じ」を持つとするならば、それは「正義を果たす」という感覚、自分自身のため、そして、道徳のため、あるいは、しばしば両者を合わせたものとして、「弱者」のために立ち上がるという感覚をともなう傾向がある。その力の掌握下にある者は、どちらかと言うと、魔女狩りではなく、道徳十字軍に出征するような心情を抱くことが多い。女性嫌悪の精神ではなく、むしろ正義を愛する精神に動かされて、対象を追跡するかもしれない。それはまた、規範、実践、制度やその他の社会的構造によって具現化される、純粋に構造的な現象でもありうる。

結局のところ、私の考えでは、ミソジニーはその標的および被害者となりうる者、つまり、少女や成年女性の視点から理解されるべきである。だとすると、ミソジニーとは、しばしば他者の行動を先取する、もしくは、統制する目的で、その対象にたいしてミソジニーが「為す」ことなのである。ミソジニーは、ある特定の社会階級（人種、階級、年齢、体型、障害、セクシュアリティ、トランスジェンダーであるかどうかなどの基準にもとづいて、およそ完全に特定された種類の人々）に属する少女や成年女性を対象とする。そしてそれは、もしその女性が直接的に連関する規範、あるいは女性という集団の成員として予期される役割に違反したり、それに逆らうならば、敵意ある帰結を掲げて脅迫する。そうした規範は（想定されるところの）男性が有する権利、および女性の側の義務を含む。彼女はまた、割り当てられた役割を適切に果たさない、あるいは、男性の領域に無断で侵入してくるような者の代表、そうした女性の類型として位置づけられるかもしれない。

第三章では、「性差別主義《セクシズム》」と「ミソジニー」という二つの語はある重要な対照関係を特徴づけるために有効活用することが可能であり、そうすべきであることを論じる。性差別主義とは特定の社会秩序を正当化し、それに理由づけをする、家父長制イデオロギーの一部門であり、これにたいして、ミソジニーはそれを統治する規範と期待される役割の遵守を監視し、施行するシステムであると私は考える。性差別主義が科学的である一方で、ミソジニーは道徳主義的である。そして、家父長制秩序は覇権的性質を有する。

ミソジニーの「論理」を理論化する、これら三つの章を通して、本書の提案する分析はいくつかの理論的および実践的長所をもつ。以下、本書の分析がもたらす主要な利点について、記述の順に概観しておく。

- ミソジニーを比較的わかりやすく、認識論的に接近可能な現象として理解することが可能になる。これにたいして、「素朴理解」はミソジニーを認識論的にも心理学的にも存在論的にも不可解な現象としてしまう恐れがある。
- ミソジニーを、比較的周縁的で、本来的には政治的でないようなものとしてではなく、家父長制イデオロギーの必然的（natural）で中心的な顕在化として理解することが可能になる。
- 交差的なアイデンティティを有する少女や成年女性にたいしてミソジニーがさまざまに影響を与えるさまを、その敵意の質、量、強度、それがもたらす経験や衝撃、そしてミソジニーを実行に移す行為者および社会的メカニズムの観点から説明するための余地を残す。女性は（ジェンダー以外の社会的要因の交差によって）、並列する複数の男性支配のシステムの影響下にあるかもしれないし、同時に複数の社会的立場をこなしている結果、両立不可能な役割を担うことを要求されるかもしれない。そうした場合、その女性にたいするミソジニーもやはり複合的形態をまとうかもしれない。
- 女性が社会的世界を航行していくうえで直面する敵対的な反応にかんして、そうした反応の究極的な心理学的基盤ではなく、反応それ自体に焦点を合わせることにより、ミソジニーをシステム的な社会現象として理解することが可能になる。そうした敵意は、個別の行為者の心理状態に直接的な基盤をもつ必要はない。制度やその他の社会的環境もやはり女性にたいして差別的な悪意に満ち、「寒々と」していたり、敵対的であることもありうる。

- 「ミソジニー」という語の用法を押し広げ、その辞書的定義をより効果的な方向へ推し進めてきた、近年の「草の根」的な意味論的改革主義と広く整合する仕方で、その意味を拡張する。また、一見ばらばらに見える事例の数々を、特徴として共通するものを関連づけて説明することを助ける。
- ミソジニーと想定される事例が頻発することを受けて、ミソジニーは近年議論の的となっているが、そこで提起された多くの問いにたいして、妥当な答えを与える。
- ミソジニーと性差別主義とを明確に区別することが可能になる。

第四章では、本書において対象とする社会・文化的文脈、すなわち、白人・異性愛《ヘテロ》・家父長制的秩序の下でのミソジニーの中心的かつ本質的な力動について考察する。こうした道徳財の経済においては、女性は男性にたいして、要求することではなく、与えることを義務づけられており、権利意識よりもむしろ、男性に借りがあるとかありがたいといった感覚をもつことを期待されている。このことはとくに、気遣い、ケア、共感、尊敬、称賛、養育といった、すぐれて道徳的な財についてあてはまる。これと表裏をなすように、男性はこうした道徳財というかたちで、女性から多くを受け取る権利をもっており、道徳的援助という意味で、男性の望むものをもはや与えることのできない女性については、生殺与奪の権利さえそこに含まれているようである。男性は女性を愛し、彼女を本質的に――すなわち、彼女自身のために――価値ある存在として評価するかもしれないが、それはあくまで条件的、つまり、（それがどういうことを意味するにせよ）一人格としての女性のアイデンティティにもとづいてではなく、女性が男性に向ける善意という、二人称的態度によって判断される。

第五章では、ミソジニーを理解するにあたって参照される、「人が人にたいして示す非人間性」について、つまりこの場合、女性にたいする非人間性について、世に広く受け入れられている理論を批判的に検討し、これを論駁《ろんばく》する。「人間主義（humanism）」と呼ぶことになる、この競合的立場によれば、女性に完全なる人間性を認知することができないという点に、ミソジニーの心理学的起源があるということになる。これにたいして、私は、多くの場合、そこに欠けているのは女性の人間性についての意識ではないと論じる。むしろ、女性の人間性それこそが問題なのである。つまり、男性から見て、それが誤った相手にたいして、誤った仕方で、または、誤った意図をもって誰かに向けられるときに女性の人間性は問題となる。したがって、人として認知された存在vs.人間以下の存在（もしくは、心をもたないモノ）という二項対立について考えるのではなく、鍵となる対照関係を、「人間存在」の後半部分、つまり「存在」もしくは「あり方」のほうに見出す可能性を模索すべきである。第四章で見るように、女性は「与える者と受け取る者」の力学に巻き込まれているのであり、人間的存在（human beings）であると同時に人間的与える者（human *givers*）なのである。女性はそれゆえ自らの人間性を他の人間に負っていると見なされており、彼女の価値は、彼女が彼らにたいして、生命、愛、快楽、養育、支え、快適さなどの道徳財を与えるかどうかにかかっている。この点が理解されるならば、なぜ女性が彼女自身のまったき心をもつことを認知されながら、それにもかかわらず、（その心が誤った対象に、誤った仕方で、そして、彼女自身および他の女性を含む、誤った人々に向けられるときに）、残酷で非人道的な仕方で罰せられるのか、その理由を理解することも可能となるだろう。

本書の残りの部分では、（私が見るところ）あまり気づかれていないが、しばしばミソジニーに随伴する偏見、資源、方法、そしてイネイブリング／自己隠蔽の機制について述べる。これらは、道徳的語り（moral narratives）に始まり、社会的シナリオ〔社交上、期待される行動パターン〕、アート作品、グループ行動の型におよぶ、主要な文化的産物に反映されており、その背景で作動する「与える者と受け取る者」の力学に影響を受ける。

第六章では、きわめて特権的な地位を占める男性がその恩恵に浴することの多い、免責のナラティヴを考察する。そこでは、同情《シンパシー》（共感）が、女性被害者の元から男性加害者のほうへと流れていく現象――私はこれを「ヒムパシー」と呼ぶ――についても論じる。また、いやと言うほど語られたアイラ・ヴィスタ事件とは対照的に、マスメディアに取り上げられる機会がはるかに少なかった最近の事例の一つ、黒人女性を標的としたオクラホマでの連続強姦事件について考える。この事件の犯人は警察官だが、彼は被害者が被害を訴え出るようなことはないだろうし、万が一そうなったとしても、裁判に掛けられるようなことはないだろうと高をくっていた。最終的には、そうは問屋が卸さなかったが、犯した罪から逃げおおすという観点からのみ見れば、それは抜け目のないやり口であったと言える。そして、この事件は、モヤ・ベイリーがいみじくも呼ぶところの、アメリカにおける「ミソジノワール（misogynoir）」（Bailey 2014）、すなわち、ミソジニーと黒人差別が交差する独特の現象について、多くを示唆するように思う。

　女性が道徳的財の「与え手」であるとすれば、彼女が特権的な社会的地位についた場合に起こりそうなことは大体予想がつく。第七章では、ミソジニーや男性的攻撃性の被害者にたいして、彼女と同程度に特権的地位にある男性から向けられる敵意や疑念について考察する。他方、そうした敵意が白人の優位性にたいする男性的脅威、すなわち、限定された領域で優位を占める非白人男性から発せられる場合、同情は正反対の方向をとる。そうしたナラティヴは主人公たる女性を被害者として配役し、その結果、ケア、配慮、同情、注意が集中する指定位置に女性を据え、道徳的な意味で注目を集めさせることになる。しかし、これはミソジニーの機制と両立不可能であり、したがって、人種差別の機制によって変調されることになる。どちらの機制も、女性、ことに有色人種の女性はそうした注意を他者に与えるべきであり、自らそれを望んではならないという規範を下支えするからである。

　最終章の第八章では、本書の理論を援用して、二〇一六年の米大統領選でのヒラリー・クリントンの敗北を分析する。ミソジニーは、伝統的な男性の領分に無断で侵入し、彼から何かを奪い取るような恐れのある女性を、道徳的財の「与え手」としての女性の役割をひきあいに出すことによって標的とするのだが、この事例はそのやり口を明らかにする。そのやり口の一つとしては、女性もその一部である全体にとっての問題を、その女性個人のパーソナルな問題へと変容するということがありうる。もう一つとして、すべてにわたってその女性のライバルであり、また、限りある特権のすべてを獲得するに見合う人物の視点に立つといったやり方で、彼女の意図や行動の徹底的な書き換えを行なうということもありうる。こうして、女性の所有物は彼女の貪欲を、彼女の望みは彼女の貪婪を、彼女の勝利は彼女の窃盗を、彼女による省略は彼女による隠滅を、それぞれ意味することとなる。

この種の概念的変容はきわめて一般的である。しかし、それは論理的見地からは妥当な推論とは言えないかもしれないし、じっさい、一見すると、結論は前提から帰結しそうにない。何かに言及しないのは、たんに不注意からか、それが人を傷つけるような事柄であるからかもしれない。あるいは、それは道徳と知識についての適度な謙遜によるものであり、自分は道徳と認識主体からなる共同体の一成員にすぎないと女性が考えていることを示しているのかもしれない。そして、たとえこの共同体が、悲しいかな、哲学の分野においてしばしばあるように、多様性を欠くとしても、たった一人の力によってこれを正すには多くの限界がある。それでも、このたった一人が寄与するところに、価値は存在しうるとも言える。

この点を念頭に置きながら、本書では取り扱わない、または、取り扱うにせよ一定の限界のうちでそうすることとなる、重要主題の中のいくつかについて、その背景にある私の考えを述べておきたい。

ミソジニーの「論理」とは

本書で取り上げることができなかった事柄はいくつもあるが、その中でもおそらく最大のものはトランスジェンダーにたいするミソジニーだろう。トランス女性、とくに有色人種のトランス女性は、数ある国々の中でもとりわけアメリカにおいて今日、きわめて脆弱な立場にある人たちであり、彼女たちへのミソジニーは重要で喫緊の問題である。彼女たちが外に出やすくなってきているのは喜ばしい。だが、悲しいことに、それは間違いなくバックラッシュへとつながった。そして、トランス男性もやはりきわめて脆弱な立場に置かれている。[15] トランスジェンダー嫌悪やトランス・ミソジニー的な暴力、ハラスメント、さらには個別的および構造的な差別が蔓延していることを考えると、この問題の本質について語ることができないのは残念である。とはいうものの、私にはこの問題について何かを語るのに必要な専門性もない。本書執筆時（二〇一七年五月）の直近に起きた哲学者たちの論争は、この問題にとって、当事者の生きられた経験を参照することがいかに必要であるかを浮き彫りにした。[16] トランス・フェミニズムについて、より深く学びたい読者は、この主題について最も有益で示唆に富むと私が考える著作のいくつかを、巻末の文献リストに挙げておいたので、そちらにあたってほしい（Bettcher 2007; 2012; 2013; 2014, McKinnon 2014; 2015; 2017, Koyama 2003; 2006, Serano [2007], 2016）。

ミソジノワールについて何を述べるかを組み立てるにあたって、よりいっそうの認識上の注意——そして、謙虚さ——をもって私は臨んだ。黒人女性の身体を人格貶価や暴力の対象として生々しく位置づけるような仕方で、しかも、それを白人女性として書くことについて、私は道徳的に心苦しさを覚える。それは遠い過去から現在にまで続く、白人による無関心と搾取とが残した傷口の上に塩をすり込むような、いやらしい性質を帯びかねないからである。にもかかわらず、私はダニエル・ホルツクローの事例について紙幅を費やすことにする。そして、セックスワーカーであったり、薬物依存症を抱えていたり、貧困に喘いでいたり、（指名手配中で当局にたいして名乗り出ることができないなどの）法的なハンデを背負っていたりといった、脆弱な状況に身を置く黒人女性を、権威を盾にして餌食にする人物のやり口を明らかにするつもりである。私は、この事件の裁判にさいして、陪審員の一人である白人女性が、黒人女性にたいする悪質な性犯罪であるとして容疑者に有罪判決を下しながらも、彼にたいして憐れみの涙を流す姿を目にして、驚きの念を禁じえなかった。加えて、フェミニズム系の主流メディアの白人女性たちも大方この件については沈黙を通した。これらの例は、あまりにしばしば白人女性が手を染めてしまう、共犯関係と無知という形式でのミソジノワールを例証する。もっとまともに行動することができるし、そうせねばならない人々の集合の一成員として、私自身もここに含まれる。

以上は、この探究を進めるにあたって道徳的に申し分のない方法は存在しないという結論に私がいたった、わずかばかりの論拠である。「引き下がる」という決断でさえ、結局は特権的な位置からなされるのであると、リンダ・マーティン・アルコフは指摘した（Alcoff 1991–92）。にもかかわらず、これもアルコフの論じるとおり、引き下がることが必要とされるときもある（同論文 24–25）。けれども、だからといって、その結果何も述べることができないことについて後悔がないというわけではない。

本書において私は、八つの章と結論がそれぞれ自己完結性を備えた独立したエッセイとして読解に耐えうるようにしつつ（読者は各々自分に見合ったテクストへの入り方と出方を見つけるということは重々承知しているが）、その一方で、ミソジニーという主題への包括的アプローチと言うには程遠いにせよ、それぞれの章がいかに体系的記述に向けて寄与しているかを明瞭にしようと試みた。ただし、繰り返しになるが、重点は前者にある。というのは、ミソジニーについて考えるためにここで提示する枠組みは一般的であることを意図しているが、その一方で、それに肉付けする作業には、異なる分野の数多くの理論家が必要とされるからである。本書、とくにその後半の章で私が行なう具体例の分析は、意図的に、私自身がこれまで政治的に参与してきた文化圏、すなわち、現代のアメリカとオーストラリアでの事例に限定している。これは、見当違いの自民族中心主義によるものなどではなく（そうでないと思うし、そうなっていないことを願う）、私の方法論が文化批判、イデオロギー批判、そして哲学的分析のそれぞれの要素を結合するものだからであり、だからこそインサイダーとしての知識が必要なのである。加えて、ミソジニーについては、ときに人種差別や外国人嫌悪の意味で、他の文化、あるいは他者化された文化のうちにそれを指摘するのを見かける。けれども、そうではなく、そんなものは存在しないと言われることの多い文脈のうちに、あえてミソジニーの診断を下すことも重要であると思う。ただし、これは、オーストラリア出身の白人である私が本来引き受けるべき役割ではないので他の識者によるさらなる修正と一般化を歓迎する。

もう一つ、初めにはっきりと言っておきたいことがある。それは、なぜ本書が「ミソジニーの論理」という副題を持つのかについてのもう一つの理由でもあるのだが、人を相互排他的かつ網羅的な二つのカテゴリー、すなわち、少年・成年男性のカテゴリーと少女・成年女性のカテゴリーに分かつ、ジェンダーについての二元システム（the gender binary system）は誤まりであると同時に、有害だと私は思う。インターセックス（半陰陽）の人もいれば、ジェンダーレスの人もいるし、ジェンダークイア、つまり、異なるジェンダー自認を往き来する人たちもいて、みんな非二元的な可能性の中に含まれる。だから、私はジェンダー二元性を支持するつもりはないし、じっさいに断固としてそれを否定する。けれども、二元システムが何をもたらすのかを見きわめるために、あたかもそれが真理であるかのように論述を進めることがあるかもしれない。というのは、家父長制、かくしてミソジニーの論理は、以下のような考えへの関与を往々にして含むからである。まず、ジェンダー二元主義（Digby 2014を参照のこと）、次に、トランスジェンダーを認めないジェンダー存在論（Bettcher 2007, 2012を参照のこと）、次に、異性愛を規範とするセクシュアリティについての見解（同性愛、異性愛、バイセクシュアルという、通常の区分とは異なる概念的枠組みの提案については、Dembroff 2016を参照のこと）、そして、一夫一婦制を義務的とする愛についての理念（フェミニズムの側からのポリアモリー擁護については、Jenkins 2017を参照のこと）。

問題をはらんでいるか、あるいは完全にまちがっているそうした想定の数々は、多くの人々を排除し、正当で健康的な身体のあり方、生き方、愛し方を、さらには、特定の人々の人間性と存在それ自体を、端《はな》から除外する。だから、ミソジニー論理の探究はそれらによって含意されるものについての解明をしばしばともなう。けれども、それらと対決するための最善の方法を見つけるには、複雑で、ときに道徳的に目を背けたくなるような細部にいたるまで現状《ステータス・クオ》を下支えするシステムの内部構造を理解することが、役に立つと言えよう。首をかしげるような想定を私がときに認めるとすれば、その背後には、議論を進めるために、そして究極的には、いかにミソジニーが作動しているかを暴露し、それを崩壊させるためにそうしているという意図があることを、理解してほしい（Haslanger 2012）。

このことは、本書の副題がなぜ「論理」という語を含むのかの最後の理由ともつながっている。本書全体を通して、私はミソジニーを内側から理解しようと努めている。「内側から」とは、第一義的に心理学的な事柄の一つとしてということではなく、むしろ、心理学的、構造的、制度的な顕在化をともなう、社会・政治的現象の一つとしてという意味である。私はミソジニーを、それが家父長制秩序を監視し、それを施行するかぎりにおいて、家父長制イデオロギーの視点からはおおよそ筋の通った敵対的諸力のシステムであるとして提示する。家父長制秩序は抑圧的でしかも不合理であり、長きにわたって歴史にその影を落としてきたと私は考えるのでミソジニーは反対されるべきであり、私たち個人個人はしばしばそれに抵抗する理由を、そしてときには義務すらももっと考える（この点については、たとえば、Hay 2013 および Silvermint 2013 を参照のこと）。

しかしながら、批判的人種理論の研究者チャールズ・ローレンス三世の導きにしたがって（Lawrence 1987; 2008）、本書は社会正義にかんする事柄にたいして、主として彼が呼ぶところの「疫学的」アプローチを取る。すなわち、政治的土台に支えられた道徳的・社会的現象と解されるミソジニーについて、主にその道徳的診断、もしくは、その本質（nature）の解明に集中する。これに対比されるのは、公然と道徳的処方を施し、性格にかんする評価判断を行なうことにより、事実上、人を裁きにかけ、守勢に立たせるというやり方だろう。ミソジニーへのそうしたアプローチはとくに道徳的ナルシシズム、つまり、個人の有罪・無罪についての過剰なこだわりを促すばかりで、無益な結果に終わる傾向がある。さらには、本書では以降くりかえし目にすることになるが、ミソジニーはしばしば、道徳についての（現実の、あるいは想定上の）過ちをめぐって、違反者とされる女性にたいする道徳主義的なこき下ろし、もしくは仮借なき辱めをともなう。ミソジニーはまた、ある種の脆弱性の専制政治と思われる状況へと女性を投げ込む。すなわち、それは、女性の周辺に存在する、彼女よりもさらに脆弱な状況にある（と想定される）、しかも、彼女がもっとまともな世話をすることができるはずである（とやはり、想定される）人物もしくは生き物を指し示し、そうした人物や生き物の世話をすることを彼女に義務づける。従わなければ、冷酷な女だとか怪物だと呼ばれるリスクを突きつけつつ、そう強いるのだ。他方、同じ立場にある男性のほうは、そうした務めから免除されて、イギリスの道徳哲学者バーナード・ウィリアムズが呼ぶところの「個人的プロジェクト」（Williams 1981）を引き続き追求することが許されている。この意味で、女性は不当な道徳的負担を負っていると言える。

だから、主に司法や道徳上の概念を使ってミソジニーと戦おうというのは、言ってみれば、酸素をもって火と戦うに等しい。小規模の戦いならば、うまくいくかもしれない。なんと言っても、マッチやローソクの火くらいなら口で吹き消すことができるのだから。だが、同じ戦略をそのまま規模を大きくしたら、逆効果なのは目に見えている。まさしく火焰の源を供給しながら、それで燃えさかる炎を消そうというのだから。

では、それに代わる別の方法はあるのだろうか。私はここで、ウィリアムズにしたがって、道徳的・政治的主張について、「評価的（evaluative）」なそれと、「指令的（prescriptive）」なそれとを区別したい。前者は、この世界における特定の事態の善さ（goodness）、悪さ（badness）についての主張を指す（あるいは、事態にたいしてより入念な、もしくは、「厚い（thick）」道徳・政治的性質を帰属させる主張であると言ってもよいだろう）。したがって、評価的主張とは、何が事実であるべきか（それとも、あるべきでないのか）についての主張である。そしてそれは、ウィリアムズによると、しばしば社会正義についての問いにたいする答えがとるべき形式であるとされる。他方、指令（あるいは、これと表裏一体をなす否定の側である、禁止）を提示する主張は、個々の行為主体にたいして、その女性は何をすべきか（もしくは、すべきでないか）について、命令または指示を与えるための基盤をなす。ウィリアムズはまた、こうした指令は「もし私があなただったら」という様式でなされる忠告の基盤であると注解する。

指令的主張は、それが特定の行為主体にタグ付けられている（indexed）場合には、その真理はその主体の「個人的プロジェクト」と価値に左右されるという、ウィリアムズの「内在主義的」見解に私は賛同する（Manne 2014a）。だが、たとえ議論の多いこの主張を受け入れないとしても、指令的主張から区別される評価的様式が存在することによって、私たちは、しばしば相手側が怒りを募らせていくような（その理由については「はじめに」で素描したとおりである）、道徳的に人を告発する態度、不可避的に指令的でさえある態度と、この文脈において切望されるだろうが、ときに侮辱的でもあるような、とげとげしい道徳的中立性との二者択一を迫られる必要がなくなる。したがって、本書における私の作業は道徳的に望ましくない——たとえば、不当で抑圧的な——、そして改良の必要があると明確に考えられる事態を記述することに、ほぼ終始することになるだろう。私は本書の読者が同じ結論を導き出すことを、あるいはそうでなくとも、何かしら有益な結果へとつながりうるような不一致の根拠を見出すことを期待する。本書で取り上げる問題はどれを取っても道徳的に中立であることは不可能である。にもかかわらず、私は、どのように(また、どの程度)、誰にたいして非難を向けるのか、また、いかにして状況を改善したらよいのかについて、答えをおよそ未決のままにあえてしておく。ただし、どうやってミソジニーに立ち向かうべきかという問いへの答えはまったく明白である場合もある。それに関与しない、それを促さない、それを止めようと努めるなどがその答えだ。また、どのような報酬や恩恵をもたらしうるかというリスクとコストについての勘案が求められる、さまざまな可能性が存在する場合もあるだろうし、どうしたらよいのかまるでわからず、戦略を立てたり、実験を試みたり、手探りで進まなくてはならないような場合もあるだろう。いずれにせよ、ミソジニーとの対決は、時間を要する道徳・社会についての徹底的見直しのプロジェクトの多くの場合と同じく、一挙解決はまず見込めない、やっかいで細かな作業になるのではないかと私は考える。

ミソジニーとの対決がとりわけ小分け式の作業となるだろうと私が考えるもう一つの理由は、そのメカニズムとやり口がきわめてご都合主義的、または見方によっては冒険主義的であり、はなはだしく多様であるという点である。少女や成年女性はそれがどんなものであれ、人が通常価値を見出すもの——人間的達成、名声、誇りなどの領域における、物質財、社会的地位、道徳的評価、知的信任——にかんして、格を下げられ、剝奪されるかもしれない。しかも、それはさまざまなかたちで起こりうる。見下し、マンスプレイニング、説教、叱責、処罰、口封じ、あてこすり、嘲り、性的対象化、見くびり、戯画化、搾取、抹消、あてつけるような無関心などがそれである。

これが本書のタイトルを「ひれふせ、女たち(Down Girl)」とした、もう一つの理由である。正確には、もう一つある。この言葉は現実には命令でありながら、必ずしも権威主義的な響きをもたない。穏やかに発せられ、喜びと目的意識をもって人がそれに従うこともありうる。ちょうど私の愛犬パンコが身をもって示すように。けれども、ジョセフ・ラズの概念を借りるならばパンコにとっての「自由をもたらす義務」(Raz 1989)は、私にとってのそれとはかけ離れたものだろう。人間として、私たちの自由は、別の種類の規則遵守、ならびに規則の修正、創造、破棄による改革に存する。*1

原注

(1) ラックス・アルプトローム「ベル・フックスに聞くフェミニズムの現況とトランプ政権下でどうやって前へ進むか――バスト・インタビュー」バスト・マガジン、二〇一七年二月二一日。https://bust.com/feminism/19119-the-road-ahead-bell-hooks.html

(2) 窒息(choking)が食べ物の欠片などの異物を詰まらせることによって、気道を内的に塞がれるのにたいして、絞首(strangulation)は喉や首に加えられた外的圧力によって引き起こされる。後者は以下のような結果をもたらす。「頸動脈の閉塞(脳への酸素供給が遮断される)。頸静脈の閉塞(脳からの脱酸素化血液の排出が妨げられる)。そして、気道が塞がれることによる呼吸困難」(Turkel 2008)。非常にわずかな圧力(五キログラムほど)を加えるだけで頸動脈閉塞が起こり、数秒以内に意識喪失、数分以内に脳死にいたることもある。ちなみに、缶ジュースを開けるにはその二倍近く(九キログラムほど)の圧力が必要である。

(3) 「保安官代理は語る――犬を散歩中の年配女性の首を絞めたとき、パーム・ハーバー犯人は犬の鎖を使った」WFLAニュース・チャンネル、二〇一七年四月一四日。http://wfla.com/2017/04/14/deputies-palm-harbor-man-chokes-elderly-woman-walking-her-dog-with-metal-leash

(4) 少年が絞首行為に関与することもある。ただし、それがどの程度の割合であるのか(絶対的数値にかんしても、その他の未成年との比較にかんしても)、データは存在しないようである。フィクションの世界に目を向けると、最近放送されたHBOテレビの連続ドラマ『ビッグ・リトル・ライズ』では、絞首をめぐる事件が物語の軸となった。少女が首を絞められ、首にはっきりと痣が残されたという事件について、同じクラスの一人の少年に疑いが掛けられるのであるが、少年はこれを否認する。ドラマの展開とともに謎は深まる。犯人は彼なのか、動機はあったのか、彼でないとすれば真犯人は誰なのか。犯人が誰であるかを尋ねられた被害者の少女は少年を指さすが、彼女はなぜそんな嘘をついたのか等々。

物語の主人公たちがまだ小学校一年生であることから、私の知人のあいだでは、まだ幼い子どもたちが本当にそんなことをするだろうかということが議論になった。それが現実にあることは、五歳の時に私自身がそうした体験をしたことから証明できる。ドラマとの違いは、私の場合、素手ではなくて、より糸、つまりは道具を使って絞められたという点である。加害者の男の子は、スペリング競争の決勝戦で私に負けたのを受け入れられなかったのだと、意識が戻ってから聞かされた。

(5) こうした主張は、「包括的 (generic)」であることから、どちらの読みも許容するので、混乱の元となるということは、ツイッター上の #NotAllMen (男という男がすべてそうであるわけではない) 支持者に公正であるためにも、はっきりさせておく。したがって、本書では、文脈によって意図した意味が明確にならないようならば、こうした主張は避けるようにしている。

(6) ドトソンの定義では、「証言的窒息」とは、「証人が自らの証言内容を切り詰めることであり、それは、聞き手側の証言的適格を示すことができる内容のみがそこに含まれるようにするためになされる」。そして、「以下の三種類の状況によって、証言的やり取りにおける証言的窒息は同定される。一、証言の内容が安全でなく、危険をともなう。二、聞き手が話し手の証言内容にかんして、証言的欠格を示す。三、当該の証言的欠格は悪質な無知に由来する (または、そのように思われる)」(Dotson 2011, 249)。

(7) 「証言的不正義 (testimonial injustice)」と呼ばれる認識的不正義の形式についてはミランダ・フリッカー (Fricker 2007) を、また、認識的不正義一般にかんする文献の概観はレイチェル・V・マッキノン (McKinnon 2016) をそれぞれ参照のこと。また、第六章では、この関連でホセ・メディナ (Medina 2011, 2012)、ゲイル・ポールホース (Pohlhaus Jr. 2012)、ドトソンとマリタ・ギルバートの共同研究 (Dotson and Gilbert 2014) を援用する。

(8) デイヴィッド・A・ファレントホールド「女性についての二〇〇五年頃のトランプのきわめて卑猥な会話の録音テープが明るみに」、『ワシントン・ポスト』二〇一六年一〇月八日付。https://www.washingtonpost.com/politics/trump-recorded-having-extremely-lewd-conversation-about-women-in-2005/2016/10/07/3b9ce776-8cb4-11e6-bf8a-3d26847eeed4_story.html

(9) このケースでは、女性は男性を助ける。衣服を脱がしやすいように腰を上げさえする。ほとんど抵抗することもなく。「そうすれば、すべては、いうなれば、遠いところで済まされるだろう」（Coetzee 1999, 23; 邦訳三三頁）。そうしたケースについて、私は拙稿（Manne 2017）においていくつかの点を示唆をしたが、いまとなっては疑問が湧く。ここで彼女が求める「遠さ」は、空間なのか時間なのか、それともその両方なのだろうか。彼女は、まるで時間を早送りして、触られたり、餌食にされたりすることのない未来の時間へと自己を投影しているかのようだ。だが、彼女は彼のなすがままになった。つまり同意したのだとされるのである。

(10) フィアシュテインのメールが手紙辞典からの引用にすぎないなどと解釈されないよう、次のことを注記しておく。フィアシュテインは、『オプラ・ウィンフリー・ショー』の映像が再浮上したことに心底驚いたかのように、上院議員たちとの直接面談を自ら申し出たばかりか、何度にもわたってこの申し出を繰り返したのである。

(11) 政治的「盟友」の概念がいかにしてガスライティング、さらには証言的不正義を隠蔽するための偽装として使われるかについての重要な議論として、McKinnon 2017 を参照のこと。

(12) だから、読者が落胆しないよう、あらかじめ明確にしておくべきだろう。ミソジニーはそもそもどのように発生したのか、それはなぜ時代、地域、文化を超えて存在しつづけているのかという興味深い人類学的問いについて論じることは私にはできない。

(13) 大統領選挙直後にクレンショーは一六人の社会正義活動のリーダーたちと議論を行なった。その抄録については、クレンショーらの論文（Crenshaw et al. 2016）を参照のこと。それぞれの論者が自らの視点からきわめて興味深い洞察を行なっている。

(14) 警察の報告書の写しは、Gold and Bresnahan 2016 に付された、以下のＵＲＬで閲覧可能。とくに注記のない場合、事件の詳細についての記述はすべて同報告書からの引用である（担当捜査官による手書き報告書から私が転記したものにもとづいて、文章に多少の修正変更を加えたが、ほとんど引き写しと言ってよい）。http://www.politico.com/f/?id=00000156-c3f8-dd14-abfe-fbfbbe310001（最終アクセスは二〇一七年五月二二日）。

(15) トランス男性が被るトランス嫌悪（transphobia）がトランス・ミソジニーであるかどうかは、トランス・ミソジニーの定義が誰による定義であるかによるという点を注記しておく。この語を最初に使ったジュリア・セラノがそうした連続性を意図していたことについては、Serano [2007], 2016 を参照。また、私の見るところ、セラノの定義と両立可能なかたちで、トランス嫌悪がトランス男性とトランス女性では異なるとする議論については、Bettcher 2007 を参照のこと。

(16) ジェニファー・シュースラー「哲学界を騒がせる「トランス人種的」アイデンティティ擁護」（『ニューヨーク・

タイムズ』二〇一七年五月一九日付)。https://www.nytimes.com/2017/05/19/arts/a-defense-of-transracial-identity-roils-philosophy-world.html

訳注

＊1　著者によると、この文は次のように言い換えることができる。自らがその内容に同意を与え、それを支持するような規則、あるいは自らがその成員である社会ないし集団にとって有益な社会規範を構成するような規則に、熟慮のうえ自覚的に従うことは人間にとって解放的でありうるし、そうした規則を作り直す、つまりそれらを修正したり、新たな規則を加えたり、それらを公に破棄して改善したりする作業に関与することもまたそうである。

第一章　女たちを脅す

もちろん、ぼんやりとではあっても、人はうっすらとは気づいているものだ。どんなことが話題になっているかということを。　（P・F・ストローソン「自由と怒り」）

「ミソジニー」は含みのある言葉である。そして、ニュース見出しとしてこの語の使用が最近増加している。[1]ところが、それが意味するところ、それが指すものについての意見の不一致もまた同時に広がっている。「ミソジニーについて混乱している男性は私ひとりであるはずがない」。トム・フォーディは二〇一四年七月二日付の『テレグラフ』誌にそう書いた。[2]フォーディはまったく正しい。しかし、この語と格闘しているのは男性ばかりではない。そして、問題は、いったいどれくらいの少女および成年女性が、さまざまな意味で、じっさいのミソジニーと格闘しているかである。「男はみんな胸のうちにミソジニストを宿しているのだろうか？」フォーディは陰鬱そうにそう問いかけた。ツイッター上の「#女はみんなそう（#YesAllWomen）」運動が前提するように、すべての女性が本当に何らかのかたちでミソジニーの対象となっているのだろうか。

本章では、ミソジニーの概念について、その意味、用法、そしてそれが意図するものについて考察を行なう。これまで、分析哲学者は、フェミニストであるかどうかにかかわらず、これらの問いについてほとんど語ってこなかった。[3]だが、じつのところ、これは哲学的に豊かで、心理学的に複雑で、政治的に重要な問いなのである。こうした理由から、ミソジニーにたいしてより深い注意を払うべき時がいまこそ来ていると私は信じる。第二章の終わりまでに、私はその構成的定義を提案することにしよう。

それにしても、なぜそんな定義が必要なのかと思われるかもしれない。というのも、「ミソジニーとは何か」という問いには、単純な答えが存在しているからである。この概念についての一般的で辞書的な定義――本書ではそれを「素朴理解」と呼ぶことにする――によれば、ミソジニーは第一義的に、ある個人（かならずしもそうとはかぎらないが、典型的には男性とされる）のもつ、以下のような属性を指す。当該個人は、各々そしてすべての女性、または、女性一般にたいして、彼女たちが女性であるというそれだけの理由で、嫌悪、敵意、またはそれに類する感情を抱く傾向を有する。すなわち、ミソジニストの態度は、彼が人を（個別的に、もしくは、集合的に）女性として表象すること、ただそのことによって引き起こされる、または、誘発されるのであり、標的となる人物に固有のそれ以外の基盤にいっさい依存しない。そうした表象は、その背景にある、女性にたいするその男性の考え、たとえば、気持ち悪い、むかつく、ぞっとする、心をもたないたんなる性欲の対象などと相まって、ほとんどの場合に（なんとか彼の敵意を払拭することに成功する少数の女性といったかぎられた例外を除いて）、彼のうちに敵意を誘発するに十分だとされる。こうして、ミソジニー的態度というのは、その心理学的性質および基盤、つまり、「深層」もしくは究極的な心理学的説明によって、一つにまとめられる。他方、文化は、それがミソジニストを成員に含み、ミソジニストを助長し、ミソジニストに優位を占められる度合いに応じて、ミソジニー的であるとされる。

ミソジニーの「素朴理解」はある点で狭すぎ、また、ある点で焦点が十分に合っていないと私は思う。敵意とそれに類する態度を強調する点は適切だが、ここで言われる敵意の標的は、特定の女性と特定の種類の女性の双方を包含することが認められるべきである。さもないと、ミソジニーは、敵意と嫌悪の道徳心理について通常理解されている内容に照らして、ミソジニーの「原生息地」である家父長制的環境においてさえ、まるで稀有な現象であるように定義されかねない。「素朴理解」はまた、本書が考察の対象とするべき、そうした敵対的反応の一部分、すなわち、家父長制イデオロギーから派生すると考えられる態度の数々を見逃してしまう。ミソジニーは、個人的色合いを帯びることが多いにせよ、政治的現象として理解するのが最も生産的だからである。より具体的には、ミソジニーは、家父長制秩序の内側で、女性の隷属を監視し、施行し、男性優位を支えるために働くシステムとして理解されるべきだと、私は論じる。

したがって、本書前半の目標は、サリー・ハスランガーが言うところの「分析的」あるいは「改良的」プロジェクト（Haslanger 2012, 223–225, 366–368）、もしくは、「概念倫理」（Burgess and Plunkett 2013）や「概念工学」（Floridi 2011）とも呼ばれる試みを実行することである。本章をその導入とし、次章で厳密に展開することになるミソジニーについての改良的フェミニズム理解によれば、ミソジニーは第一義的に社会システムもしくは環境全体の属性である。女性がさまざまな敵意に直面することになるのは、彼女が男性の世界（家父長制社会）で女性であるからなのであり、つまり、彼女は家父長制的標準（当該環境において利点を有する家父長制イデオロギーの教義）に応えていないと見なされるからなのである。だから、ミソジニー的敵意は、無差別的に女性すべてを標的にするのでなく、きわめて選別的に、特定の女性を標的にすることも多い。また、個々の行為者はそれぞれ異なる理由から、女性に敵意を抱くこともありうるし、彼らの態度と行為全般についての心理学的説明もまたそれぞれ大きく異なることもありうる。また、そうしたさまざまな敵意は、より広範な社会制度や機関による行為、実践、政策にその起源をもつこともありうる。さまざまな種類の敵意に共通するのは、それらがかならず社会的・構造的な理由をもつという点であり、大まかに言えば、それらの敵意は、家父長制の敵であり、脅威であると認識される女性たちを監視し、処罰し、支配し、糾弾するシステムに組み込まれていることはまちがいないだろう。

したがって、私が提案するフェミニズム分析は、ミソジニーの政治的次元に注目し、それを心理学的により理解可能なかたちで説明し、さらには、ミソジニーを性差別主義（sexism）から明確に区別することを通じて、ミソジニー概念の改良を目指す。同時に、フェミニストの用法と調和するように、「ミソジニー」という語の外延を広げる。これによって、私の提案する改良的プロジェクトに含まれる修正主義は、その範囲を明確に画定され、また、そうした用法パターンが場当たり的でなく、理論的統一性をもつことが示される。この分析を根拠として、

第三章では具体的分析を行なう。

では、前置きはここまでとして、事例に目を向けることにしよう。次節では、先述の記事の執筆をフォーディに決心させ「#女はみんなそう（#YesAllWomen）」運動の火付け役となった二〇一四年五月の事件の顛末とその後のメディアでの騒動を概観する。近年、「ミソジニー」の検索件数（辞書検索およびグーグル検索）の劇的な増加が三度ほどあったが（以下の三つの章において、それぞれについて論じる）、この事件はそのうちの一つである。

アイラ・ヴィスタ銃乱射事件

「皆さん、エリオット・ロジャーです。ええと、これが僕の最後の動画になります。結局こういうことになってしまいました。明日は報復の日です」。愛車のＢＭＷの運転席から二二歳のロジャーはそう語りかける。彼自身の言葉によれば、もうずっと「孤独と拒絶、そして満たされることのない欲求を耐えしのぶ存在を強いられてきました。すべては女の子の誰ひとりとして僕に振り向いてくれなかったせいです。他の男たちには優しさもセックスも愛情も与えたのに、僕には何一つくれませんでした。（中略）すごく苦しかった」。彼の愚痴はそんな風に続いた。[4] 女の子たちは、自分のような「最高の紳士」を差し置いて、「無神経なアホども」にすすんで身を任せる。「僕に何が足りないんでしょう？」むしろ懇願するように、彼は問いかける。

若い女性についてそれまでは三人称で語っていたロジャーは、ここで彼女たちに向けて、「君たちみんな」といった二人称複数形を使って話しかけ始める。「お返しに、君たちみんなに罰を与えます」。そう言って、報復実行計画の詳細を説明し始めた。「報復の日には、ＵＣＳＢ（カリフォルニア大学サンタバーバラ校）の一番ホットなソロリティ・ハウス*1に侵入します。そして、甘やかされて調子こいてるブロンドのヤリマン女をひとり残らずぶっ殺します」。彼はここでふたたび二人称複数形を使った呼びかけを始める。「君たちを皆殺しにするのはとても楽しいでしょう。僕こそが本当のナンバーワン、正真正銘、男の中の男だって、ようやくわかってもらえます。

そう。ソロリティ・ハウスの女の子を皆殺しにしたら、アイラ・ヴィスタの通りへ出ます。そして、目に入る連中を片っ端から撃ち殺すことにします」。

ロジャーが待ちわびた「報復の日」は、自身が暮らすアパートから始まった。三人の青年（ルームメイトの二人と彼らの友人一人）を刺殺した後に、件の動画をユーチューブにアップすると、ＵＣＳＢのアルファ・ファイ・ソロリティ・ハウスにＢＭＷで乗りつけた。ところが、ここで彼の計画の中心部分が頓挫する。ソロリティ・ハウスへの到着を告げる知らせが大胆すぎたのである。玄関ドアをノックする音が尋常でないほど強く激しかったと、当時ハウス内にいた女性の一人が事件後に語っている。[5] ドアを開けてもらえなかったことに激怒したロジャーは、腹いせに、ソロリティ・ハウス近くの角で行き合った三人組の女性に向けて発砲に及ぶ。[6] 彼女たちはＵＣＳＢの別のソロリティ・ハウスのメンバーだった。ロジャーは弾薬の数カートリッジ分を乱射し、二人を殺害、一人に重傷を負わせた。その後、現場から車で走り去り、通行人に向けて運転席からの無差別発砲を開始する。若い男性一人をさらに射殺し、一三人の男女に怪我を負わせた。警官に追い詰められると、ロジャーは自らの頭部に向け銃を発射し、そのまま駐車していた車に衝突。炎に包まれたＢＭＷの車内で死亡しているのがその後発見された。

多くのフェミニズム評論家にとって、アイラ・ヴィスタ銃乱射事件は、他の何らかの要素を含むにせよ、ミソジニー犯罪の一例であるのは明らかと思われた。そして、多くの人が、より大きな文化的パターン、すなわち、ポスト家父長制社会を自認する現代アメリカとその他の文化圏の水面下に潜むミソジニーの劇的な発現を、そこに見た。

凄惨な事件報道後にロジャーの動画を視聴した女性の多くもこれに似た反応をした。まもなく「#女はみんなそう（#YesAllWomen）」運動がツイッター上で広がった。その名称は、それ以前からソーシャルメディアに出回っていた、「男という男がすべてこんな風ではない」という形式の自己弁護的反応に対しての反撃《カウンター》であった。このハッシュタグは（当時の基準からすると）劇的な勢いでトレンドを賑わせた。最初の登場から四日間で一〇〇万件を超えるツイートがあった。その多くは女性が寄せたもので、男性からの攻撃、敵意、暴力行為、セクシュアルハラスメントを証言していた。その他には、一見するとより軽微だが、関連すると考えられる侮辱行為——マンスプレイニングを含む、微妙なタイプの軽蔑的で横柄な行為——を報告するツイートも多かった。ロジャーの取った行動は明らかに最も暴力的な極限的事例ではあったが、彼の言い方の何かが多くの女性たちにとってどこか神経に障った。あまりに聞き慣れた言葉遣いがそこにはあったのである。

　右派および主流評論家の多くは、この事件にミソジニーを見て取るフェミニズム診断をすぐさま拒絶した。また、それに連なる「#女はみんなそう（#YesAllWomen）」運動を一刀両断する者も多かった。両者の応酬は、リズミカルなピンポンゲームの様相を呈した。「ミソジニーは人を殺す」。事件翌日の『ガーディアン』紙上でジェシカ・ヴァレンティがそう書くと（Valenti 2014）、「エリオット・ロジャーを殺人鬼に変えたのはミソジニーではない」と、その翌日の『タイム』誌で心理学教授クリス・ファーガソンが反論した（Ferguson 2014）。ロジャーのミソジニーは、「社会から「教え込まれた」ものではなく」、むしろ、精神疾患、社会的孤立、性的欲求不満あるいはたんなる欲求不満の産物であり、「あそこまで自らの性的無能さにこだわっていなければ、ソロリティの女子学生ではなく、ショッピングモールの客を標的にしていたかもしれない」というのである[7]。同日の『ニュー・ステートマン』誌では、ローリー・ペニーがこれに異議を申し立てた（Penny 2014）。「例外的な一匹狼の常軌を逸した行動にすぎない、本当の大人の男による犯行ではないとして、白人男性によるテロ行為がことごとく免罪されるのと同じように、過激派ミソジニストもずっと免罪されている。ここに一つのパターンが存在することをなぜ私たちは否定しつづけるのだろうか」。

　ほどなく投稿されたスティーヴン・ピンカーの不用意なツイートは、少なくともある意味では、ペニーの問いへの回答のように見える。「UCSB殺傷事件〔アイラ・ヴィスタ銃乱射事件〕が女性へイトの一例であるという考えは統計的に見てピントはずれだ」。このツイートには『ナショナル・レヴュー』誌に掲載されたヘザー・マクドナルドの記事へのリンクが付されていて、どこかもったいぶったところがある。だが、むしろそこで彼が使わない単語に注意してほしい。思いつくのは、「フェミニスト」、「合理性を欠く」、「ヒステリック」、「馬鹿げている」等々。そして、とくに「女性憎悪」を語りながら、「ミソジニー」が使われない。代わりに彼はただマクドナルドの記事〔Mac Donald 2014〕へのリンクを付す。そのことが、彼の呟かなかったすべて、そして、それ以上のことを物語る。

「UCSBの独我論者たち」という興味深い題目のついたマクドナルドの記事は、その小見出しによって過不足なく要約される。「逆上したサイコパス、女性よりも男性を多く殺害するも、フェミニストの喧噪止まず」。マクドナルドはロジャーの犯行を次のように一刀両断する。それは「明らかに常軌を逸した人間の犯行であり、彼の発する一言一句、彼の一挙手一投足は、歪んだナルシシズムの充満する引きこもり部屋で増幅された、偏執狂的で自己憐憫の妄想を物語る」。さらには、「わが国に、ジェンダーにもとづく凶行のパターンが存在するというのは誤りである。他方、未処置の精神疾患による凶行のパターンが現われつつあるのは確かである」と述べ、「しかし」として以下のように続ける（私たちはこの「しかし」に注意を向けるべきである）。「ロジャーによる大量殺人についてのフェミニズム的分析が大前提とする、アメリカはミソジニー社会であるという主張の滑稽さは疑う余地もない」。それどころか、

> 正反対に、われわれの文化は女性の成功を促し、褒め称えるという考えに取り憑かれている。競争力のある候補者がいてもいなくても、能力主義的基準を損なう危険性があろうとなかろうと、とにかく女性教授や女性研究者を雇用せよと言われる。大学アドミニストレーターや連邦政府から、再三再四そうした圧力を受けない自然科学系学部や研究所はこの国には存在しない。女子の自尊心向上と学業上の成功を促進するためのプログラムが、次から次へと、資金潤沢な財団や個人篤志家から繰り出される。学業においても、社会的見地からも、一歩も二歩も遅れを取っているのは女子ではなく男子なのに、男子は慈善援助の獲得では次点候補にすら挙がらない。（中略）独力での育児も含めて、「強い女性にできないことはない」というメッセージ

がたえず女子の元には届く。学会のパネリスト枠、メディアに登場する枠、新聞の特集ページ枠には、かならず女性を含むようにという圧力の「恩恵」に浴してきたことをよく自覚していない女性がいるとすれば、どんなかたちで公的領域での活動をしているにせよ、それはまったく勘違いをしている。大企業の取締役会とマネジメントは成功欲に飢えた女性を探し求めている。もしも女性にたいするこうした選好的処遇が明日にも失われたとしても、いわゆる「フェミニスト」を構成する層、つまり、高学歴で特権的地位にある女性たちの目の前には、あいかわらず、歴史上先例のないような、無限の機会に満ちた世界が広がっていることだろう（Mac Donald 2014）。

マクドナルドは正しいのだろうか。男性からの（性的な面だけでなくそれ以外の面に向けられた）攻撃が女性を抑えつけようと働いていると不平を述べる女性たちの存在を、どう理解すべきなのか。「そうした女性はどうやら私とは別の世界に住んでいるようである」とマクドナルドは言うが、おそらくは、彼女が「独我論者」と見なす、すべてのフェミニストたちとともにということなのだろう。

アイラ・ヴィスタ銃乱射事件については、多くの、しかも、さまざまな立場の論客が、マクドナルドと同じく、フェミニズム的分析の妥当性を認めようとしない。この事件を理解するうえでミソジニーが重要な役割を果たすことを否定するために挙げられる多くの理由のうちのいくつかを、以下に見ておく。

- ロジャーは心の底では女性を憎んでいなかった。彼の女性にたいする欲望は（女性から嫌悪されたり、拒絶されたりした結果として）過小だったのではなく、むしろ過大だった。ある著名な男性権利擁護活動家によると、ロジャーは「プッシーを崇拝していた」のであり、したがって、「史上初のフェミニストとしての大量殺人犯」と見なされる（Valizadeh 2014）[8]。
- ロジャーは心の底では女性を憎んでいなかった。分析によれば、ある意味で彼は女性にたいして興味をもってさえいなかった。彼は、究極的には、女性を口説くことにかんして自分よりも成功している男たちのことを憎んでいた。あるカルチュラル・スタディーズ研究者が論ずるように、女性は彼にとってかならずしもリアルではなかった。[9]

- ロジャーにとって、女性はリアルすぎる存在だった。彼は、性的にもそれ以外の意味でも、女性をモノとは見ていなかった。彼は女性にたいして過剰なほどの行為者性、主体性、自律的なセクシュアリティを帰属させており、したがって、ミソジニストとは分類できない。彼は自分には女性にたいする性的アクセスをもつに十分な権利があるとも思えなかった。女性を惹きつけることに失敗したというのは、自らが望むものを、彼がたんに受け取らなかったということにすぎない。[10]
- ロジャーは心の底では女性を憎んでいなかった。つまり、究極的な心理学的説明のレベルにおいては、という意味である。マクドナルドが述べるように（Mac Donald 2014）、彼はナルシシスト的で妄想的しかも精神的に不安定、つまりは「狂人」だったから、女性を嫌悪したにすぎない。
- ロジャーはとりたてて女性を嫌悪したのではない。もしくは、少なくとも女性にかぎって嫌悪したのではない。彼の「宣言」――むしろ「回想録」と呼ぶべきだろうが――、にはっきりと見られるように、彼は（母方の祖先が中国系であるにもかかわらず）黒人やアジア系男性への人種憎悪ももっていた。さもなければ、彼は人という人すべてを憎んでいたのであり、つまりは人間嫌いだったのだ。[11]
- ロジャーはすべての女性、もしくは、女性一般を嫌悪したわけではない。彼の暴言はいわゆる「ホット」な女性、つまり、性的魅力を感じていたが、彼を無視し、それゆえ、彼の望みを挫いたように彼には見えた若い女性にかぎって向けられている。他方、彼は自分の母親を愛しており、事件直前まで感情的に彼女に依存していた。[12]
- 被害者の男女比が不釣り合いである。彼は、最終的には自分自身も含めて、女性よりも多数の男性を殺害した。それなのに、どうして彼をミソジニストと呼ぶことができるだろうか（Mac Donald 2014）。

これらの主張の一つ一つにたいして反論を試みることも可能ではあろうが、この時点でそうすることはさしたる理解をもたらしそうにない。私のように、以上の議論の運びにはどこか腑に落ちないところがあると感じる向きは、なぜこれほどまでに多くの（大体において、信じがたいような）否定論が吹聴されるのか、その理由についてより包括的な分析を望むかもしれない。私たちはまた、これらの（私が見るところ）的外れの意見の機先を制するような、ミソジニーを新たに概念化する方法を見つけたいと思うかもしれない。では、どのようにそれに取りかかったものだろうか。そのさいのガイドラインとは、基本原則とはどのようなものだろうか。

「ミソジニーとは何か」とはどのような問いなのか

「ミソジニー」のような語をめぐって議論が生じた場合、その意味、用法、指示対象についての問いに、私たちはどのように取り組めばいいのだろうか。社会哲学者サリー・ハスランガーによると、「Xとは何か」型の問いは一般的に次の三つのアプローチに分類される。

(1)「概念的」プロジェクト——私たちの（または、いわゆる「私たちの」か、おそらくは、彼らの）通常概念Xを、伝統的なアプリオリ的方法、たとえば反省的均衡*2や概念分析などを使って探究する。

(2)「記述的」プロジェクト——語の外延、すなわち、「X」という語が世界内のどのようなものを指示するか、または、何にたいして適用するために使われるかを探究する。さらに、語によって指示される属性の範例的な事例、または比較的異論が出ないような事例が特徴的に共有するのは何か、また、それに近い属性の中で、最も自然で重要な属性は何かを問う。これは要するに、当該語が使用されるさいに、人々はいったい何を指示しようと意図しているのかを、効果的に見つけようというものである。とりわけこの理由から、この種のプロジェクトは経験的探究をともなうものであり、したがってアポステリオリな方法であると言ってよい。

(3)「分析的」もしくは「改良的」プロジェクト――そうした語をもつことの要点は何であるのかを見きわめて、それに最も適合するような概念の定式化を試みる。(13) そもそもXについて語ることの目的とは何であるのか。その目的は正当あるいは妥当であるのか。そうした目的が複数存在する場合、そのうちのどれが最も重要なのか。また、そうした検討結果にかんがみて、既存のある語について、いわば、その殻をこじ開けるべきなのか、それとも複数の異なる語を一つにまとめるべきなのか。どのようにすれば、解放政治的な目標（liberatory political goals）やその他の価値あるプロジェクトをサポートする包括的概念枠の達成に向けて作業を進められるのか。以上のような問いに取り組む（Haslanger 2012, 222–225）。

したがって、改良的（もしくは「分析的」）プロジェクトは、言葉によって何を意味すべきかということについて、積極的に決断するよう私たちに求める。よく言われる言葉として、世界を変えたければ、世界についての概念を変革する必要があるというものがあるが、それはとくに社会的活動や実践の場合にあてはまる。社会的かつ自意識的な存在である私たちは、自分たちの基本概念、カテゴリ、スキーマによって「法制化」される規範に同調しやすい。その一方で、他人にたいしては、自らが無批判的に受け入れるそうした規範や期待の数々を強要しがちである。これらの理由からも、改良的プロジェクトは社会進歩にとって重要な役割を果たしうる。

ハスランガーによる三つのアプローチの区別は、この文脈において有益であるし、じっさい決定的に重要であると私は思う。異なる道筋のうちの少なくともどれか一つを自覚的に追求する以外に、どうやって方法論上の足場を獲得したらよいか、見当もつかないほどである。けれども、（ハスランガー自身も認めるように）、三つのプロジェクトは場合によっては相互補完的でもあることを理解するのも、また有益である（Haslanger 2012, 351–354, とくに353脚注22および376）。たとえば、私たちは、伝統的なアプリオリな方法への固執からではなく、語の自然的な目的というか、その最も有効な使用法、言ってみれば、「職務記述書《ジョブ・ディスクリプション》〔雇用などにさいして、職務内容や仕事の範囲などを明記したもの〕」に光を当てるために、当初、概念的プロジェクトに沿って探究を行なうこともありうる。しかし、その後そうした目的が疑問に付され、その議論にもとづいて、語の意味について交渉を始めることもありうる。

同じように、記述的プロジェクトによって、語の意味にかんして選択を行なう必要性が明らかになることもありうる。一つには、異なる言語集団は、たとえば、異なる種類の事例をカバーするためか、あるいはその適用範囲をより狭く、または広くするために、同一の語を異なる仕方で使用するかもしれない。そうした場合、私たちはどの言語・社会集団を標準として取り扱うかを判断しなくてはならないかもしれない。そしてそうした判断はおそらく、私たちの価値観についての検討をしばしばともなうだろうし、端から排除していけばいいという明確な根拠が存在するようには思われない以上、政治的な価値観も検討対象に含まれるだろう。

このようにして、少なくとも、もし同一の目的意識の下に作業が進められるとすれば、最初の二つのプロジェクトがごく自然に、切れ目なく三つめへと続く様子が見て取れるだろう。これにならって、私は、最終的にはミソジニーをいかに理解すべきかについての改良的提案を提出することを視野に入れつつ、まずは概念的、そしてその後に記述的な線で考察を進めることにする。

アイラ・ヴィスタ事件の中にミソジニーを見出すフェミニズム的診断にたいする先述の一連の反論に明らかなように、少なくとも表面上は、ミソジニーについての「素朴理解」を受け入れる人たちが存在する。思い出してほしいのだが、この見解では、ミソジニーは、第一義的にミソジニスト個人の属性であり、当該個人は、女性として女性を、つまり、女性であるからというそれだけの理由で、普遍的に、または、少なくともきわめて一般的に女性を嫌悪するような傾向をもつとされた。さらに言うならば、正真正銘のミソジニストと見なされるのは、深層もしくは究極的な心理のレベルで説明される事柄として、女性にたいする嫌悪感情を心に抱いているような人物に限られるとされる。

しかしながら、ミソジニーの「素朴理解」にはいくつかの深刻な欠陥が存在していて、そのうちのいくつかは認識論的な側面にかかわる。というのは、個別主体の態度の背景に、深層もしくは究極的な心理のレベルでの説明事項としてあるものは、往々にして知りえないからである。だから、「素朴理解」は、当該個人の心理療法士でもないかぎり（じっさい、それでさえ十分でないこともあるだろう）、ミソジニーであるかどうかをきわめて診断しがたいものとする。このことは、とりわけ女性にとってミソジニーを認識的に接近不可能とするおそれがある。つまり、ミソジニーと思われる行為に直面した場合に、自分がミソジニーに遭遇したということを女性が知る、つまりそのことについて正当化された信念を獲得し、それにもとづいて彼女が申し立てを行なうための必要手段を、奪われるおそれがある。[*3] 結果として、ミソジニーについてのこの理解は、被害者にとって事実上、口封じ的（*silencing*）であるだろう。

ミソジニーの観念には、ジェンダー抑圧の最も敵対的で不快な一面を際立たせるという概念的役割がある。そうだとすれば、右の事情は女性が、自らが直面しかねない大きな問題にたいして、それに見合った名前を与える機会を奪われるというおそれを生みだす。「ミソジニー」に代わる言葉の選択肢の少なさを考慮すると、事態はよりいっそう深刻さを増す。それに類する、しかも同じように道徳的な重みをもち、ジェンダーに特化した概念を表現する単語が、「ミソジニー」以外に存在するだろうか。私にはとても見つけられそうにない。「性差別（主義）《セクシズム》」の語がまずは脳裏に浮かぶかもしれない。けれども、それは「ミソジニー」に備わる敵意に満ちた語感を欠くように私には思われる（性差別主義とミソジニーとの対照については、第三章で詳細に論じる）。だから、「ミソジニー」の語をみすみす失うことは、自ら危険を招くことを意味するのである。[14]

ミソジニー告発の遂行を困難にすることは、第一の点ほど明らかではないが、もう一つ大きなコストをともなう。すなわち、まったく無実の身でありながら、ミソジニーの嫌疑を掛けられた人にたいして正義を為すことを、それは難しくするのである。右に見たような理由で、もしもエリオット・ロジャーのような人物さえもが責任を逃れることになれば、ミソジニーにかんしての「無罪」判決はさしたる意味をもたなくなるだろう。問題とされる違反の有無を知りえず、しかも違反の内実がきわめて奇妙でさえあるとなれば、どんな弁護の試みもほぼ間違いなく成功するだろうからである。

だが、ミソジニーの「素朴理解」の問題点はこれだけではない。それは、ここまで見たような認識論的考察の枠を大いに越える。ミソジニーが心理学的に不明瞭であるということは、そうした現象の存在自体が不明瞭だということになるのだろうが、「素朴理解」はそんな曖昧な現象を取り込むことにも失敗するのである。

それはなぜか。典型的な家父長制的環境においてミソジニーが蔓延する可能性くらいは認めてもよいだろうと、考えられるかもしれない。しかしいまや、つまり、もしも「素朴理解」を受け入れると、どうやって、もしくは、なぜミソジニーが可能であるかを理解するのが困難となるのである。この点を理解するには、私が考える家父長制的な社会秩序、関係、そして役割の本質について、いくぶんか語るのが有益だろう（言うまでもなく、これは複雑な社会学的説明を完全に網羅するようなものではなく、有益で、さほど物議を醸すことのないようないくつかの基本事項を概観するにすぎない）。そうすれば、「素朴理解」は、家父長制秩序——この環境こそ、ミソジニーが（最も）自然なかたちで生起する場だろうと私は考えるのだが——の内部では、その蔓延がありえないようなかたちでミソジニーを定義していると論じることができるだろう。

社会環境が「家父長制的」と見なされるのは、ある特定の種類の制度もしくは社会構造がその内部に普及するとともに、物質的資源、共同体の価値観、文化的語り、メディア、芸術表現などのより広範な文化の発信源と国家それ自体から支持を得ている場合であると考えられる。もちろん、それら家父長制的諸制度はその物質的、構造的、さらには、社会的性格においてそれぞれ大きく異なるだろう。だが、それらは次の点で共通する。すなわち、女性という女性、または、ほとんどの女性は、その内部のある特定の男性または男性たちとの関係において隷属的な立場に置かれ、それによって男性が女性にたいして、（その他の関連する交差的要因を含めて）ジェンダーにもとづいて、優位な立場を占めるという点である。

ここで、先に進む前に、やや細かい点に三つほど触れておかなくてはならない。第一に、私は、この文脈において、「隷属（subordination）」という語をいわゆる「達成語（a success term）」とは見なさない。私が意図するところでは、「隷属」または「隷属的」というのは、女性をそうした立場へと追いやる傾向を有する社会的圧力についての事柄であって、かならずしもその実現が「達成」されているとはかぎらない。隷属は打ち負かされるかもしれないし、ときには取り消されることもあるだろう。また、ジェンダーと交差してその他の階級的抑圧のシステムが存在するせいで、対抗する社会的圧力によって阻止されることももちろんあるかもしれない。[*4] 第二に、家父長制的構造は男性の特権を強固に保持する働きをするばかりでなく、主に（ときには独占的に）男性によって支配されている場合がある。けれども、これらの構造は一般的にその他の家父長制的構造からの社会的援助を必要とする。そして、そうした他の構造においては、女性に課される奉仕労働の典型的な諸形式に応じて、女性が隷属的地位に置かれている場合がある（この点については後述[*5]）。第三に、こうした支配と隷属の諸関係はしばしば、特定の家父長制的構造とその中で生きる個人に特有（局所的）である。くどいようだが、人種、民族性、階級、セクシュアリティ、障害など、いくつもの線に沿って、さまざまな権力関係の交差があることを考慮に入れれば、これを認識することがとても重要である。ある男性は自らの領域では主人であっても、別の文脈では隷属され、搾取され、周縁化されるかもしれない。したがって、十全に機能的な家父長と見なされるためには、女性という女性すべてにたいして、もしくは女性一般にたいしてさえ、優位な位置を占める必要はないし、典型的にはそうでない場合が多い。彼はある特定の女性または女性たちにたいして、多くの場合、家庭または男女関係という文脈で優位な位置にありさえすればよい。家父長制イデオロギーというのは、こうした社会関係、構造、そしてこの後すぐに論じる実質的役割の数々を取り仕切るわけであるが、それはまた、すべての、または、多くの男性がこの意味において家父長であること、つまり、それが示す規範的ヴィジョンの全体に合致するかたちで、特定の女性または女性たちにたいして優位な位置を占めることを要求することもありうる。

けれども、家父長制的文化内のジェンダー化された社会関係にそなわる階層的性質と、そこでの女性の隷属の実質的内容とのあいだには、ある種の緊張関係が存在するかもしれない。たとえば、女性にコード化されたケア労働のいくつかの形式を見てみよう。特定の形式の感情労働、社会的労働、家事労働、性的労働そして生殖労働をこなすだけでなく、愛情と配慮をもって、または熱意をもってそれらを行なうことが女性に課される場合、家父長制的規範や期待は内密裡に作動する必要がある。それらがもつ強制的性質は伏せられるに越したことはない。そこで、家父長制イデオロギーはこの目的に仕える数多くの仕組みを動員する。関連する社会諸規範、女性に特徴的な傾向や選好についてのナラティヴ、関連する形式のケア労働を（それらをこなすのが女性であるかぎり）個人的にやりがいがあり、社会的に必要とされ、道徳的に価値があり、「クール」、「ナチュラル」、健康的であると褒め称える表現の数々。それらを女性に内面化させるというのは、そうした仕組みの一つだろう。また、関連する社会的役割、たとえば、愛らしい妻、献身的な母親、「クール」な女友達、忠実な秘書、有能なウェイトレスとしての役割にたいする女性の忠誠は、できるかぎり自然に自発的に選択されたように見えることがのぞましい。非公式ながら女性にコード化された役割、たとえば、公的な場、家庭内、職場でのいわゆる感情労働的な下働きについても同じことが言える。しかし、全体的に見て、こうした「自然」に見える外観は十中八九あてにならない。なぜなら、そうした「ソフト」な形式の社会的力によってでは女性の役割遵守を維持するに十分でないと判明すれば、背後には、規範を施行するための、多かれ少なかれ巧妙で敵意に満ちた、脅迫的で処罰的なメカニズムが準備を整えて控えているか、すでに作動しているのである。また、そうしたメカニズムが女性にもたらす「結果」には大きな幅がある。生命を脅かす暴力もあれば、（たとえば、対人関係で女性が男性さながらに直接的だったり、「不遜」な態度を取ることで、無意識ではあっても相手側が「はっと」するような場合に）不承認を伝える微妙な社会的シグナルのようなものもある。家父長制的規範、期待、そしてそれが取りしきる社会的役割と相まって存在する、こうした強制執行のメカニズムこそが、ミソジニーの機能的本質を成す。次節以降ではそれを論じる。

けれどもその前に、ミソジニーとミソジニストについての「素朴理解」が受け入れられると、なぜある環境内においてミソジニーが稀有な現象となるのか、その理由を理解するために、次のことを考えてみてほしい。典型的な家父長制的環境に属する男性が、女性と日々のやりとりがあるにもかかわらず、普遍的に、もしくはきわめて一般的に女性を嫌悪するなどということが、ありうるだろうか。それどころか、フェミニズムとおよそ縁もゆかりもないような男性であっても、幾人かの女性、すなわち、彼の利害に友好的に仕えてくれる女性には満足していると考えるのが妥当ではなかろうか。そうした女性に敵意を向けるのが、対人関係の面で不作法でもあり、道徳的にも肯けないという二重の意味で問題含みだというだけではない。もしそんなことがあるとしたら、道徳心理の観点からきわめて奇妙ではないだろうか。単刀直入に言わせてもらえば、自分の望むところを忠順に、しかも喜んで叶えてくれる女性のどこが気に入らないというのだろうか。

たしかに、典型的な家父長制的環境においては、じっさいに接触をもった女性の多く、もしくは、全員から、がっかりするような目に遭わされたという理由で、敵意を向ける男性が存在するかもしれない。だが、このことからは、女性という女性をすべて嫌悪するような男性が存在するという主張はおろか、これよりもゆるい一般化も導き出せない。問題になっているのは、少なくとも、心理的、社会的にありそうな状況下で出会うかもしれないすべての、あるいはほとんどの女性を嫌悪するような男性の存在であり、じっさいのところ、そんな御仁はまず存在しそうにない。たとえば、生まれてこのかた食事をしたレストランのすべてかそのほとんどに失望した人がいるとして、その人はだからといってレストランというレストランを嫌悪したりはしないだろう。たんに運がなかったのか、選択肢に限りがあったのか、何かしらの邪魔が入ったのかもしれない。彼を喜ばせるために、つまり、彼の独特の関心や好みに応えるために特別に設えられたレストランがあったとして、彼がそのレストランさえ嫌悪するとしたら、それは驚くべきことではなかろうか。

エリオット・ロジャーについて考えてみよう。もし彼の切望する気遣いと愛情を彼に与えてくれるような女性がいたとしたら、彼はその女性にたいして敵意を抱かなかったかもしれない。それを想像するのはまちがいなく可能である。じっさい、彼のような社会的地位にある男性一般がそうした女性を高く評価（*valorize*）したり、「祭り上げ」たりするのは至極当然なことだろう。そして、そういう男性は、右に述べたような普遍化（全称量化）もしくはゆるい一般化をともなう主張にあてはまらない。というのも、彼がどれほどの数の女性に敵意を向けると考えられるかは、彼を取り巻く偶然的な社会的要因に大きく左右されると思われるからである。自分の「分け前」たる女性たちに満足して、その結果として、敵意を向ける女性の数はさほど多くないというようなことがありうる以上、「素朴理解」の定義にしたがえば、彼はミソジニストには当てはまらないだろう。そもそも、この定義によってミソジニストとされる男性（女性はさておくとして）がどれほど存在するだろうか。ミソジニストとして「適格」であるのは、彼を癒やし、彼に仕えるために差し出される優しい手に、容赦なく、または意固地にも、片端から嚙みつくような人物だけであるとすれば、定義される属性が現実の男性に見出されるのは稀有なのではなかろうか。こうして、ミソジニーについての「素朴理解」は、いわゆる「本当のスコットランド人」問題、あるいは「論法」と呼ぶべきだろうが、そんなものに頼ることになる。「ミソジニストは女性という女性を嫌悪する」という主張にたいして、かならずしもすべての女性を嫌悪しないようなミソジニストが存在するではないかと反論したとする。すると、「本当のミソジニストにはそんな人物はいない」という再反論が[*6]、まずまちがいなく返ってくるというわけである。

　結局のところ、ミソジニーについての「素朴理解」は絶望的に不適切であると考えざるをえない。それは、英語における唯一の単語、この後見るように、女性にとって名前が必要なある問題を指示するためにますますその使用頻度が高まっている語を、無益なものにしてしまう。「ミソジニー」という語はもともとはルネサンス的教養人を気取るジョゼフ・スウェトナムによる、道徳の名を借りた「誹謗中傷」に抗するため、一七世紀イギリスのフェミニストたちによって、まさしくそうした目的で造語された。この事実にかんがみるとき、それがはからずも反フェミニズム勢力によって盗用され、その政治性を取り除かれてしまったという事態の皮肉は、いや増すばかりである。[15]「素朴理解」にしたがうと、ミソジニーはつまるところ過度に心理学主義的な（ことに、恐怖症もしくは病的な憎悪についての理論モデルにもとづく）観念へと転じられる。社会的権力関係のシステム的な一面、そしてそれを統治するイデオロギー（＝家父長制）に付随する一徴候であるというより、むしろ精神疾患的な、さもなければ、不合理な思考様式をめぐる問題となってしまうのである。

ミソジニーのありうる姿

ここまでの考察を念頭に置きつつ、ミソジニーはこんなものであるかもしれない、そうごく自然に予想できる姿を問うことで、私たちは新たなスタートを切ることができる。言い換えれば、理由はそれだけではないにせよ、少なくともジェンダーが理由の一つとなって女性に向けられる敵意と攻撃にとって、「ごく自然な（natural）」基礎とは何なのだろうか。また、家父長制イデオロギーの一面または一徴候としてミソジニーが意味を成すような「自然な」根拠とは、何なのだろうか。家父長制的文化において一部の女性が担う、注意深く、愛らしいしもべという社会的役割に照らしてみると、その答えとして検討すべき明白な可能性が現われる。すなわち、女性にたいする敵意や攻撃といった反応が自然に引き起こされるのは、社会的役割を取りしきる規範や期待に、女性が目に見えるようなかたちで抵抗したり、違反したりするときである。注意深く、愛らしいしもべという役割から離脱することほど、女性にたいする敵対的反応にとっての自然な基礎がありうるだろうか。そんなことをすれば、ふだんジェンダーにもとづくこのサービスの恩恵に浴している典型的な層（つまり、男性）の中には、「剝奪」されたとか「無視」されたと感じる向きも現われるだろうと、容易に想像できる。じっさい、役割離脱した女性とサービスを期待する男性というこの取り合わせは、感情面で、とんでもない惨事をもたらしかねない。

ここで一つ図式的なモデルを使って考えてみよう。あるレストランに一人の男性客が食事に訪れたとする。彼は、「お客様は神様」の言葉どおり、うやうやしく対応されること、そして、笑顔と細心の注意をもって注文した料理が提供されることを期待している。彼は食事が目の前に運ばれてくることに加えて（ところで、これは彼にとっては自分の権力を実感できると同時に、自分の置かれたいくらか脆弱な立場を感じさせられるような状況でもある）、自分は特別な存在であり、それに応じた気配りを受けていると感じられることを期待している。ところが、その客は落胆を経験することになる。なぜか彼の元にウェイトレスがやってこない。他のテーブルでは注文を聞いたり給仕したりしているのに。さもなければ、こう想像してみてほしい。ウェイトレスの女性は気怠そうに店内を回っているか、それとも自分のことにかまけて、彼の存在を無視しているようである。もっとひどいケースになると、仰天すべき役割の逆転だが、どうやらウェイトレスのほうが、客である彼からのサービス提供を期待しているようなのである。いずれにせよ、そうした状況で彼がふだん慣れ親しんでいるようなふるまいを彼女は示してくれない。この客が混乱し、その後、立腹するさまを想像するのはたやすい。スプーンでテーブルを叩いて音を立てたり、堪忍袋の緒を切らして癇癪《かんしゃく》を起こすといった姿を思い描くのもたやすい。

もちろん、これは一つの図式的なモデルでしかない。だが、思うに、それを出発点にして、さらなる展開と拡張を期待できるのではなかろうか。そこでは、嫌悪や敵意に類する態度が、ウェイトレスの「女性」というジェンダー、そしてこの場合、家父長制的規範と期待にたいする目に見えるようなかたちでの彼女の違反と相まって引き起こされるのを想像できるわけだが、そうした態度にかんして、たやすく理解可能な端緒を与えてくれる。さらには、ここでこの例の妥当性を認めてもらえるならば、それは同時にミソジニーがどんなものである必要がないかを教えてくれる。一つには、ミソジニーは女性という女性すべてを標的とする必要はない。それは選別的に、たとえば、従順でなかったり怠慢だったり常軌を逸していると認知されるような女性を標的とすることがありうる。もう一つとして、このモデルによって、同一対象へのミソジニーと性的欲求は両立不可能であるという、(奇妙とはいえ、先に見たように、支持者がいないわけでもない)考え方に終止符が打たれる。ソロリティ・ハウスの女子学生にたいしてロジャーが抱いていた性的欲望と、彼女たちから性的に欲望されたいという彼の欲望は、彼の怒りが湧き上がるうえで重要な役割を果たした。それは、彼女たちにたいして自分は無力であると彼が感じていたことを意味した。彼の観点からは、彼女たちは彼の上に「支配力」をもっていた。そして、ちょうど、レストランのあの客の場合に、空腹であることが彼に脆弱な状況をもたらし、そのことが職務不履行のウェイトレスにたいする彼の怒りに油を注いだように、ロジャーは自らの欲望が遠からず拒絶されるだろうというその屈辱にたいして、激しく怒りを覚えたのである。

また、このモデルによって、ミソジニーの典型的な標的と被害者の人物像にかんして、大まかな予想を立てることが可能になる。女性らしからぬ女性、つまりは、ジェンダー役割の反逆者、悪い女性、「わがままな」女性といったように見られる女性が標的に含まれるだろう。[16] したがって、ミソジニーの被害者については、男性にたいして権力や権威を及ぼす地位にある女性、男性への奉仕的役割を避けたり逃れたりする女性が含まれる。もう一つ、ミソジニーの自然な標的として、（驚くなかれ）フェミニストが挙げられるだろう。

同じようなとらえ方で、フェミニズム作家のリンディ・ウエストの経験について考えてほしい。彼女はインターネット・トロル［ネット上でいわゆる「荒らし行為」を繰り返す人物］から嫌がらせを受けたが、そのトロルが改心したため、数年後に彼にたいしてインタビューを行なった。[17] 以下はその一部であるが、男は嫌がらせをしていた当時の自身の心中を、例を見ないほどの率直さと洞察をもって吐露している。

男　現在の自分のあり方、現在の自分の立ち位置、現在の自分の方向性、すべてを誇りに思ってるとか何とか、あんた言ってたでしょう。なんて言うか、あれが俺の怒りに火を付けたんだよね。

リンディ・ウエスト　そう。つまり、あなたは私の書いたものをどこかで見つけたのね。それを読んで、気に入らなかったわけね。

男　ある面がね。全文大文字の文章だらけだった。あんたはすごくその……、書くときは、怖いものなしってかんじ。机の上に立ち上がって、「あたしはリンディ・ウエスト。これがあたしの信じてること。気に入らないなら、ただ一言。ファック・ユー！」、そう啖呵切ってるみたいなんだな。もちろん、表立ってはっきりそう書いてあるわけでもないんだけど、俺にしてみたら、「何もかも知ったような口聞きやがって、何様なんだこのオンナ」ってこと。

リンディ・ウエスト　私が女だから、そんな風に感じたわけ？

男　ああ、そのとおり。もちろんだよ。女というのは、書くときのほうがずけずけと物を言う。話すときのびくびくした感じがない。声を張り上げてるみたいな。それで、思うに……、思うに、俺自身もそうなんだけど、最初はそれがおっかないんだ。

リンディ・ウエスト　なるほど。知っておいてね。そのとおり。まさしくそれが理由なの。女がそんな風に話すと思っていないでしょう、世間の人たちは。だからよ。それに、私は他の女性たちに私のやってることを見てもらいたい。それで女性の声がもっと大きくなってほしい。

男　わかった。わかったよ。つまり、こういうことなんだ。俺は一日中女たちと働いてる。だけど、その誰とも問題なんてない。たとえばだよ、誰かに、「あら、あなたはミソジニストなのね。女は嫌いなんでしょう」って言われたら、あの頃だったらこう返してたと思う。「そりゃないね。俺はおフクロを大切に思うし、妹たちだって同じだ。付き合ってた女の子たちもみんな愛してきた」。だけど、いま思えばダメだよな。女の人と問題なんかないと言っといて、ネットで嫌がらせしてたんじゃ。標的を探し出して、心をずたずたにしてやろうなんてさ。

私はこれは正しいと思う。ミソジニストが自分の母親を愛することができるということである。自分の姉妹、娘、妻、恋人、そして秘書ももちろんである。ミソジニストなら普遍的に女性を嫌悪するとは限らない。そして、ミソジニストは遠慮なく物を言う女性をとりわけ嫌悪する傾向がある。

言うまでもなく、私がここで議論の俎上に載せた考えに抵抗する向きもあるだろう。曰く、ミソジニーは女性が女性だからというだけで、いっさい他の理由なしに嫌悪することを意味しなくてはならない。だから、ごく限られた女性たちをその標的にするなどありえないと。だが、私は一律的なその主張を信じる理由をほとんど見出せない。それは、根拠のないこんな想定から力を得ているのではないかと疑っている。つまり、ミソジニーは、一般的に、しかし、しばしば歴史的には誤って思い描かれる形態での反ユダヤ主義、すなわち、ユダヤ民族全体、ひとり残らずに向けられる憎悪に類似するに違いないという想定である。[18] だが、なぜこの一類型が抑圧についての範例であると見なされなくてはならないのだろう。なぜ私たちはこの、言わば「範例の範例」を受け入れなくてはならないのだろう。ジェンダーにもとづく抑圧がある意味でそれ独自の、独立の種類を成すとは考えられないだろうか。もしくは、第五章でその可能性を探究することになるが、ジェンダー抑圧がその他の形式の抑圧を理解するうえでの有効な範例となると、考えられないだろうか。

いずれにせよ、家父長制イデオロギーの目指すところを考慮すると、女性をこの世界から一掃すること、もしくは、文字どおりゲットーへと追放することには、ほとんど何の意味もないだろう。女性は原型的な家父長制的家庭へと完全に組み込まれ、そこで広い範囲にわたる家事にかかわる重要な奉仕活動、つまり、人づきあい、感情、そして、(異) 性愛にかかわる奉仕労働を課される。そうした女性の存在は、社会的優位を占める者たちにとってあまりに便利なものであり、それゆえ、女性という女性をすべて処分してしまうとか、たとえ支配層のニーズや利害に仕えさせるという目的のためであっても、物理的に隔離するなどということはありえない。したがって、ミソジニーの標的が女性という女性一般であるようなことはまずないのだが、とはいっても、事実上、すべての女性がミソジニー的脅迫や処罰の対象となりうるという、#YesAllWomen 運動の主張が誤りだったわけではない。というのも、家父長制的規範と期待にたいする、目に見えるかたちでの現実の違反に加えて、純粋に象徴的な、もしくは代理的な違反が存在していて、他人が犯したと想定される罪にかんして責任を負わされるかもしれないのである。

より広い意味で、ミソジニーは実力以上にその範囲を広げるかもしれない。なぜなら、ミソジニーには、特定の女性を他の女性の身代わりや代理として取り扱ったり、いわゆる「パンチング・ダウン」行動、すなわち、たまたまそこに居合わせたとか、(パートナー間暴力などの場合は)、他に頼る先がないという理由で、弱者である女性にたいして八つ当たりすることなどによって、家父長制秩序を回復しようとする傾向が見られるからである。

そして、この後の議論にとってきわめて重要であるが、些細な違反がじっさいよりも大きく誇張されて、それが違反を犯した女性の人格について何かのっぴきならないことを示唆していると解釈されることがある。約束を守らないとか、嘘をつくとか、取り引きで自分側の責任を果たさないなどといったことが、きわめて不誠実で、二枚舌で、無責任な人物として彼女を表象する可能性がある。粗探しすれば、たいていの女性の行動のうちに、批判のための、（多かれ少なかれ）何かしら申し訳ばかりの口実を見つけることはできる。だが、ここで言われる反故にされた約束も、尊重されなかった取り引きも、彼女の知らぬ間に、彼女に代わって、家父長制が交わしたものなのである。

　このことは、アイラ・ヴィスタ銃乱射事件についてのフェミニズム的診断にたいしてなされた反論のうちの一つ、すなわち、エリオット・ロジャーの標的とされた女性たちや事件の被害者（のそれぞれ）は、ロジャー個人にかんして、家父長制的規範や期待をかならずしも裏切ったわけではなかった〔したがって、それはミソジニー的犯罪ではない〕という主張を理解するためのヒントを与えてくれる。彼女たちは、ロジャーが無視され、恥をかかされたと感じていた種類の女性たちのたんなる代理だったのである。ロジャーが標的としたＵＣＳＢのソロリティ・ハウスの女子学生たちは、じっさい彼にたいして注意を払うようなどんな機会ももたなかった。ストーカー行為をおこなってはいたが、ロジャーは彼女たちにたいして自ら名乗ることは一度もなかったからである。

　けれども、これは、フェミニズム的診断の反証となるような意味で、ロジャーが妄想的であったことを意味するのだろうか。答えは否《ノー》だ。次章で示すように、加害者が自らの行為に完全に自覚的であるために、道徳的責任を負うことになるような場合でさえ、ミソジニーは、しばしばこうした性質の妄想をともなうことがある。

　これを例証するため、次にラッシュ・リンボウの事例を見ることにしよう。

原注

（1）この主張の根拠として、二〇一二年以降の、とくに合衆国、カナダ、オーストラリアにおけるニュース見出しでのこの言葉の使用増加については、グーグル・トレンドのグラフを参照のこと。https://www.google.com/trends/explore#q=misogyny（二〇一五年三月三一日および二〇一七年五月一一日にアクセスし、同じ傾向が続いていることを確認した）。

（2）トム・フォーディ「男はみんな胸のうちにミソジニストを宿しているのだろうか？」、『テレグラフ』二〇一四年七月二日付。http://www.telegraph.co.uk/men/thinking-man/10924854/Is-there-a-misogynist-inside-every-man.html

（3）これについて簡単にそのかんじをつかむために、philpapers.org〔哲学分野全般を対象とする文献データベース〕で「ミソジニー」および「ミソジニスト」を検索してみると、前者で六七件、後者で三一件のヒットがあった（二〇一七年五月一一日時点）。これらの論文の大部分は主に、著名な哲学者について、彼ないし彼女がミソジニストであるかどうかを問題にするものであった（ニーチェについて問われているのは、さもありなんというかんじであるが、アイリス・マードックやジュリア・クリステヴァについてこの問いがなされているのはやや意外であった）。ミソジニー概念はフェミニズム分析哲学の最近の文献でも大きく扱われていない。本意での分析を展開するにあたって、重要な役割を果たすことになるフェミニズム分析哲学における主導的研究者三人の著作に目を転じてみると、サリー・ハスランガーの『現実に抵抗する（*Resisting Reality*）』（Haslanger 2012）では、「ミソジニー」およびそれに類する語はわずかに一か所、ミソジニー的な歌詞についての個別例との関連で言及されるのみである（同書 387–389）。レイ・ラングトンの『性的独我論（*Sexual Solipsism*）』（Langton 2009）では、五、六か所見受けられるが、大方は付随的に言及されるにすぎない。なお、ミソジニーの原因論について一か所、実質的な発言があるが、これについては第三章で詳細に論じることにする。

マーサ・C・ヌスバウムの論考「モノ化とインターネット・ミソジニー」（Nussbaum 2011）は当然、この概念についてより多くを語っているだろうと思われるかもしれない。だが、驚くことに、「ミソジニー」およびその類語は（私の間違いでなければ）タイトル以外では、一度使われるだけである。ただし、同論考におけるモノ化についての議論は私のそれと親和的であり、本書の後の論述で援用することになる。全体として、フェミニズム分析哲学の既存の文献では、私の冒頭の問い「ミソジニーとは何か」を直接的に扱う論考は多くない。しかしながら、幸いにして、（先述の著作も含めて）別の角度からこの概念に光を当ててくれる論考が存在する。この関連でとくに啓発的なフェミニズムの古典的文献としては、アンドレア・ドウォーキン『女嫌い――セクシュアリティへの革新的視点』（Dworkin

1976）、キャサリン・マッキノン『フェミニズムと表現の自由』（MacKinnon 1987）、パトリシア・ヒル・コリンズ『黒人フェミニストの思考』（Hill Collins 2000）、スーザン・ファルーディ『バックラッシュ――逆襲される女たち』（Faludi 2006）などが挙げられる。さまざまなミソジニーの具体例、およびそれに関連する抑圧と支配の交差的システムについての豊富な文献への入口としては、本書「はじめに」の原注4を参照のこと。

（4）その後、動画はユーチューブから削除されたが、文字起こしは以下のＵＲＬで閲覧可能（二〇一五年四月四日時点）。http://www.democraticunderground.com/10024994525

ロジャーはそれ以前にも類似の動画を録画し、ユーチューブにアップロードしていた。多くの評論家は、事件を受けて公開された、いわゆる宣言《マニフェスト》「ボクのねじれた世界」に、彼の考えと意図にかんするさらなる証拠を探し求めた。私自身も第五章でこれを使って考察を進める。宣言全文は以下ＵＲＬで閲覧可能（二〇一五年四月五日時点）。http://s3.documentcloud.org/documents/1173619/roger-manifesto.pdf

（5）「アイラ・ヴィスタ銃乱射事件のタイムライン」ＣＢＳニュース、二〇一四年五月二六日付。http://www.cbsnews.com/news/timeline-of-murder-spree-in-isla-vista/

（6）「計画を妨害されたカリフォルニア州銃乱射犯人、場当たり的行動に出る」ＣＢＳニュース、二〇一四年五月二五日付。http://www.cbsnews.com/news/thwarted-in-his-plan-california-gunman-improvised/

（7）この理屈に従うと、もしロジャーがゲイであったら、男子寮のドアをノックしていたということになるだろう。もしロジャーが女性だったらどういうことになったのだろう。彼のジェンダーが何らかの違いをもたらすということがありえたのだろうか。ファーガソンの分析では、そうした考察の余地があるのかどうかが明瞭でない。

（8）ロジャーはインターネット上の男性権利擁護フォーラム、たとえば「ナンパ師ヘイト」系のサイトにおいても活動していた。ただし、そうしたコミュニティは、ここで述べられているような考えが披瀝されるルーシュ・バリザデ自身のブログ「王の帰還」（http://www.returnofkings.com）とはかなり異なる。ナンパ師ヘイトのコミュニティを頻繁に「訪れる」ユーザーたちは、いわゆる「ナンパ術」（女性を「ナンパ」するためのきわめて操作的なテクニックを駆使する、バリザデのような男性「プレーヤー」による「ゲーム」）にたいして、強い怒りの感情を抱いている。

（9）デクスター・トーマス・Jrは次のように書いている。

最近エリオット・ロジャーの「ミソジニー」のことをよく耳にする。あの事件はヘイトクライムだと言う人もいる。他方、話を女性という主題から外したがる人もいる。それはもっともである。というのも、本当のところ、エリオットは女性については何も話していないからだ。彼は男について話していた。（中略）総じてエリオットにとって、女性のことはどうでもよかった。直近親族の場合を除くと、彼の書く女性は薄っぺらで、言ってみれば、顔をもたない。ほとんど名前もないし、パーソナリティと呼べるものがあったためしもない。じっさい、彼が女性について書いた量は、愛車のＢＭＷ３シリーズについて書いた量とほとんど変わらない（Thomas 2014）。

　最終的にトーマスはロジャーの書いたものに明らかに存在するミソジニーについて認めているようである。だが、事件について中心的に語られるべきは女性のことではないし、じっさいに、問題は女性ではなかったのだから、という当初の主張を彼はけっして撤回しない。この考えについては、第二章でふたたび取り上げることにする。

(10)　ミソジニーについてのフェミニズム的分析は単純に過ぎると批判する記事の中で、メガン・ドームは次のように述べている。「ロジャーはレイプ犯でないばかりか、女性から愛されたいと切望する彼の姿から読み取れるのは、女性をモノ化するどころか、むしろ痛々しいまでに女性を理想化しているということではなかろうか」。さらには、「彼の問題は拒絶というよりは孤立だったのではなかろうか。（中略）［彼には］どこにも居場所がなかった。あれだけ恵まれていながら、彼は「権利」などというものとはまるで無縁だった。彼は失うものを何も持たないような人物だった」（Daum 2014）。後に論じるように、私の考えでは、ロジャーは、マイケル・キンメルが呼ぶところの「傷つけられた権利意識」（Kimmel 2013）を抱えていたのである。

(11)　キャシー・ヤングは『リーズン』誌において次のように論じた。

「ミソジニー」は、ロジャーの心性を説明するにはきわめて不完全な用語である。彼の場合はおそらく、精神病質的側面をもつ悪性のナルシシズムと記述されるべきだろう。「宣言」から明らかなのは、女性にたいする彼の憎悪は（中略）人間一般にたいする彼の憎悪の一部分にすぎず、恋愛や男女関係において自分よりも成功している男性にたいする憎悪とさほど差がないということである。（中略）彼らが女性と肉体関係をもつ一方で自分にはそれがないという理由で、他の男性を憎むのはミソジニーの一形式であると論じる人もいる。けれども、それは概念がその意味を失うまで拡張すること、あるいは、それを反証不可能な準宗教的なドグマに転じることに等しいように思われる（Young 2014）。

ヤングはここで、それら二つの悪習が分析的には異なる一方で、しばしば並存するという可能性を見落としている。

(12) アイラ・ヴィスタ事件についてのフェミニズム分析にたいして、ソーシャルメディア上で展開された最も一般的な反論を概観するには、事件はまさしくミソジニーであるとの立場を取るザック・ションフェルドによる『ニューズウイーク』誌の記事にたいして寄せられたコメントのいくつかを見てみるのが手っ取り早い。

PT ちがう。彼は無視されたことで可愛い女の子たちを憎んだ。でも、容姿が平均かそれ以下の女性はまったく無視した。だから、女性一般を憎んだわけじゃない。じっさい母親や学校時代に教わった女性教師は憎んでいない。彼はルームメイトの中国人を憎んでいたんだろう。だからといって、アジア系一般を憎んでいたとはかぎらないじゃないか。彼に怒りを向けるのだったら、彼の何にたいして怒るのかその点を明確にすべきだ。

SA 彼は人という人すべてを憎んでいた。

GB 殺された六人のうち四人は男性でした。

AJ そんなに女の人を憎んでいたのに、ナイフで刺したり、銃で撃ったのがほとんど男の人ばかりだというのはどういうこと?

「ミソジニーと大量殺人、またしても組み合わされる」Newsweek.com フェイスブック・ページ、二〇一四年五月二八日付、https://www.facebook.com/Newsweek/posts/10152443727756101(なお、コメント投稿者の氏名は、イニシャルのみに変更した。)

(13) ここで言う「分析的」と「改良的」という二つの語は同じ意味をもつ。ただし、本書では、明瞭さという理由から、一貫して後者を使用する。

(14) ミランダ・フリッカーの「解釈学的不正義」の概念、すなわち、人々が自らの社会的経験を理解し、言葉にするための概念的資源を欠いている状態と比較してみてほしい(Fricker 2007, とくに第七章)。この後すぐ見るように、ここで問題になっているのは、言葉が失われるということではなく、むしろ、長きにわたってとてもうまく使ってきた言葉を女性から奪い取ろうとする能動的試みの存在なのである(本書序論における議論も参照のこと)。

(15) 「ミソジニー」という語は、スウェットナムの筆になる当時人気の反女性主義の小冊子に反応した匿名のフェミニストたちによる造語(または、やや無理があるかもしれないが、彼女たちによって、古代ギリシア語の文献の断片から英語へと導入された)と、考えておそらくまちがいないだろう。

(16) 家父長制的抑圧に抗することによって、「女性らしからぬ女性」になるという考えは、女性であるとはどういうことであるかについての何らかの説明、たとえば、ハスランガーの著書の第七章（Haslanger 2012）にもとづいて、ほぼ字義どおりに理解することができる。ジェンダーについてのハスランガーの分析的または改良的説明によると、女性であることは、現実の、もしくは、そう見られるところの生物学的性別にもとづいて、男性にたいして社会的に隷属すること、ただそれだけであるとされる。しかしながら、その後ハスランガー自身も認めたとおり、トランスジェンダーの女性たちの経験を正当に評価するためには、彼女の説明には少なくとも修正の必要がある。この点については、Jenkins 2016、Bettcher 2013 などを参照のこと。

(17) この男はツイッターで、つい最近物故したリンディ・ウエストの父親になりすまし、その自虐的プロフィールでは、「アホに悩まされる父親——他の二人の子どもたちは心配なし」と自らを称した（「アホ」とはリンディのこと）。「ロクなことも言えそうになかったら、とにかく大文字で言え」、『ディス・アメリカン・ライフ』第五四五回、二〇一五年一月二三日放送。https://www.thisamericanlife.org/radio-archives/episode/545/transcript

(18) ハンナ・アーレントは『イエルサレムのアイヒマン』でアドルフ・アイヒマンについて次のように書いている。「身内にユダヤ人がいることは、彼がユダヤ人を憎まない〈個人的理由〉の一つだった。（中略）「私自身にはユダヤ人に対する憎悪はなかった……父や母から受けた教育は厳格にキリスト教的だったし、母や親類にユダヤ系の者がいたから、ＳＳの内部一般に抱かれていたものとは違った考え方を持っていた。」この点を証明しようとしてアイヒマンは長々と語っている」。アーレントは続ける。

もしアイヒマンがそう取り澄まさず、又警察の取調べがかくも控えめなものでなかったらとしたら、（おそらくはアイヒマンの協力を得ようとしてであろうが、反対尋問をおこなわなかったのだ）、アイヒマンの〈偏見に捉われぬ態度〉の別の面もあらわれただろう。彼がユダヤ人の〈強制的移住〉の組織に素晴らしい成功を収めたヴィーンには、どうやら彼のユダヤ人の愛人、リンツ以来の〈昔の恋人〉がいたらしいのである。人種汚辱《ラッセンシャンデ》、すなわちユダヤ人との性的交渉は、ＳＳ隊員にとっておそらく最大の犯罪であり、戦時中はユダヤ娘に暴行するのが前線でのよい慰みになっていたとしても、上級のＳＳ士官がユダヤ人女性と情交をもつなどということはけっして普通ではなかった（Arendt 1963, 30; 邦訳二三—二四頁）。

また、一九三三年以前のドイツ社会において、ユダヤ人はとくに成功していたこと、加えて社会統合がきわめて進んでいたという事実は、その他の多くの欧州諸国におけるユダヤ人の置かれた状況、すなわち、不安定かつ周縁化されたそれと比較対照されるべきである。エイモス・エロンやゲッツ・アリーなどの歴史学者たちが最近（独立に）論じるところによると、ドイツのユダヤ人たちが「分をわきまえる」ことのなかったことが、反ユダヤ主義的なバックラッシュを引き起こすうえで大きな役割を果たしたとされる（第五章注40も参照のこと）。

訳注

＊1　ソロリティは限られたメンバーだけが所属できる女子学生の社交グループ。男子学生向けのフラタニティと同じく、大学キャンパス内にメンバー専用の寮があることが多く、この場合そうした寮を指す（レベッカ・ソルニット『説教したがる男たち』ハーン小路恭子訳、左右社、二〇一八年、一六八頁参照）。

＊2　抽象的・一般的なレベルの議論と、具体的・個別的なレベルでの判断を行き来することで次第に全体の調和を高めていくという方法（伊勢田哲治『動物からの倫理学入門』名古屋大学出版会、二〇〇八年、三一六―三一八頁より）。

＊3　「素朴理解」の考え方によれば、ミソジニーと思しき行為の「原因」である深層心理的事象には加害者本人以外は認識的アクセスがないことになるので、被害者の側からは正当性をもって、それがミソジニーであった（自分は被害にあった）と主張することができなくなってしまうという意味である。

＊4　ある社会において女性が「隷属的」な立場にあるということは、その社会内のいたるところで、つねに現実に女性が「隷属」の状態にあるということをかならずしも意味するわけではなく、その社会は状況に応じて女性を隷属する傾向をもつということを意味するにすぎない、そうした場合、女性は「隷属的」立場にあると言ってよいだろうという意味である。

＊5　この後でも述べられるように、二つの異なる家父長制的構造AとBがあったとして、AがBから援助を受けている場合に、Aにおいて優位にある男性が、Bとの関係では、Bにおいて隷属的位置にある女性よりも劣位となるようなことがありうるということを示唆している。

＊6　ある集団についての一般的な主張をした人が、何らかの証拠をもって反論されたときに、その人は、立場を修正したり、証拠をめぐって争うのではなく、恣意的にその集団のメンバーの規準を変えることで、反論から逃れようと試みる論法。

第二章　ミソジニーの定義を改良する

哲学者たちはこれまでさまざまに世界を解釈してきただけである。肝心なのは、それを変えることである。　（カール・マルクス『フォイエルバッハにかんするテーゼ』）

ラッシュ・リンボウによるサンドラ・フルク批判

保守派評論家ラッシュ・リンボウは、フェミニストへの友好的な態度で知られていたとは言いがたい。それにしても、二〇一二年二月、自らの日刊ラジオ番組でのサンドラ・フルクについて以下の発言で、ミソジニストの汚名を受けることとなった。

> この女子大生のスーザン《ママ》・フルクっていうのは何なんだ。連邦議会委員の面前で、要するに、性的交渉をもつために金を出せと言ってるわけだろう。そんなことを言うのは、とどのつまり、スラット（尻軽女）ってことじゃないのか。売春婦だってことじゃないのか。[1]

じっさいのところ、当時ジョージタウン大学ロースクールの学生だったフルクは民主党議員らの開いた公聴会に招かれて、避妊にかかる費用は宗教系大学などでも医療保険でカバーされるべきだと訴えるスピーチを行なった

〔カトリック系を含む大学などでは婚前・婚外での性交渉を原則的には認めておらず、避妊ピルの費用が保険でカバーされることにかんしては異論もあるという背景がある〕。これを聞いたリンボウは、当然のごとく、こう結論づけた。十分な量の避妊ピルを自費で賄えないとするると、フルクは自身の性交渉にかかる費用を、彼やその他の納税者に払ってほしいとせがんでいるにちがいない。それで彼はフルクを「スラット」とか「売春婦」と呼んだのである。「侮蔑的な言葉を選んでしまった」。リンボウは後日そう認めたが、本来の意図は、事を「おもしろおかしく」することだったと付け加えている。[2] けれども、当時の彼はどんな比喩を使うかの選択で四苦八苦していたようである。

するると、われわれは何になるんだ？ ポン引きか？（間）客のほうか？ われわれは客なのか？ 断じてちがう！ われわれは買春客じゃない。（間）そうだ、そんなことはない。「ポン引き」は正しくない。となると、よし、フルクはスラットじゃないな。フルクは「ゆるい女」だ。スラットのほうは撤回する。

だが、リンボウの「撤回」は長くは続かなかった。その翌日、自身の番組内でふたたびフルクを「スラット」と呼んだのである。最終的に、彼は謝罪という形で公式に撤回した。「現実の状況に合ったたとえを見つけようとして、私は不適切な言葉を使ってしまった。フルクさんにたいする個人攻撃をするつもりはなかった[3]」。

こうして、私たちはミソジニーの原因とその標的についての重要な問いへと導かれる。いかにして、また、なぜミソジニーはしばしば妄想的であるのだろうか。どうして人は、まるで薄弱な根拠にもとづいて、面識もない女性にたいして、個人的とも取れる悪意を抱いたり、他人にそれを促したりできるのだろうか。そのうえ、リンボウは明らかに過信していた。自身の暴言を番組リスナーは理解してくれるだろうし、それどころか大受けするだろう、と。

フルクについてのリンボウの発言は、いわば「むき出し」のままに、それらの問いを私たちの前に差し出す[4]。

だが、それは同時に解決の糸口も与えてくれる。とくに、リンボウが選んだイメージからは、どのようにしてリンボウや彼のリスナーたちがそこに自らの姿を投影するのか、その仕方を理解するヒントが得られる。ニーズがあることを言葉にし、自らの取り分を求めて訴える一人の女性を、リンボウは権利意識に駆られる者とか要求する者として表現した。納税者である彼らから何かを引き出そうと要求する者、いやそれどころか性行為に耽るために彼らから支払いを要求する者と表現した。控えめに言っても、事実の誇張である。だが、それによってリンボウはフルクを、彼らにたいして何かを負う者と表現することができた。その後にリンボウが二つのイメージのあいだで揺れ動くさまを思い出してほしい。一つは、フルクから性的なサービスを受けている（つまり、彼が買春客である）イメージ、もう一つは、フルクが彼の手下である（したがって、彼がポン引きである）というイメージである。騒動の最中、リンボウはちょっとした取り引きを提案した。フルクに金銭を出してもいいが、その代わり彼女は自身の性行為の動画をネット上で公開するのが条件だと言うのである。

> 彼女と面と向かって会えないのに、金だけは搾り取られてるわけだ。フルクさん、あなたは禁欲という言葉をご存知ないですか？　外野のわれわれも金を払うということなら、何か見返りがほしいですな。ナニの動画を一つ残らずネットに上げてもらえますかね、フルクさん。そしたら、われわれのほうも元が取れるってわけですよ。[5]

この一節は注目に値する。というのは、一つには、エリオット・ロジャーの告白動画と同じく、そこには三人称から二人称へ、語りかけ（と言うよりもむしろ、非難だが）のモードの移行が認められるのである。だが、いったい誰にたいしてリンボウは語りかけているのだろう。見ず知らずの誰かによって「搾り取られている」と感じる奇妙さについて、さすがに彼自身気づいている節もある。

思うに、この疑問にたいする部分的解答は、女性の隷属は機能的かつ関係的な意味合いでなされるということを認識すれば見えてくる（Haslanger 2012, 57–63）。前章で述べたように、家父長制イデオロギーにしたがえば、女性はしばしば比喩的に、男性にとっての注意深くて愛らしいしもべ、つまり、愛のこもった眼差しを優位者に向け続ける者という役割を果たすことを期待される。だから、男性を前にした女性のふるまいが、過度にパーソナルなものとして（男性によって、そして、男性になりかわって）理解されることは、家父長制下でのジェンダー関係の本質的部分をなすと考えられる。その結果、女性側の無関心は忌避を、無知は無視を、証言は告げ口を、依頼は強要を意味することになる。

問いにたいする答えのもう一つの要素は、次のことに気づけば得られる。個々の女性は他の女性と交換可能な存在として、また、特定タイプの女性の代理としてしばしば取り扱われる。そのため、女性は選び出され、代理的な標的として扱われる。そして、想像のうえでは多くの他者の代わりを務めることがありうる。[6] エリオット・ロジャーは彼のいわゆる「宣言」の中で自らの意図をこう述べた。「女性というジェンダーについて僕が憎悪するすべてをまさしく代表する女の子たち、つまり、UCSBの一番ホットなソロリティ・ハウスを攻撃することにします」。他方、ラッシュ・リンボウはフルクを「代表的なリベラル」と呼んだ。けれども、代表的女性は、彼女がその典型とされる種類の女性に備わる性質——たとえば、人類史上の人工妊娠中絶数を最大化しようと欲する、わがままで、傲慢な「フェミ・ナチス」であること——をじっさいに備えている必要はない。標的となるタイプの女性は現実には存在しないかもしれないので、同じ性質をもたないことが重要となることもある。

これらの例のそれぞれにおいて、敵意やそれに類する態度が顕著な役割を担ってきた。そこには、怒り、恨み、悪意など、種々の脅迫的で処罰的態度が含まれる。この主題にたいするハスランガー（Haslanger 2012）の意味での記述的アプローチによれば関連事例として取り扱われるだろうが、これらの事例が指針となるとすれば、ミソジニーはP・F・ストローソンの用語で言う「個人間（interpersonal）」の反応的態度をともなうということになる。「はじめに」で述べたように、これらは、成年に達した自律的で健常な人間とのかかわりにおいて私たちが取る、多かれ少なかれ特徴的な態度であり、そこには「本質的に個人に向けられたすべての対立関係」が含まれるとされる（Strawson［1962］2008, 11; 邦訳四八―四九頁）。したがって、そうした態度は二人称的に人に向けられる可能性をもつのであるが、それはしばしば二人称複数的であるように思われる。ロジャーの言葉を思い出してほしい。「お返しに、君たちみんなに罰を与えますよ」。多くの意味で、これはミソジニーに特徴的な心情のようである。処罰的で、恨みがましく、そしてパーソナルであるが、特定個人に向けられるわけではない。しかも、その態度の心理的標的は、現実の被害者と似ても似つかないということもありうる。反応的態度はむしろ、標的となる女性の顔の上に貼り付けられた、「女とはこんなものだ」という粗雑なイメージの寄せ集めへと向けられることが多い。

そうだとすれば、ここには楽観できる要素があるのではないか。そう私に告げる人もある。分析を進めれば、ミソジニーはかならずしも被害者である女性個人に向けられていないのだからというのである（たとえば、Thomas 2014など）。だが、なぜそもそもこれが事実に合致するはずだと考えるのだろうか。対照的に、反ユダヤ主義やその他の形態の人種・民族憎悪は、一般的に深層心理的または究極的に心理学的説明がなされるような問題だとは考えられていない。たとえば、ヒトラーは心の底ではかならずしも反ユダヤ主義的でなかったとか、大量の鎮静剤と覚醒剤摂取に加えて、自らの芸術的才能の欠如について不安があったからにすぎないとかいうことを、誰かが論じたとしよう。それはじっさい、事実に合致しているようであり、ヒトラーの憎悪が時間の進行とともに徐々にエスカレートしていったことに何らかの因果的役割を果たしていたと考えることも可能かもしれない。しかし、だからといって、「それゆえ、ヒトラーはじつは反ユダヤ主義的でなかったという主張は傾聴に値する」などという結論が帰結しないことは、言うまでもない。ところが、これに類する議論はミソジニーにかんしてはめずらしくない。ミソジニー的な社会的力を伝達しがちな人たちが、さまざまな不安やその他の心理的、社会的な適応障害を抱えているという事実はとくに驚くにあたらない。だが、どうしてそれが女性の直面する問題を緩和するというのだろうか。代理の人形《ひとがた》が、その人の身体であれば、人形とともに炎に包まれるのはその人自身なのだ。
したがって、考察の焦点を移すのが有益かもしれない。無自覚的とはいえ、告発される側の観点からミソジニーを概念化するのではなく、その標的、被害者の観点からミソジニーについて考えてみるのである。ミソジニーをめぐっては、社会的世界を生きていくうえで女性が直面する敵意に焦点を合わせることができる。男性が、特定女性との邂逅において、感じる（抱く）または感じない（抱かない）かもしれない敵意、つまり深層心理的な説明やそれ以外の何かにかかわる事柄としての敵意を、いったん脇に置いてみてはどうだろうか。

この新しいアプローチには以下のような利点がある。

(1) 心理学主義を回避する。しかもそのさい、ミソジニーのもつ敵対的な「趣き」を否定することも、ミソジニーの行為主体が敵対的態度をもつかもしれないという事実を否定することなく、それが可能になる。それはまた、ミソジニーが現実化するときの多くのあり方（たとえば、支配的ミソジニスト対がっかりしたミソジニストによるミソジニーであるとか、個人主体的ミソジニー対構造的メカニズムによるミソジニーであるとか）を統合することが可能になる。

(2) 個人主義を回避する。社会的実践、制度、政策などが女性にたいして敵意を示す可能性（たとえば、敵対的な職場環境であるとか、ジェンダーに応じて「寒々とした」社会的傾向であるとか）を認めることによってそれが可能になる。

(3) ここで重要とされる意味において、具体的には、「合理的女性」標準に訴えることを可能とすることによって、ミソジニーが認識論的により扱いやすくなる。より正確に、また、より適切に言えば、（障害者差別的でないという理由で）ある環境に身を置くことになっている少女または成年女性を想定し、その環境での人間関係、雰囲気（aspect）、実践について、彼女たちがそれを敵対的であると合理的に解釈するかどうかを尋ねることができる。[7] これは、加害者の意図を拾い集めるために心理学的アプローチを取る、もしくは、加害者の言葉を額面どおりに受け取らざるをえないというのと、対照的である。

個人のミソジニーはその特徴として個人間の否定的な反応的態度をともなうという、先述の考えを念頭に置くとき、これら三つの点は、私がここで展開しようとしている説明に対して予想される反論の一つを封じ込める方法を示してくれる。というのは、ミソジニーの「素朴理解」にたいして、私はその心理学主義とそれに付随する認識論的問題を指摘することで反論したが、私自身の説明ははたして同じ困難を免れているのか、当然ながらそれが問われるからである。怒りや恨みをもっているように見える行動をとる人物が本当に、腹の底に怒りを抱えているのか、それとも、むしろ究極的には（たとえば）不安を抱えているのかを、私たちはどうやって知ることができるというのだろうか。

問題なのは腹の底ではなく、まさに表に出ているものである。これが、ミソジニーを行なう主体からミソジニーを被る側へ焦点を移そうという私の提案に照らしての答えである。私は、ミソジニーの本質にとって怒りや不承認といった反応が重要であることを支持したいが、他方、焦点を「態度」のほうよりも「反応的」という側面に合わせることによって、そうした態度を通常ほど心理学主義的でないかたちで理解してもいる。こうしたことは何よりも女性が社会的環境を生きるさいに直面する反応なのである。もちろん、（上記(3)で正確かつ直接的なかたちで説明されているように）合理的に見てどのように解釈されるかということから生じる制約に準ずるわけではあるが。それゆえ、この考え方によれば、行為主体が表出したが、女性の側が意識的にそれとして経験しないような敵意も、真正の敵意であると見なしうる。行為主体は自らの行為がもつ社会的意味について独占権をもたないし、両者間に何らかの関係があるにせよ、主体の意図をもち出すことで敵意の有無を判断しうるということはまずないのである。

同様にして、この後に続くミソジニーの分析によれば、ミソジニー的な社会環境はかならずしも個別行為主体の偏見によってもたらされるものではない。それはむしろ、およそどんなものであれ、旧来の堅固な社会規範体系が解体されるときに、特定の人々が覚える不快と敵意の混交した感情によってもたらされるものである。ジェンダー化された規範と期待の数々に抗し逆らう女性は、その結果として疑惑や驚愕の目を向けられることになるかもしれないが、それは、ジェンダー規範に異議申し立てしたことよりも、むしろ強固に定着している規範に挑戦したことによるところが大きい。ある人々にとっては、とりわけフェミニズムこそが社会秩序についての彼らの感覚を深刻に混乱させてきた。たとえば、ジェンダー化された社会階層を粉砕する、またはそれに脅威を与える女性にたいしてそうした人々が示す敵意は、彼らの平等主義と理論上は両立可能である。それにもかかわらず、こうした人々は男性の利益に資するように協力しない有力女性を、不愉快で脅迫的であると見なすこともありうる。とりわけこの理由のせいで、ミソジニー的な社会環境は、一面では、おおよそ善意の人々の心のうちの否認された感情の行動化《アクティング・アウト》、もしくは、自覚的に経験されない攻撃性の発現によってもたらされたものであるかもしれない。じっさい、そうした攻撃性は、部分的には、負の感情の代理として行動化されるとも考えられ、その意味でこの文脈で用いる「アクティング・アウト」という表現は示唆的である。

あるいは、ミソジニーは集団的（もしくは、「群衆《モブ》」）活動の所産であるのかもしれない[8]。そうした敵意は、ミソジニーが伝える反応を拡大するのに一役買う。だが、その試みはしばしば散漫でまとまりを欠き、集団行動と見なすに十分なほどの協調性をもたない。ミソジニーはまた、制度や社会実践のもたらしたものである可能性もある。それらは表出される価値観をもっていて、なんらかの点で統制に服さない、それを拒絶する女性にたいして「宣告」を行なう。制度や社会的実践（法律や公的政策を含む）に認められるミソジニー的要素はいまとなっては、過去の遺物である場合も多い。それらは、先進的な社会運動によって何かが成し遂げられた後に、比較的非力な者たちが覚えがちな不安感や権利剥奪の感覚につけ込もうと、有力者によって提唱されたり、復活させられたりすることもあるだろう。そうした有力者は（得票数を伸ばすとか、格付けを上げようというような）たんに搾取的で功利的な意図をもっているのだとしても、もしくは、自分がまき散らす毒に心酔しているのだとしても、私が以下に展開するミソジニー分析の観点からするとさして重要ではない。肝心なのは、ミソジニー的社会環境にたいして彼らが及ぼす影響、つまり、家父長制の法秩序にしたがって、女性を監視し罰する傾向が彼らにはどのくらいあるのかという、その度合いである。この点にかんして、エリオット・ロジャーとラッシュ・リンボウはまさに「オーバーアチーバー（overachiever）」〔標準ないし期待されるレベル以上の成果を上げる人〕であり、この後に続く分析にしたがえば、真正のミソジニストと認定される。

改良的・交差的提案

第一章でふれた改良的プロジェクトはその性質上いくぶん約定的（stipulative）である。だが、このことはそれが恣意的であることを意味しない（もしくは、少なくともそうであるべきでない）。ハスランガーが述べるように（Haslanger 2012）、改良的プロジェクトを特徴づけ、それに生気を与えるのは、「これこそが、私たちが考えをめぐらせる必要のある現象なのだ」という考えである〔「当該語によってかくかくしかじかの現象を指示することとしよう」と提案し約定するというのが、改良的プロジェクトが「約定的」であるという意味である〕。これまでの考察では概念的そして記述的プロジェクトという方向に沿っていくとどこに導かれるかを探究してきたが、以下ではいくつかの目的を念頭に置きながら、どのようにミソジニーを理解すべきであるかについての改良的提案を提示することにする。

記述の最も一般的なレベルにおいて、ミソジニーは家父長制秩序の「法執行」部門であり、家父長制秩序の統治イデオロギーにもとづく警察活動および規範の執行をその全体的機能とすると理解されるべきだというのが、私の提案である。次のように、これをもっと正確に表現することもできる。

構成的に述べて〔ここでの「構成的」とは、以下の条件をともに満たすことが、すなわち「ミソジニー」を定義する、つまり、その必要十分条件を与えるという意味である〕、ある社会環境におけるミソジニーは以下のような特徴を備えた敵対的な社会的力（the hostile social forces）からなる。

(a) そうした社会的力に出会うことになるのは、（彼女たちを成員とするクラスの大きさはまちまちだろうが）たいてい少女か成年女性であり、彼女たちはその場所で少女あるいは成年女性であるという理由によって敵対的力に遭遇する。その場所とは彼女たちが占める社会的位置のことであり、おおよそ完全に特定される。

加えて、

(b) そうした社会的力は家父長制秩序を施行し、その遵守を監視することを目的とする。なお、この秩序は、当該クラスの少女と成年女性にたいして適用される、その他の支配および不利益の交差的システム（さまざまな形式の人種差別、外国人嫌悪、階級差別、年齢差別、トランスジェンダー嫌悪、同性愛嫌悪、障害者差別など）と相まって実現される。

そして、実質的な現実の問題として、そうしたミソジニー的な社会的力は、しばしば（当該クラスの）少女と成年女性を標的とする。（繰り返しになるが、交差的な抑圧的力と相まって）適用される家父長制的規範や期待にたいしてじっさいに逆らったか違反した、またはそのように見えたという理由で、あるいは違反した女性の身代わりとして、彼女たちは標的とされる。

そのさい、家父長制的規範や期待は、たとえば、次のようなものを含むこともありうる。

(a) 家父長制秩序の統制または回復を反映し、それに資するような、顕著にジェンダー化された内容（*contents*）。

もしくは、

(b) 少年と成年男性（すなわち、当該クラスに属する男性側の相対者）と比較して、（当該クラス内の）少女と成年女性にたいしてとくに苛酷に働く執行のメカニズム。[9] もしくは、

(c) 男性側相対者と比較して、ことに（当該クラス内の）少女と成年女性にたいして、徹底的かつ／または侵襲的なかたちで行なわれる取り締まり（監視、詮索、嫌疑など）。

したがって、ミソジニーについての「素朴理解」とは対照的に、私は次のように主張する。

ミソジニーは第一に女性を標的とする。そしてそれは、女性が、ミソジニストと呼ばれる男性の心のうちにおいて女性であるからではなく、女性が男性の世界（歴史的に家父長制的な世界）において女性であるという理由による。

ここで問題とされる敵意は、私の分析にしたがえば、個々の行為主体、集合的（群衆的）活動、あるいは純粋に構造的なメカニズムにおいてその姿を現わしうるという点も想起してほしい。議論を先に進める前に、さらにいくつかの点について注意をうながしておく。

右の定義によれば、ミソジニー的力は、対象となる少女や成年女性がどのような社会空間において、どのような地位を占めているかに応じて独自性をもったり、または、より一般的なかたちで対象となる女性たちに影響を及ぼしうる。

たとえば、モヤ・ベイリー（Bailey 2014）が「ミソジノワール」と呼ぶ、アメリカの黒人女性が直面するタイプのミソジニーがある。この場合、ミソジニーは、女性の占める特定の社会的位置に加えて、黒人差別に異性愛的規範と家父長制的力が加わるかたちで作動するわけであるが、そこに見られる被害者女性の「抹消」、およびそれに続く「不可視化」といった現象の形式は、議論の余地はあるにせよ、ミソジノワールに独特であり、固有

であるとも言える。第六章全体を通して、とりわけクリスティ・ドトソンやマリタ・ギルバートを援用しつつ、そのように論じるつもりである。

また、「一般的」というのは、ミソジニーがどう経験されるか、少女や成年女性にどのような衝撃《インパクト》を与えるかが一様であることを意味しない。そんな結論は導き出せないし、多くの場合そうした結論は誤りでもある。それぞれ異なる被傷性（vulnerabilities）は互いに強め合うこともあるし、（数ある可能性の中でとくに）何らかの特権によって緩和されることもある（Crenshaw 1991; 2012）。こうした重要な点で多様なあり方が見えにくくされてはならない。

これを示す一例として、ミズーリ州メイプルウッドで起きた最近の事例である、障害を抱える黒人女性ロゼッタ・ワトソンのケースを取り上げてみる。彼女はごく短期間に四度、警察に電話をかけた。恋人によるＤＶ、具体的には、「窒息」、もしくは（序論で論じたように）より適切には、死にはいたらない程度の手による絞首を含む暴行を、通報するためだった。一八〇日間に三回以上、九一一番に通報したことによって、アパートの賃借者として、彼女は「迷惑行為」の宣告を受けた。これはアメリカ国内の多くの町や市でよく見かける地方自治体の条例による。こうして、ワトソンは当該市で生活するために必要とされる居住許可を失い、その後六か月にわたって事実上「市外追放」された。生命を失うかもしれない凶悪な暴力行為からわが身を守ろうと試みたばかりにそうなったのである[10]。

立ち退きは黒人女性にとっては「よくある」問題の一つである。社会学者のマシュー・デズモンドによると、あまり気づかれていないが、それは黒人男性にとっての大量収監に対応し、同じように、組織的不正義と不利益の根源的原因となる。「貧困層の黒人男性が閉じ込められる一方で、貧困層の黒人女性は閉め出される」。デズモンドはそう論じる（Desmond 2016）。これはミソジノワールが貧困状態にある黒人女性と密接につながっていて、不安定な居住環境、ホームレス状態、法的トラブル、収監といった逆境的結果にたいして脆弱な状態へと彼女たちを追いやることを示す[11]。そうした状況に身を置く女性は、（すでにきわめて無防備な状態にありながら）、これらの要因の組み合わせによって、家庭内暴力や性的暴行にたいしてより脆弱な立場に置かれかねない。ミソジノワールがさらなるミソジノワールを生み出すというこの悪循環は果てしなく続きかねない。

ミソジニーは何よりもまず社会環境の一属性であることを定義したところで、私たちは次のように述べることができる。

ここから派生して、個別行為者の態度または行動は、それがある社会的文脈内のミソジニーを反映ないし存続させるかぎり、その社会的文脈内においてミソジニー的であると見なされる。

ミソジニーはここから類推して、社会的実践、制度、アート作品、その他の人工物などの属性として定義することもできるだろう。

しかしながら、個別の行為者をミソジニストと呼ぶことにかんしては、留意すべき理由がいくつかある。一つには、トランプゲームで自分の手を大きく見せてしまうようなリスク、もう一つには、ミソジニーに注意を向けることで道徳主義というものの危険性が見えてきたが、その当の道徳主義に関与してしまうリスクもある。そして言うまでもなく、公正性に関連する問題もここにはある。誰かの人格、態度、行動傾向に何らかのほぼ恒常的と言えるような性質があるからといって、その人に屈辱的なラベルを貼るようなことは、基本的にはしたくない。だから、「ミソジニスト」という語は閾概念[*1]（a *threshold* concept）であるとともに、相対的概念として扱うのが最善であると思う。それは、態度や行為が、多くの社会的文脈を通して、とくに、なおかつ一貫してミソジニー的であるような人にたいして慎重に適用されるべき、ある種の「警告ラベル」として機能する。この見方にしたがえば、以下のようになる。

個別行為者は、関連する比較対照クラス（たとえば、類似する社会環境に生きる、同一ジェンダー、そしておそらくは同一人種、階級、年齢グループなどに属する人々）の大部分と比べて、そのミソジニー的態度および／または行動が著しく(a)行きすぎていて、(b)一貫している場合、そしてその場合にかぎり、ミソジニストと見なされる。

ここで「著しく」[*2]および「関連する」としているのは、意図的に曖昧な語を使っている。この文脈における私の目的にとって、定義のこの部分をどのように埋めるかについて厳格に立場を表明する必要はないからである。だから、読者それぞれが自身のコミットする規範・道徳理論にもとづいて、それぞれのやり方で進める余地を残しておくのが最善であると考える。

ミソジニーについての私の改良的分析を開示したところで、いったん立ち止まって、この分析の鍵となる特徴と、私の考えるそのセールスポイントまたは利点について述べることにしよう。この理論は概念のうえで、またその実質的内容にかんして、他にどんなことを意味するのか、つまりは、ミソジニーはいつどんな状況で発生しやすいのか、どのようにして、誰にたいして、どのような行為者、社会実践、制度、アート作品、人工物などによって（「を通じて」としたほうが適切な場合もあるだろうが）行なわれるのか、といった問いがそこには含まれるだろう。さらには、ミソジニーの認識論についても予備的考察を行ないたい。私たちはどのようにしてミソジニーを、ミソジニストを認識できるのか、そして、何がその存在について、状況に応じて取り消し可能（defeasible）なエビデンスと見なされるのかについて、述べることにしよう。

ミソジニーは存在論的に家父長制に依存する

私が提案してきた分析によれば、ミソジニーは本来的に政治的な現象であることがわかる。具体的には、ある社会環境におけるミソジニーの存在は、家父長制的性質をもつ規範や期待が存在することに依存する。これは、完全に機能的な家父長制のうちでのみミソジニーは存在しうるということではない。だが、それは、ミソジニーと家父長制とのあいだになんらかの歴史的関係があったにちがいないことを意味する。ここで「関係」というのは、かなりゆるい意味合いであり、直接的継承ということに加えて、他文化からの借用や、規範や期待の端緒も含む。[12] こうした重要な但し書きを付したうえで、私は次のように主張する。女性にたいする敵意は、その背景に家父長制的抑圧システムが存在しなければ、たんなる個人的な奇癖か恐怖症の類いにすぎないだろう。[13] そうした(言わば)「女性恐怖症(gynophobia)」が、たとえば、この文脈で言及されることがある病理的な「母親問題」のために(これについては次章で見ることにする)[14]、真正の問題ではありえないと、ここで主張したいわけではない。だが、よりシステム的な性質を備える多くの問題に女性が直面する今日の政治的状況において、これがとくに私たちが注意を払うべき問題であるとは思わない。

ミソジニー的敵意の諸相

私の理論では、ミソジニー的敵意は、処罰的、抑制的、または警告的機能を果たすのに適していれば、何でも構わない。(処罰についてどんな考えを持っているかにもよるが)、人間一般、あるいはとりわけ標的とされる女性にとって不快なものでありさえすれば、何でも構わない。ミソジニー的敵意は無数の「ダウン・ガール」行動を含んでいて、列挙したら切りがないほどの数になるだろう。それでも、あえて一般化すれば、侮辱的に成人を小児に、人を動物やたんなるモノに比するという行為がまず挙げられる。幼児化や卑小化に加えて、冷やかす、恥をかかせる、あざける、中傷する、あしざまに言う、悪者扱いする、さらには、性的な対象とするといった言動、あるいは反対に、性的属性を剝奪する、口を封じる、遠ざける、面目を失わせる、責める、庇護者のようにふるまう、見下すなど、特定の社会的文脈において、相手を否定し軽蔑するようなさまざまな形式の態度が存在する。暴力や脅迫的な行動も存在するが、そこには、「パンチング・ダウン」行動、つまり、被害者からすると、遅れてやって来る攻撃、または身に覚えのないような攻撃性も含まれる。私の理解では、たった一人の女性が、ミソジニストの脳裏にある他の女性全員の代役または代表として機能することもありうるので、女性はほぼ例外なく、何らかの「発信源」からの何らかのミソジニー的敵意にたいして脆弱な立場に置かれるだろう。

以下では、ミソジニーがどのように機能するのかについて考える。日常的に社会規範を強要するメカニズム、すなわち「お説教」、人格否定、社会的上下関係を使った行動《ムーヴ》などといったさまざまな手段を通じて、ミソジニーはどのように働くのかということに、とくに注意を向けていく。思うに、ミソジニーは、私の目にはきわめて不可解に映る特殊な心理的態度、たとえば女性を性的対象や人間以下の存在、さもなければ憎悪すべき忌まわしい「本質」を有する存在と見なす考えなどから生じるものでなくてはならないわけではないし、現実にそんなことはまずない。むしろ、それは一般的に、家父長制秩序の施行と再確立、それへの挑戦にたいする抵抗にかかわる。嫌悪感情はそういう社会的プロセスに由来すると同時に、それを補強する。第五章と第八章において、これらの点それぞれについて結論を導き出すつもりである。

換言すれば、こうした種々の「ダウン・ガール」行動は、おそらくは願望にもとづく思考や、意図的な否認の結果として以外は、女性が通常どのように（文字どおり）見られているかを反映しないのかもしれない。それらは動的かつ能動的で、力づくの戦略である。女性が「身分不相応の考え」をもつように見えたら、相応の場所にとどまるように抑えつける。だから、個別行為主体のミソジニーは、信念（beliefs）というよりは欲求（desires）、つまり、世界が家父長制秩序に整合的でありつづけるか、さもなければ、そうなることを要求するような心的状態に、まず第一に、かかわると私は思う。[15] この点については第三章で、ミソジニーと性差別主義との区別を論じるさいに、もう一度取り上げることにしよう。

ミソジニーの認識論

ミソジニーの認識論にかんしては、まず次に挙げる二つの対照関係がとくに重要である（ただし、これらの対照関係にかんして、その間接的証拠がさまざまな方法で探し求められるかもしれない）。ある女性がミソジニーの被害を被っているという主張の真偽は、次のようにして実証することができる。すなわち、ジェンダーを除いて、彼女と似通った社会的地位を占める、彼女にちょうど対応するような男性（人種、階級、セクシュアリティ、トランスジェンダーかどうか、障害、年齢などを同じくするか）が、同じような敵意――その強度、頻度、量、期間などについて――を経験することはまずないということを明らかにするのである。思うに、ミソジニーにかんするごく普通の「通俗的」な判断基準はこれによってうまく設定することができる。

そうした敵意がミソジニーの徴候や表出と見なされるためには、（男性相当者と比較して）不相応に偏って女性に向けられる必要はない。女性への待遇がジェンダー的側面で際立っていればそれで十分である。似通った社会的地位を占める男性の中に、同程度の敵意を向けられる者が存在したとしてもかまわない。女性に向けられた敵意がそれにもかかわらず、際立ってジェンダー的な根拠または性質を有するならば、私の分析では、それはやはりミソジニーに相当する。

ミソジニーの診断は、私の見解では、次の事実にうったえることでも実証されうる。すなわち、家父長制的性質を有する規範や期待の存在しない世界であったら、同じような身体を持つ人（a similarly embodied person）がそうした敵意に直面することはないことを示すのである。たとえば、妊娠した人（典型的には、シスジェンダーの女性だが、トランス男性やノンバイナリージェンダーの人の場合もあるだろう）が、医療的に必要であり、資金的に実行可能でもある優遇措置を雇用主によって拒否されたり、それどころか解雇されたりするような例を考えてみよう（これは私の分析の重要な長所の一つであると思うのだが、以下に見るように、それは妊娠にかかわる事例を適切に扱うことを可能にする）。もしシス男性が妊娠したら、彼らは雇用にかんして、〔現実世界の妊婦と同じような〕処罰的待遇をやはり受けるだろうか。彼らは〔現実世界の女性と同じように〕生殖にかんして下働き労働者の地位へと格下げされるだろうか。これらの問いに答えるのは難しいし、有益な問いであるとも思われない。明確な答えなど存在しないのではないかとも思われる。（科学的にでなくとも）社会的に現実とかけ離れたそうした可能世界について想像してみても、妊娠、授乳、更年期などにかかわる事例については、比較のために役立つような土台を与えてはくれない。それよりもむしろ、妊娠する身体をもつ者が、「男の世界」、つまりは、異性愛・家父長制的およびトランスジェンダー嫌悪の構造を備えたこの現実世界ではなく、道徳的に平等な扱いを受ける権利を万人に認めてくれる世界を生きるとしたら、事態はどのようであるだろうかということを考えるほうが有益である。その世界では、次世代の人類をこの世にもたらす任務を担う人たちのニーズに応えるために、はるかに多くの努力が払われるだろう。私はそう論じるつもりである。

傾向性としての（潜在的）ミソジニー

この機に、私の説明の特徴として注目すべき、もう一つ別の側面を挙げておく。それは意図的に傾向性（dispositions）または傾向の概念に訴えるという点である。それゆえ、ある社会的環境が真正の意味でミソジニー的と診断されるには、その時点で、誰にたいしてもいかなる否定的態度や行動を発現していなくてもかまわない。関連する項目にかんして、ある種の反事実的条件文〔じっさいにはそうではなかったが、状況によってはそうであっただろうと述べる条件文〕が成立すれば、それで十分である。これはまさしく判断基準のあるべき姿に合致すると私は思う。私の見解では、ミソジニーは潜在的で、潜伏状態にあることも可能である。

前述の議論とこの点を照合すると、当然、疑問が浮かぶだろう。ミソジニーに関連する社会的機制がきわめて有効に機能している場合には、社会環境がミソジニー的だと知る方法はあるのだろうか。言い換えれば、もしも現時点において、ミソジニー的な敵意や攻撃性を女性が経験することがほとんどなく、ただたんに歴史的に女性が下位の社会的役割を担うようきわめて狡猾に追いやられてきたというだけだとしたら、どのようにして社会環境がミソジニー的であると判断することができるのだろうか。

この問いは、本章全体への重要な付加条項となる論点を示唆しており、以下の議論を活気づけることになる。

システム的なものとしてのミソジニー、そしてそれ自身が（はるかに）大きなシステムの一部分であるミソジニー

女性に向けられる敵対的態度はさまざまであり、それが外に現われる現われ方もまたさまざまである。そうした態度とそれを特徴づける現われ方にまず焦点を合わせるのは、（その顕著さと、不可逆的な被害をもたらしうるその力の大きさを考慮すると）、理に適っていると思う。けれども、このコインの裏側に目を向けることもそれに劣らず重要である。じつのところ、私の分析によれば、裏返すべきコインは二枚存在し、それは否定性のコインとジェンダーのコインである。

ミソジニーの主たる現われ方は、「悪い女性」を罰することと女性の行動を監視することであるかもしれないが、処罰と報償のシステム――そして、有罪判決と無罪放免のシステム――はほとんど例外なく全体として機能する。だから、この説明の構造的特徴について考えることによって、私の定義によるミソジニーは、ジェンダー役割への遵守を執行するやり方すべてと連続しているだろうと予想できる。たしかに、私たちを取り囲む社会的世界にざっと目を向けてみると、その正しさについて予備的な確証が得られる。要するに、女性に向けられる敵意とは、じつのところ、厄介で巨大な氷山の一角にすぎないのである。それと同時に、私たちは、ジェンダー役割の規範と期待の数々――愛情に満ちた母親であること、思いやりのある妻であること、忠実な秘書であること、「クール」な恋人であること、気の利くウェイトレスであることなど――を遵守する女性には報償が与えられ、

祭り上げられるという側面にも関心を払うべきである。もう一つ、男性性についての規範を軽視する男性にたいする監視と処罰について関心が払われなければならない。この点については広く認識され、ある程度受け入れられている（本書で私が取り上げるトピックには含まれないが、その重要性を否定するものではけっしてない。この主題をめぐる議論については、たとえばディグビー（Digby 2014）を参照のこと）。他方、おそらくさほど認識されていないが、女性にたいして支配的な男性が恩恵に浴することの多い、肯定的また免責的な態度と行動を軽視するわけにはいかない。とはいえ、少々先走りしてしまったようである。これらのいくつかについては第六章で詳細に論じるとしよう。

この分析はミソジニーの根底にある道徳的特徴を明らかにする

私の説明のもう一つの特徴として、一見するとまったくそう見えないかもしれないようなミソジニーの事例を取り込むことができる点を挙げられる。そうした例として、急進的な社会運動の展開を受けて生じるようなミソジニーや、より抑圧的な社会状況の下で生じるようなミソジニーなどを挙げられる。さらに、私の説明はそれらの事例に共通してその根底にある道徳的特徴を明らかにする。例として、バングラデシュで起きている「アシッドアタック」、つまり強酸による攻撃を取り上げてみよう。この行為のほぼ八〇パーセントは少女と成年女性を標的とするものであるが、しばしば重篤な火傷を被害者に負わせ、顔面や乳房、そして陰部の皮膚や骨に損傷を与え、被害者は生命を失うこともある。最近の報告によれば、「攻撃の理由として最も一般的なのは、婚姻の拒否、性交渉の拒絶、交際の拒否」であるとされる（Pawan and Dhattarwal 2014）。さらに、ある研究者によると、そうした犯罪は嫉妬や復讐心から被害者女性に傷を負わせたり、容姿を醜くすることをその動機とする点に特徴がある（Swanson 2002）。また、ムリデュラ・バンドパディアエとM・R・カーンは、これらの「拒絶に反応して起きる攻撃は、その拒絶について女性を罰し、その女性から彼女のもつ社会的・性的資本を剥奪する」と指摘する

(Bandyopadhyay and Khan 2013, 72)。抑圧的な社会規範とバングラデシュの女性にたいする暴力の関係について、彼女らは次のような総括的結論を下している。

暴力の条件、形式、リスクは、性とジェンダーについてのこの地域のイデオロギーによって決定づけられる。労働の性別役割分業は「ジェンダー階層《ヒエラルキー》」を作り上げる。それは女性を私的領域へと追いやり、生存のための男性への依存を維持し、彼女たちを脆弱な位置に置く。したがって、暴力は、経済力と経済参加におけるジェンダー間差異と連結しており、またその指標でもある。アシッドアタックは、女性の男性への極端な依存関係を強調するとともに、男性支配に抵抗する多くの女性にたいする警告として機能する(Bandyopadhyay and Khan 2013, 73)。

バングラデシュで起きている強酸攻撃についてのこの特徴づけと照らすと、私の分析にしたがえば、それは明らかに、そして深刻に、ミソジニー的な実践と見なされる。同時に、私の分析があぶり出す、この暴力行為とエリオット・ロジャーの行動とのあいだの類似点に考えをめぐらせるのが、有益だろう。ヘザー・マクドナルドの言葉(Mac Donald 2014)とは反対に、両者間には、それを探究するに相応しい人々によって精査されるべき深層レベルでの構造的類似性が存在するのであって、ミソジニーなど「私たち」とは別世界の「後進国」の話にすぎないという人種主義的なステレオタイプはそのことを覆い隠す(16)。

ミソジニーの存在はミソジニストの存在とかならずしも結びつかない

ミソジニー的な社会的機制は、偏見にとらわれた個別主体のひたむきな努力なしでも機能しうることを、そのあり様をいくつか列挙しながら見てきた。しかしながら、個別主体にかんする前述した付加条項を考慮すると、私の説明は、ミソジニストと呼ばれるに値する個別行為主体が存在しうることを明確に肯定する。そして、考えてみれば、この可能性を維持することは私にとって重要である。ミソジニーを理解するうえで、「腐ったリンゴの法則」的構図はまったくの誤りで、役に立たないと考えたので、それを越えて先に進むことを目指してきた。しかし、だからといって性急にありとあらゆる人を免責してしまうのもよくない。大まかに言って、私の説明では、ミソジニストはその行ないをもってミソジニストとされる。つまり、ミソジニストとは、ミソジニー的な社会環境への「貢献」において、一貫した「オーバーアチーバー」の謂われにすぎない（全体として見て、彼の属するシステムがミソジニー的であるかどうかにかかわらず、である。肝要なのは、あくまで、彼らの「努力」がその方向へ強く推し進められているという点である）。別の言い方をすれば、ミソジニストとは、その信念、欲求、行動、価値観、忠誠、期待、言葉遣いなどにかんして、ミソジニー的な社会環境にはなはだしく影響を受けてきた人たちと言ってもよい。というわけで、私の説明では、ロジャーとリンボウの二人は、「ミソジニスト」の名に値するに十分の「業績」を成してきた。本書ではこの後に続く章で、ミソジニストの名に相応しい個人とさらに出会うことになるだろう。

　ミソジニーにたいする私のアプローチは、私が誤りであると考える両極端の考え方を回避すべく試みる。一つは、ミソジニーは個別の「腐ったリンゴ」が蔓延させた病であるとする考え方であり、もう一つは、ミソジニーからとりわけ個別主体や個人間関係にかかわる要素を除外し、それを純粋に構造的で社会的な現象とする考え方である。ハスランガーが論じてきたように、理論化の作業では、行為主体と社会構造の双方に、また、物質的現実のうちで両者が密接に関係し合う複雑なあり方に十分な注意を払う必要がある（Haslanger 2012, 11, 411–418, とくに414注8）。そしてもう一つ、ここで強調しておきたいのは、社会システムまたは社会環境、ことにそのうちに生きる特定の人々にたいして、特定の雰囲気もしくは「風土」をもつようなミソジニーの存在であり、そこでの彼らの経験に十分な注意を払うには、広い意味での「態度」にかんする言葉を使って記述する必要がある。そうした風土は、たとえば、特定の女性にたいして、性差別をともなって敵対的、威嚇的、または「寒々とする」

などと記述されるかもしれない。

以上、「素朴理解」とは区別される私の分析にもとづくミソジニーの論理とその構成的本質について見てきた。しかし、ミソジニーの内実（サブスタンス）にかんしては、やるべき仕事がまだ多く残っている。その中には、特定地域の文脈に固有のものもあるだろう。次章では、ミソジニーは性差別主義とどう対照されうるか、また、両者が連動することでどのように働くかについて、現代アメリカ政治の文脈での考察を通して、ミソジニー論理からその内容へと考察を進めていきたい。さらには、異なる種類のミソジニストとミソジニーが、純粋に構造的なメカニズム、政治運動、社会実践を通じて稼働するその仕方についても考察する。

だが、その前にもう一度アイラ・ヴィスタ事件に立ち戻り、前章で取り上げたまま未解決になっているいくつかの項目に筋道をつけておこう。

男のものでない島

ミソジニーについてのフェミニズム診断にたいする反論を第一章で列挙したが、まだ、いくつか反論すべきことが残っているだろうか。すでにそのほとんどは、私の分析によって現実的価値を失ったのではなかろうかと思われる。というのは、それらは次のような、誤った対照を根拠になされるからである。

- ある男性が自己愛的または妄想的であることと、彼がミソジニストであること、つまり、一貫して著しくミソジニー的な社会的力を伝達する人物であることとは、まったく矛盾しない。なぜならば、ミソジニーはまさしくその本質からして自己愛的で妄想的だからである。それは非個人的な失望を、敵意のこもった怒りへと、もしくは社会学者マイケル・キンメルが呼ぶところの、「傷つけられた権利意識《エンタイトルメント》」へと転じる(Kimmel 2013, 18–25; および同書第一章)。そして、ミソジニーはまったく見知らぬ女性と当該男性との関係を、想像のうえで親密なものへと変容する。

- ある男性が傷つきやすく、自分に自信をもてないことと、彼がミソジニストであることとはまったく矛盾しない。じっさい、この種の被傷性がしばしば引き金となることは、私の分析が予想するところである。同様に、ある人物が、たとえば人種差別主義者であることと、ミソジニストであることとはまったく矛盾しない。それどころか、重要な社会階層のいくつかで、自分がどんな位置を占めるかに彼が拘泥《こうでい》するというのは理に適っている。
- ある男性が他の男性に攻撃をしかけるような人物であることと、彼がミソジニストであることとはまったく矛盾しない。エリオット・ロジャー的な人物が一方で自分よりも地位の高い男性にたいして、他方でそうした男性に惹かれる女性にたいして支配的立場を獲得したいと望むのは、まったく自然な組み合わせだと言える。じっさい、少なくとも、社会階層の中で自分が占める位置についての彼の感覚が正確であるとすれば、ロジャーのような人物にとっては、そうした優位性こそ、彼の望みどおりに「最優位雄《アルファ・メイル》」の地位を獲得するための、考えうる唯一の方法であるかもしれない。彼は社会的世界における他の男性との関係で地位を向上させる必要があり、そしてそれを達成するためには、「ホット」な、つまり、ステータスの高い女性の面前で自らの地位を上げることが有効だったか、それどころかおそらくは必要不可欠だったのだろう。そしてその逆もまた成り立つだろう。ジェンダー内およびジェンダー間のヒエラルキーは、当然のことながら、複雑に絡み合っている。
- ミソジニーは典型的には暴力または暴力的傾向として表に現われると考える根拠は、スティーヴン・ピンカーの言葉に反して、存在しない。家父長制的社会関係を施行するという観点からは、そうした必要はないし、望ましくすらない。家父長制的社会関係は、うまく運んでいるときには、協調的かつスムーズである。暴力が表面にまで上がってくるのは、たいてい物事がまずいことになったときである。優位な立場にある男性の利害に仕えることにかんして、献身が不十分であると見られる有力女性が精神的脅威をもたらしたとしても、それを拡散するための、非暴力的でしかも低コストの手段は山ほど存在する。想像の世界で女性を「ひきずり下ろす」というのはその一例だろう。現実的に中傷したり、悪者扱いしたり、卑小化したり、恥をかかせたり、嘲ったり、愚弄したり、除け者にしたり、面目を失わせたりする必要は、かならずしもない。

● ミソジニーは直接的な教育を通じて文化的に伝播されると考える理由は、クリス・ファーガソンの言葉（Ferguson 2014）に反して、存在しない。繰り返すが、そんな必要はないのだ。個別主体に教え込まれるのは、より正確に言えば、学習される、または内在化されるのは、一つには、家父長制的規範や期待の数々――それらは優位者である男性の利害に仕えるという、女性の社会的役割を管理する――であり、もう一つとしては、個人的権利についての強烈な意識である。だから、これらの規範や期待にたいして女性の一人が異議を申し立てたり、抵抗したり、違反したりしたと見なされる場合に、彼女や他の女性たちが処罰されることになりやすい。総じて、行為主体が女性に次のような感覚を覚えるとき、ミソジニーはおなじみの反応をもって応えることが多い。すなわち、脅された、追いつめられた、妨げられた、やりこめられた、裏切られた、叱りつけられた、傷つけられた、くじかれた、出し抜かれた、正された、超えられた、掠め取られた、取って代わられた、落胆させられた、恥をかかされた、懲らしめられた、抜け駆けされた、追い出された、などである。

● 女性が社会進出することと女性にたいするミソジニー的攻撃が並存することとは、ヘザー・マクドナルドの言葉（Mac Donald 2014）に反して、まったく矛盾しない。進歩と怒りとはまったく両立可能である。じっさい、さまざまな領域で女性の急激な社会的躍進が見られるという、まさしくそれがゆえに、女性が怒りを向けられているとも言える。従来は男性優位であった役割で女性が活躍する一方で、伝統的に女性の役割とされてきたケア労働を彼女たちが放棄することは、私の分析では、ミソジニー的敵意を挑発すると予想される。ミソジニーは、女性を引きずり下ろし、「分相応」の場所へ押し込もうとする欲求に由来することがよくある。だから、高く上がれば上がるほど、そのために落とされる高さも高くなる。出世を阻むガラスの天井は取り払われたかもしれないが、お仕置きが待っているかもしれない。人によっては、他の女性の出世で割れたガラスの破片が雨あられと頭上に降り注ぐこともある。

最後にもう一つ。「男はひとり残らず胸のうちにミソジニストを宿しているのだろうか?」というトム・フォーディの問いにどう答えるべきか。答えは「否《ノー》」である。「ミソジニー」を閾概念とする私の定義ではそうなる。さらに言えば、ミソジニストが男性である必要はない。女性も、そしてノンバイナリージェンダーの人も、ミソジニストでありうる（ただし、必要条件とされるミソジニー的態度と行動の一貫性が、女性の場合どのくらい一般的なのかについては、経験科学からの回答を待つしかないが、最終章で取り上げる研究調査の結果はこれにかかわってくるだろう）。今日、私たちの多くは、嘘偽りなしに、平等主義を信奉し、フェミニズムへのコミットメントを口にする。それにもかかわらず、そんな私たちですら、ときにミソジニー的な社会的力を伝達するような行動から自由でない場合がある。もちろん、私自身もその例外ではない。私の分析では、そうした伝達行動は次のようなかたちを取りうる。すなわち、私たちはジェンダー化された規範や期待を執行し、その監視活動に無自覚的に加担する可能性がある。そればかりか、私たちは、ジェンダー中立的で、おそらくは妥当であるような規範、たとえば正真正銘の道徳的義務の数々について、それらを過剰施行し、その遵守を過剰監視するかもしれない。その結果、もしも私たちが、何かしらの意味で「わがまま」であると（繰り返すが、正当であれ不当であれ）判定された女性にたいして、同条件の男性と比較して過度に、もしくは顕著に敵対的な反応を示すとしたら、それは私の見解ではやはりミソジニーに相当するだろう。後段で見ることになる事例では、そうした、いわゆる二重標準《ダブルスタンダード》をともなう事例は枚挙に暇がないと言える。

原注

（1） リンボウのラジオ番組からの引用は、次頁本文中のそれも含めて、二〇一二年二月二九日放送の同番組から。文字起こしは同番組ホームページで閲覧可能。「X――バット姉妹はニュートとリックの危害から守られているか」、『ラッシュ・リンボウ・ショー』二〇一二年二月二九日放送。https://www.rushlimbaugh.com/daily/2012/02/29/x_butt_sisters_are_safe_from_newt_and_rick/

（2） ラッシュ・リンボウ「ラッシュからの声明」、『ラッシュ・リンボウ・ショー』二〇一二年三月三日放送。https://www.rushlimbaugh.com/daily/2012/03/03/a_statement_from_rush/

（3） 三月三日に発表されたリンボウの声明からの引用（右記、注2を参照のこと）。

（4） 女性政治家についての評言（否定的な評言ばかりか、中立的だったり肯定的な評言においてさえ）にしばしば見受けられる、不適切なほど個人的な語調にも注意してほしい。そうした傾向の特徴の一つとして、女性政治家の場合にはなぜかファーストネームが使われることが挙げられる。たとえば、「ヒラリー」とか「ジュリア」などである。後者はオーストラリア史上最初の女性首相であるジュリア・ギラードのことだが、彼女の政治的盛衰については後述する。もう一つ例を挙げると、ドイツの首相アンゲラ・メルケルのニックネームは「ムティ（お母ちゃん）」である。

（5） ラッシュ・リンボウ「マヌケは自分がマヌケだとは知らない」、『ラッシュ・リンボウ・ショー』二〇一二年三月一日放送。https://www.rushlimbaugh.com/daily/2012/03/01/the_dumb_don_t_know_they_re_dumb/

（6） モノ化および代替可能性（fungibility）については、ヌスバウム（Nussbaum 1995）、ラングトン（Langton 2009）の研究を比較対照のこと。彼女らの見解については、第三章においてさらに詳細に論じる。

（7） 私はここで、キャサリン・マッキノンらによって展開されたセクシュアルハラスメントについての法的概念をモデルとしている。また、その概念以前に存在した解釈学的不正義［ある社会的問題について、一般的にその問題を指し示す表現が存在しないために、自らの被害の経験について理解し、それを訴えるための資源を被害者（集団）がもたないような状況を指す］の一例としての、ジェンダー平等主義的な職場改革におけるこの概念の重要性については、ミランダ・フリッカー（Fricker 2007, 第七章）を参照のこと。

（8） しかしながら、ミソジニー的な「群衆」心理を受け入れる者が誰でもミソジニー的な社会的力を直接的に伝達するわけではないことは、注記すべきである。むしろ、他者が抱える（道徳的）嫌悪の感情をすくい上げ、他人になりかわって、いわば、セカンドハンド的に模倣する人もいるだろう。公人である女性をこき下ろす仕組みについては、第八章でより詳細に述べる。

（9）ノンバイナリーの人たちは、当該クラスの少女・成年女性、少年・成年男性のどちらと比較しても、さらに苛酷な状況に晒されるかもしれないという可能性を、ここでは意図的に保留する。

（10）メリッサ・ジェルツェン、「元カレのDVを警察通報してミズーリの町を追放された女性」、『ハフィントンポスト』二〇一七年四月一一日付。http://www.huffingtonpost.com/entry/rosetta-watson-maplewood-missouri-abuse_us_58ebece5e4d0ca64d91864f0

（11）キンバリー・クレンショーが示すように、近年の調査によると、白人女性と比較した場合の黒人女性の収監率は、白人男性と比較した場合の黒人男性のそれと同じく、似たような要因によって上昇する（Crenshaw 2012, 1437）。その後、前者間の格差は著しく減少したが、それが後者間の格差の場合のように注目されてこなかったという点では、変わりがない。そして、それはおそらく公的言説一般から黒人女性が抹消されていることの一つの徴候と言えるだろう。

（12）ここで次の点を補足しておくのもいいだろう。すなわち、もしミサンドリー［一般に、ミソジニーにたいして、「男性嫌悪」を意味する語］がミソジニーとの類推で（じっさい、そうされるべきだろうが）理解されるとするならば、家母長制的イデオロギーに由来する家母長制的な規範や期待——男性がそれらに違反することが人々の憤りを引き起こすような——の作用なくして、真の意味でのミサンドリーの事例というのは存在しないだろう。これは掛け値なしにまったくそうであるだろうと私は考える。そうした規範が歴史的に見てどれくらい一般的であったのかは、歴史学ないし人類学の問いであり、序論でも触れたように、哲学者である私の知識を超える。歴史的に見た家父長制の広がりとその覇権的性質については、ガーダ・ラーナーの著書（Lerner1986）を参照のこと。

（13）比喩的に言って、ミソジニーは「含みのある」言葉である。この一文をもって、私は第一章の論述を開始した。しかし、ここで注意してほしいのは、私の分析において、「ミソジニー」は、厳密な意味では、道徳の対象とされる概念ではないという点である。けれども、家父長制的抑圧のシステムは道徳的に見て好ましくないこと、そして、道徳的事実についての標準的見解、つまり、道徳的事実はそれが付随する記述的［＝道徳から独立した］事実によって必然化される、という二つの主張を考慮に入れれば、ミソジニーにかんする主張が、（概念的ではなくとも）存在論的必然性にかかわる事柄として、道徳にかんして重要な含意を有するであろうことは疑いえない。

（14）ここで念頭に置いているのは、次章で論じることになる、辞書編集者スー・バトラーの発言である。「ギラードのスピーチを受けて、「ミソジニー」の定義が変わる」、『シドニー・モーニング・ヘラルド』二〇一二年一〇月一七日付。http://www.smh.com.au/national/misogyny-definition-to-change-after-gillard-speech-20121016-27q22.html

（15）信念は世界を表象することを意図されていて、世界はかくかくしかじかの状態にあると主張する（予言の場合には、世界はかくかくしかじかの状態となるだろうとそれは主張する)。だから、前述の(粗雑な)説明で示したように、「適合の方向」にかんして、信念は「世界によって案内される」または「世界によって導かれる」心的状態であるのに対して、欲求は「世界を導く」心的状態である。これにかんする標準的な説明については、Anscombe 1957を参照のこと。

(16) たとえ両者が異なる形式を取り、したがって、まるで異なる解決策を必要とするにせよ、そうなのである。そうした解決策は、無批判的な黙認とは袂を分かちつつ、文化的差異、可変的な社会的意味、そして植民地主義的な道徳主義を反映する実践的かつ認識上の姿勢を採用することの危険性に敏感でなくてはならないだろう。

訳注

＊1 特定の性質について、その「所有量」についてある基準値(閾)を設定し、それを上回るような場合にのみ、当該の属性をもつと見なすということ。したがって、問題となる性質をいくらかもっているような場合でも、それが閾値を超えない場合は、それ(たとえば、ミソジニスト)とは見なさないというわけである。

＊2 「著しく」の原語は「significant」である。この語は「統計的に有意」という意味で使われるが、ここでは著者の説明にしたがい、より日常的な意味で理解する。

第三章　性差別主義《セクシズム》と区別する

「女がいなかったら男はどんなものになるのでしょうか？　空っぽ。ご主人、まるで空っぽでしょうよ」
（マーク・トウェイン）

性差別主義《セクシズム》とミソジニー

ミソジニーについての私の説明にたいしてなされるかもしれない反論の中に、一つ重要なものがある。それでもまだ批判の範囲が狭すぎるせいで、ミソジニーのもつ敵対的な性質や、その「趣き」を肯定し続けているではないかというものだ。私たちはミソジニーをもっと広く解すべきだろうか。女性は本質的に、または生まれつき男性に劣ると述べる、いかなる信念、主張、語りもそのうちに含むようにすべきだろうか（ただし歴史上ジェンダー間差別がまったく存在しない社会環境で育った人というのは存在しないので、仮説検証のための対照群が存在しない、エビデンスの基礎を欠いた状態での試みとなるだろうが）。

この時点でそうした拡張を行なうのは誤りであると私は考える。ミソジニーについての私の改良的提案は、現状において、ミソジニーと性差別主義（sexism）とのあいだに明確で便利な対照をもたらすという利点をもつからだ。[1]前章の最初の段階での定義（その後より精巧にしていったのだが）を思い出してほしい。それによれば、構成的に言うなら、

> ミソジニーは第一義的に、家父長制秩序の「法執行」部門と理解されるべきである。なお、家父長制秩序とは、それが規定する規範と期待の遵守を監視し、それらを執行することをその全体的機能とする。

同じように、ここでは次のように言えるだろう。すなわち、構成的に言うなら、

> 性差別主義は第一義的に、家父長制秩序の「正当化」部門と理解されるべきである。なお、それは、家父長制的社会関係を合理的に解釈し、正当化するという全体的機能を担うイデオロギーに相当する。

実質的には、性差別主義はしばしば性別による差異を自然化することによって機能する。その目的は家父長制的な社会的取り決めの数々を正当化することであり、それらが不可避のものであるかのように見せ、抵抗するのは無益であると説く。ここには、「……すべき」は「……できる」を含意するという原理の一形式――おそらくは、これを弱めたかたちでの、「……さえもできない」は「……は放っておいたほうがよい」を含意するというような命題――が暗黙のうちに前提されている。男女間に存在する社会的差異がそれ以外のものでありえないとしたら、それにたてつくことになんの意味があるだろうか。それとも、より穏健な言い方で、男性と女性がまるで異なる能力と傾向をもっているのだとしたら、家父長制的な分業を奨励する、もしくは少なくともそれを邪魔しないようにするのが最も筋の通った（つまり、一般的に最も安全で、最も効率的なデフォルトの）やり方ではないだろうか。そしておそらく最も重要なことだが、そうした分業が存在することは、差別と構造的障壁にかんして、また、才能ある女性を差別的に流出させる、いわゆる「パイプライン問題」にかんして、なんら説得力のある証拠とならないと言えよう。

性差別主義イデオロギーは想定、信念、理論、ステレオタイプ、そしてより広範な文化的ナラティヴから成る

のだが、それらは男性と女性は次のような重要な意味で異なっていると記述する。すなわち、もし性別間の差異の存在が正しいか、正しいと認識されているか、あるいは正しい可能性が高いとしたら、分別のある人は、家父長制的な社会のあり方を支持し、それに参与したくなるだろうというのである。性差別主義イデオロギーはまた、家父長制的な社会的取り決めは、現実にそれらがそうであるよりも望ましいもの、心配するようなことも、落胆させられたり、不満を感じたりすることも少ないようなものとして、その価値を高めるような描写を含む。これにたいして、ミソジニーは、先に定義したように、家父長制的な社会秩序の遵守を監視し、それを執行するにあたって、人々の想定、信念、理論、価値観などによる媒介をかならずしも必要としない。ミソジニーは、直接的で、多かれ少なかれ強制的な仕方によって家父長制的な社会関係を実現または成立させようとするのである。

こうした構図では、性差別主義イデオロギーは男性と女性とのあいだに区別をつけようとするだろうと予想できる。じっさいに知られるよりも、また理論的に知りうるよりも大仰に、ときには現代科学の知見に逆らうようなかたちで性別間の差異を主張するだろう。ミソジニーは典型的には良い女性と悪い女性とを区別し、後者を罰する。総じて、性差別主義とミソジニーは同じ目的、すなわち、家父長制的社会秩序を維持または回復するという目的を共有する。しかし、性差別主義が理性に訴えかけようとするのにたいして、ミソジニーは声を荒らげ、決断を強制する。性差別主義と似非科学との関係は、ミソジニーと道徳主義とのそれに等しい。性差別主義は実験用の白衣をまとい、ミソジニーは魔女狩りに繰り出す。

では、性差別主義とミソジニーは互いにどのような関係にあるのだろうか。性差別主義イデオロギー（そしてその担い手、つまりそれを反映し固定化する、性差別主義的態度、行動、社会実践、制度、アート作品またはその他の人工物）は、実践においてミソジニー的目的に仕えるかたちで利用されるかもしれない。[2] だが、それが現実にそのように使われているか、そしてそれゆえミソジニー的であると見なされるかどうかは、性差別主義的表象が現実にどのような働きをしているかによるだろう。当該環境に生きる少女や成年女性が直面しがちであり、ごく自然に解釈する意味において、それらの表象は、障壁または敵意の一形式を構成するのだろうか（前章で論じたとおり、ここで想定される少女や成年女性とは、極端に理想化されたような存在ではなく、ごく普通の意味で分別のある人たちである)。あるいは、文章や画像など、性差別主義的な人工物の中には、今日多くの女性が一九三〇年代の宣伝広告を目にしたときに感じる、あきれるくらい疑似科学的で、俗悪かつナンセンスに見えるものがあるだろうか。これらの問いにたいする答えは、文脈や受け手の背景をなす情報に左右されるだろう。同じことは、この後で見るように、個別の行為主体が信奉する、または心のうちに宿す性差別主義的態度についても言える。

だがその前に、第一章の議論を思い出してほしい。私が(導入的に)提示した、ミソジニーはどんなものでありうるかについての改良的提案は、競合理論である「素朴理解」と比較して、少なくとも中心的と呼べるような事例において、女性が直面する敵対的反応についてより筋の通った心理的分析を与える。なぜならば、「素朴理解」にしたがうかぎり、女性への敵意の存在がほとんど説明不可能となるからである。私はそう論じた。現段階で、私はさらに一歩進めて、こう主張したい。すなわち、私の改良的分析とそれに付随する性差別主義とミソジニーとの区別は、近年「ミソジニー」の語の用法について提案を行なってきた、意味にかんする草の根運動家たちの主張とも、そして、ある程度はこの語の辞書的な定義(の中で、より建設的な方向を示唆するもの)とも、足並みを揃えるものであるのだと。そして、この主張が正しければ、そこには二つの意義がある。一つには、私の改良的提案は、一般的用法のうちの一パターン——私はこれを「フェミニズム的」用法と呼ぶことにする——と軌を一にする。これは次のことを意味する。つまり、「素朴理解」は、そうした用語を用いる人々が「ミソジニー」の語を使って伝えようとするところと歩調がずれているということであり、一般的用法への忠実さを訴える「素朴理解」の主張はますますその根拠を失うことになる。他方、私の提案を修正主義的と感じるのはこの話を使用する人々の一部に限られるはずであろう。

もう一つとしては、フェミニズム的用法は理論的統一と理論的根拠の両方をもっと結論づけられる。「ミソジニー」という語は一貫性を欠いて使われているのでもなければ、寄せ集め的な現象を指しているのでもないと言える。フェミニズム的用法は、理由があって一つにまとめ上げられた性質——「素朴理論」と対照的に、私たちが注意を払うべき性質——を捉えようとしている。だからこそ、これら記述的そして改良的プロジェクトの線での探究は最終的には見事に収束し、互いに補足し合う結果へとつながるのである。

この点を理解するために、二〇一二年一〇月に当時オーストラリアの首相だったジュリア・ギラードが、野党党首トニー・アボットの性差別主義的かつミソジニー的行動を非難して行なった、いわゆる「ミソジニー演説」について検討してみることにする。ギラードはアボットにたいして、政治の世界における性差別とミソジニーということならば、鏡に映った自分の姿を見てみたらどうかと訴えた。また、アボットの行動のいくつかについては、性差別的であるとだけ述べた。「仮定の話ですが、権威を行使したり、命令を発したりするのには、身体的にも気質的にも、男のほうが向いているとしたら、どうでしょうか」。これは、オーストラリアでは権力の座を占める女性が少ないことが議論になっている場面でのアボットの発言である。「総じて、男のほうが女よりも大きな権力をもっているのが事実だとして、それは悪いことなのでしょうか」。アボットは修辞疑問でそう続けた。炭素排出量に価格付けを行なうことの経済性について、女性有権者に向けたアボットの説明もギラードによって性差別的と評された（「オーストラリアの女性がアイロンがけしながら理解しなくてはならないのは」云々との発言にたいしてである）。最後に、厚生大臣在任時にアボットが人工妊娠中絶を「安易な抜け道」と呼んだことについて、ギラードは性差別的であると断じた。

ギラードが性差別的とのみ評した発言はすべて、男性にコード化された領域において女性は男性に劣るというものか、さもなければ、女性は女性にコード化された労働形態へ割り当てられるのが自然であると述べたものである。したがって、それらはすべて、ジェンダー役割にかんするこうしたあり方が自然に適う、もしくは、望ましい——あるいは、人工妊娠中絶を行なう女性の決断を「責任逃れ」と非難する例では、代替案は望ましくない——と主張するものである。スピーチ中、ギラードがとりわけミソジニーを問題にしはじめるのは、アボットからギラードに向けられた侮辱的発言——アボット自身の口から出たものもあれば、世間に向けて賛同をほのめかしたものもある——に注意を喚起する場面においてである。

> 私は野党党首の性差別主義、ミソジニーによっても侮辱を受けました。一国の首相として、議会でこの席を占める私に向けて、彼は性的冷やかしの野次《キャットコール》を浴びせたのです。「政治的に言って、総理が腹ぼての自分自身を入籍して正式な妻としたいなら……」。この席を占めているのが男性であったらけっして口にされることのないような言葉です。野党党首が外へ出て、議事堂の前の「魔女を始末しろ《ディッチ・ザ・ウィッチ》」と書かれた立て看板の脇に立っているのに、私は傷つけられました。私のことを「猿回しの雌猿」と評した看板の脇に立つ野党党首に傷つけられました。性差別主義、ミソジニー。野党党首からのそうした扱いに来る日も来る日も傷つけられました。[3]

ギラードの演説はオーストラリア国内をはじめ国外の多くの人たち、ことに女性から共感を得た。しかしその一方で、ギラードの英語理解にかんして悪意に満ちた反応もあった。「ミソジニー」の意味は女性嫌悪だということも知らないのかと、アボットの取り巻きは非難した。アボットについてギラードが問題にしているのは（まさしく）その点だと考える人はほとんどいないにもかかわらず、そう批判したのだ。けれど、多くの人には、ギラードの「ミソジニー」の用法は適切であるように思われた。そこには辞書学者も含まれていて、これを機に辞書を改訂する人物も現われた。スー・バトラーは、オーストラリアの学校で標準的に使用されるマクオーリー英語辞典の編纂者であるが、彼女がその先陣を切った。「ミソジニー」イコール「女性嫌悪」という定義は、この二〇—三〇年間ほどの語法、とくにフェミニストのあいだで広がってきたそれと、かならずしも歩調を合わせるものとは言えないと、バトラーはあるインタビューで説明している。[4] アボットが自分の病理的な女性嫌悪に対処するために、「精神科医の長椅子」で時間を費やす必要があると、ギラードが考えているわけではないと、バトラーは付け加えている。こうして、マクオーリー英語辞典は、それまでの女性嫌悪に加えて、「女性にたいする根深い偏見」を含むかたちで「ミソジニー」の定義をアップデートした。その他の辞書もこれに足並みを揃え、女性にたいする不信、軽蔑、反感などの意味をさらに追加する方向へと動いた。

しかし、「根深い偏見」を加えることでギラードの用法をカバーすることができたかと言うと、それは定かではない。彼女が「ミソジニー」という語に手を伸ばしたのは、すべて自身に向けられた悪意に満ちたこき下ろしの事例であった。しかも、それらはすべて比喩かそれ以外の表現で、ギラードを彼女に見合った場所へと押し込むことを目的として、彼女をおとしめ、卑小化し、面目をつぶし、品位を落とすよう意図されているかに思われた。深く根を下ろした偏見から派生するのは、場所または役割の意識なのである（原注4を参照）。ミソジニーは力ずくで女性をそこへ押し戻そうとするか、そこから逃亡した罪で女性を処罰しようと試みる。さもなければ、男性の場所を奪ったとか、そうしようと企んだとかいう罪で、女性を罰するかもしれない。個人、集合的または集団行動、さらには、純粋に構造的なメカニズムによって実行される敵対的処遇といったものを通じてミソジニーは女性を罰する。いくつか例を挙げてみると、意地悪や攻撃行為に始まり、あからさまな無視や冷酷な沈黙にいたるまで、その種類はさまざまである。人間の社会的本性からして、そうした敵対的行為は、誰にとってもできれば回避したいものなので、それは一定の抑止効果をもちうる。一般的に人は、そして議論の余地はあるだろうが、ことに女性は（感じよくあろうと、しばしば社交的であり）、他人からの尊敬や承認を失うことを望まないし、他人から避けられること、恥をかかされること、除け者にされることを嫌う。私たちはまた、将来的に他人からの助け、協力、庇護を必要とするかもしれないので、広範囲にわたる敵意の可能性は、きわめて効果的な抑止力となりうる。とくに、それがなかったら、ジェンダー的に悪い（と言うか、いわゆる「悪い」）行為にかかわってしまったり、女性にコード化された財やサービスの提供を怠ってしまうかもしれないおそれのある女性にとっては、そうでありうる。

ミソジニーと性的モノ化

レイ・ラングトンによる性的モノ化にかんする二つの形式の区別は、性差別主義とミソジニーの対照を理解するうえで役立つツールを提供してくれる。性的モノ化は家父長制的思考の重要形式であり、この区別はフェミニストにとってきわめて大きな関心事項、つまり、どのようにしてミソジニーがそれと関係し、また、結託するのかをも明らかにする。ポイントとなるのは、性的モノ化においては、人格性の中心的特徴をなす自律（autonomy）が次の二つの異なる仕方で否定されるという考えである。

(1) 主体にたいする自律性の非帰属
(2) 主体の自律性の侵害（Langton 2009, 233）

(1)のタイプのモノ化は、モノ化される側の主体が完全に自律的で心をもつ存在であるということについて、モノ化する側の主体が無知であるか、またはその女性がどんな存在であるか（というよりもむしろ、彼女が誰なのか）についてまるで関心を払わない結果として生じうる。その場合、女性は中身がなく、単純、口下手で、愚かな存在と見なされ、あたかも幼児であるかのように見下した態度で遇されるとともに、痛みと侮辱をともなうようなかたちで手荒く扱われたり、利用されたりする可能性がある。これにたいして、(2)のタイプのモノ化は、モノ化する側の主体が、モノ化される側の主体の心の平安を乱すこと、または、その女性の「頭の中を操る」ことを積極的に欲する結果として生じうる。それは、彼女の意思を蹂躙するか、彼女に苦しみをもたらすか、彼女の身体的統合性を侵害することによってなされる（Langton 2009, 234-235）。つまり、(2)のタイプのモノ化では、一人の人格（person）をあたかもそれが無生物的なモノ――買ったり、売ったり、収集したり、使ったり、使い尽くしたり、破ったり、溶かしたり、破壊したり、捨てたりといったことが咎められることもなく許されるような種類のモノ——であるかのごとくに扱われる。だが、そうだとすると、このタイプのモノ化は、行為者によって意図的に侵害されるそうした諸能力を、モノ化される側の主体が所有しているということを前提にするもののように思われる（Nussbaum 1995, 257; Langton 2009, 225–229）。

したがって、次のように考えるのがよいのではないだろうか。すなわち、(2)のタイプのモノ化はほとんど常にミソジニー的であるのにたいして、(1)のタイプは、あくまで性差別主義の極端な形式を示すにすぎない。つまり、それがある特定の社会的取り決め——そこには、そうした社会に調和する性的関係やポルノグラフィの諸形式も含まれる——を正当化する機能を果たすかぎりにおいて、そう見なすことができる。

ラングトンのこの区別を取り上げるにあたって、マーサ・ヌスバウム（ラングトン自身は、モノ化についてのヌスバウムの先駆的研究に多くを負っているわけであるが）は、(2)の「自律性侵害的」形式のモノ化は、その主意において常に処罰的であると、最近論じている。また、それはインターネット上でのミソジニーの発散において重要な役割を担っているともされる（Nussbaum 2011, 68–71）。ヌスバウムの示唆するところによれば、そうした事例で問題となる種類のモノ化は、しばしばニーチェ的なルサンチマンの結果だが、要するに、社会的世界において自らの地位が低いとか、自らの地位が下がりつつあるという感覚が、自分よりも力があるように見える人たちのこき下ろしへと人を駆り立てる（言うまでもないことかもしれないが、誰かが自分よりも力をもつという知覚は正しいこともあるだろうが、かならずしもそうである必要はない）。

ヌスバウムのこうした主張は私の目的にとって明らかに好都合であると同時に、きわめて妥当である。[5] ただし、私はいくつかの追加を提案したい。そうしたモノ化するかたちでの扱いは、処罰としてのみならず、特定の女性が突きつける精神的脅威を拡散する方策としても機能しうるように思われる。また、ルサンチマンとともに、わかったうえでの意図的な否定と自己誇大化の可能性、つまり、女性との関係において社会的世界での自分の地位が下がること、または、そうしたことが起こりうるというリスクの認知さえも行為主体が否認するような可能性が検討されるべきである。

こうして、私ははからずも自分の母国の元首相から、帰化した国の現大統領ドナルド・トランプへと導かれることになる。次節では、私の分析が彼の行動パターンもうまく捉えることができると示そう。これは私たちにとって好都合である。なぜなら、それはメディア上で最も広く認められたミソジニー事例だからである。他方、にもかかわらずトランプが大統領に選ばれたという事実は、よりいっそう私たちを落胆させることになる。

お仕置き《スマックダウン》の術

前章では、家父長制的法秩序の執行において一貫して「オーバーアチーバー」という意味でのミソジニストとして、きわめて異なる二種類を取り上げた。第一には、失望させられたレストランの客だが、（家父長的規範と価値観に照らして）満足のいくサービスを得られないと、スプーンでテーブルを叩くような人物であり、エリオット・ロジャーはこのタイプであった。第二には、ラッシュ・リンボウのような、搾取的な語り部だが、このタイプは、非難の矛先を向ける標的となる女性を、ロジャーのような男たちに差し出す。両者は、標的となる女性の過失――彼らにたいしての、わがまま、怠慢、無責任、恩知らず、不公平――によって、自分の権利を傷つけられたという感覚をもつことで共通している。サンドラ・フルクとの（無）関係がもたらす「恩恵」に浴すことなどけっしてないのに、国民の税金があの女の避妊ピル代につぎ込まれることになるのだという考え方を吹聴することで、リンボウはサンドラ・フルクと番組リスナーとのあいだに表面的で迂遠な個人的関係をでっち上げる。そうすることで、想定される「犯罪」に適合する犯人を差し出すのである。取り引きで自分の側の義務を守らない種類の女。フルクはそうした女性の典型とされたのである。

もちろん、異なる種類のミソジニストも存在する。こんなのはどうだろうか。サービスが劣悪なときには、きまって癇癪《かんしゃく》を起こすので、落胆することがほとんどないようなレストランの客である。癇癪もちの評判はじきに彼を先回りするようになる。それが権力、名声、影響力、特権をほしいままにするような人物であればなおさらである。お仕置き《スマックダウン》の術の習得者であればあるほど、その実践の必要はより少なくなる。隠されてはいても、女性にたいする脅威はつねにそこにある。脅威は彼のペルソナと切っても切れないものとなる。

これがドナルド・トランプ印のミソジニーであり、多くの評論家が指摘するように、長年にわたって変わることなく目を引く、彼の特徴の一つである。トランプのお仕置きは、基本的に、セクシュアルハラスメント、性的暴行、小学生レベルの侮辱という形式（とくに彼にたてついたり、脅威を与える女性にたいして向けられる）を取ってきた。ミス・ユニバース優勝者の未成年飲酒事件をめぐってトランプが当該女性を弁護したことがあったが、ロージー・オドネルが（面白おかしく）彼の道徳的権威に疑義を差し挟むと、これにたいしてトランプは「ブタ」だの「イヌ」などと言ってオドネルを罵った。共和党予備選挙で大統領候補指名を争ったカーリー・フィオリナについて、彼女の容姿は大統領レベルにほど遠いと揶揄することすらあった。女性にたいする侮辱行為の数々について、その当時FOXニュースのキャスターのメーガン・ケリーから詰め寄られたさいには、あんたは目からだけじゃなく、他にも「どこか《ホエアエヴァー》から」血が流れ出ているんじゃないかと毒づき、舌足らずというやり方で女性性器をほのめかす新たな婉曲表現を生み出した。

私の分析では、これらの事例はすべて明らかにミソジニーと見なされる。したがって、私の分析は、失望型ミソジニストと同じように、支配型ミソジニストにも、力をもたない者たちと同じように、力をもつ者たちにも、また、女性にコード化された義務の怠慢にたいして反応している者たちと同じように、家父長制法秩序への脅威（現実のものであれ、そう知覚されたものであれ）に反応している者たちにも適用されうるのである。これらの点はすべて私の分析の妥当性を裏付ける。トランプを評するにあたって人が使いがちな言葉が「性差別主義者《セクシスト》」ではなく「ミソジニスト」であることを考慮すると、彼の行動がそれにぴたりと当てはまるという点も、やはり私の分析の正しさを示すものと言える。

家父長制秩序の法執行部門としてのミソジニーという比喩は、次の二つの意味で卓抜である。(a)トランプは自らを「法と秩序の大統領候補」として売り込んでいること。(b)トランプは有毒な男性性（toxic masculinity）をまさしく体現する人物であること（この主題については、第四章において、恥と屈辱との関連でさらに展開する）。

私の見解では、ミソジニーは、家父長制の遵守を監視しパトロールすることによって、その社会規範を下支えする。他方、性差別主義《セクシズム》はそうした規範を正当化することに仕える。そしてそれは主に、才能、関心、性向、好みなどにかんして想定される、男女間の「自然」な差異というイデオロギーをつうじてなされる。つまり、私の考えでは、性差別主義とミソジニーとの関係は、市民秩序と法執行とのそれに等しい。性差別主義は、それ自体として理解するならば、男性にコード化されたプレステージの高い領域（知的事業、スポーツ、ビジネス、政治など）で、女性にたいして男性が優位であること、さらには、そうした男性の優越が自然であり、不可避でさえあることへの信念をともなう。他方、ミソジニーは、それ自体として理解するならば、家父長制秩序を維持する不安、恐れと欲求、そして、攪乱されたさいの回復への覚悟をともなう。したがって、性差別主義が悦に入る一方でミソジニーは不安に駆られる。性差別主義が学究的である一方でミソジニーは闘争的、はたまた、性差別主義が理論武装する一方でミソジニーは棍棒を振り回す。

この理解によると、性差別主義とミソジニーは個々の行為主体のレベルにおいて二つに分かれうる点に注意してほしい（なお、両者は異なる概念ではあるにせよ、いずれも、後述するヒムパシー、免責のナラティヴ、その他の社会的シナリオやリソースとともに、家父長制の「原因」として必然的な要素であると考えるのが、おそらく妥当だろう）。トランプの存在は、性差別主義をともなわないミソジニーの可能性を例証する（現実にそうであるかにかんして異論はあるだろうが、それは生きた可能性であり、私の目的にとってはそれで十分である）。少なくとも表面上は、トランプがとくに性差別主義的な信念の持ち主であるかどうか、つまり、ビジネスや政治の分野で、自分と同じレベルで競い合えるような能力は女性にはないと考えているかどうかは、定かではない。一つには、トランプは自分の会社において女性をきわめて高い地位に登用する。このことは彼が（すべての）女性を見くびっているのでないことを示唆する。トランプにはむしろ、彼女らをコントロールし、出し抜かれる危険性を阻止する必要があるのである（「私の所には女性重役が多くいて、私のために金を儲けてくれる」と、トランプは自慢する）。もう一つとしては、女性相手にプレステージの高い賞なり地位なりをめぐって争う場合、性差別主義の信念はえてして、敗北という不面目な可能性にかんして、トランプのような地位にある男性を自惚れによって無頓着にさせるものである。ところが、二〇一六年の大統領選挙では、ヒラリー・クリントンとの一騎打ちになったとたん、彼女にたいしてトランプの示す敵意がきわめて醜悪なものとなった。ことに、選挙戦中の三度にわたるテレビ討論における彼の弁論と立ち居ふるまいは、脅迫的かつ復讐的で、悪意に満ち、まるで大人げなかった。ということは、トランプを特徴づける勝利への貪欲さは、しばしば性差別主義に由来する類いの、男である自分がかならず勝つのだという強い自信をともなっていたわけではないのかもしれない。たとえ彼の発言内容はまるで異なるにせよそうである。たとえば、トランプは、「女性カード」を切って〔つまりは、女であることを売り物にして〕、「どこからか《ホエアエバー》」有権者を惹きつけられなかったら、クリントンの得票率は五パーセントに満たなかったろう、と述べている。だが、これは明らかに彼の側の希望的観測か願望的思考である。「アイデンティティ政治」〔社会的不公正の犠牲になっているジェンダー、人種、民族、性的指向、障害などの特定のアイデンティティにもとづく集団の利益を代弁して行なう政治活動〕を取り去れば、クリントンはまるでお粗末な候補にちがいないと信じたがっている彼の胸のうちを代弁するにすぎない。というのは、それが事実であれば、自分が選挙に勝った場合は、まったく公正な戦いの結果だと感じられる一方で、負けた場合は、あれは出来レースだった、すべてはポリティカル・コレクトネスのせいだと、言い訳できるからである。願望的思考は、先取的な自我防御機能も果たすというわけである[6]。

　女性に示されるそうした低評価は、じつは評価者自身の願望に影響されているということが、さらに明白になる場合もある。「今回の大統領選では、まちがいなくトランプがクリントンに勝つ」。共和党フロリダ支部の執行委員会委員長のボブ・サットンは先頃そう主張した。さらに、「ドナルド・トランプとヒラリー・クリントンとの討論では、クリントンはモニカ・ルインスキーのようにひざまずく〔オーラルセックスを与えるという意味〕と思うよ」とも[7]（現実には、クリントンはひざまずきはしなかったが、それはどうでもよい）。

しかし、性差別主義《セクシズム》とミソジニーは、個別の行為者のレベルで、またその他の段階的方法によって、二つに分かれうるし、じっさいそうなることがあるにせよ、一般的には、もちろん両者は緊密なつながりをもって家父長制秩序の維持に努める。この点が最も明確になるのが性と生殖にかんする権利の領域だが、次にインディアナ州の人工妊娠中絶法、とりわけトランプ政権の現副大統領マイク・ペンスが同州知事として在任当時のそれを取り上げよう。

ここでの議論はミソジニーについていくつかの重要点を浮き彫りにする働きもするだろう。それらのいくつかは本書ですでに言及したが、実例の詳述を通してあらためて強調し、さらに敷衍する価値があると思う。

(1) ミソジニーは二人称的敵意（ロジャー、トランプ、そして前述したような迂遠な関係性にもとづくリンボウのリスナーのような仕方によるもの）だけでなく、三人称的な憤慨、憤激、非難やそれに類するものにもかかわる。すなわち、人は、自分以外の他人にたいして悪を為すと想定される女性——そこには、最も脆弱な状況にあり、防護、保護、正当な扱いが必要であるとされる者も含まれる——に向けて敵意を示すこともある。（「子どもたち——この場合、未生児——のことを考えたらどうだい?」*1）

(2) ミソジニーは、女性に向けた個別主体による行動や態度に加えて、社会的実践や制度を含む。というのは、社会的構造は、（「寒々とした」環境という概念に表されるように）、敵対的、貶価的、処罰的な待遇の諸形式を助長するような仕方で、意味を支え、政治的組織を代表するからである。

(3) ミソジニーと人種差別主義《レイシズム》は分かちがたく結びついており、白人優位社会における非白人女性（ことに貧困状態にある者）の待遇は、さまざまな形式の抹消を含む傾向があるように思われる。この点については、以下に短く述べるとともに、第六章で再び論じる。

ミソジニーの事例中には、たとえばサンドラ・フルクの場合の納税者などのように、ほとんど不明確で形式的な関係にしかないような第二者に為したとされる不正にかんして、女性が非難され、処罰されるようなものがあるが、その他の事例では、舞台設定が異なる。たとえば、性と生殖にかんする権利（または、その否定）の領域では、新奇で、ある意味ではアトランダムな人たち《パーソンズ》からなるクラス――独力では発言する能力をもたないばかりか、別段話したいことがありそうにも思われない第三者、すなわち、感覚能力獲得以前の存在者――の利害および請求権〔他人にたいして一定の行為を請求することができる権利〕にたいして不正を働いたとして、女性が非難され、処罰されることがある。なお、胎児〔正確には、受精後八週目に入ってから出産までが胎児（fetus）であり、それ以前は胎芽（embryo）と呼ばれる〕は、つい最近まで福音主義者たちによって「人格《パーソン》」とは見なされていなかったことにも注意してほしい（したがって、たとえ、私が同意する基本的な存在論的前提に反して、彼らの立場が正しいと判明したとしても〔つまり、胎児は人格であるとしても〕、それは誤った――イデオロギーのレベルでは、人を欺くような――理由で、正しい態度を取ることを意味する）。これは、フェミニズム的な社会進歩を抑制し後退させることを明示的な目的とする「人工芝」運動〔意図的に仕掛けられた偽の草の根運動〕の登場後に変わってしまった。ミソジニー的バックラッシュの典型例として、次に人工妊娠中絶反対運動について取り上げよう。

母を愛し、他者を抹消する

予備選中に瞬く間に悪名を轟かせることとなったインタビュー（二〇一六年三月のMSNBCの政治評論家クリス・マシューズとのインタビュー）で、トランプは、それまでほとんどの共和党員が遠回しにほのめかす程度にとどめてきた意見を（いくらかの躊躇の後に）認めてしまうという過ちを犯した。性と生殖にかんする権利（または、その否定）についての共和党独自の見解に照らすと、違法な人工妊娠中絶を求め、それを行なう「女性にたいしては、何らかのかたちでの処罰があってしかるべきである」とトランプは述べたのである。(8) このインタビューの直後に、ある政治家が、異例の、そして私が思うに印象的な率直さをもって、次のように語った。

トランプは共和党で最もとんでもない人物であるかもしれませんが、彼は党員すべての腹の中を言葉にしているにすぎません。彼らは、人工妊娠中絶を違法として、手術を受ける妊婦、そしてそれを行なう医師を処罰したいと考えています。トランプが何か罪を犯したとすれば、それは［共和党員の］考えを公にしたということにすぎません。

この政治家とは、誰あろう、ヒラリー・クリントンである。引用文はニューヨーク州ブルックリンの選挙集会での彼女の発言である。(9)

クリントンは正しい。そうした主張をするのは得策でないかもしれないが、議論の便宜上という理由で哲学者たちが容認しがちな、「これは純粋に倫理と宗教にかんする問いである」という逃げ口上とは対照的に、非常に重要である。思うに、この論争の全体的枠組みにおいて、（その枠組みで何か特定の議論を行なうためにではないにせよ）、ジェスチャーゲームに興じるのは遅きに失している。近年、妊娠中絶はきわめてフェミニズム的な争点となった。なぜならば、妊娠中絶問題は、それを必要とする女性にたいして医療サービスを認めないという、すぐれて官僚的な形式での社会統制を設計、実施するための強力な場所（locus）を与えるからである。それは、たとえば、共和党与党の下院が地方自治法三五八号、つまり、医師は良心の自由を理由に、緊急の人工中絶手術を施すことなく妊婦を見殺しにすることを認める法案を通過させたときのように、たとえ人の生命にかかわるとしてもそうなのである。当時、法案にたいして大統領拒否権が行使されるのは火を見るより明らかだった。だから、いまこの時点で振り返ってみると理解できるが、あれは何にも増して、一つの欲求、もしくは一つの願望の表出であり、同時に、女性にたいする警告だった。

あれは二〇一一年のことだったが、人工妊娠中絶反対運動の政治的ルーツも、この運動とキリスト教主流派との関係の希薄さも、はるか以前にまでさかのぼることができる。イェール大学教授リーヴァ・B・シーゲルは、ピュリツァー賞受賞歴をもつ『ニューヨーク・タイムズ』の記者、リンダ・グリーンハウスと共同で記録を丹念に収集し、そのことを明らかにした。一九七二年（つまりロウ判決の前年）、リチャード・ニクソンは二期目の大統領再選を果たすのであるが、シーゲルとグリーンハウスの共著によると、このときの再選の一因ともされる、いわゆる「南部戦略」の一環として、従来、厳格なカトリック信者によってのみ主張されてきた中絶反対の立場が意図的に利用されたのだという[*2]（Greenhouse and Siegel 2010）。南部戦略の主たる考案者であり、その支持者の一人でもあるケヴィン・フィリプスによる『ニューヨーク・タイムズ・マガジン』誌の記事「いかにしてニクソンは再選されるか」は、「アシッド」つまりＬＳＤをめぐる問題や徴兵忌避者の恩赦とともに、人工妊娠中絶への反対理由を滔々と述べ立てたが、シーゲルの要約するところでは、「堕胎の権利を認めることは、……男性には、国のために戦い命を捧げる心づもりを、女性には、結婚そして……母親になる心づもりを求めてきた伝統的役割の崩壊にお墨付きを与えるに等しい」というのが、その要点であった（Siegel 2014）。

こうして、女性解放のための強力な物質的手段であり、その文化的象徴でもある堕胎の権利を求める運動にぶつけるかたちで労働者階級の白人層を動員することができるのではないかとの希望的観測のもと、カトリック信者にとってきわめて重要で複雑な形而上学的・道徳的コミットメントをともなう、妊娠中絶をめぐる問題を引っ張り出してきて、それを意図的に異なる問題意識へと書き換えてしまったのである。しかも、すべて皮相な政治目的のためにそうしたのだった。シーゲルはフィリプスの論理をそう再構成する[*3]（Siegel 2014, 1371）。

カトリック・イデオロギーの「盗用」はこれにとどまらなかった。生命の発生は受胎時にまでさかのぼるという考えが唱えられるようになったのは、ごく最近のことである。だが、この考えを、人格にかんする州法改正の提案という方策を使って法制化しようという数多の試みが、これまでなされてきている。これらの試みが最終的に成功するかどうかは別として、合衆国においてはここ数年、性と生殖にかんする権利にたいする組織的かつ未曾有の攻撃が共和党からなされており、とくにその激しさを増している。当事者が抗議するところによると、妥当な医学的根拠を欠く制約によって、中絶手術を行なう診療所が国中で閉鎖されてきた。臨床医は病院特権〔アメリカでは、医師は病院から許可を受けないと医療行為ができない。審査委員会で医師としての資質の検討を経てこの許可を受ける〕の保持を求められ、診療所は、たとえば廊下に台車付き担架二台を並べて置けるだけのスペースがあるなど、厳格な施設標準にしたがうことを求められる。結果として、本書執筆時（二〇一七年二月）、中部の五州では、中絶クリニックはそれぞれの州にわずか一か所を数えるまでに減少している。[10] そして、二〇一六年の一般選挙後、共和党が最初に行なうと表明したことは、全米家族計画連盟〔妊娠中絶権利擁護派の非営利団体。一九一〇年代のマーガレット・サンガーの活動にその起源をもつ〕への助成金を廃止することであった。[11]

人工妊娠中絶手術へのこうした障壁のために、法に背いて闇クリニックで手術を受けたり、自ら流産を引き起こすなどの手段に頼らざるをえない女性が多く出てきた（他にも、たとえば、多くの州では、妊娠二〇週以降の中絶についての厳しい規制があることに加え、手術前の待機期間の設置、手術前の複数回受診の義務づけ、適切なタイミングで受診予約を取ることの困難などもある）。その結果、妊産婦死亡率は増加傾向にあり、その数はテキサス州では二〇一一年以来（同年にはテキサスでの全米家族計画連盟への助成が廃止されている）二倍に急増している。[12] 母胎の生命に危険が及ばない場合でも、多くの女性が痛ましい経験をしている。早産しかけたある女性は自分ひとりで分娩しなくてはならなかった。胎児にはまだ息があったものの、重篤な先天的異常のため、子宮外での生存確率はゼロであると診断されていた。自然に破水が起こるまでの四日間、彼女は幾度か病院を訪ねたが何の処置も受けられないまま家に帰された。胎児の両足がすでに突き出ていて、死産は不可避であるにもかかわらずである。いくども懸命に医師の助けを求めたが、たとえ彼女のような状況であっても、テキサス州の「胎児痛覚」法により、妊娠二〇週以降の人工妊娠中絶手術は禁じられていると、病院は彼女にそう告げるだけだった。現在の科学的知見によれば、胎児は第三トリメスター、つまり、二七週めまでは痛みを感じる能力はないとされる。[13]

こうした制約が課される一方で、いくつかの州には、既存の「胎児にたいする殺人罪（fetal homicide）」に加えて、「堕胎罪（feticide）」が導入されている。インディアナ州で最初に堕胎罪に問われることになったのは、ベイ・ベイ・シュアイとプルヴィ・パテルという二人のアジア系アメリカ人女性だった。ちなみに、インディアナ州の総人口に対するアジア系アメリカ人の人口比は二パーセントに満たない。したがって、二人は、皮肉なことに、現住地の米国ではなく、家族（シュアイの場合は彼女自身）の出身国における少女と成年女性の社会的地位の低さや、性別選択的中絶の実践にかんするステレオタイプにもとづいて、不当な嫌疑をかけられた可能性も否定できない。権利擁護団体関係者はそう語る。(14)

プルヴィ・パテルの事例はマスメディアを大きく賑わすこととなった。彼女は逮捕、起訴され、裁判を迎え、インターネットで入手した中絶ピルを使用して自己堕胎し、胎児を遺棄したかどで有罪判決を受けた。胎児は二三―二四週の時点で（州によっては、人工妊娠中絶が合法な週齢）生命の徴候を失っていた。彼女はそう証言したが、事の真相は法廷で争われた。州側証人の専門家は、胎児の週齢はパテルの主張よりも一、二週は過ぎていて、まだ息はあったはずだと証言した。研究者で活動家でもあるディーパ・アイヤーは、この法律の下でアジア系アメリカ人女性が頻回に、おそらくは意図的に標的とされているのではないかとの懸念を抱き、パテルの事例にかかわるようになった。アイヤーによれば、「プルヴィ・パテルにたいする有罪判決は、要するに、流産して医療ケアを求めたことを処罰するに等しい。それが刑期につながることを女性が心配せねばならないようであってはけっしてならない(15)」。

二〇一五年三月にパテルは懲役二〇年を宣告されたが、インディアナ州最高裁判所への上訴により同判決は破棄され、収監から一年四か月で釈放された。だが、パテルと同じような状況――流産とそれに続く大量出血――にある女性のうちのいったい幾人が、この事例以後、逮捕、起訴、収監の可能性を恐れて緊急救命室への搬送を拒否することになったのだろうか。(16)さらに言えば、この法律の施行がもつ性質、つまり、他の女性への見せしめとするために、有色の身体を「使い捨て」として扱うことは、性差別、ミソジニー、人種差別がいかに密接に絡み合っているかを示す生きた実例と言えるだろう。けれども、悲しいかな、これはあまたあるうちのほんの一例にすぎないのである。(17)

そういうわけで、保守主義の教えの下、人工妊娠中絶を理由に女性はすでに罰せられている。もちろん、彼らはそうは言わない。「どちらにも愛を」。それが妊婦と子宮内の胎芽、胎児にかんしては、決まり文句である。それにしても、レイプ被害者や近親姦被害者にさえ妊娠を堪え忍べとは、奇妙な種類の愛である。フェミニズム哲学者アン・カッドが論じたように、そもそも、妊娠を強いるような愛というのは奇妙な種類の愛である（Cudd 1990）。

アメリカ女性の三人に一人が殺人罪について有罪であり、それらをまとめれば大量殺戮罪だなどととらえるのは、奇妙な種類の愛である。堕胎する女性にかんするこの間抜けな考えを公に訴える人々の一人がトロイ・ニューマン、つまり、福音主義的中絶反対運動の過激派だが、彼は二〇一六年にトランプにならんで共和党大統領候補となったテッド・クルーズによって、その「道徳的指導力」を称賛された活動家でもある。ニューマンはその著書『彼らの血が泣き叫ぶ（*Their Blood Cries Out*）』（二〇〇〇年）の中で次のように書いている。

人工妊娠中絶とその他の計画的契約殺人とを直接的に比較してみれば、基本的に両者のあいだに何の違いも存在しないのは明らかである。だが、われわれの社会においては、子どもを堕胎した母親は批判の埒外と見なされる。その他の母親、より正確には、親族を殺《あや》めたその他のどんな母親も、その行為に見合った名前、つまり「殺人犯」と呼ばれるにもかかわらずである。(18)

同書中の「人殺しのママ」と題された章で、ニューマンはこう続ける。

今日の社会風土では、堕胎にかんして、人工妊娠中絶手術を施す医師たち、堕胎を助長するリベラル派、堕胎を認め、その費用を税金から調達する議員たちを非難することは、一般に受け入れられている。ところが、その罪を帰することができない唯一の存在が母親である。皮肉なことだが、彼女こそが自分のしたことをいちばん知らねばならない人物なのである。（中略）

プロライフ運動〔プロライフは中絶反対派。生命を尊重する立場の意〕においてさえ、生命を救う直接行動にたずさわる救助者たちには、堕胎を殺人行為と呼びたい気持ちがある。だが、そんな彼らも、堕胎した母親を面と向かって殺人犯と呼ぶことは、彼女や「ポリティカル・コレクトネス」の連中の感情を害するのを恐れて尻込みする。犯した罪の何たるかを面前に突きつけ、自らの行為がもたらした罪悪を母親たちに認識させるのがわれわれの目的である。真実の直視を彼女たちから遠ざけてしまえば、悔悛と最終的回復へと彼女たちを導くのを妨げることになる。

これらの見解に照らしてみると、クリントンの理解とは異なり、堕胎を理由に女性を処罰するというトランプの発言は、じつのところ、この問題にかんする保守主義的思潮の最も誇張されたバージョンであるわけではないことが見て取れる。禁止されたとしても、堕胎を求める女性がいなくなるわけでない。共和党員が声高に叫ぶ愛があろうとなかろうと、あるいは、妊娠を満期にいたらせるための十分な物質的、社会的、金銭的な資源をもたない女性にたいして、彼らがその供給を拒否する物質的援助があろうとなかろうと、そのことに変わりはない。トランプは少なくともそれを容易に認めたし、じっさい、それを前提としていた。となると、議論から抹消してしまうことで、彼女たちを処罰しなくてはならないのではないか。それを認めようという論理的圧力に事実上抵抗する者も中絶反対派の中にはいる。なぜならばたんに自分たちが思い描くアメリカには、そんな女性は存在しないからだと、彼らが考えているように見えることがときどきある。中絶クリニックが閉鎖され、中絶権利擁護派のイデオローグがその活動によって世の女性をまどわすことを禁止されれば、堕胎を求める女性はいっさい存在しなくなるだろう。そうすれば、彼女たちは、たとえレイプや近親姦の場合でも、プロライフ思想の実現のため、自らの子宮を提供したいと願うだろう、というのである。だが歴史文献は彼らのこの予言に不利な証言をしている。

　トロイ・ニューマンはその著書を次のような言葉で締めくくる。堕胎を行ない、「悔悛なき人生」を生きる「人殺し女たち」は、

> 犯した罪とともに墓場へと赴くのだろう。命を奪われた無辜《むこ》なる子どもの血で汚れた魂を携えて。いまわの際に彼女らを待つのはまさしく子どもたち。復讐を求めて母の名を口々に叫ぶ無辜なる子どもたちだ。

　こうしたイデオロギーの説くところでは、良き母は現世において祝福され、来世には無限の報償が彼女たちを待つ。他方、堕胎を選んだ女性には、地獄さえもふさわしくない。人道に背くどころか、そうした女性は自然の摂理に背く、紛れもなく忌むべき存在だというのである。共和党のミソジニーと性差別主義が交差する有毒な場所に私たちが見出すのはこれである。じつのところ、叫び声を上げているのは誰なのか、誰に向けて叫んでいるのかと、疑問を覚えることになりかねない。

与えない／与えられない女たち

　女性は罰を受けるばかりか、救命のための医療処置を受けることさえ拒否されるということがわかった。けれども、何がゆえに女性は罰せられているのだろう。そして、どんな目的でそんな制限がなされるのか。

　婚外性交渉をもったという理由で、右派は女性を罰しようとしているのであり、それゆえ、人工妊娠中絶をめぐる問題は女性の身体を監視し、女性のセクシュアリティを支配することにかかわる。左派の側では広くそう信じられている。たしかに、そうした動機がこの濁った混合体の一部をなすのはまちがいない。けれども、それが事のすべてであるとすると、なぜレイプ被害者や近親姦被害者にたいして人工妊娠中絶へのアクセスを拒むのだ

ろうか。しかも、こうした制限はいぜん、一般に広く受け入れられているのである。二〇一六年のギャラップ調査によると、ほぼ五人に一人のアメリカ人が、いかなる状況下でも堕胎は違法とすべきである、つまり、母体の生死にかかわる場合の例外さえ否定すべきであると考えている。[19] したがって、右のような制限の理由について、それが生命の尊重という考えに発するとするのは難しい。また、それが堕胎それ自体を封じようとするものであれば（胎児または胎芽の生命を奪うくらいならば、妊産婦の一人や二人命を落としてもかまわないという考えにもとづいて）、受胎を阻むことが実証されている、世に溢れる安価な形態の避妊手段を普及させることにむしろ尽力すべきではないだろうか。ところが、バーウェル対ホビー・ロビー社事件についての最高裁判決（二〇一四年）に見られるように、そうしたことはまったく起こっていない。[*4]

ここで、一つの疑問が浮かぶ。女性は何をしたせいで、または何であるという理由で罪を犯したと見なされるのだろうか。

与えることを差し控え、それを怠った。それが答えだと私は思う。冷たく、他人の痛みに無頓着で、思いやりに欠ける。安全な住まいを与え、育むという、自然の課した義務を怠り、無防備の存在をその天与の本来あるべき住処《すみか》から追い立てた。（自らの生命を救おうとする場合でさえ）堕胎を求める女性たちは、いわば真っ白なキャンバスなのである。自覚されながらも満たされなかった男たちの「ニーズ」。誤った権利意識を源泉とするニーズ。彼女たちは、満たされなかったニーズから生まれる彼らの不満や憤りを投影するためのキャンバスに他ならない。これが次章で展開することになる私の考えである。

「無責任」な「典型的リベラル」。リンボウは繰り返しサンドラ・フルクをそう呼んだが、その中でとくに記憶に残るのが次の発言である。「さあ皆さん、彼女こそは、不道徳、根無し草、人生に目標なし、それを喜んで自称する女性です」。彼女に問題があるとしたら、それは人生に目標や方向性がありすぎることであって、その反対ではない。これを聞いた人はそう思ったかもしれない。

リンボウは、ターゲットとするリスナーたち――主に保守派白人男性だが、保守派白人女性の一部も含む――

が胸のうちに抱える困惑、喪失、悲哀の感覚を吸い上げ、それを憤りに転じるプロフェッショナルである。彼らを被害者役に割り振って、それに見合った道徳的ナラティヴを提供するのである。フルクは部分的には社会的契約に背く者（見返りの性的サービスを与えることなく、リンボウやリスナーの「金を詐取する」者）として描かれた。フルクをリンボウやそのリスナーとの関係で売春婦に喩えるメタファー――すると彼らは客であるか、それともポン引きであるか、そうリンボウは逡巡したのだった――の要点は、フルクは彼女が女性であることの一部を彼らに負うということである。思うに、ここでセックスに焦点が絞られるのは自然であるが、本質的ではない。さらに言うならば、このストーリーでは、フルクは不当な権利意識を抱いたとされる。彼女は、パーソナルな眼差しという代価を支払うことなく、彼らから何かを期待した。彼女は育むことを怠り、か弱き者に生命とケアを捧げることを拒絶した。これらすべてには背景にこの考え方が隠れている。

そうしたストーリーにたいして構造的に無理のない代替案は、女性の過ちの別の「被害者」に注意を向けて、そこに自らを同一化するか、道徳の名の下での反対運動というかたちで、怒りのはけ口を開くことだろう。妊婦を疑わしい者、無責任な者、だが、意味深にも、たぶん救済不可能ではない者、と記述する語りがもつ力は、まさしくここにあるのだと思う。彼女たちは邪悪な中絶権利擁護運動家と中絶手術提供者たちのせいで道を誤って、憐れな胎児をその天与の保護区から追い出した。だから、女性に蔑ろにされたとか、女性に何かを奪われたという感覚をもっている男性にとって、胎児は強力な文化的象徴もしくは代用物として機能するのである。彼らの被傷性の感覚は胎児の上に投影され、それによって、自分とは別の人格（と想定される存在）に代わって怒りを感じることが可能となる。都合の良いことに、この「人」は、自分自身の目標というものをもたず、また、じっさいにそうした存在として生まれるまでは、意識をもつ（sentient）存在としてこの世に生まれてくることについて自らの利害を否定する声ももたない。さらに、拒絶され傷ついたという生の感情を認めるよりも、道徳にかんして高踏的立場を取るほうが楽なことも多い。ある人がこう書いている。

胎児は、母の子宮に包まれていても、すでに人間であり、いまだ享受されない生命を胎児から奪うのはほとんど怪物的な罪である。野にある人を殺すよりも、わが家にくつろぐ人を殺すほうがより非道な行為だとすれば、それは家こそが人にとって最も安全な隠れ場所であるからだ。したがって、子宮にあって、いまだ陽の光を見ぬ胎児の生命を破壊するのはより残虐な行為であるとされて当然である（Calvin 1999）。

一六世紀の宗教家ジャン・カルヴァンの言葉である。母の子宮と主《あるじ》たる男の住まい・安息地とのアナロジーは長きにわたって家父長制イデオロギーの一部を成してきた。そして、いまもそれは変わらない。

いずれにせよ、これが私の作業仮説である。なぜ人工妊娠中絶についての保守派の見解は、表立って求めてきたものを彼らが手中にしたときでさえも、かくも矛盾に満ち、場当たり的で、的外れに見えるのか、その理由をうまく説明できるという利点が、この仮説にはある。

バックラッシュとしてのミソジニー

ミソジニーは過ぎ去ったものであり、歴史的形態としてはもはや死に絶え、新種のミソジニーによって取って代わられた。そういった見解がしばしば披瀝される（Brooks 2016; Manne 2016d を参照）。しかし、それが真実かどうかは疑わしいし、思考節約の原理に反するとも思う。家父長制秩序はミソジニーよりも広範に及ぶが、ミソジニーは家父長制的規範や期待の執行を担うという意味で、遍在的で（議論の余地はあるだろうが）因果必然的な家父長制秩序の様相なのである。このことは、なぜミソジニーは見たところ抑圧的な政体に広く認められるのか、そして、なぜ最近アメリカでそれが表面化するのをよく目にするようになったのかを説明するのに役立つ。さまざまな点で、急速でしかも顕著にフェミニズム的進展が進んできたが、それは同時に怒り、不安、そしてミソジニー的バックラッシュをもたらした。ときには道徳主義の衣をまとって、ときにはインターネットのコメント欄で、匿名性の下にそれが姿を現わすのを、私たちは目にする。

たとえ人々がさほど性差別的でなくなり、女性の知的洞察力や指導力について疑いをもつことが減り、また、女性は過度に感情的で理性に欠けるといったジェンダーについての有害なステレオタイプに取り込まれる傾向が減ったとしても、それでフェミニストの任務完了とはならない。それどころか、女性の能力が顕著となり、それが男性の自信喪失を引き起こし、男性にとって脅威となるとき、文化の内側でそれまで潜在的もしくは休眠状態にあったミソジニーが姿を現わすことがありうる。そして、多かれ少なかれそれとはっきり知られぬようなかたちでの非難、説教、願望的思考、確信犯的な否定を生み出し、さらには身代わりやスケープゴートを作り出すような、低級の怒りをもたらすかもしれない。

男性と同じ尊敬、成功、賞賛を勝ち得るためには、他の条件が等しければ、男性の二倍は有能でなくてはならないと、女性はときに人から言われる。そんなことがじっさいに必要なのかどうかはさておき、どんな種類の性差別がそこに働いていようといまいと、それでは不十分なのは明白である。いったい何があれば十分なのかはっきりしないことさえある。女性の場合のそうした優秀さは、人にたいしてまるで逆の印象を与えることもあり、結果として、評価が真っ二つに分かれるような人物となるかもしれない。言い換えれば、女性は有能で適任すぎるという理由でペナルティを科されるかもしれない。人は「度肝を抜かれ」、その結果、いぶかしみと驚きの入り交じった、いわく言いがたい感覚に目鼻を付けようと、無意識に後付け的な理由による説明を試みるかもしれない。この主題については第八章で立ち戻ることにしよう。

大統領選挙後、私は選挙戦中に書きためたノートを読み返してみた。以下は二〇一六年三月のノートからの引用である。

> トランプの選挙運動が如実に示すように、「現在のアメリカは」、かつて特権的地位を占めた男たちがよろめき、彼らの転落にまごつく女たちを道連れにする世界である。だから、ジェンダー階層を逆転し、男性にコード

化された社会的役割を熱望する女性の存在はミソジニーを引き起こしやすい。なかでも政治的官職を求めることが、そうした引き金になりそうなのは誰の目にも明らかだ。しかも、それが男性ライバルを蹴落としてとなれば。（中略）

これがだいたい正しいとすると、それは政治における女性について問われるべき問いに影響を及ぼすとともに、それらを明瞭化する。つまり、クリントンのような女性は、誤解やすでに廃れたジェンダーにかんするステレオタイプからは自由であるにせよ、まさしくその有能さゆえに、敵対的な見方をされたり、そうした扱われ方をされたりするかもしれない。政治におけるクリントンの有能さが、状況によっては、あるいは人によっては脅威と映りかねないのである。

この理解によると、ミソジニストの敵意は露骨である場合もそうでない場合もあるだろうし、あからさまな憎悪や暴力のような激烈なものから、軽い嫌悪や嫌疑のような段階の低いものまでさまざまだろう。ミソジニーはまた、男性だけでなく女性によっても伝達され、現実化される。家父長制的な社会構造の崩壊は誰もが経験しうる以上、これはまったく当然である。にもかかわらず、グレン・グリーンウォルドは、いわゆる「バーニー兄弟《ブロス》［予備選候補者のバーニー・サンダースの支持者を指す蔑称］」にたいする批判は誇張されていると述べ、それはそれらの批判のいくつかが女性によってなされたものだからであると論じた。（中略）

今日、人々は自らのうちに何らかの無意識のバイアス、つまり、自覚がないにもかかわらず、自分の思考や行動に影響を与える人種やジェンダーにかんする偏向があることを認めるのにやぶさかでない。これはドナルド・トランプの確信犯的な差別行為とは異なるし、平等主義的価値観へのコミットメントと矛盾しない。だが、話がジェンダーとなると、無意識バイアスの概念は、ぼんやりとした性差別主義とぼんやりとしたミソジニーとのあいだで曖昧となるようだ。しかも、後者については、心理学の分野ではよく知られた現象であるが、後付けの合理化をしばしばともなう傾向があると言える。たとえば、なぜなのか理由がわからないままに、特定の人にたいして敵意を覚えるという経験を私たちはする。すると、私たちの心は事後的にその不信感を正当化するような理由を探し求める。そういえば、あの女性はなんだか甲高い声だった。叫び声を上げていた。どうして笑顔の一つも見せないのだろう、など。

私は少なくとも一つ理由を思いつく。クリントンが大統領に選ばれるべきかどうかはさておき、これは明らかに不公平だからだ。一一月の選挙の日に、投票の行方を左右することになるのではないかと危惧する。フェミニズム的候補なのか否かを含め、ヒラリー・クリントンをどのように考えるにせよ、女性が次期アメリカ合衆国大統領となるかもしれないというのは、フェミニズムによる注記されるべき業績である。この事実に反してというよりむしろおそらく部分的にはこれが理由で、ミソジニー的バックラッシュを目にすることが多くなっている。皮肉なことだが、女性を大統領に選ぶのももっともだったのかもしれないという事実が、その実現を妨げることになるかもしれない。もしクリントンが勝利すれば、彼女は他の多くの女性とともに、トランプの支持基盤の大多数を構成する白人男性の怒りに身を晒すことになるだろう。[20]

長々と引用したのは私の予知能力を誇りたいからではない。その後に現実となったことの多くは、あまりにわかりきったことだったのだというのが私の論点である。女性政治家は、公人であり衆目の対象であると同時に、言ってみれば、道徳にかんするロールシャッハ・テストでもあり、ミソジニー的攻撃性の格好のはけ口となる。誰でも、叩けば何かしらのほこりは出るものであり、道徳的批判の標的となりうる。しかしながら、問題とされるべきは、一つは、彼女たちが性差別的、あるいはおよそあからさまにジェンダー差別的な標準によって断罪されているのではないかということ、もう一つは、同じような立場にある男性に比して、彼女たちはどれほど多くの道徳的批判に直面し、また、それが彼女たちの道徳的評価にどれほどの損害を与えているかということなのである。

クリントンにたいして偏見などないと、左派の多くは強く主張する。だが、それにもかかわらず、クリントンは堕落している、何か企んでいる、貪欲で権利意識に固まり、情け知らずであると、彼らは確信している。ハフィントンポストの寄稿者の一人――自己紹介によると、田舎町に住むバーニー・サンダース支持者で、（自分はいくらか流行に通じていると言いたいのだろう）エリー・ゴールディング好きでもあるブロガー男性――は、今回の大統領選のせいで女友だちを一人失ったと書く。ヒラリーにたいして偏見があると非難されたのだという。「なぜ彼女がそんな風に感じたのか、その理由について判然とした説明はまるでなかった。（中略）候補者の不支持を決断するときは、僕はそれ相応の理由をもつよう心がけているのに」。彼はそう異議を唱える。それで、その「理由」はというと、クリントンは「底なしの貪欲」であり、巷で無責任に取り沙汰されている「不正行為」疑惑にもいくばくかの真実が含まれているにちがいないと彼は推理する（じっさいのところ、そんな真実はなかったようである。たとえばアブラムソン（Abramson 2016）を参照のこと）。おまけに、クリントンの偽善者ぶりときたら、「あなたたちの身を案じていると口にしながら、その子どもたちの生命を平然と危険に晒す残忍さが示すとおりだ」と、この男性は述べている。[21]

　要するに、クリントンはフルクよりも権利意識が強く、ニューマンが描く胎児殺しの母親たちよりも残忍で冷酷だと見られていたのだ。予備選挙が進むにつれ、クリントンが標榜する全面的な経済・構造改革への賛同の声はだんだんと善悪二元論的、個人主義的、そして糾弾的トーンを帯び始め、とうとうサンダース支持者の一部が「魔女を燃やせ《バーン・ザ・ウィッチ》」とシュプレヒコールを挙げるに及んだ。こうして彼らは意図せず、そのほんの数年前にオーストラリアに響いたあの詠唱、首相在任中のジュリア・ギラードにつきまとった詠唱を、そのまま繰り返した。これを含めて、二人の女性が直面したミソジニー的罵詈雑言と道徳主義的嫌疑には、注目すべき類似点がいくつか存在する。とくに後者の激しさについては最終章で論じることにしよう。ところで、この物語がどう続くかはまだ記憶に新しい。火だるまになって落ちていくクリントンを後目に、トランプはホワイトハウスへの道を上っていったのである。

原注

（1）改良的プロジェクトに取り組むさいは、対象となる語や概念に関係のある類語や類概念を検討し、それらが最も調和的で効果的に機能するよう努めるのが役に立つと私は考える。そして、これはしばしば意味論的分業——この場合は「ミソジニー」と「性差別主義」との分業——をともなう。私の受けとめ方では、後者は前者に備わる敵対的な意味合いをもたない。議論の余地はあるだろうが、それはじっさいいかなる情動的な含みももたない。ただし、何かについてそれが性差別主義的であると呼ぶことは、差別的であるということで、「薄い」つまり文脈を度外視した意味では、あるていど道徳的に誤っているということを帰結または含意するだろう。

（2）用語について一言つけ加えると、「ミソジニスト」という語が個別主体にたいして使われる場合と類推的に、「性差別主義者《セクシスト》」についても、それを段階的な形容詞ではなく、閾語として定義してもよいかもしれない。けれど、じっさいには、誰かについて、「性差別主義者《セクシスト》」と語ることはさほど一般的でないように思われるため、本書ではそうする必要を認めなかった。それぞれが異なる道を進めるように、用語についての問いはオープンとしておく〔本書では「ミソジニスト（misogynist）」が形容詞として使われる場合、「ミソジニー的」の訳語をあてる。他方、「セクシスト（sexist）」については、「性差別主義的」または「性差別的」の語をあてる。同様に、「フェミニスト（feminist）」については、「フェミニズム的」をあてる〕。

（3）「ジュリア・ギラードのスピーチ原稿」、『シドニー・モーニング・ヘラルド』二〇一二年一〇月一〇日付。http://www.smh.com.au/federal-politics/political-news/transcript-of-julia-gillards-speech-20121009-27c36.html

（4）以下は、当時の『シドニー・モーニング・ヘラルド』紙からの引用である。「編纂者のスー・バトラーによれば、同辞典〔によるミソジニーの定義〕は、議会における野党党首トニー・アボットの性差別主義とミソジニーを非難したさいのギラード首相の真意を反映するかたちで変更されるべきとのことだが、アボットに精神科医の長椅子で過ごす時間が必要なわけではなく、彼はたんに「女性にたいする根深い偏見」を抱いているということである。ちなみに、それは同辞典の次の改訂版において、正式に同語の第二の定義となる予定である。「この語には、女性嫌悪という基本的な定義がありますが、この二〇—三〇年間ほどの語法、とくにフェミニストのあいだで広がってきたそれと一致しないという結論に私たちは達したのです」。バトラー氏は水曜日、ＡＢＣラジオにそう語った。「『性差別的（sexist）』はそうした性質の表面的側面を記述する方向へ向かっているように見えますが、他方、「ミソジニー」はその根底にある態度に適用されます」。性差別的行為の数々をもたらすのは、その根底にある偏見であり、ミソジニーは「より鋭い刃先」を備えた性差別だと言えると、バトラー氏は語った」。「ギラードのスピーチを受けて、ミソジニー定義の変更へ」、『シドニー・モーニング・ヘラルド』二〇一二年一〇月一七日付。http://www.smh.com.au/national/misogyny-definition-to-change-after-gillard-20121016-27q22.html

辞書定義の変更にたいする反応をもう一例挙げておく。「一般にオーストラリア英語の用法についての最終的権威とされるマクオーリー英語辞典の編纂者スー・バトラーが水曜日に語ったところによると、今般の政治的混乱によってバトラーと共編纂者に明らかになったのは、マクオーリー辞典の定義は数十年ほど時代後れだということだったと言う。（中略）オックスフォード英語辞典は、もう一〇年ほど前に、その語の定義を心理学用語から、最新用法を含めるかたちで広げていたのにたいして、マクオーリー辞典はといえば、ギラード演説を受けてようやく定義の見直しに取りかかることになった。「おそらく辞書編纂者として、私たちはもっと早く、こんな風にぶしつけに「見落とし項目」を目の前に突き出される前に、気づくべきだったのでしょう」。バトラーは共同通信にそう語った。また、バトラーによると、今回の変更決定にかんして、マクオーリー辞典には抗議も寄せられていると言う」。その一例を挙げると、「政治家が英語をめちゃくちゃにするたびに、マクオーリー辞典が定義変更を行なうよりも、首相が自分の使う言葉の意味をしっかり学習するほうがよほど理に適っているのではないでしょうか」というもので、これはアボット率いる野党議員の中の一人であるフィオナ・ナッシュの言葉である。

ロッド・マクガーク「豪州でのミソジニー対決が辞書定義変更に飛び火」、『ザ・スター』二〇一二年一〇月一七日付。http://www.thestar.com/news/world/2012/10/17/misogyny_fight_in_australia_sparks_a_change_in_dictionary_definition.html

(5) ラングトンも同じく以下のような示唆的な発言をしている。「ルサンチマンはモノ化的態度と両立可能であるように思われる。（中略）女性を人間以下に貶める、つまり具体的には、男性の欲望を満たすことがその目的であるような「ケモノ」的存在（brutish creatures）と見なす人物もやはり、女性にたいするルサンチマンを表出するかもしれない。ミソジニーはときにこの組み合わせを示すこともありうる。しかも、おそらくは、ルサンチマンとモノ化的態度のつながりは偶然ではないだろう。たぶんそれは、己が欲望のために、そんな軽蔑に値するような存在の手中に掌握される恐怖によって引き起こされるのだろう」（Langton 2009, 332）。これが第一章の注3で言及した、ミソジニーについてのラングトンによる明確で実質的な唯一の発言である。第五章で詳細に論じるが、ラングトンの示唆する可能性、すなわち、女性は「ケモノ的存在」と見なされながら、それにもかかわらず、怒りを向けられるという可能性について、私は懐疑的である。ここで簡略にこれと別の可能性を示唆しておきたい。ルサンチマンと恐怖の組み合わせは、ラングトンの述べるような極端な性差別主義とミソジニーとが結びついた結果ではなく、ミソジニーそれ自体による結果か、ミソジニーがより穏健な形式の性差別主義と結びつくことによる結果と考えられるのではないだろうか。「はじめに」の冒頭に掲げた引用を思い出してほしい。オックスブリッジの男の「縄張り」へ足を踏み入れたヴァージニア・ウルフは、大学の祭式係のうちに怒りとともに恐怖の念を引き起こす。祭式係は彼女の無頓着さ、または横柄さ——より一般的な言葉では、彼女の奔放さ——に憤ったというのがあの一節の自然な読解だろう。芝生は男だけに留保された場所とするのが最善であるとするような、そんな性差別的理論によって規則が裏書きされるのかどうかはさておき、ウルフは女性がそこに留まるべき砂利道を身勝手にも外れたのである。とすると、ここでの恐怖は社会的役割の反転または違反に由来するのかもしれない。第五章最終節において私はそう論じるつもりである。

(6) 加えて、第七章で論じるように、この種の主張は、いわゆる「被害者文化」によって傷つけられたと感じる支持基盤への臆面なき迎合でもある。このカテゴリーに属する人たちにとっては、組織的不正をめぐって自分に向けられた苦情を、(とりわけ)人種やジェンダーに訴える「カード切り」戦法を使ったり、まったく事務的に処理するのがお決まりの対処法である。これは一見すると逆説的であり、おそらくは偽善的であると言える。関連する議論については、Schraub 2016を参照。

(7) サラ・ジャード「トランプとの討論でクリントンは「モニカ・ルインスキーのようにひざまずく」と共和党関係者語る」、『トーキング・ポインツ・メモ』二〇一六年四月二八日付。http://talkingpointsmemo.com/livewire/florida-republican-clinton-down-like-lewinsky

(8) 「ドナルド・トランプ、人工妊娠中絶の罰則化を支持」、『ハードボール・ウィズ・クリス・マシューズ』MSNBC、二〇一六年三月三〇日付。http://www.msnbc.com/hardball/watch/trump-s-hazy-stance-on-abortion-punishment-655457859717

(9) ニック・グラス「クリントン曰く、トランプは中絶についての彼の信念を語っただけ」、『ポリティコ』二〇一六年四月五日付。politico.com/blogs/2016-dem-primary-live-updates-and-results/2016/04/donald-trump-hillary-clinton-abortion-221594

(10) レベッカ・ハリントンおよびスカイ・グールド「過去一〇年で合衆国内の中絶クリニック数は激減——各州のクリニック数」、『ビジネス・インサイダー』二〇一七年二月一〇日付。http://www.businessinsider.com/how-many-abortion-clinics-are-in-america-each-state-2017-2

(11) タラ・カルプ=レスラー「共和党の最初の法的措置は全米家族計画連盟への助成金廃止とポール・ライアン語る」、『シンク・プログレス』二〇一七年一月五日付。https://thinkprogress.org/republicans-health-care-3bbcb30f626a#.jrdu5utu

(12) キャサ・ポリット「テキサス州での妊産婦死亡率の増加の背景にあるのは想像を超える悲惨な状況」、『ザ・ネーション』二〇一六年九月八日付。https://www.thenation.com/article/the-story-behind-the-maternal-mortarity-rate-in-texas-is-even-sadder-than-we-realize/

（13）ブランディ・ザドロズニー「テキサス州は死産の胎児を分娩せよとこの女性に強要した」、『デイリー・ビースト』二〇一六年三月三一日付。http://www.thedailybeast.com/articles/2016/03/31/texas-forced-this-woman-to-deliver-a-stillborn-baby

（14）「権利擁護団体関係者は語る――アジア系アメリカ人女性の生殖にかんする権利が標的にされている」、『ＮＹＴライヴ・ニューヨーク・タイムズ』二〇一五年一一月五日付。http://nytlive.nytimes.com/womenintheworld/2015/11/05/asian-american-womens-reproductive-rights-are-being-targeted-says-advocate

（15）ジェシカ・ヴァレンティ「人工妊娠中絶をめぐるプルヴィ・パテルにたいする懲役二〇年有罪判決は公正ではない」、『ガーディアン』二〇一五年四月二日付。https://www.theguardian.com/commentisfree/2015/apr/02/it-isnt-justice-for-purvi-patel-to-serve-20-years-in-prison-for-an-abortion

（16）副大統領ペンスがインディアナ州知事在任時に署名した、胎児の遺体の埋葬（または火葬）の義務づけ〔二〇一八年四月に連邦控訴裁判所により違憲の裁決〕と、流産した女性への犯罪捜査が増加傾向にあることについても考えてほしい（Grant 2016）。さらには、多くの州では、性犯罪加害者（有罪判決を受けた者が含まれる場合もあり）にたいして親権すべてが与えられることになるだろうという事実についても。たとえば、次を参照のこと。エリック・バーコウィッツ「レイプ犯に親権を与える？　法律の残酷さに目を覆いたくなる」、『サロン』二〇一五年一〇月四日付。http://www.salon.com/2015/10/04/parental_rights_for_rapists_youd_be_surprised_how_cruel_the_law_can_be/

（17）収監執行との関連で、この問題にかんする強力な議論の一例として、アンジェラ・デイヴィスを参照のこと（Davis 2003, とくに第四章）。

（18）以下の記事に引用。ミランダ・ブルー「反‐家族計画連盟活動家トロイ・ニューマンによる女性蔑視的な、恐るべき、黙示録マニフェスト」、『ライト・ウイング・ウォッチ』二〇一五年九月一四日付。http://www.rightwingwatch.org/post/anti-planned-parenthood-activist-troy-newmans-terrifying-woman-shaming-apocalyptic-manifesto/

（19）「堕胎」、『ギャラップ』http://www.gallup.com/poll/1576/abortion.aspx（二〇一七年五月二二日時点）。

（20）ケイト・マン「ヒラリー・クリントンにとってミソジニーが意味する（あるいは、むしろ意味した）こと」以下のＵＲＬで草稿の閲覧可能。https://www.academia.edu/29795241/What_Misogyny_Means_or_Rather_Meant_for_Hillary_Clinton_-Draft_of_March_21_2016

（21）ジェイソン・フラー「ヒラリー・クリントンは経験はあっても判断力に欠ける」、『ハフィントンポスト』二〇一

六年四月一四日付。http://www.huffingtonpost.com/jason-fuller2/it-is-not-sexist-to-say-h_b_9699060.html

訳注

＊1　「子どもたちのことを考えて」という言葉は、コメディ・アニメ番組『ザ・シンプソンズ』のキャラクターの一人であるラブジョイ牧師の妻、ヘレン・ラブジョイによって定番化した慣例句。あることを行なうべきである理由、あるいは行なうべきではない理由を正当化するために使われる。

＊2　ロウ対ウェイド判決は、「妊娠を継続するか否かにかんする女性の決定はプライバシー権に含まれる」として、合衆国憲法修正第一四条が女性の堕胎の権利を保障していると初めて判示し、人工妊娠中絶を規制するアメリカ国内法の大部分を違憲無効とした、一九七三年の合衆国最高裁判所の判決。中絶を憲法により保障された権利として、堕胎禁止を原則違憲としたロウ判決は合衆国の法律および政治・社会に多大な影響を及ぼした。中絶の合法化の是非、憲法裁判における最高裁の役割、政治における宗教のあり方など、判決はさまざまな分野で大きな議論を巻き起こした。以上はウィキペディア記事を一部改変。

＊3　歴史的にカトリック信者は生命の神聖さにもとづいて、堕胎それ自体に反対してきたのにたいして（したがって、ニクソンは当初この線で中絶反対を訴えることで南部のカトリック層の票を取り込もうともくろんだが、南部は歴史的に民主党支持の傾向が強く、大きな得票を見込むことができなかった）、南部戦略においては、女性に堕胎の権利を認めることは、伝統的なジェンダー役割の破壊をもたらすという論理にすりかえられ、これを使って、より広い有権者層の支持を得ようと企まれたのだと、シーゲルは述べている。

＊4　オバマ政権による国民皆保険、いわゆるオバマ・ケアでは、企業が従業員の健康保険料の一部を負担するよう義務づけられ、そこには避妊のための費用も含まれた。これにたいしホビー・ロビー社がこの条項は信教の自由を侵害するので違憲だと主張、支払いを拒否して訴訟を提起した。下級審からの上告を受けこの事件を取り上げた合衆国最高裁は、当該規定を違憲と判断した。キリスト教を信条とする家族経営の閉鎖会社に避妊費用をカバーする保険料支払いを強制するのは、憲法修正第一条が定める「信教の自由」原則を犯すというのがその理由である。

第四章　彼の取り分を奪う[*1]

ケイト　恥ずかしいことに、女ってなんてばかでしょう、
ひざまずいて平和をもとめるべき場合にかえって
戦争をしかけ、愛と奉仕と従順を捧げるべきときに
逆に権力と支配と統治を要求したりするのだから。
（シェイクスピア『じゃじゃ馬ならし』第五幕第二場）

ミソジニーと権利意識

エリオット・ロジャーは、告白動画の中で、自らが感じる不公平さを強く訴える。思いやり、注意、称賛、セックス、愛情を与え、同年代の仲間内でより高い社会的地位を付与してくれるはずの「ホットな女の子」が彼にはいないのだと。道徳的観点からは、彼の権利（entitlement）の感覚は言うまでもなく不当である。けれども、今日の米国（そして、おそらくは米国だけでなくさらに広い範囲）では、ロジャーのような若い男性をはじめとする多くの男性から、こうした言葉をよく耳にする。そしてそれが、ロジャーの言葉（第一章参照）が多くの女性の心をかき乱す理由の一つだった。語られる言葉それ自体がショッキングなわけではない。それどころか、きわめて耳慣れたものであり、だからこそ、言葉の後のロジャーの行動を考えると、何とも言えない薄気味悪さを感じ

るのである。

男性、ことに特権階級と呼べる層の男性の中には、女性に貸しがあるという感覚の持ち主がいるようだ。個人的財やサービスという通貨での貸しであり、このことについて本章で入念に見ていくことにする。そうした感覚がどのくらい一般的なのかについて、私は明確な考えを示すつもりはない。ここでは、(本章とそれに続く章での論述、また結論での総括にもとづいて)以下のように述べるにとどめる。(a)それは、いわゆるポスト家父長制的文脈の多くで、いぜん真正の問題でありつづけている。(b)この感覚は、他の条件が同じであれば、男性の側から女性に向けられる場合が大多数で、その逆でない。そこに、(a)の部分的な理由がある。しかしながら、以下における主眼はむしろこうした関係の輪郭を詳しく探ることにある。というのは、家父長制が「いま・ここ」、つまり、私の議論の文脈では、アメリカ、イギリス、オーストラリアといった地域に属するあらゆる物事にかかわるのだとして、それは主に(もっぱら、ではないにせよ)道徳・社会的財やサービスのやり取り(与えることと受け取ること)をめぐる、この不公平なジェンダー経済に存すると、私は考えるからである。(1)

一般に、権利の裏面は義務(obligation)であり、言い換えれば誰かにたいして何かを負うことであるということについて、まず考えてみよう。男性が女性にたいして前述したような不当な権利意識をもっているとすれば、彼は女性にたいして誤った、もしくは、偽の義務を要求する傾向があるだろう。また、もしも女性側が、通常彼女が彼に提供すると想定される種類の財を要求するならば、彼は彼女を非礼で恥さらしと見なすだろう。これはちょうど第一章の例、客の注文を取り損ねたうえに、客からのサービスを要求するウェイトレスの例に似ている。それはたんに役割の逆転であるだけでなく、「こいつ自分を何様だと思っているんだ」というような思いを客のうちに引き起こすだろう。まず怒りがこみ上げ、そして、この反応を受けてウェイトレスが反省の表情を見せ、いわば「ゲームに上達する」ことがなければ、唖然とするだろう。やるべき務めを怠るばかりか、立場を逆転したうえに平然として悪びれる様子もないような相手にはとくにまごつかされる。自分の務めを果たさないだけではなく、ありもしない借りを返せと、あるいは自分に代わってその仕事をこなせと、要求するのである。なんと無能で、不注意な、そして無責任な人物であろう。

これがサンドラ・フルクについてのラッシュ・リンボウの語りと合致することに注意してほしい。表面上、リンボウはこう考えているように見える。避妊ピル代が医療保険でカバーされるのだったら、フルクはリンボウや彼のリスナーにたいして、彼らが汗水たらして稼いだ金（すなわち、彼らの税金）の見返りに、性的サービスを提供する義務がある。だが、もちろん、リンボウは自分の発言がこんな風に、文字どおりに理解されることを意図していない。リンボウがここで差し出しているのは、じっさいのところ、一種の背理法による議論である。フルクが彼らに性的サービスを提供すべきだなんて、そんなことはありえない。だから、彼らのほうも、彼女に一ドルたりとも「彼らの」金を提供するなどということはありえない。*2

この手のものとしてさえ、お粗末な議論である。認識不能なほどに歪められた「所有」と「税」の論理にもとづいている（二重基準が用いられているのは言うまでもない。広く指摘されるように、バイアグラは医療保険でカバーされるし、リベラルの女性も税金を納めている）。けれど、私が関心があるのは、そこに読み取ることのできる思考態度のほうである。ただし、心理学的問題としてではない（というのも、おそらくリンボウは演技をしている、つまり、皮肉をこめた演技をしているとも取れるからである）。そうではなくて、この議論は、誰が何を所有するのか（この所有は社会的にという意味であるが）、そして誰が誰の人格——選択、意志、そして行為者性の能力における身体と精神——にたいして権利をもつのかについての感覚を露わにするので、その点に関心があるのである。彼女の気遣い、つまり、彼女を自分の方へ向かせ、彼女にとっての優先事項とさせ、その恩恵を最初に利用できる権利をもつと想定されるのは、誰なのか。議論中の代名詞の選択からわかるように、それは男性のある一部、とくに比較的高いレベルの権力や特権を享受する者たちだろう。本書の結論にいたるまでに明白となるだろうが、彼らは、多くの領域において、女性にかんしてそうした所有者意識をもつようである。そして、この意識が正当性を疑われ、挫かれ、裏切られ、危うくされるとき、しばしば女性にたいするミソジニー行為——場合によっては、「彼の」所有物に手を出したライバル男性にたいする暴力行為——の引き金となる。当該男性はまた、彼から見たある女性への貸し、言い換えれば、女性から彼に与えられるのが当然と思われるもの、それを受け取る権利が彼にあると考えられるものを、差し押さえることもありうる。

ややこしいのだが、ここできわめて重要なのは、そしてこれはロジャーとリンボウのどちらの事例からも浮かび上がってくるのだが、彼らが正当性をもって貸しを請求することができるとされる女性、もしくは、（またも、彼らの歪んだ論理によれば）彼らを出し抜いたという理由で責めを負うとされる特定の女性は、現実には存在しないかもしれないのである。そのかわりに、彼らはそれぞれ、（ロジャーの場合には）自分たち自身のあいだに、また（リンボウの場合には）彼のリスナーのために、ぼんやりとした迂遠なつながりが感じられるようなナラティヴを仕立て上げたのである。このつながり――そして物語――の反対側の端には、腹立たしい不在をあがなうことになる代理女性が置かれる（ロジャーの場合は、特定の誰が犯したわけでもない、彼を無視したという罪、つまり、二重の不在のスケープゴートとして）。だから、ロジャーは、情け容赦なく彼から奪い取るタイプと見立てられるような女性を探す必要がある。不満の背後にある彼の考えでは、彼女は彼から彼女自身を剝奪したのである。彼女はたんに彼を見過ごしたのではない。意図的に彼を無視してきたのである。彼女はたんにぼんやりしていたのではない。高慢すぎて、彼に気づきもしなかったのである。自分は彼女にとって透明だ。彼はそう感じただけではない。自分は人格以下の非存在、無でしかない。彼女は彼にそう感じさせたのである。

そこで、ロジャーはそれに見合ったかたちで――あるいは「倍返し」するかたちで――彼女を扱うことになるだろう。彼女を、そして、ソロリティ・ハウスの彼女の女友達を皆殺し（annihilate）にするだろう。世界が彼に為した不当な扱いに見合うだけの十分な証し、そして、彼に挫折感を味合わせるという「罪」を犯した者たちへの懲罰として。(2)

ロジャーの行動は、よくある不満にたいするとりわけ過激な反応であり、こうしたことが現実に起こる確率はきわめて低いかもしれない。だが、考えてみてほしい。可能性として、いったいどれくらいの女性がこの種の暴力行為の対象となりうるかを。行為の有害さがこれほどでないこともあるだろう。けれども、おおよそあなたのような誰かであれば、スケープゴートもしくは標的として十分だとしたら、あなただって、他に例を見ないこうした種類の犯罪被害者の一人になりうるのではないか。まったく見ず知らずの人物による報復行為であるにもかかわらず、犯人はとくにあなたを狙って、あなたを追いつめるのである（ロジャーが被害者の後をつけ回したやり方を思い出してほしい）。そんな可能性に心を乱されたとして、それがばかげていると言えるだろうか(3)。

彼女が与えなくてはならないもの

女性は人に何かを負っている。女性は与えなくてはならない。こうした考えがいつまでもなくならないのはなぜなのだろうか。また、前述の財やサービスの他にそこにはどんなことが含まれるのだろうか。

思うに、その考えがなくならない一つの理由は、それらの財には本当に価値があるからであり、また、それらが真に善であり、その欠如が悪であるからである。人がそれらを欲するのは自然であり、その中にはなくてはならないものもある。愛情、愛慕、包容などに加えて、女性にコード化されるそうした財・サービスには、単純な尊敬、愛、受容、養育、安全、安定、安息の場所が含まれる。優しさ、憐れみ、道徳的な眼差し、気配り、配慮、慰撫などもある。これらの形式の感情・社会労働は、女性にたいしてそこまで期待されないか、あるいは異性愛的協力関係において（パートナー間に）より公平に分業されることもあるような、その他のより具象的（tangible）な生殖や家事にかかわるサービスを、いわば超越する。さほど具象的ではないにせよ、女性にコード化される財やサービスはやはり仕事ではある。けれども、それらは時間を費やすだけの「見せかけ仕事《ビジー・ワーク》」ではない。つまり、後者のように、有意味で善なる人間生活はこうでなくてはならないと人を欺く資本主義イデオロギーに、その「されるべき性（ought-to-be-doneness）」（道徳哲学者J・L・マッキーの用語）を負わない。だが、女性にコード化された仕事はなされなければならない。そして、だからこそ、それはけっしてなされない。性差別的な格言はそう述べる。これは家庭内だけでなく職場でもそうであり、私的空間だけでなく公的領域でも、また市民としての交流においても、それが市民的であるためにはそうした仕事はなされなければならない。

だから、そうした仕事が道徳的拘束によって保護され、「女の仕事」として内面化されているのはまったく驚くにあたらない。そしてそうなると、もしこれらの義務が遂行されなければ、社会的承認の撤回という脅しが控えている一方で、すすんで喜んでなされれば、愛情と感謝という励みが期待できるということになる。(4)

女性は不公平に多くの仕事を課されるばかりか、課された義務を果たさない場合には、より深刻な否定的帰結を被ることになるとすると、言うまでもなく、問題はいっそう複雑化する。基本的に、女性は与え、男性は受け取る。さもなければ、女性にコード化されたケア提供労働にかんするかぎり、彼女は処罰されるかもしれない(いわゆる「第二シフト問題」については、Hochschild and Machung 1989 を参照のこと)。

これらの「縛り」の多くが公然のものであることは、ジェンダー化された道徳・社会労働の経済をさらに強化する働きをする。言い換えれば、公的生活において一人の女性に向けられるミソジニーは、「この女の後に続くこと、公けに援助の手を伸ばすなどはもってのほか」という、他の女性にたいする警告として機能しうる。女性の援助はまた、男性の利益のために嫉妬心をもって見張られ、貯め込まれるかもしれない。このことは、忠誠についての規範と相まって、女性がミソジニー被害者への連帯を表明することを危険にするかもしれない。これについては最終章で詳述することにしよう。

それにしても、もしも女性が受け取る側になったらどうなるのだろう。そしてもしも彼女が求めたらどうなるのだろう。この問いに答えるためには、次のような場合分けをしなくてはならない。答えはそれぞれの場合で異なる。

(i) 彼女が彼に与えるべきものを彼女が求めるか、あるいは受け取ろうと試みる(すなわち、彼女の側の「取り戻し」行動)。

(ii) 社会規範によって彼女が彼に提供することを求められる互恵的財やサービスを、彼女が彼に与える(もしくは、少なくとも差し出す)ことなく、彼が彼女に与えるか、あるいは彼女が受け取ろうと試みる。

(iii) 歴史的に見て、(他の男性との競争を経て)彼だけが受け取ることができるものを彼女が求めるか、あるいは受け取ろうと試みる。

(i)の場合に彼女がその対象となる規範とは、彼にたいして、または社会にたいして、あなたの方が与えることになっている種類のものを要求したり、受け取ったりしてはならないということである。すでにあなたが彼にたいして借りがある場合、そして、それまでの人生において彼が他の女性によって普通以下に扱われてきたか、運に恵まれてこなかったような場合でさえ、これはとくに不適当なふるまいである。

(ii)の場合に女性がその対象となる規範とは、女性が見返りに与えるとされる財がさほど厄介でなく、比較的入手しやすい種類のものであった場合、彼がかつて提供してくれたかもしれない種類の財やサービス――金銭、親切、親切のつもりでした行為(これはせいぜい最低限の気配り程度の場合もある)――を要求してはならないというものである。「取り引きは止めだよ、お嬢さん」。このメッセージがしばしば返ってくることになる。サンドラ・フルクをめぐってリンボウ一味が問題にしていたのは本質的にはこれである。[5]

最後に、(iii)の場合に女性がその対象となる規範とは、少なくとも彼がそれを欲しているかぎり、男性にコード化された特典や特権を要求したり、受け取ろうとしてはならないということである。また、仮に彼がそれを欲していない場合でも、彼女がそれを彼から横取りしようとしたということで、第三者が彼の代わりに憤慨することもありうる。

彼の取り分

それでは、男性にコード化された特典や特権とは何だろうか。そこには、指導者的な社会的地位、権威、影響力、金銭、その他の形式の権力、そして社会的ステータス、威信、階級、それらを示すものなどが含まれる。また、そこまではっきりと目に付くわけではないが、社会的「顔」、プライド、評判、立ち位置、さらには、重要な点で「……ない」こと、たとえば、恥をかかされないこと、公的場面で不面目を被らないことなど（多かれ少なかれ誰でも望むところではあるが、そうした「権利」が自分にあると感じるのは一部の人たちにかぎられる）も、そこに含まれるだろう。

男性にコード化された財、たとえば、権力、威信、金銭、階級、競争的優越などは、かならずしもゼロサム的構造〔合計するとゼロになることで、一方の利益が他方の損失を帰結するような状況を指す〕を持たないにせよ、大体のところ不足している。それらの社会的財やステータスは本来的に供給がかぎられているわけではないし、理論上どんな制限もそこにはない。けれども、誠実性と信用性の両方の性質を兼ね備えていると見なせるのは誰なのかという問いをめぐって、証言上の衝突または不一致が生じ、その結果、限界が課せられれば、状況はゼロサム化するかもしれない。[6]

彼が欲し、その獲得に男のプライドを賭けている、男性にコード化された財にかんして、女性は彼と競い合ったり、彼からそれを奪ったりしてはならない。この規範も、その違反にさいしては、ミソジニー的攻撃のさらなる一般的原因の一つとなる。たとえ財それ自体にとくに人気がなくとも、女性にたいしてそれを失うことは彼にとって恥辱であり、不面目になる可能性がある。この主題については、男性にコード化された権力的地位をめぐって男性が女性と競い合う場合に現われるバイアスとの関連で、第八章で再び論じる。後に見るように、三人称的選好と拘束は、二人称的な反応的態度やそれを表出する行為をはるかに超えた、強力な社会的影響力をもっという事実が存在する。

道徳的労働のジェンダー経済を通してミソジニーがどのように働くのか、その実質的な仕組みにかんする理論の粗雑なスケッチを示したところで、これにもとづいて、本書はいくつか具体的な（そして、これは重要なことだが、反証可能な）予言を行なうことができる。もちろん、さまざまな環境、サブカルチャー、個別的社会関係などの差異を把捉するために、より細かなニュアンスや洗練が必要とされるだろう。また、私は、前記の規範以外に規範的なものは何もないと主張するつもりはない。じっさい、そうした規範があって当然だし、私は、家父長制的社会に残存する遺物については後述するつもりである。だが、ここでの私の狙いにかんがみて、いまは多くを語らないほうがよいと思われる。いずれにせよ、前述した(i)、(ii)、(iii)の三つの規範を使って行なうことができる予言が、正確であればあるほど、この理論が予言力と説明力を有していることを立証するのに役立つはずである。

私は、ミソジニーという現象がどれくらい蔓延しているかということよりも、その形（shape）のほうにより大きな関心をもっているが、次のことは明確にしておいたほうがよいかもしれない。すなわち、私の総体的見解では、たとえこれまでに多くの社会的進歩が達成されてきたというのが事実であるにせよ、私が焦点を合わせる文脈の多くでは、今後もミソジニーは蔓延しつづけるだろう。だが、社会の進歩は一様でも直線的でもなかったというのもまた事実であり、（まさしくそうした理由で、散発的に、だがときに厳格に施行される）規範、つまり「彼女は女性にコード化された財を彼に与え、男性にコード化された財を彼から受け取ることを慎むべきである」という規範は引き続き大きな影響力をもちつづけるだろうとも思う。もしくは、作業仮説として、そう考える方向に私は傾いている。というのも、それは以下のような事柄を予言し説明する能力をもつからである。

右派の女性について（反予言）私のモデルによると、女性が権力をもつことは、それが家父長制的関心、たとえば、保守的で右派的な「家族本位」の政治運動などに仕えるために行使されるかぎり、より許容されやすいはずである。このことはおそらく、過去数十年間、右派政治家の女性が指導者的立場で活躍することが比較的多かったという事実によって裏付けられる。フィリス・シュラフリー、マーガレット・サッチャー、そして一時的ではあったが、サラ・ペイリン、オーストラリアのポーリン・ハンソンといった政治家について考えてみてほしい(7)。

冷やかしの野次《キャットコーリング》について　私の理論では、この行為は、女性が男性にたいして義務を負うと（誤って）想定される注意や気遣いを、男性が女性にたいして請い求めるものだと理解される。このとき男性は、自分には女性を等級付けする資格があるのだという、（またしても、誤った）権利意識を露わにすることもありうる。しかも、この等級付けは、彼女の魅力、したがって、人に社会的ステータスを付与する価値の観点からなされるだろう。その他の場合、女性の注意を請い求めるこの行為は、彼女に次のようなことをさせないようにするほうに焦点を合わせる。すなわち、彼女の気持ちが、(a)内側へ向けられ（その結果、何かしら自分で考えはじめる）、もしくは、(b)感情的な「壁」を打ち立てることによって彼からのアクセスを拒む（私の個人的印象では、これをやると「意地の悪い女《ビッチ》」に類する侮辱語を頂戴しやすい）、あるいは、(c)騒々しく、そしてときには乱暴に脅迫的に押しつけられる彼からの注意を嫌悪する。「うれしいに決まってる、ホントのところは」というのが、野次を飛ばす側からしばしば聞かれる言い分である。以上に加えて、女性は「オープン」もしくは「透明」に見えることを要求されるかもしれない(8)。「笑ってよ。お願いだからさあ」。これは表向きさほど侮辱的な言葉と思われないかもしれないが、女性の顔からはその内面が容易に読み取れるべきであるという、狡猾な要求の表現であることに変わりない。ジェンダー役割を逆転させるような社会実践が比較的稀であるということは、それらの家父長制的性格や社会的意味に疑いをいだく人には示唆的だろう。問題なのは、たんにそうした社会実践が為す害悪ばかりでなく（それは大小さまざまである）、それがほのめかし、それが固定化させる、誰が誰にたいして何を負い、誰がその返済を要求しうるのかという意識のほうでもある。[9]

恥とザ・シタデル　伝統的に男子校だったシタデル軍事大学（サウスカロライナ州）についてのスーザン・ファルーディの調査（Faludi 2000）によると、一人の女子訓練生の入学にかんして、男子訓練生はきわめて否定的で、じっさい、その決定に激怒した。というのは、彼女の入学が許可されたせいで、新入生へのしごきや訓練生間の熾烈な争いが女性の目に晒されることとなり、面目をつぶしたり恥をかいたりする可能性が生じ、その結果、彼らのプライバシーと自由が奪われることになったからである。彼らは彼女を手ひどく扱い、たった一週間で彼女はシタデルを去った。

男子訓練生にとってとくに重要だったのは、(a)彼女の面前で、上級訓練生に叱責されるかもしれない可能性、(b)女性にコード化された家事を、女性の面前で、彼女の代わりにこなさなくてはならない可能性、そして、(c)泣き崩れたり、男どうし互いに慰め合ったりする様や、これは日常的であったようだが、繰り返されるしごきの合間に優しく宥めたりする様を、彼女の面前に晒さなくてはならない可能性である。

こうして、かつて女人禁制だった空間における女性の存在は、男子訓練生たちが権利意識をもっていたもの、つまり、何があろうと女性の面前で恥をかかされるようなことにはけっしてならないという保障を、彼らから奪った。[10]「女性が不在であることで、われわれは彼らをよりよく理解できます。ある種、審美的なやり方で、われわれは彼らをより深く評価するのです。ここには女性がいないからです」。上級連隊長ノーマン・ドゥーセットはファルーディにそう説明した（Faludi 2000, 114）。

明らかに家父長制的な社会機構の多くが衰退しているにもかかわらず、どのようにして男性支配が生き延びているかを、こうした種類のやり取りや実践を通して見て取ることができる。与えることについての性差別的な規範にかんがみて、女性はとくに女性にコード化された財を、理想としてはある特定の男性か、少なくとも社会にたいして負っていると見なされる可能性がある。そして、男性はそれらの財を複数の女性に請求する資格があると見なされる可能性がある。加えて、もし男性が与えられるべきものを受け取っていないとすれば、第六章で見るように、彼は咎めなしにそうした財をひったくる、つまり、力ずくで女性から奪い取ることを認められることもありうる。与えることについての規範に加えて、取ることについて性差別的な規範が存在するかぎり、実質上、女性は男性にコード化された褒賞をめぐって男性と競い合ったり、彼からそれを奪うことは禁じられるかもしれない。また、彼は彼女がそのような行為に及ぶことを妨げる権利をもつと見なされることもありうる。最後に、女性が（いわゆる）「彼らだけのゲーム」で男たちを負かそうとしたり、じっさいに負かしたりすれば、彼女はいかさまを働いたとか、彼から何かを盗んだと見なされる可能性がある。

そして、ある意味では彼女はそうしてきたのである。彼女は歴史的な不当利得を「盗んだ」のであって、彼の正当な所有物を奪ったのではない。ただそれだけのことなのである。彼女には彼女がしていることを行なう権利があって当然なのである。おそらく、彼女はそうする義務さえあったのだ。もしくは、不当にも男性がアクセスを独占してきたものを奪うことで、少なくとも何か価値あることを行なっているのだ。しかし、多くの人が理屈のうえではこのことに同意するだろうが、私たちの道徳的知覚や習慣的見方はしばしば道徳的原理よりはるかに後れている。このことは理解可能であるし、それ自体としては、許容可能な場合も多い。だが、私たちは適切な修正を行なうことができるし、そうしなければならない。ただし、そのさい私たちは私たちのジェンダー化された社会的直感（instincts）に信用を置きすぎてはならない（ことにそれがそこから発するだろうと考えられる因果的基盤に照らしてみると）。この点については第八章でふたたび論じるが、その前にその不品行に比例してアメリカ最大の賞金首となった女性の身に起こったことを概観してみよう。その女性とは、ヒラリー・クリントンである。

いまや次のように問うのは当然だろう。（彼女が）与えることについての、そして（彼が）取ることについてのこうした規範が効力をもつなかで、女性が親密な男性パートナーとのあいだに独占・排他的関係をもたなかったらどうなるのだろうか。もちろん、この場合、男性パートナーは女性にコード化された財やサービスを受け取る権利を主張するかもしれない。もしくは、彼女がたとえば誰かと同性愛的関係にあるとか、単身を貫くとか、パートナー関係はあるが子どもはもたないとか、もしくはポリアモリー的〔多重的な性愛関係や精神的恋愛関係を営むライフスタイル〕であるとかいう場合はどうなるのだろうか（Jenkins 2017）。まず見て取ることができるのは、それぞれに強さを異にしながらも互いに関連しあう圧力が存在していて、異性愛規範的でしかも白人優位的な圧力の維持にも一役買うような関係のあり方を統治しているであろうこと、そして、それらの圧力が家父長制的諸圧力と交差しながら、著しく反LGBTQ的な形式のミソジニーを生み出す可能性があるということである。そうした圧力はまた、徳や人格を規定する規範の数々――努力と注意を内側、つまり、自分自身の「個人的プロジェクト」（Williams 1981）にではなく、外側に向けることをしばしば女性に促す――とも交差するかもしれない。同じことは、その注意を女性にでなく男性に、複数でなく一人に、そして、彼女の親切心への欲求を表現するか、心に抱いている、人種的に特権的な位置を占める男性に向ける女性にたいして報酬を与えるような社会的選好についても言える（例のごとく、その多様性に注意を喚起するのがここでの私の目的であり、私の知識を超えた経験的主張をしているのではない。あくまで可能性の数々をリストアップしているにすぎない）。さもなければ、彼女は、たとえば身勝手だとか自己中心的だと糾弾され、同性愛嫌悪や反ポリアモリー的な偏見の対象とされ、「人種的裏切り者」〔原語は「race traitors」。自らの人種の利害やウェルビーイングに反する態度や地位などを支持するような人物にたいする蔑称〕として罵声を浴びせられるかもしれない。これに加えて、女性にたいしては、一方において誠実かつ正直であり、他方において忠実もしくは献身的であると十分に人に信じてもらえるよう努力せよという厳格な要求が、往々にして存在する。「オープンであること」もしくは、心のうちが容易に読み取れることだけでなく、交わした約束を守る決心の強さやその意志の固さを具体的に示すことを怠れば、ミソジニーは彼女を処罰する可能性がある。このことは、女性の力、強さ、そして主体性は、所有を禁じられるどころか、彼女が偉大なる男性の陰で舞台裏の「偉大なる女性」としてあるときには、高く評価されるかもしれないことを示唆する。[11]

誠実さおよび忠実さの規範は、それと緊密に関係する理由から非常に重要であることが見て取れる。一つは、前述した財の中にはじっさいにそれとして価値をもつものがあることを保証するということだが、受益者の最善の利害ということが、それを動機づける主要因の一つとして念頭に置かれているのでなければ、親切は親切ではないだろう。議論の余地はあるかもしれないが、気まぐれで容易に心変わりするのだとすれば、愛は愛ではないだろう。さらに言うならば、そうした規範は、もし女性が（より）自由に男性を袖にすることができるならばもちえたであろう権力に匹敵するほどのそれを彼女がもつことを防ぐ。そして最後に、これに関連してこれらの規範は、彼の邪魔をしたり、男性にコード化された特権を彼がさらに追求するのを妨げることなく、彼女が彼に近づくことを許すことができるという再保証を与えてくれる。つまり、彼女はサポートの源であって、競争相手ではないのである。彼のほうがより大きな力をもつような、ある種の権力格差によっても、同一の目的は達成されるかもしれない。かならずしも彼自身による設計でなくとも、そうしたバイアスを反映するような仕方で法律が施行されるならばそれは可能である。

女性が、男性にコード化された財を自分よりも優位の座を占める男性から奪う、またはそんな脅威を与えることすら防ぐという目的に照らして、貞節と忠実についての規範はこの関係でもやはり重要となるだろう。彼女の言葉は信用に足ると、彼が安心できなくてはならない。突然心変わりして、何の警告もなしに新しい脅迫的な意図を抱いたり、彼の元を去ったり、不貞を働いて彼の面目をつぶすような真似をすることはないと、安心できるのでなくてはならないのである。[12]

こうした見方によれば、彼女自身も女性にコード化された財の一つを構成するかもしれない。[13] このことはパートナー間暴力についての統計によってはっきりと裏付けられる。彼女が彼の元を去り、彼から彼女自身そして、ときには彼の子どもたちを奪いかねないとなると、パートナーによる殺人の危険性が著しく高まるのである。[14]

このことは、以下の凄惨な事件についての事例研究によって例証されるように、一家皆殺しという現象や、それによって露わになる辱められた権利意識によっても裏打ちされる。やや先走るなら、残された道には面目を失う結果が待っていると彼の目に映るとき、「彼の取り分」には、彼の女性パートナーおよび子どもたちの生命も含まれるのである。

生命を奪う——恥と家庭内殺人者

ミソジニーは恥の感情の表われであるとしばしば言われる。それは個々の男性によってなされるときに最も明らかであるが、おそらくはそうした場合にはとどまらない。そして、そのことは理論的には加害者と被害者とのあいだに共感もしくは連帯関係の基盤を生み出しうる。ミソジニー的攻撃は、憎悪にもとづく「中傷」メカニズムなどを通して（これについては第八章で論じる）、被害者のうちにしばしば恥の感覚を染み込ませる。また、そうした反応はかならずしも非合理的ではなく、恥をかかせることには社会的意味がある。それはとりわけ、自己と他者とのあいだに結ばれる視線を断ち切りたいという欲求をもたらす。顔を覆い隠したいという気持ち、恥の表情——、頭をうなだれる、目を伏せる——について私たちは口にするが、視線の切断を達成する方法はそれだけではない。自分が隠れるのではなく、自分に視線を向ける側を処分することもできる。「恥じ入る者は、世界が彼に目を向けないよう、彼の姿に気づかないようにと強いる。そして世界の目を破壊したいと欲する」というエリック・エリクソンの言葉はよく知られている（Erikson 1963, 227）。意図的ではなかろうが、ここでの代名詞が男性形単数であるのは意味深である。

というのも、ミソジニー（およびその他の形式の抑圧行為）の被害者が覚える恥の感情は、加害者（とくに権利意識の強いタイプ）が感じるそれとは、まさしくこの次元で異なると私には思われるからである。前者は、自分はそんな感情（なんであれそうした形式での不面目）を感じさせられることはよもやないだろうと確信していたわけではない人が覚える通常の恥の感情だが、それは他者の「目を破壊」する欲求などではなく、むしろ隠れようとする傾向や身を晒すのを避けようとする傾向として表われる。破壊への傾向性をもたらすのは後者、つまり、権利意識をともなう恥の感情のほうである。それは多くの場合、人前での不面目のおそれ、またはその現実化によって引き起こされる。本節では、権利意識をともなう恥とその最も激烈な表われである家庭内殺人に焦点を合わせる。この現象は、あるタイプの家父長が女性パートナーと子どもたちにたいしてもつ所有財産的関係について重要な事柄を明らかにするだろう。

家庭内殺人者がその他の種類の大量殺人者から区別して研究されるようになったのは、ごく最近のことである。その一つが、油田掘削で使用される安全弁の一種を発明したイギリス人男性クリス・フォスターの事例である。フォスターの安全弁はきわめて秀逸で、莫大な収益を彼にもたらした。シュロプシャー州に豪邸と何台もの高級車を購入すると、妻のジルと娘のカースティとともに彼はそこに移り住んだ。ブロンド狂いのフォスターは何人もの女性と不倫関係をもったが、妻はそれを黙認した。「お金があの人に自信を与えようだった」と語る義理の妹の言葉が、ジョン・ロンソンによる新聞記事に引用されている(15)。

フォスターは大量の銃を蒐集し、地元のクレー射撃クラブに所属していた。フォスターを知るクラブ会員によれば、彼はよき夫であり、よき父親であったという。いつもと変わらぬある午後のこと、フォスターはクラブで開かれたバーベキューに参加し、その晩、自宅に戻った彼は、妻と娘を射殺した。二人とも後頭部への銃撃だった。彼は家屋敷と持ち物のすべてに油を撒き、火を放った。そして、燃えさかる炎の中で自殺した。

その理由は人を驚かせるだろうか。さほどでもないように私には思われる。フォスターは商売上いくつかの拙劣な決断の末、破産宣告を受けていた。すべては失われる運命にあった。彼が燃やした財産のすべては、事件の翌日に執行吏によって差し押さえられるはずであった。

不可解なフォスターの犯罪を理解しようとロンソンは努めたが、その論理がようやくはっきりと見えてくるまでには時間がかかった。フォスターと友人だったイアンという人物と、フォスターやその他の成金タイプの億万長者たちが好んで家を構えるマースブルックという美しく端正な町の外れにあるイアンの自宅の整備の整ったキッチンで会話していて、ロンソンはフォスターがなぜあんなことをしでかしたのか、なぜああした仕方でなくてはならなかったのか、そのことを理解する。

イアンのキッチンに腰を下ろしているとき、突然、私には腑に落ちた。なぜクリス・フォスターはジルとカースティを後頭部から撃つことにしたのかというその理由が。言ってみれば、彼は恥ずかしくて妻と娘の顔を直視することができなかったのである。この殺人は一種の名誉殺人だったのだ。すなわち、妻と娘の尊敬を失うことや、友人たちからの敬意を失うという考えに、フォスターはただ耐えられなかった。そういうことなのかもしれない（Ronson 2008）。

自分の妻と家族の生命まで奪うというフォスターの行動について、彼の友人の多くはそれが十分理解可能であると語る。

フォスターの友人たちが彼の常軌を逸した行動について同情の念を口にするのには驚かされた。このシュロプシャーの飛び地に暮らす人たちはどれほどぎりぎりのところを生きているのか、そして、いったん人生の歯車が狂いはじめて、彼らの男らしさと虚飾の財に脅威が及んだら、いかに容易にすべてが崩壊しうるか、私は想像だにしていなかった（Ronson 2008）。

「崩壊する」というのは、一つの言い方ではある。また、ここで物語の中心に置かれるのが誰であるかについても注意してほしい。

フォスター事件のほんの一か月ほど後、サウサンプトンで新たな家庭内殺人者が犯罪に及んだ。男は別れたパートナーに電話でこう告げた。子どもたちは「永久の眠りについた」と。子どもたちを絞殺した後、その男は首を吊った。(16)

ロンソンの記事の中で引用された犯罪学者デイヴィッド・ウィルソンの言葉によると、家庭内殺人者は、これまで刑事司法制度において――または、精神保健サービスにおいてさえ――知られてこなかった、殺人者類型の中でも特異な存在であると言う。ウィルソンはケイティ・コリンズ記者に次のように説明する。

あらゆる点で、彼らは良き夫であり、良き父親でした。ひとかどの仕事を保持していることも多く、周囲からは相当の成功者と見られていました。(17)

ウィルソンやその他の研究者たちは家庭内殺人者を四つの主要な類型（独善型、アノミー型、失望型、妄想型）に分類する。独善型は、自らの転落にかんして、しばしば配偶者や元配偶者といった他者を非難する。アノミー型は、社会秩序が崩壊しつつあるかのように、家族によって裏切られたと感じる。失望型は、破産のような外的な出来事により不面目を感じる。妄想型は、自分の親族が外部者からの脅威の下にあると感じる。そこで、この脅威を取り除くために、自らが彼らを殺すことを引き受ける。

これらのプロフィールは相互排他的でないと思われる。また、それぞれが、「有毒」の形容詞が適切であるような種類の男性性――脅威が迫ったり、面目を失いそうになると、暴力行為によって対応する傾向をもつ――の異なる側面を示す。ウィルソンがコリンズに語ったところによると、こうである。

通常この種の暴力行為に訴えるのが男性であり、四つの特性が、ジェンダー役割や家族内における自分の位置についての彼の考え方と密接に関係しているのは明らかです。男が男であるあり方は多種多様ですが、家庭内殺人にかんして本当に起こっているのは、私たちがとくに「家庭内殺人者」と同定するカテゴリー内では、さまざまなことについて境界点に達するのはたいてい男性のほうであるということです。[現代社会において」女性がより大きな役割を担うようになっていることがこの現象の背景にあると見ることは、女性の側に責任があると暗に示唆しようとすることに等しいでしょう。そうではなくて、じっさいのところ、これはいつだって男についての問題なのです（Collins 2013）。

たしかに傾注すべき指摘である。だが、これはむしろ、向上する女性の社会的地位に対処する能力を男性がもたないということについての問題かもしれない。ウィルソンからのこれらの引用の多くが示唆するように、家庭内殺人者はほぼ例外なく異性愛的な（「ストレートな」）、つまりクイアではないパートナー関係にある。このことも、当該男性のアイデンティティにたいする実存的脅威がどのようであるか、その性格について何かを物語るのではなかろうか。

『家庭内殺人へ向かう心（*Familicidal Hearts*）』（二〇一〇年）の著者ニール・ウェブズデイルも、米国の文脈における家庭内殺人者の典型的プロフィールにかんして、同様の結論に辿り着いた。ジャーナリストのキャサリン・スキップは、ウェブズデイルの見解を次のように要約する。

家庭内殺人者は圧倒的に男性であり（彼の推計では九五パーセント）、主に中年の白人である。彼らは男性としての自信に乏しく、しばしば児童虐待被害の過去をもつ。幼年期に自らの無力を経験したからか、多くは家事全般について厳格な支配を行使しようとし、自らがけっして経験しえなかった理想化された家族像を実現しようと試みる。景気が下り坂で、雇用状況が芳しくないなか、緊張は高まり、彼らが求めるような支配を維持するのはますます困難になっている。

ウェブズデイルによると、こうした男性は彼が呼ぶところの「怒りに震える高圧的」な殺人者と「礼儀正しく人受けのよい」殺人者とを結ぶ直線上のどこかに位置づけられる。前者は怒りによって駆り立てられ、支配的であり、家庭内で自らが行使する権威に自己の価値を見出す、加虐的な人物であることもある。そうした行動はしばしば結婚生活の破綻を招き、妻や子どもの家出を促す結果となることも多い。支配の喪失は彼のうちに恥の感情を引き起こし、最終的に暴力の激発というかたちで自らの力を示す道へと彼を導くことになる（Skipp 2010）。

後者のタイプの家庭内殺人者――「礼儀正しく人受けのよい」タイプ――は、この分野のもう一人の著名な研究者であるリチャード・ゲレスによれば、「自己愛的騎士道」の感覚によって駆り立てられるという。このことはそうした殺人の引き金となるもの、すなわち彼らの動機や彼らの性質のうちに明らかに見て取れる。ゲレスはスキップに次のように語る。

> 父親は十中八九、経済的危機からの唯一の逃げ道として自殺の可能性を検討します。家族を殺すことは、破産や主人の自殺という恥辱と苦境から家族を救う方法となるのです。
>
> こうした自己愛的な「親切」の感覚は、彼ら加害者たちの多くが被害者を殺害するその方法に明らかに表われています。たとえば二〇〇七年のことですが、妻子を殺害した後に首吊り自殺したプロレスラーのクリス・ブノワは、鎮静剤を飲ませてから、幼い息子の首を絞めたと言われています（Skipp 2010）。

家庭内殺人者のほとんど（八〇パーセント以上）は殺人行為の後に自殺を図っている（Collins 2013）。しかしながら、これは、慢性的な恥の感覚からもたらされうる一般的な自殺と同じ種類のものとは見なせそうにない。自殺の動機は他者から身を隠すことではありえない。他者の目はすでに（永遠に）閉じられているのだから。

彼らの中には、自尊心ばかりか、自己それ自体の感覚を失った結果、そうした行為へと駆り立てられる者もいるのかもしれない（「家族は彼のアイデンティティそのものを構成している」という、ゲレスの言葉（Skipp 2010）が思い起こされる）。減圧弁から恥という蒸気を逃がすことで彼は束の間の安心を得るかもしれないが、そこに待っているのは孤独と目的の喪失である。殺人行為はそれまでの耐えがたい圧力ばかりか、彼自身の存在理由までをも奪い去ってしまう。彼はもはや恥を感じないが、自分の存在にとって必要不可欠な尊敬を与えてくれる他者を失ってしまった。とどのつまり、それはまさしく彼の存在にとってなくてはならぬものだった。彼自身がそうしたのだった。

ところで、こうしたことといっさいと今日の米国の政治状況とのあいだには、どんな関係があるのだろうか。家庭内殺人者は、ドナルド・トランプやスティーヴ・バノンもその線上に位置づけられる、有毒男性性のスペクトラムの極北だが、究極的には両者の違いはその度合いであって、種類ではないということが論じられるかもしれないが、この可能性について憶測するのはここでは差し控えたい（Hurt 1993, 4236, 5631 を参照のこと）。この文脈における議論で私が注目したいのは、それが示す権利意識をともなう恥の感情についての生々しい描像である。己を恥じ入らせる他者の視線から逃れる（権利意識をともなう）欲求を煽るトランプの姿に目を向けてほしい。ここでの他者は、トランプの思い描くアメリカでは壁によって閉め出され、仕切られるメキシコ人やムスリムの人たちを指す（「憂鬱な白人性」という私の概念については、Manne 2018 を参照のこと）。人はもはや困窮者に背を向けることにかんして恥じ入る必要はない。婉曲に「同情疲れ」と呼ばれる症状に苦しめられている人たちにとっては福音であるだろう。また、それに勝るとも劣らない熱望も存在する。すなわち、反人種差別、フェミニズム、そして、数ある信条の中で最も嫌悪される「ポリティカル・コレクトネス」を信奉するエリート・リベラル主義者からの蔑みと非難のこもった視線を回避したいという欲求である（あの女を拘禁しろ。あの女を封じ込めろ。視線を断ち切れ。あの女の優勢を妨げろ〔すべて、二〇一六年の大統領選挙中にヒラリー・クリントンに向けられた言葉〕）。いわゆるポリティカル・コレクトネス。私はすぐそう言いたくなる。そして、まさしくこの理由によって、トランプ支持者たちを激怒させているものが何かについて、その輪郭だけでも理解することができる。私たちの行動は政治的な矯正（political *correction*）の行動なのである。望もうと望むまいと、そしてそれがどんなに不愉快なことであろうと、私たちはしばしばあの人たちによって道徳的に高踏的な立場をとることを強いられる。罪を憎んで人を憎まずと言うこともできるだろう。だが、あれほど私たちを憎む人たちをどうしたら愛することができるだろうか。

トランプ支持者にたいして何を語るべきか、大統領選出馬に先立つ期間、私には正直なところ言葉が見つからなかった。この人たちは憐れまれるべきであり、そうでなければ、「救いようがない」という理由で、「嘆かわしい人たち」としてひとまとめにされるべきだろう。ヒラリー・クリントンはそう主張した(ヒラリーにとって、不得策な瞬間であり、後日彼女は謝罪した)。これが意味するのは、クリントンが彼らを一概に見下しているということであり、私を含む多くの人にとって、それは明らかに誤った姿勢と思われた。けれども、あのとき何が正しい姿勢だったのだろう。この問いについては、結論にいたるまでにまた立ち戻ることにする。

いずれにせよ、彼らの人種差別主義とミソジニーを糾弾することこそ自らの務めだと、いくら腹をくくったところで、自分ではけっして悟りえなかった道徳的啓示をありがとうと、彼らから感謝されるようなことにはなりそうもない。むしろ、批判にたいしてより過敏で恨みっぽくなり、その態度はますます頑なになり、不面目とも沈黙ともつかぬような表情を浮かべるのが、関の山であろう。もっとも、先に見たとおり、減圧弁というものがなくもないわけであるが。

トランプが大統領選に出馬を決めた瞬間がいつだったかについて、私は幾人かのジャーナリストから同じ説を聞かされた。それは二〇一一年のホワイトハウスでの記者晩餐会のことだという。大統領は自身の出生証明書を提出すべし(「本当のところ、あなたはどこの生まれなのですか」という人種差別主義者定番の質問)。その当時、トランプは、そんな露骨かつ侮辱的な要求をオバマ大統領に繰り返していたのだが、晩餐会の席上、オバマにこっぴどく恥をかかされることになったのである。「出生証明書どころか、私の誕生ビデオを皆さんにお目に掛けよう」。スピーチに立ったオバマは悠然とそう言い放つと、アニメ映画『ライオン・キング』の一場面を流した。会場はこれにどっと沸いた。

だが、一人例外がいたらしい。愉快そうに笑う会場の客たちが目を向けると、そこには顎を突き出し、唇をすぼめ、顔を真っ赤にしたトランプがいた。聴衆は彼から目を逸らした。『ニューヨーカー』誌のデイヴィド・レムニックからこの話を聞いたとき、それは果たして恥の表情だろうかと私は疑問に思った。かつて履修した心理学の教科書で目にした、ポール・エクマン博士の普遍的感情表現の白黒写真を思い出そうと試みた。さらに、エリオット・ロジャー的な屈辱との対比でトランプについて考えをめぐらせた。

そして、はっと気づいた。トランプの表情は表裏反転された恥のそれ、拒絶された恥を憤激で代えた、いわば外壁ではないかと。というのも、トランプのようなタイプの人間はどんな場合でも最大限の敬意をもって遇されることに慣れているからである。あれは目下に位置する他者からの尊敬の眼差しを受けることが、自分にとって当然の権利であると信じ切っている者の顔だったのだ。そして、こうした人たちの場合、自己愛も手伝って、それはニーズとなる。トランプのあの表情は、もう少し社会的な運に恵まれ、自らが主張するような真のボス猿だったならば、エリオット・ロジャーが見せていたであろう表情だったのだ。けれど、彼はトランプではなかった。そこで、他の人たちに八つ当たりする方向へと動いたのである。

本章以降の展望

第二章で、私はミソジニーを社会環境の一属性として理解する、一般的かつ構成的な定義を提案した。すなわち、社会環境が、そこに属する少女や成年女性のうちの特定の一部にとって、ミソジニー的であると見なされるのは、彼女たちが、歴史的に、また部分的にではあれ今日においても、家父長的な秩序のうちでジェンダー化された規範と期待の遵守を監視し、それを執行する機能を果たす種類の敵意に直面する場合、またその場合にかぎってである。同様に、行為は、それが社会環境に備わるミソジニーの所産であるか、もしくは、ミソジニーを助長するような場合、またその場合にかぎりミソジニー的である。私はまた、アイラ・ヴィスタ事件は明らかにそうした事例の一つであると論じた（この事件がその他にも意味をもつことに議論の余地はないが、それは私の論点とまったく矛盾しない）。

これによって、アイラ・ヴィスタ事件後に議論となったフェミニズム的な応答への二つの疑問のうちの一つが取り除かれた。だが、もう一つの疑問、「合衆国はとくにミソジニー的な文化なのか」は未回答のままである。もしそうであるならば、どのようにエリオット・ロジャーは関連する社会的力の伝達をしたのだろうか（すなわち、ロジャーの個人的心理や個人史の詳細はさておいて、どのようなメカニズムがミソジニーを永続させる働きをするのだろうか）。

二〇一六年の大統領選挙後、海底から水面にくっきりとその姿を現わしたのを目にして、人々は自分たちの海にミソジニーという怪物が存在するのを否定することが少なくなったようである。しかし、選挙戦と一一月の選挙結果に衝撃を受けて心変わりした人たちにとってさえ、それはいぜんとして曖昧でわけのわからない現象にとどまってきたというのも疑いない事実であると私は思う。私たちはいかに二つの一見相容れない事実、すなわち、今日の米国におけるミソジニーの蔓延という事実と、いまや歴史上かつて例を見ないほどに女性が権力とチャンスを手にしているという事実とのあいだに、折り合いをつけることができるのだろうか（Mac Donald 2014 も参照のこと）。本章において提示した「与えること／受け取ること」というモデルが何らかの答えを与えてくれるのではないかと、私は期待している。

フェミニストが「ミソジニー」の名で言及する事例は、何の統一性も共有しないてんでばらばらでけばけばしいだけの新聞見出し的エピソードの寄せ集めなのではないかということがときに指摘されるが、「与えること／受け取ること」というモデルはこの懸念を解消するヒントも与えてくれるだろう。懸念がそのとおりであるとすれば、私の改良的プロジェクトはこの無秩序を共有するか、それとも、フェミニストの語用パターンを把捉することをあきらめて、乱雑さを一掃するかの二者択一を迫られることになるだろう。というのも、大まかに言って、ミソジニーは次のすべてを含むと思われるからである。

- 著しく可変的な害悪（些細なものから殺人にいたるまで。また、言葉による攻撃から物理的な攻撃まで、多種多様な攻撃を含む）。
- 一般に「敵意」に類する多種多様な気分や心のあり方。すでに見てきたような、またこの後見ることになるような一般的主題としては、復讐、ストローソン的な「反応的態度」（非難、怒り、罪の意識など）、処罰、裏切り、不信、ヒエラルキー的横暴行為、さらには、さまざまな形式の「はずかしめ」、「嫌がらせ」そして「追い出し」行動などが含まれる。
- さまざまな領域での警察的・法執行的実践。ここにはセックス、母性、男性によって独占されてきた空間、地位、そして伝統的なオールド・ボーイズ・クラブ（男子校出身者などの成員相互間における排他的互助のつながり）などが含まれる。

一見するとまるで寄せ集め的なこれらの現象にかんして、「与えること／受け取ること」というモデルは驚くほど単純な統一方法を提供し、次のような区別を加えることで、有効かつ具体的な（そして、重要なことに反証可能な）予想を行ないうる理論を生み出す。

彼女が与えるべきもの（女性にコード化された財とサービス） 注意、愛情、称賛、同情、セックス、子ども（つまりは、人づきあい、家事、生殖、そして感情にかんする労働）。加えて、安息所、養育、安全、安心、快適などの混合的財。

彼の取り分（男性にコード化された特典と特権） 権力、威信、公的認知、位階、名声、名誉、「顔」、尊敬、金銭、およびその他の形式の富、階層的地位、上方への可動性、等級の高い女性の忠誠、愛、献身などを所有することで付与されることになる地位。

これにより、すでに見てきたものに加え、この後に見ることになるミソジニー事例のほとんどは、女性にたいする二つの相互補完的な社会規範の下に理解することが可能となる。

(1) 彼女には、女性にコード化されたサービスを、誰かにたいして、できれば、(人種差別主義的、階級差別主義的そして異性愛規範的な価値観に照らした) 社会的地位において彼女と同等、もしくは上位を占める一男性にたいして、少なくとも彼がそうした財やサービスを彼女から受けることを望むかぎり、与えるという義務がある。

(2) 彼女は、彼がそれらを受け取ることと保持することを欲するか、または切望するかぎり、少なくとも、優位を占める男性から (そして、おそらくはその他の者からも) 男性にコード化された財をもつこと、および取ることを禁止される。

以下は、上記からの自然な帰結である。

- 第二章で注記したように、ミソジニーはこうした社会規範の遵守を監視、執行するために、またその違反に抗議するために、発生する。
- 少なくとも、ここで問題にされる女性にコード化された財の多くにかんして、優位にある男性は、それら個人的なサービスがほんものであると確信するために、「彼女の心を読む」ことが可能でなくてはならない。たとえば、親切は、他者にたいする善意を主たる動機としなければ、親切ではない。
- 彼はまた、(a)彼女が正直であること、(b)彼女が忠実であること、そして(c)彼女が、安全、安定性、継続的な安息所などの財を保証してくれることについて不変であることも確信している必要がある。もしも彼女がすでに片方の足をドアの外に出しているとしたら、もしくは、彼への愛情が彼の世俗的な成功、社会的評価、名声しだいであるなら、それは彼にとって安全な空間ではない。

- 彼はしばしば彼女にたいして力をもつ必要がある。それは、さまざまな道具的目的のために、そしてときには、さまざまな形式の力をもつことそれ自体への欲求のためにである（繰り返しになるが、これは場合によって大きく異なる。たとえば、いわゆる「大人子ども《マン・チャイルド》」の概念に見られるように、ミソジニストの中には、特定の社会的権力や特権にともなう責任を望まない者もある[18]）。

そしていまや、本章で紹介した概念的区別の数々を使って、私たちは次のようにさらに問いを分類することができる。

- 彼女が彼にたいして差し出すはずのものを、無礼にも彼がひったくったとしたらどうなるだろうか。私たちは、優位男性によるこの形式の犯罪について、それを許したり、忘れたり、放免したりする傾向を、そして被害者女性にではなく、むしろ加害者である彼らに同情を寄せたりする傾向をもつ。本書では以下でそれについて論じる（第六章「男たちを免責する」では、レイプ文化とともに、私が「ヒムパシー」と名づける現象について詳述する）。
- もしも彼女が、彼女が彼にたいして差し出すはずのものを要求したり、受け取ろうとしたらどうなるだろうか。彼女が、道徳的注意などの女性にコード化された財を求めたり、彼女自身が被った道徳的損害に注意を引こうとするとき、私たちはたとえそこに背信行為を示すいかなる証拠がなくとも、彼女が誠実さを欠くのではないか、芝居がかったふるまいをしているのではないかと、嫌疑の目を向ける傾向がある。それについて以下で論じる（第七章「被害者を疑う」では、いわゆる「被害者文化」のイデオロギーについて探究する）。

● もしも彼女が、彼の取り分とされるものを要求したり、受け取ろうとしたらどうなるだろうか。このような仕方で、男性にコード化された財を求めるとき、彼女は、貪欲であるとか堕落しているとか不当な権利意識をもっているとか言われ、さらには、壊れているとして片づけられてしまいかねない。それについて以下で論じる（第八章「ミソジニスト（に）敗北する」では、ヒラリー・クリントンの落選で終わった二〇一六年大統領選挙のさいの彼女にたいするミソジニー的中傷について考察する）。

けれども、その前にいったん立ち止まって、本書においてこれまで展開してきたミソジニー理論にたいする競合仮説を検討し、これを論駁しようと思う。ミソジニー的敵意は、女性の人間性を認知しそこなうことに由来するというこの仮説は十分に展開されることはあまりないにもかかわらず、その信奉者は多い。

本章で論じた「与えること／受け取ること」の力学のうちに生きる女性は、特定の社会的位置を占める存在として理解されるべきであると私は論じる。換言すれば、女性は、人間的、あまりに人間的な与える者（giver）として位置づけられる。男性は、特権的な人間存在として、それを利用、搾取、さらには譴責《けんせき》なしで破壊する権利をも所有すると感じているかもしれない。女性の人間性とはそういうものなのである。悲しいことに、そしてときには、情けないことに、私たちは男性にそれを許してしまうのである。

原注

（1） Pateman 1988、とくに第六章を参照のこと。

（2） 彼の宣言《マニフェスト》「僕の歪んだ世界」の中で、ロジャーはしばしば自分の気持ちをこのように表現した。

（3） アイラ・ヴィスタ事件を受けてスティーヴン・ピンカーが行なった一連の「上から目線」発言を参照のこと。たとえば、第一章で見た、以下のツイートを思い出してほしい。「UCSB殺傷事件が女性ヘイトの一例であるという考えは統計的に見てピントはずれだ」。このツイートには六月一日付の『ナショナル・レヴュー』誌に掲載されたヘザー・マクドナルドの記事（Mac Donald 2014）へのリンクが貼られていた。「客観的に見られたリスクの低さにかかわらず、大災害の制御不能さは世界を不穏な場所に見せる」という、翌日のピンカーのツイートは、T・M・ルールマンによる『ニューヨーク・タイムズ』二〇一四年五月三一日付掲載の記事「怯える私たちの心持ち」（https://www.nytimes.com/2014/06/01/opinion/sunday/luhrmann-our-flinching-state-of-mind.html）にリンクが貼られている。たしかに、女性を標的にしたエリオット・ロジャーのような犯罪が起こる統計的蓋然性は、「見ず知らずのストーカーによる大量殺人」という記述の下では、低いままにとどまる。しかし、これとは別の記述の下では、それは女性がもっと頻繁に被害者となっているにもかかわらず、ほとんどメディアで取り上げられることのない形式の暴力を構成する。すなわち、「性的嫉妬にもとづく暴力、および、男性を拒絶する（または、拒絶しようとする）女性を支配する目的での暴力」がそれである。アメリカを例に取ると、この理由でのパートナーによる殺人事件は一日平均二―三件発生している。

その著書『暴力の人類史（*Better Angels of Our Nature*）』（Pinker 2012）では、性的暴力とジェンダー暴力についてのフェミニズム的見方にたいするピンカーの否定的立場はもう少しはっきりしている。「いまや私たちはみなフェミニストなのだ」と彼は早々に宣言する。警戒心を解いたときの彼は、名目上は平等主義的である。「アメリカのレイプを減少につなげた手段として、フェミニスト運動に功績があることは疑いない」。彼はその点を認める。けれども、「フェミニストは力ずくで権力の座に割り込んで、女性の利益に供するように政府機関の不均衡を修正した」のであり、結局のところ、フェミニズムへの評価は、言ってみれば、せいぜい「努力賞」にとどまるようだ。というのも、「勝利はすぐに訪れたのであり、ボイコットや殉教者を必要とすることもなく、［活動家は］警察犬や怒った群衆に直面することもなかった」とされるからである。そして、とくに性的暴行をめぐる改革にかんして言えば、「アメリカがそれを受け入れる準備を整えていたことは明らかである」とピンカーは考える（Pinker 2012, 403; 邦訳下巻五四頁）。要するに、フェミニストは到来すべくして到来したハッピーエンディングをいくぶん早めたにすぎないと言いたいのだろう。この進歩はまた、権力の座にある男性たちが女性のセクシュアリティの微妙さについて理解を深めたことにもよるとされる。従来は、「求めてもいない突然のセックスを見知らぬ他人とすることになるのは魅力的どころか不快なことである」という女性の心理が不可解であると考えられていたくらいなのだからと（406; 邦訳下巻五八頁）。「レイプはけっして男性性の正常な一部というわけではないが」、そこからかけ離れているわけでもない。

だが、もしここで「アド・フェミナム」な［女性に対する偏見に訴えた］提言を許されるなら、その気のない他人と人間的感情のないセックスをしたがる欲望というのが奇妙すぎて考えるに及ばない性別にとっては、レイプはセックスと何の関係もないという説のほうが、もっともらしく感じられるのかもしれない。暴力が減少するあいだに確立されてきた神聖な慣習は、常識にもけっして邪魔されない。そして今日、レイプ被害者支援センターは満場一致でこう主張する「レイプや性的暴行は性欲や情欲による行為ではない。それは攻撃、パワー、辱めにかんする行為であり、そのための武器としてセックスを使っているのだ。レイプ犯の最終目的は支配である」（これにたいしてジャーナリストのヘザー・マクドナルドはこう述べている。「ビールパーティーで男が女にのしかかっていれば、その男が求めているのはただ一つであり、それは家父長制の復権ではない」）(Pinker 2012, 406; 邦訳下巻五九頁、一部改変)。

ここでもまた、マクドナルドがピンカーの反フェミニズムの代弁者を務めるというわけである。

(4) ここで三つの可能性を分類しておくと役に立つだろう。(a)男性は現実問題として、同居する女性パートナーほどこれらの労働を行なわない。(b)男性はこの点にかんしてさほど厳格な規範や期待の下にない。そして／または、(c)男性は女性の場合と比較して、これらの労働を怠ったり、無責任であることにかんしてさほど重い社会的処罰を受けることがない。

(5) ブログ『王の帰還』に寄せられた、「ただの捕獲者でない、贈与者の女の子を見分ける方法」という題の投稿へのコメント欄から。

アメリカ女性のどこに自分はいちばん不満があるのかやっと理解できました。彼女たちは十中八九捕獲者なのです。あなたの注意を、あなたの時間を、あなたからの承認を、あなたのお金を、そしてあなたの男性器を彼女たちは奪います。そしてその見返りに彼女たちは何をくれるでしょう。（あるラテン系の女の子の言葉を借りるならば）、それはなんと、彼女たちと過ごせる至福のひとときなのです。

女の子の方から連絡をもらったり、手料理をごちそうしてもらったりした最後はいつでしたか。自分の得にもならなければ、見返りも期待できないようなことを、女の子があなたにしてくれた最後はいつでしたか。何もあげてもいないのに、マジで女の子が何かくれた最後はいつでしたか。（中略）

というわけで、これがテスト方法です。まず彼女に何かしてあげてください。それとも何かをプレゼントしてください。飲み物をおごるのでもいいし、食事をごちそうする、レポートの課題の手伝いをするのでもかまいません。それで彼女から心のこもったお礼がなかったら、今後彼女から得られるものはほとんど何もないでしょう。彼女は捕獲者であって、贈与者ではありません。どうですか。簡単でしょう。（中略）
　まともな交際をしたかったら贈与者が重要ですし、ベッドをともにするのは贈与者にかぎります。贈与者はあなたの快楽により心を配ってくれます。捕獲者が気に掛けるのは自分自身の快楽だけです。そしてアメリカの女の子はほとんど後者なのです。私の豊富な個人的体験から言わせてもらえれば、贈与者でない女の子とはけっしてかかわりあってはいけません。きっと後悔することになります。

ノマド77、ルーシュ・V・フォーラム、二〇一四年九月二七日。https://www.rooshvforum.com/thread-40795.html

（6）この点については第六章で詳細に論じる。そして、他の状況が等しい場合に（つまり、関連する交差的考察を踏まえて）、どのようにして証言的不正義は、優位な位置を占める男性がそうした男性にコード化された「顔」を女性によって奪われることのないよう働くかについて、明らかにする。

（7）Dworkin 1988 を参照のこと。

（8）女性がはっきりと意思表示しているにもかかわらず、その思いを男性が「書き換えて」しまう現象にかんしては、ラジオ番組『ディス・アメリカン・ライフ』で最近放送された「冷やかしの野次《キャットコーリング》」を主題とした回を参照のこと。エレノア・ゴードン・スミス「ホーラバック・ガール」、『ディス・アメリカン・ライフ』第六〇三回「気持ちについてもう一度」二〇一六年一二月二日。https://www.thisamericanlife.org/radio-archives/episode/603/once-more-with-feeling?act=1

（9）「スラット」という蔑称について考えてみてほしい。それが意味するのは、あまりに多くの男性にたいして注意を与えてしまう結果、その正当な受取人としての彼から注意を騙し取る人物であるが、この理解は、シナリオ的な筋書きの下での束の間の妄想だとか、知らず知らずのロールプレイングにもとづくものと言うよりは、それなりに社会的現実を反映するものであると言ってよいかもしれない。

（10）ファルーディの調査（Faludi 2000）の第三章においてシタデルと比較されている「LAプッシー捜索隊」も参照のこと。これは次々に別の女の子とセックスすることで点数を稼ぐゲームで、名声と汚名を同時に獲得するのがこの実践の究極的目的である。興味深いことに、名声と汚名はドナルド・トランプのペルソナとミソジニーの歴史の両面を構成するものでもある。ファルーディは両者を相異なる種類の男性性であると見なすが、それらは、異なる文脈において表面化する、同一男性性の二つの異なる様態であるだけなのかもしれない。一方は、閉鎖的で私的な訓練セッションに、他方はそれに引き続く公的ゲームとして、聴衆を前に、ファンに向けてプレイされるゲームに喩えられるだろう。

(11) それ自体として見ればこうしたミソジニーの動力学において、異性愛的関係内で反対の方向、すなわち、男性から女性に向けて働く同種の性質の互恵的義務はより不完全だろうと想像できる。もちろん、それは個別の人間関係のエトスの一部でありうるし、また局所的（ローカル）な慣習のうちに銘じられることもあるだろう。けれども、そこにはほぼ間違いなく、家父長制秩序内の別の種類の内容をもってこの方向に働く一般的義務が存在すると思われる。たとえば、稼ぎ手と家事を切り盛りする人物との関係はその最も明白な例である。

(12) いわゆる「ゲーマーゲート」の引き金となった一連の騒動を参照のこと。インディーゲームの開発者であるゾーイ・クインにたいする誹謗中傷を彼女の元恋人男性が自分のブログに書き連ね、さらにはクインが自身の開発したゲーム『ディプレッション・クエスト』のレヴューへの高評価を得ようと、一人のゲーム記者に枕営業をしていたという事実誤認の告発をするにいたり、ネット上で大炎上した。「ザ・ゾーイ・ポスト」〔＝クインの元恋人男性のブログ〕によれば、したがって、この「事件」には、不実さ、信用に値しない性質、「女の手練手管」（と想定されるもの）が二重にかかわっているとされる。さらには、クインは彼女の開発したゲームについて比較的肯定的な評価を得たことで（彼女が関係をもったとされる前述の記者とは別の記者による、独立の評価によって）、多くの男性ゲーム開発者を出し抜いた。私の分析では、こうして「男のゲームで男を負かした」こと、そのうえに、きわめて男性優位であるサブカルチャーの世界に入り込んだことは、その後延々と続くことになった、ゲーム社会のメンバーたちからの想像を超えるような強く激しいミソジニー的反応を引き起こすうえで、完璧な要因を提供しただろうと思われるし、じっさいそうであった。その時点までとそれ以降のゲーマーゲートをめぐる詳細は複雑で、いまもまだ新たな論争を引き起こしかねないので、ここでは論争の核心がどこにあるのかについて、『ガーディアン』紙上でのマット・リーによる最近の解説を引用することにする。

> ゲーマーゲートとは、要するに、元恋人を罰したいという一人の男性の思いから始まったインターネット上の運動だった。それが成し遂げたことと言えば、せいぜいのところ、進歩的人物の多数——主に女性——が身の危険を覚え、ゲームの世界を離れたくなるような、そんな嫌がらせを加えただけのことだった。当初の標的とされたのは、ゲーム開発者ゾーイ・クインであった。初歩的なフェミニズム理論を使ってビデオゲームについて語った

動画を制作したことで、アニタ・サーキージアンはそれ以前にすでに標的とされていたが（これは文化批評と検閲の区別がつかない人が多数いるという理由による）、ゲーマーゲートによって、この憎悪は大きく増幅され、殺人予告、レイプ予告、個人情報の「晒し」に巻き込まれるにいたった。

マット・リー「ゲーマーゲートをつうじて「オルタナ右翼」について私たちが学ぶべきだったこと」、『ガーディアン』二〇一六年一二月一日。https://www.theguardian.com/technology/2016/dec/01/gamergate-alt-right-hate-trump リーやその他の評論家が論じるように、ゲーマーゲートは、オルタナ右翼運動の展開に重要な役割を果たした。それも誰あろう、スティーヴ・バノンと彼が運営するニュース・サイトである「ブライトバート」を通じてそうなったのだ。以下は、引き続きリーの記事からの引用である。

ゲーマーゲートと極右系によるネット上での運動「オルタナ右翼」との類似性は目を見張るほどであるが、それはけっして偶然ではない。とどのつまり、ゲームの世界で始まったカルチャー・ウォーはいまやホワイトハウスにその代表をもつ。ブライトバート・ニュースの創設メンバーかつ元会長として、スティーヴ・バノンは、メディアの怪物マイロ・ヤノプルスを世に送り出すのに一役買った。後者は、ゲーマーゲートのサポーター兼チアリーダーを務めることで名をなし、ツイッターで膨大な数のフォロワーを獲得した。このハッシュタグは、いわば「炭鉱のカナリア」〔何らかの危険が迫っていることを知らせる前兆を指す慣用句。炭鉱等で有毒ガスが発生したさい、人間よりも先にカナリアが察知して鳴き声が止むことに由来する〕であったが、私たちはそれを無視したのである。

この事例については、証言的不正義と男性優位との関連で、第六章で取り上げる。

(13) このことは、（第三章で取り扱った）人工妊娠中絶と中絶権利擁護の立場をめぐる道徳的パニック――女性は（誤った道に導かれて）身勝手で気まぐれに、生殖およびケアを提供する労働を放棄したうえに、胎児をその正当な住処であり安息地である子宮から追放しているといった考え――についても、さらなる光を当てるだろう。その一方で、すべての女性に「正しい」道を説くために、有色人種の身体は利用される。たとえば、インディアナ州では、プルヴィ・パテルの事例が示すように、自己誘発された堕胎および胎児殺しについての法律は、アジア系アメリカ人女性を標的にする仕方で施行されてきた。

(14) いくつかの推計によると、元パートナーによる殺人の危険性は、女性が関係を断った直後二週間が最も高く、その確率は約七〇倍に上るという。たとえば、「ドメスティック・バイオレンス統計」、http://domesticviolencehomicidehelp.com/statistics/ を参照のこと（二〇一七年五月一二日にアクセス）。

(15) ジョン・ロンソン「私自身同じことを何度となく考えたよ……」、『ガーディアン』二〇〇八年一一月二二日付。https://www.theguardian.com/uk/2008/nov/22/christopher-foster-news-crime

(16) ロンソンが指摘するように、米国でも家庭内殺人は珍しくない。記事中で言及される統計によると、家庭内殺人とそれに続く夫の自殺は、平均して週に一件の割合で起きている（Ronson 2008）。ジャック・レヴィンによる最近の調査では、この割合は経済不況後の数か月間に増加したかもしれないとのことである。失業と殺人事件の発生率とのあいだに一律的な相関関係があることは判明していないという事実にかんがみて、これは注目すべきことである。キャサリン・スキップ「家庭内殺人者の心の内側」、『ニューズウイーク』二〇一〇年二月一〇日付。http://www.newsweek.com/inside-mind-family-annihilators-7525

(17) ケイティ・コリンズ「家庭内殺人者の多くは男性で、特徴的な四類型の一つにあてはまる」、『ワイアード』二〇一三年八月一六日。http://www.wired.co.uk/article/family-killers

(18) さらに言うならば、こうした実践の中には、（たとえば、「マンスプレイニング」の場合のように、知識にかんして）彼女の「上を行く」ことに重点が置かれているもの、あるいは、（たとえば、公共交通機関内での「開脚座り《マンスプレッディング》」の場合のように）彼女よりも多くの物理空間を占有するという権利意識にかかわるものもある。

訳注

＊1 章タイトルは原書では「TAKING HIS (OUT)」であり、その意味は「彼の取り分を奪う」ということであるとともに、「彼のガス抜きをする」ということでもある。後者は家庭内殺人者の事例をふまえての表現である。

＊2 背理法による議論では、証明したい命題の否定（反対）を前提にして証明を進め、それが矛盾を帰結することを示すことで、前提が偽であった、つまり、証明したい命題の否定が偽であったことを示し、したがって、証明したい命題が真であると結論する。リンボウの議論は、「避妊ピル代も医療保険でカバーされるべき（税金がそのために投入されるべき）である」ということを前提すると、「フルクは納税者に性的サービスを提供しなければならない」と

いう馬鹿げた帰結が導出される。したがって、前提された、「避妊ピル代が医療保険でカバーされるべき」は誤りであり、税金は一ドルたりともその目的に使われるべきではないという結論にいたる。

第五章　ヘイトを人間化する

「ベニー、何がムカつくってさ、女どもは俺を肉の塊みたいに見る。性玩具みたいにな。俺だって人間だぜ。人間で感覚も感情もある。（中略）ここにいるだろ？　そうだよ、俺は存在してるんだ。背が高い男は心が傷つかない。あいつらそんな風に思ってるのさ」。

（ジョージ・「エロひげ」・メンデス、『オレンジ・イズ・ニュー・ブラック』シーズン1、第一一回）

「人のうちに人間性を認められないことが私にはよくある」。

（ルートヴィヒ・ヴィトゲンシュタイン「文化と価値」）

今日の道徳をめぐる言説には、学問的哲学の内外を問わず、ほとんど条件反射的な思考が明らかに存在する。人種差別主義者の蛮行についての道徳心理学的な議論にも、ミソジニー的脅威や暴力についての議論にも、それは顔を出す。「総じて、これは文化の問題、つまり、女性を一人の人間として、私たち男がそうであるような、自分自身の物語の主人公として見ることなく、女は「稼ぎ取られる」もの、「勝ち取られる」もの、言ってみれば、勝利のトロフィーであると男たちに教え込むような、そんな文化が抱える問題の一つなのである」。文化評論家アーサー・チュウは、アイラ・ヴィスタ事件を受けてそう書いた（Chu 2014）[1]。ネット上で「最悪のトロル」

と対決した自身の経験を書き記しつつ、フェミニスト作家リンディ・ウエストも同じように問いかけた。「なぜ女性はいともたやすく標的とされるのか。なぜ彼は、私たちが人間であると即座に認識しなかったのか」。この対決の後、ウエストのトロルは、彼女自身も驚いたが、悔悛し、ミソジニー行為を行なったことを彼女に謝罪した（第一章で見た、ウエストのこの男性へのインタビューを思い出してほしい）。けれども、ウエストによれば、トロルはこの問いにだけはどうしても答えることができなかったと言う。

本章において私は、「なぜ彼は、私たちが人間であると即座に認識しなかったのか」という類いの問いは共通の誤り――すなわち、「人の人にたいする非人間性」[2]ということを、人間性を剝奪するある種の心理的態度に反射的に帰属させるという誤り――にもとづくものだと論じる。道徳的に問題含みで、非情、残忍、侮辱的もしくは貶価的な部分もあるような対人行動、すなわち非人道的という言葉がごく自然に浮かんでくるような対人行動にかんするこうした説明を、私は「人間主義的」説明と呼ぶことにする。[3] また、以後私が「人間主義（humanism）」と呼ぶことになる道徳心理学上の見解によると、そうした非人道的なふるまいは、人間性の剝奪もしくは非人間化*1という概念によって最もうまく説明されるということが、（かならずしも常にではないにせよ）比較的よく主張される。換言すれば、人間主義的見解によると、そうした行動は、仲間の誰かを自分たちと同じ人間として認知することができないことにしばしば由来するとされる。むしろ、人間以下の存在、人間ではない動物、超自然的存在（悪霊、魔女など）、またはたんなるモノ（心をもたないモノ）とさえ見なすというのである。私たちは共有された、もしくは共通の人間性を評価することしかできないのだとすれば、人間という同じ種に属する他成員を虐待するというのは至難の業のはずだろう。

この意味で理解される人間主義という見解は、平易でなじみ深く、多くの点で魅力のある見解である。だがそれにもかかわらず、あるいはたぶんそれゆえに、この見解はかならずしも明確に定式化されていないし、他の競合理論に抗して、擁護されてもいない。また、それはいくつかの注目すべきだが、簡潔な例外（本章注24を参照のこと）を除けば、多くの批判にさらされたこともない。[4] しかしながら、私は、「偏見」にかんする一般的主張としてのこの見解の妥当性については疑義を抱いているし、ミソジニーにかんしてはとくにそうである。けれども、最終的に、私は意外な命題を議論の俎上に載せることになるだろう。すなわち、人間主義は、まさしくこの目的に合わせてあつらえられたと言えるような事例、たとえば、人間性を剝奪するようなプロパガンダの影響下で人々が大量殺戮に手を染めた事例の多くにおいても、その説明に成功しているかどうか明らかでない。そうした場合に、人々の行動からしばしば読み取れるのは、加害者にとって被害者は人間的、しかもあまりに人間的な存在として眼前に現われていたにちがいないという事実なのである。とりわけ、人（man）による女性にたいする非人間性——ジェノサイドのさなかに集団でレイプされる女性に思いを馳せてほしい——にたいして注意を払うことを怠らなければ、私たちはこのことに気づくだろう。

人間主義的思考の適用例

女性の性的抑圧についてのレイ・ラングトンの議論では、「性的独我論」の概念が中心的な役割を果たす。古典的な意味で、独我論とは、あらゆる種類の他我の存在についての懐疑論（もしくは、その全面的否定）を指すが、性的独我論は男性的精神が唯一の人間的精神であると見なす。対照的に、女性は「たんなるモノ」もしくは客体と見られ、そうしたものとして扱われる。また、ラングトンの見解では、これはポルノグラフィの道徳的害悪と密接に関係している。シモーヌ・ド・ボーヴォワールとキャサリン・マッキノンの読解を通して、ラングトンは次のように自説を紹介する。

ボーヴォワールによれば、「モノとして」固定化される存在に囲まれて、「男は孤独にとどまる」。性的抑圧はまさしく独我論の現実化であり、（中略）それは多くの人にとって「人間存在との本来的関係よりも魅力的な経験である」と「ボーヴォワールは」考えた。人を「モノとして」扱うことの顕著な仕方の一つがポルノグラフィである。近年フェミニストはボーヴォワールの見解をそう敷衍《ふえん》し、ポルノグラフィにおいて「人はモノになる」と論じる。注目すべき［マッキノンの］この言葉の両義性は、ポルノグラフィを通して人間――女性――がモノとして扱われるという考えを、また、モノ――ポルノグラフィ的人工物（pornographic artifacts）――が人間として扱われるという考えもまた伝える（Langton 2009, 2）。

ラングトンは引き続き、ポルノグラフィ（少なくとも、暴力的で貶価的な異性愛タイプのそれ）はこうした仕方で女性をモノ化することによって、女性を沈黙させ、従属させるというマッキノンの見解を弁護する。この主張は原因にかんして妥当な（したがって経験的な）主張であろうと意図されているだけではない。ラングトンの中心的主張はむしろ構成的な主張であることが意図されている（Langton 2009, 第一章）[5]。

人種差別主義もしばしば、その被害者もしくは標的の豊かな内面生活にたいする、同じような無頓着と無感覚をともなうと、レイモンド・ゲイタは言う（Gaita 1998）。「人種差別主義――一般的人間性の否定」と題された章において、ゲイタはこの点を説明するために、彼自身のエピソードを挿入する。つい最近わが子を亡くしたMは、まだ深い悲しみのうちにあった。Mとゲイタはテレビでヴェトナム戦争についてのドキュメンタリー番組を視聴していた。戦争でやはり最近息子を亡くしたばかりの、悲しみに打ちひしがれたヴェトナム人女性へのインタビュー場面でのことである。当初Mは、自分と同じ種類の喪失にうちひしがれた人物の一言一句も聞き逃すまいと、身を乗り出していた。ところが、彼女はすぐに元のように背もたれに体を伸ばすと、きっぱりとこう言った。「でもあの人たちにとってはまるで違うでしょうね。また生めばいいわけでしょう」（Gaita 1998, 57）。ゲイタによれば、Mの言葉はたんに社会学的な意味で、つまり、ヴェトナム人は比較的大家族であるというような意味で発せられたのではないのは、明らかだった。それはまた、この時期のヴェトナム人は戦災で打ちのめされて、トラウマによって悲しむ能力さえも鈍化されていたというような意味での発言でもなかった。むしろ、Mの言葉は、ヴェトナム人一般に何かがあって、そのせいで彼らの感情経験はM自身と同じような「深みへ及ぶ」ことはけっしてないのだという彼女の意識を表現していた。(6) ゲイタはこう続ける。

> 苦境を通して人が経験する深い内面生活の可能性に必要な条件をヴェトナム人は満たすことができない。Mの目には、それはたんなる偶然ではない。彼女にとって、彼らは本質的にそうした存在なのである（Gaita 1998, 59）。

したがって、Mには、「人を愛すること、結婚すること、もしくは、誰かの喪失を悼むことがどういうことであるのかをめぐって彼らと話をし、彼らから何かを学ぶなどというのは想像さえできなかった」（同書 xxxv）。Mに見られる道徳心理と、人種差別的偏見の対象とされる人たちの内面生活についての彼女の不完全な感覚は、人種差別主義イデオロギーの虜となっている人の多くを特徴づける。ゲイタは続けてそう論じる。

> 「人間以下の存在《サブ・ヒューマン》」としての扱い。人種差別の被害者はしばしばそう口にする。多くの事例、おそらくはその過半数において、そこにはいささかの誇張もない。私がMについて述べたこと、すなわち、彼女の態度がいかに人を貶めるようなものであるか、それがいかに文字どおり人間性を奪うものであるかということからそれを見て取ることができるだろう。なぜならば、それは、人間的状況を定義づけるような特徴にたいして、その被害者が深い理解と洞察力をもって反応するいかなる可能性をも否定するのであるから。「人間」という語の自然な意味において、つまり、それがたんにホモ・サピエンスという生物種を指示するために用いられるのでない場合には、深さと複雑さをともなう内面生活の可能性を否定される人たちは、まさしく不完全な人間、人間以下の存在として扱われると言ってよい（Gaita 1998, 60）。

集団への残虐行為に加わる加害者の道徳心理にかんして、デイヴィッド・リヴィングストン・スミスも同様の立場を取る。ただし、リヴィングストン・スミスはより明確に政治的・歴史的アプローチを取っており、非人間化を特定集団にたいする非人間的または動物的「本質」の帰属と理解したうえで、それは、言ってみれば政治における共感問題への一つの解答であると見なす。

誰かを人格として、つまり、自分と同じ人間として認識するためには、人間についての概念を所有する必要がある。そして、いったん誰かを人間のカテゴリーに分類すれば、そのことは相手にたいしてどう対応するかに影響を与える。(中略)われわれに備わる共感的性質のおかげで、われわれは他者に暴力を加えることに困難を覚える。こうした抑制心こそが、共同体をまとめる強力な社会的紐帯が何であるかを説明し、われわれ人間という種の驚くべき成功の理由を説明する。しかしながら、それは同時に一つの難問を提起する。太古から人間(men)は徒党を組んでは、近隣集団の成員を殺戮し、奴隷とし、女たちを強姦してきた。(中略)一体どうやってわれわれはこんな残虐行為をなしえたのだろうか。その答えの一片は明らかである。それは、われわれの概念的想像力を駆使して、攻撃対象となる民族集団を非人間的動物として思い描くことによってである。そうすることによって、われわれは、仲間意識によって通常抑制されている破壊的力を解放することができるのである(Livingstone Smith 2011, 127)。

換言すれば、たとえばある政権の下で他者を迫害し、彼らにたいして残忍な扱いをすることを課された場合、他者に共感を覚える自然的傾向が抑制されないかぎり、それに困難を覚える人もいる。そして、そうした場合に非人間化一般、ならびに非人間化を喧伝するプロパガンダが役に立つかもしれないというのである。

この時点ですでに、ジェンダーとの関連で、人間主義的立場について気がつくことがある。すなわち、それがいかにジェンダーを看過するかということである。たとえば、ゲイタの議論にとって、Mが考えをめぐらせているヴェトナム人が、女性であり母親である、つまり、それはヴェトナム人の女性でありヴェトナム人の母親であるという事実——分析的には些細なことかもしれないが、社会的、心理学的には何らかの意味をもつかもしれない——は副次的であるように見える。ゲイタの文章を読むかぎり、Mの思考対象はヴェトナム人の父親であったとしてもかまわないのではないだろうか。

リヴィングストン・スミスは意識的にジェンダー抑圧の問題を説明の外に置くが、それが、範例として取り上げられる歴史的な残虐行為における女性の大量レイプの役割を認識する彼の態度とどれほど整合的であるのかは、明らかではない。同じ点はつい最近まで歴史的記録からほとんど抹消されていた、ホロコーストのさなかに性奴隷として引き渡された女性たちの末路についても指摘できる（Hedgepeth and Saidel 2010）。また、道徳哲学におけるホロコーストについての議論はしばしばプリモ・レヴィの尊敬すべき、だが、部分的であることをまぬがれない著書『アウシュヴィッツからの生還』（米国版のタイトル）の記述に集中する。しかし、同書のもう一つの題名『もしこれが人（man）であるならば』（英国、豪州、欧州版のタイトル。〔日本語版は『アウシュヴィッツは終わらない——これが人間か』〕）は、意図せずして、議論の焦点を広げることを私たちに求める。

人間性の剝奪ということが人種差別と民族憎悪に特徴的な道徳心理であるならば、その克服には何らかの人間化のプロセスが必要となると予想されるだろう。そうした過程についてのニュアンスに富んだ取り扱いは、ノミー・アーパリィによる『ハックルベリー・フィンの冒険』をめぐる論述に見出される（Arpaly 2003, 75–78）。物語が進んで、ワトソン家から一緒に逃げ出したハックとジムは、粗末な筏で川面を揺られていく（作者マーク・トウェインからすれば、二人が「同じ状況にあること（being in "the same boat"）」のてらいのない比喩なのだろう[7]）。ハックが白人少年であり、ジムが黒人奴隷であるにもかかわらず、二人は相棒となり、互いに気を許すようになる。奴隷追跡人の追っ手が迫り、ジムが捕まりそうになると、ハックはうまくそれを阻止し、それによって正しい行ないをする。けれども、ハックはもともと、自分はジムを引き渡すべきであるという誤った道徳的信念を抱いていて、それに反してそのような行動を取ったのである。その点を考慮するとき、はたしてハックの行為が道徳的称賛に値するのか、また、もしそうならば、それはなぜなのかという疑問が生じる。さらには、そもそもハックはなぜそうした行為に及んだのか、その点についても疑問が生じる。これについてアーパリィは、ハックは道徳にかんする自らの蒙を啓き、ジムについて漸増的に人道的な見解（view）を獲得していったのであり、ハックの行為はそこに由来するのだから、まさに道徳的称賛に値すると論じる。

ジムと過ごす時間のうちに、ハックルベリーは目に見えるような変化を経験する。（中略）自らの希望や不安についてジムと語り合い、彼と深く交流しながら、ハックルベリーは（それまでけっして熟考することのなかった）ある命題、すなわち、自分と同じように、ジムは一人の人格であるという命題に相当する情報を繰り返し知覚する。トウェインはハックルベリーが自分とジムとの類似を知覚するのをきわめて容易にする。二人は同じように無知であり、同じ言語と同じ迷信の数々を共有する。総じて、一方が他方に劣ると考える特別の理由はそこには存在しないことを見て取るのに、J・S・ミルの天才を必要とはしない。こうした諸事実についてハックルベリーが考えをめぐらせることはついぞないが、それらは彼が他の友だちにするのと同じように、ジムのために行動することをよりいっそう促す。ハックルベリーは明らかにジムを自分と同じ人間として見はじめる。あるとき彼はジムに謝罪している自分に気づいて驚く。黒人男性を人間以下の存在と見なす社会において、それは想像不可能な行為なのである。（中略）ジムを密告する機会を前にして、ハックルベリーは強いためらいを経験するが、これは彼がジムを一人の人格として見るようになったことによるところが大きい（Arpaly 2003, 76–77）。

これで私が念頭に置いている種類の人間主義的な考え方がどんなものであるかを感じてもらうには、十分だろう。[8] それについて私たちはどう考えるべきだろうか。自分以外の人間の人間性を（少なくとも、恒常的に、または、さしたる理由もなく）見失うというのは深刻な問題である。[9] これには肯けるだろう。けれども、人を人として見る、もしくは、自分以外の人間を人間として認知するということが、その主張のすべてなのだろうか。それによってどの程度、私たちはそうした他者をまっとうに扱う気になるのだろうか。また、人が人にたいして行なう最も残忍な形式の待遇にかんして、非人間化はどの程度責任があるのだろうか。とりわけミソジニーにかんして、私たちはどの程度それを文字どおり心理的現象として捉えるべきなのだろうか。これらが本章で取り組まれる主な問いである。だが、その前にまず人間主義の中心的主張が何であるのかを、明確にしておきたい。

人間主義を明確にする

「人間主義」という語は歴史的に見ると、人によって多くのことを意味してきたが、それはいまも変わらない。私は前述のような例をいくつか与え、私が本章で提示することになる結論にたいしておそらく懐疑的である（と思われる）理論家の何人かを名指しし、それによって私の当て馬の候補の方向性を示してきた。けれども、異なる立場を細部にわたって明確にする努力をするよりも、特定の理論家の見解から離れて、より抽象的なレベルで人間主義的立場の中心的主張を抽出するほうが、明瞭さと簡潔さの点で有益だろう。具体的には、以下にいくつかの記述的主張（概念的・知覚的、道徳心理的、歴史的）と規範的主張（道徳的・政治的）を挙げる。これらを組み合わせることで、前節でまとめた、互いに補いあうさまざまな人間主義的思考の数々を、自然で魅力ある一つの提案へとまとめてみようと思う。じきに明らかになるように、各主張の配列はその自然さを重視したもので、後に来るものが前の主張から演繹的に帰結するというわけではない。[10]

(1) 概念的・知覚的主張　人間は自分以外の人間を人間として、すなわち、たんに同一種の他成員として同定する以上の仕方で見るか、もしくは認識することができる。[11] これは、人について、さまざまな観点と、より情報に富む認識的次元をもつような仕方によって、考えることを意味する。それは人を「同じ人間（*fellow* human being）」の一人として、自分自身が属する種の一成員として、もしくは「私たちが共有する人間性（our *common* humanity)」の一成員として見ることである。同様に、それは人をたんにホモ・サピエンスという生物種の成員としてだけでなく（それがそうしたことを実際にともなうとしても）、むしろ一人格（*a person*）として認知することである。[12]

これは結局どういうことなのだろうか。他者を同じ人間と認知することは、以下のような属性をもっている、少なくともかつてもっていた、もしくは、そうした潜在的能力をもっていると（とりわけ）考えることから構成されるのだと、一般的には言われる。[13]

- （認知、欲求、感情面、現象面においても）自分自身と同じような意味で心をもっている（*be minded*）。
- 人間に特徴的なさまざまな能力、具体的には、洗練された形式の合理性、行為者性、自律性など、および、物事に価値を見る能力、そうした価値のうちの少なくともいくつかを反省的に形成したり、修正したりする能力を発達させ、実践する。
- 人間に特徴的なさまざまな社会関係、具体的には、婚姻関係、親子関係、きょうだい関係、友人関係、同僚関係などに参入し、それを維持する。
- 他者にとって（そして、少なくとも潜在的に、自分自身にとって）、深い感情をともなうアタッチメントの志向的対象と考えうる、もしくは少なくともそうなる可能性をもつ。

この概念的・知覚的主張を手にした人間主義者は、それ（もしくは、それに類する主張）を前提として、第二の中心的主張を行なう。

(2) 道徳心理学的主張　私たちが他の人間を、(1)に述べられるような意味で人間として認知するとき、それは私たちが彼女を、対人関係の文脈で人道的に扱う必要条件であるだけでなく、同時に、彼女をそう扱うよう私た

ちを強く動機づけ、またそのようにする傾向性をもたせる。(14)

だが、なぜこれはそうであるべきなのだろうか。認知と動機づけを結びつけるものは何なのか。つまり、誰かの人間性を認知することと、彼女にたいして(たとえば)優しくあるよう動機づけられること、彼女に冷酷であることと嫌悪を覚える傾向性をもつこととを結びつけるメカニズムは、何なのだろうか。これは、私自身も含めて、動機についてのヒューム的理論として知られる道徳哲学上の立場を取る者にとって、とくに喫緊の課題である。この理論によると、信念や「世界によって誘導される(world-guided)」その他の心的状態は、それだけでは行為者の行為を動機づけるのに十分でない。人が行動を起こす傾向性を説明するには、それに加えて、当該の行動に見合う欲求、もしくは「世界を誘導する(world-guiding)」その他の心的状態を仮定する必要がある。

動機づけにかんする説得力のある説明は、これにかんして多くの人間主義者が言及する、ジョージ・オーウェルの著作からの例を考察することによって得ることができるだろう(Cora Diamond 1978, 477; Gaita 1998, 48 などを参照のこと)。スペイン内戦中のある朝の出来事をオーウェルは回想する。それは塹壕からファシスト側を狙撃しようとしていたときのことだ。

おそらくは上官への連絡係と思われる男が塹壕から飛び出し、胸壁の上を走っていくのが、まともに私の視界に飛びこんできた。男は下着姿で、両手でズボンをたくし上げながら走っている。私は男を撃たなかった。私の射撃の腕はお粗末なもので、一〇〇ヤード向こうを走っていく人間に的中させるなどまず無理だろうし、しかも私は、ファシスト軍が戦闘機のほうに目を奪われているうちに、自軍の塹壕へ戻ることを主に考えていた。それにしてもである。私が引き金を引かなかったのは、あのズボンのせいもある。私は「ファシスト」を撃つために戦場に来た。だが、ズボンをたくし上げながら走る男は「ファシスト」ではない。彼は明らかに、自分に似た同じ被造物であり、そんな彼に向けて銃口を向ける気にはならないものである。(Orwell 1981, 194)

その兵士は「同じ人間（fellow human being）」としてではなく、「同じ被造物（fellow-creature）」として自分の意識に現われたとオーウェルは述べる。コーラ・ダイアモンドはその点を認めるが、にもかかわらず、標的候補を人間として見ることは憐れみの情（*pity*）を引き起こす傾向がとくにあり、だから、オーウェルのような立場にある行為者が引き金を引くのを躊躇させるのだと論じる。[15]

一般化してみよう。(1)の概念的・知覚的主張から(2)の道徳心理学的主張へと最もうまく移行する方法は、おそらく、感情移入（empathy）、共感（sympathy）、同情（compassion）、仲間意識（fellow feeling）といった概念に訴えることだろう。考えとしては、誰かが自分に似ていると認識すると、私たちは彼女と自分とを同一視するか、それとも（いくぶん控えめな言い方をすれば）彼女の見地に立つことができるようになり、そうした傾向をもつようになるだろう。そしてその結果、私たちは彼女が感じているであろうと思われるものを感じるようになるか、少なくとも調和的、向社会的（pro-social）な、いわば「ヘルパー」感情（憐れみはそうしたものの一つだろう）を経験するようになるだろう。[16]そしてこれがそのとおりであれば、私たちは彼女にたいして残酷ではなく、親切でありたい、もしくは、さらに進んで彼女の力になりたいとか彼女を傷つけたくないと思うようにさえなるだろう。こうして対人関係の文脈で、私たちは人道的な仕方で彼女に接するようになるだろうという結論を引き出すことがきわめて容易になる。いまや彼女は私たちと人間性を共有する同胞、つまり、道徳的関心、互恵性もしくはそれに類する態度の対象として認知されるばかりか、そうしたものとして受け入れられる（embraced）だろう。このように、誰かを同じ人間として認知することは、少なくとも典型的な事例においては（たとえば、特定の心理学的背景が存在しないならば）、動機づけ的な結果をもつと言える。[17]

つまり、感情移入もしくはそれに類する能力、およびそれに特徴的にともなうとされる利他的な傾向性の存在を加えることで、(2)の主張は(1)の主張から、必然的とは言えないにせよ自然に帰結する。[18]

いまや(2)の主張にもとづくいくつかの別の主張が、論理的に帰結されるのではないにせよ、その妥当性を増すことになる。

(3) 道徳心理学的主張の準-対偶　人が他者を道徳上最も目に余るような仕方（ほとんどとがめを受けることなく、殺人、強姦、拷問を行なうなど）で虐待するには、他者を同じ人間として見ることができないことが、強力で、おそらくは必要不可欠な心理的潤滑油となる。[19]

(4) 歴史的主張　歴史的に抑圧されてきた集団が、優位社会集団のほとんどの成員によって、さらに社会全体において、同じ人間と見なされるようになるとき、道徳的および社会的進歩ははるかに生じやすく、おそらくは事実上それが不可避にさえなる。[20]　これに関連して（もしくは、ふたたび準-対偶的に）、ある社会集団に属する人々が、道徳上最も目に余るような形式での広範にわたる、または武装化された虐待（ジェノサイド、大量殺戮、集団レイプ、組織的拷問など）の対象であるならば、これは、彼らが元来、完全な意味での人間として見なされなかったか、あるいはその後まもなく人間性を奪うプロパガンダによって、非人間化されたことによることが多い。

(5) 道徳的・政治的主張　ある社会集団の成員が前記のような仕方で虐待されるとき、最も重要で直接的な政治目標の一つは、（具体的にそれが何をともなうにせよ）彼らの人間性を他の人たちにたいして可視化することであるべきである。そして、このことは同時に、この過程を通じて物の見方を変容されることになる人々一人ひとりにとっても、重要なかたちでの個人的な道徳的進歩となるだろう。

人間主義の問題点

では、前述の五つの主張の連言として理解される人間主義について、私たちはどう考えるべきだろうか。人間主義的診断は、さまざまな抑圧的イデオロギー、ことに人種差別的でミソジニスト的なそれの下に囚われている人たちの道徳的・社会的な見方を、どの程度うまく把捉しているのだろうか。

人間主義は、ある仮説の下では、ミソジニーにかんしてすでに致命的な欠陥をもつように思われる。その仮説とは、男性だけでなく、女性もミソジニーを行ないうるというものである（第八章はその確証にあてられることになる）。もしこれが正しいとすると、内面化されたミソジニーは、女性をして自らを人間以下の存在とするほどに、そしてその結果、「同じ人間」という集団の一員であるための「自己同一化」の基盤を掘り崩すほどに深いものであるか、それとも、女性は自分以外の女性を自分とは根本的に異なる種類の存在であると見なさなくてはならないということになる。しかし、少なくとも表面上、どちらの可能性もありそうには思えない。

けれども、以下の可能性について考えるとき、人間主義的説明にたいするこの反論は、当初思ったほど致命的ではないのかもしれない。すなわち、優位にある男性たちの女性にたいする態度は人間性を奪うようなものであるが、しかし、彼らの見解は特定の女性たちについての何らかのイデオロギーを生み出し、それを他の人たちが取り上げるという可能性である。じっさい、私はこの可能性の最初の部分（すなわち、社会的優位にある男性によるミソジニーは、典型的には女性の人間性を奪うことに存するという主張）を否定するが、それでも私自身最終的には「イデオロギー感染」の仕組みのようなものを（第八章において）提案する。与える者（givers）としての女性の役割と受け取る者（takers）としての特権的男性の役割は、男性だけでなく女性においても同じように内面化されるのであり、その結果、いわば女性性「クラブ」の正会員でさえ、特定の文脈では、ジェンダー役割の規範を執行する傾向を同じようにもつというわけである。じっさい、二人称的な反応的態度と対照される三人称的な説教にかんして言えば、そうした傾向は彼女たちのほうにより多く見られるかもしれない。なぜならば、不注意、身勝手、怠慢のせいで義務から逃げるように見える女性の存在は、それ以外の「良い」女性、つまり良心的な女性の仕事を増やすことになるからである。それだけではない。考えてみてほしい。多くの女性はジェンダー役割規範を前提とする既存のシステムのうえに、自らの未来、アイデンティティ、自己価値を賭して生きてきたのである。したがって、そうした規範から逸脱する女性はそのシステムの基盤を掘り崩す脅威でもあるのだ。この見解については、第八章で取り上げ、結論でももう一度触れるつもりだが、ここでは先走りしすぎたようだ。ミソジニーをめぐって想定される致命的問題点を、人間主義擁護者に代わって回避したところで、次は、それが直面するかもしれないより一般的な問題に目を移すことにしよう。

前に見た(1)の主張、すなわち、たんに同一種に属する他成員として同定することを超えて人を見る方法が存在するという主張について、まず考えてみよう。それは他者への感情移入のようなものを引き起こすに十分なほどの共通性の感覚をともなうのであり、先に見たように、それこそが主張(1)から主張(2)への移行を自然にするために持ち出される類いの概念であった。思うに、(1)は、定式化の仕方しだいではきわめて妥当な主張であり、以下においては議論の便宜上、私はそれを受け入れることにする。問題は、その定式化が根本的に不完全であることである。というのも、「同じ人間」というのは、あなたやあなたの所有物との関係において、たんに配偶者、親、子、きょうだい、友人、同僚などとして考えうる存在であるだけでなく、競争相手、敵、強奪者、反抗者、反逆者などとして考えうる存在でもあるということだからだ。さらに言うならば、合理性、行為者性、自律性、そして判断力などの能力を有することにおいて、彼らはあなたに何かを強いたり、あなたを操ったり、あなたの面目をつぶしたり、恥をかかせたりできる人物でもある。抽象的な関係についての思考と場にふさわしい感情をもつ能力を有することにおいて、彼らはあなたを悪く思ったり、あなたを蔑んだりもできる。複合的な欲求や意図を形成する能力を有することにおいて、彼らはあなたにたいして悪意を抱いたり、悪巧みをしたりもできる。価値評価を行なう能力を有することにおいて、彼らはあなたが忌み嫌うものに価値を認めたり、あなたが評価するものを忌み嫌ったりするかもしれない。このように、彼らはあなたが大切に思うものすべてにたいしての脅威となるかもしれないし、反対に、あなたは彼らが大切に思うものすべてにたいしての脅威となるかもしれない。こうしたことは、他者が有する残酷さ、蔑み、悪意などの能力について不安を抱くことに、いっそう多くの理由を与える。

ここから帰結するのは以下のことである。すなわち、たとえば、物質資源が枯渇的であるとか、魅力ある社会的地位はその数に限りがあるとか、異なる道徳的、社会的理想がぶつかりあうとかといった事態をともなう、少しばかり非理想的な条件の下でさえ、誰かに人間性を認めることはその他の人たちにとって両刃の剣となりかねないということである。誰かを同じ人間として認知することにかんして言えば、彼女があなたと共有するすぐれて人間的な諸能力は、たんに彼女を「共感しうる（relatable）」存在とするにとどまらない。それらは、少なくとも私たち自身の人間的な感性（sensibilities）にとって、人間だけがそうでありうるような意味で、彼女を潜在的に危険で脅威に満ちた存在にする。彼女には、たとえば、ひそかにあなたを傷つける恐れがあるかもしれないのだ[21]。

ここから何が帰結するだろうか。(1)の主張の根本的な不完全さ――そして、全体として、それが表わす不完全な真理――を考慮するとき、いまや(2)の主張の問題性が見えてくる。感情移入の能力とそれに関連する利他的行動への傾向性を形成する傾向の存在はいぜん認めてよいだろう。だが、そうした傾向性は、さまざまな敵対的態度と結びついているその他の傾向性と競合せねばならないだろうし、さもなければ、議論の余地はあるかもしれないが、それらによって打ち消されるかもしれない[22]。たとえば以下のような例を挙げることができる。自分にとって敵と目される相手にたいする態度と、それに付随する相手を破壊しようとする傾向性。自分の競争相手と思われる相手に向けての態度と、それに付随する相手を打ち負かそうとする傾向性。最近自分から何かを奪った者に向けての態度と、それに付随する形勢逆転を目論む、つまり相手を出し抜き、ふたたび相手よりも優位に立とうとする傾向性。反抗者と知覚される相手に向けての態度と、それに付随する相手を元の位置に戻そうとする傾向性。反逆者として知覚される相手に向けての態度と、それに付随する裏切りにかんして相手を罰しようとする傾向性、などである。ちなみに、これらの多くがミソジニーにきわめて特徴的な術策であるのは言うまでもない*2。

行為者の動機づけ一般をめぐる主張としての主張(2)については、このくらいで十分だろう。そして、主張(2)の対偶としてほぼ理解可能である主張(3)は、主張(2)と共倒れになるとしてよいだろう。さらに、残りの主張(4)と(5)は、これによって、その根拠を失うことになる（厳密には、これらの主張が独立のルートで正当化されえないかどうか検討する必要があるが、私自身はそうした代替的正当化の可能性については懐疑的である）。

人間主義の中心的主張にたいする本節における私の批判はここまでは主に概念的なものにとどまる。だが、具体例に目を向けることが、その適切さをより明らかにするのに役立つだろう。人が人にたいして行なう最も卑劣な行為の多くは、他者が自分たちと共有する共通の人間性が顕在化するさなかに進行するのであり、じっさいのところ、たぶんそうした顕在化によって引き金が引かれているように見える。[23]

エリオット・ロジャーの事例について考えてみよう。(第一章で見たように)彼はカリフォルニア大学サンタバーバラ校のソロリティ・ハウスの「ホットな金髪のスラットたち」に報復する意図を宣言した。彼女たちはロジャーが痛いほど熱望した愛、セックス、優しさ、気遣いを彼に与えることはなかった。「最高の紳士」たるロジャーを差し置いて、「無神経なアホども」に「身を任せる」ことばかりに心を奪われて、彼に見向くことすらしなかった。「僕に何が足りないんでしょう?」自作ビデオの中でロジャーは自分を憐れむようにそう問いかけた。そして、ここで、感情の面でも文法においても、調子が一変したのを思い出してほしい。「お返しに、君たちみんなに罰を与えますよ」。ロジャーは彼女たちにそう請け合った。いまや彼女たちについてではなく、彼女たちにたいして、二人称で話しかけている。

こうした心情について次のことが注記されるべきである。つまり、それは、先に見たような意味での人間性(前節「人間主義を明確にする」の主張(1)を対象女性たちがもつとの想定を前提とするばかりか、それに依存するように思われるのである。ロジャーは彼女たちに主体性、選好、そして、深みのある感情的アタッチメント(優しさや愛情)を形成する能力を帰属させる。また、ロジャーは彼女たちにたいして行為者性、自律、そして彼によって問いかけられる能力も帰属させる。ところが、そうした認識は彼のミソジニーへの解決策をもたらすどころか、じっさいのところ、その前提条件だったようなのである。[24] ロジャーはこの女性たちが提供してくれないものを求めた。そして、その結果、彼女たちは彼の上に支配力(*hold*)をもった。ロジャーは女性が力をもつこと、独立していること、そしてその精神の実在性を否定しなかった。むしろ、彼は女性がそうした能力を、彼を欲求不満にするような仕方で発揮することについて、彼女たちの恩恵にたいする権利意識にもとづいて、彼女たちを憎み、処罰することを求めたのである。

社会的に状況づけられた代替案

それにしても、もし人間主義がその最も得意とするはずの事例にかんして、さほどうまい説明を与えることができないのだとすると、それに代わるものをどこに見つけたらよいのだろうか。ここまでの私のミソジニー分析を一般化もしくは敷衍しつつ、人が人に行なう非人道的な形式での待遇を説明できる理論は、他にあるだろうか。人間主義が自らに問いかける問題について、さらに細かく見てみることから始めてみよう。もしも人間行為者Aが人間行為者Sについて、Sは自分とほぼ同じような存在であると理解するならば、いかにしてAはSを虐待したり、苦しみに喘ぐSを無視したり、Sから目を背けたりできるのだろうか。

Sが共有する人間性についてのAの側の認識の欠如に訴えることは、この条件文の前件を否定するような説明の一つでありうるだろう〔条件文「pならばq」における、pは「前件」、qは「後件」と呼ばれる〕。そして、これによって、他者を人間として認識しつつ、彼らにたいして残忍な扱いを行なう者が存在するという、まずありえないような可能性を阻止することができるだろう。だが、構造的に見て、人の人にたいする非人間性について、これと同じくらい理解しやすい説明は、何らかの付加的表象のうちに見出すことができる。すなわち、他者を人間として認知することによって、人は当初彼らにたいして利他的動機をもつとして、そこに、この動機と競合する、もしくはそれを打ち消しさえする別の種類の動機を生み出すように他者を思い描く仕方が存在するとしたらどうだろうか。そうした動機は政治的イデオロギー、階層、およびそれらに付随する権利意識によって仲介されるかもしれない。だからこそ、ニーズの充足がかなわないと、結果として新たなニーズや攻撃性が生起するということになる。これが正しいとすると、他者を自分と同じ人間として認識しつつ、彼らを残忍な仕方で取り扱うという可能性は、実のところ、さほど突飛なことではなくなる。そこには何らかの背景《バックストーリー》が必要なだけなのであり、それなしでは、誰かを人間として認識することとその人物を虐待することについての連言的主張は、実践的に見て、整合的でない（anomalous）ということになる［「pかつq」を連言または連言文という］。

では、他者を認識するそうした付加的な方法とはどんなものだろうか。じつは、私たちはそのいくつかをすでに目にしてきている。たとえば、誰かを自分の敵として見ることは、その人物を破壊しようという動機を生み出すし、誰かを自分の競争相手として見ることは、その人物を打ち負かそうという動機を生み出す。[25] 以下においては、議論の焦点がずれないよう、これらの概念を、強奪者（*a usurper*）、反抗者（*an insubordinate*）、裏切り者（*a betrayer*）の概念とともに引き続き考察する。しかし、これら、社会に状況づけられた（およそ表面化しない）敵対的態度——すなわち、社会的世界における特定の見地から人に向けられる態度——のリストをほとんど無際限に拡張するのも不可能ではない。今日、合衆国の政治言説に頻出する一連の語群、たとえば、「悪党（thug）」、「福祉女王（welfare queen）」、「アーバン・ユース（urban youth）」、「略奪者（looter）」などを想起してほしい。基本的にすべて、白人がアフリカ系アメリカ人に軽蔑的に言及するさいに使用される単語である。だから、ジェイソン・スタンリーが論じたように、これらの語は効果的な人種差別的「犬笛」の役目を果たしうる（Stanley 2015, 158–160）。にもかかわらず、それらが表現する概念のどれ一つとして、少なくとも表面上は、人間性を剥奪するものとして記述されているようには見えない。たしかに、そのうちのいくつかは、ある種の「われわれ《アス》」vs.「やつら《ゼム》」的な心性を反映し、それを形成するうえで一役買っている。だが、ここでの「われわれ」は大文字の「人間」である必要はない［つまり、他者にたいするこの態度はかならずしも、人間vs.非人間的存在というそれである必要はない］。それはある特定の社会的位置を占める複数の人間、もしくは数多く存在しうる人間間の階層（一般に受け入れられた道徳的価値にその基盤をもつような階層を含む）の一つにおいて、ある特定の位階を占める複数の人間を指すこともありうる。[26]

敵対的態度に付随する動機の数々はある種のきわめて醜悪な行動（もちろん、その度合いはそれぞれ異なるだろうが）を引き起こしうる。また、人にたいして非難を浴びせたり、人をこき下ろしたり、さもなくば、自らの優位を（再）確立しようとしたりする衝動を、それらはしばしばともなう。そして、人々を思い描くこうした仕方の数々は、自らが彼らと共有する人間性の感覚によって阻止される必要もない。じっさい、それらはおそらく、人間性の共有という、まさしくその認識に依存していると言ってよい。なぜならば、少なくとも言葉の真の意味において、敵として、競争相手として、強奪者として、反抗者として、反逆者として、そしてそれらに類するものとして、有意味に想像できるのは、自分と同じ一人の人間のみだからである。[27] 人間は人間ではない動物にたいして暴力を加えるが、その場合、それらは餌食、獲物、あるいは捕食者、つまりは、野生の存在であり、私たちにとって危険な存在として思い描かれる。さもなければ、家畜、つまり、複雑な命令に応答することを学習しうる動物の場合なら、それらは従順でない（disobedient）と見なされる。これにたいして、言うことを聞かない犬や馬は反乱者（insurgents）ととらえられる。人間であるか、人間でない動物であるかに応じて、異なる言葉が用いられるというのは示唆的である。すなわち、このことは、私たちが典型的に人間と認知される存在にのみ向けるような、すぐれて対人的である一方で、明確に敵対的な構えが存在するということを示唆するのである（ここで行なっているのは、記述的な意味での道徳心理学であって、規範的な意味でのそれではない。したがって、私たちがそうしていることが事実であるとして、そうすべきであるのかどうかという問いには立ち入らない）。

ここで、「敵」という概念について少しじっくりと考えてみるのがよいだろう。というのも、人間主義者の中には、この概念が共有された人間性の認識によって支えられていることを否定する者があるようだからである。[28] たとえば、コーラ・ダイアモンドは、先に見たオーウェルの一節にかんして、「敵」という概念と「同じ人間」という概念とのあいだには「ある種の緊張関係が存在する」と述べている（Diamond 1978）。[29] しかし、それは一体いかなる種類の緊張関係なのであろうか。そして、なぜそれはこのエピソードに、もしくは別の場所に、存在すると考えられるのだろうか。たしかに、「同じ人間」という表現には、「敵」という表現に明らかに欠けている友好的な響きが備わっている。だが、それは語用論の問題にすぎないのかもしれない。他者が私たち自身と似ているという知覚には、彼らを敵性戦闘員として扱いにくくしうるような何かが含まれているのではないか。それがここでの考えであることはわかる。けれども、人間主義者にとっての課題は、この考えに明確な内容を付与することである。しかしながら、私にはそれが何であるのかが見えてこない。強いて言えば、それはむしろ、ここで言われる他者が自分たちと似ていれば似ているほど、彼らへの警戒を怠ってはならないということかもしれない。とくに主張や利害が衝突するような場合ほどそうだと言えよう[30]。

もちろん、これで「議論終了」と主張するつもりはない。ひょっとすると、「仲間（fellow）」の概念のうちには、たんに論点先取することなく、もしくは、「仲間」たる女性を省くことなく、ここで必要とされる役目を果たす意味が備わっていて、私がたんにそれを拾い損ねているのかもしれない。けれども、説得力のある議論をするためには、（少なくとも管見のかぎりでは）既存の文献で述べられてきたより、もっと多くのことが述べられなくてはならないだろう。いずれにせよ、立証責任は人間主義を支持する側にある。

人間主義支持者にとって、さらに都合の悪いことには、先に見たオーウェルの事例で、兵士にとって敵兵の地位がまさにその敵性を失うにいたった理由について、競合する別の説明が存在する。そしてそれは、またしても、階層的関係にかかわる。敵兵がズボンをたくし上げながら戦場を走って横切る姿をオーウェルが目にしたとき、そこで強調されたのは、たんに敵兵が自分に似た人間であるとか、目の前にいるのはまさしく無防備の被造物的身体であるとかいったことだけではない。むしろ、もしくはこれに加えて、オーウェルは相手の最も滑稽な瞬間を目にしたのである。おそらくこのことが、二人の相対的な社会的位置についてのオーウェルの知覚を一瞬変じたのであろう。そして、その瞬間、オーウェルがそうしたように、憐れみをもって相手を見るのが自然となった。それは優しい態度であるが、それにもかかわらず、ときに相手を見下すように、前屈みになることをともなう態度でもある。そんな絶望的にみじめな立場にある「同じ被造物」を、正々堂々と渡り合える相手としては言うまでもなく、そもそも敵として見ること、つまり敵であるということにとって重要な意味合いで正当な相手として見るのは困難なことである。戦闘にかかわる者は自らの勝利を確信するかもしれないが、あまりに無力で無防備なために、戦闘がただの待ち伏せに転じてしまうような存在として敵を思い描くことは通常ないのである。

このように、社会的に状況づけられたかたちで——すなわち、敵、競争相手、強奪者、反抗者、反逆者などとして――人を思い描く仕方が、非人道的な行動を説明するにあたって役に立つのはたしかなようだ。ではなぜ、それは哲学のこうした文脈でもっと活用されることがないのだろうか。私が思うに、問題設定の段階で、行為者の位置についての記述が不十分であるというのがその理由の一つではないだろうか。というのは、行為者が、人間世界においてしっかりと状況づけられた存在として、つまり、複雑な社会実践、役割、制度、そして（本書の文脈ではきわめて重要なことであるが）抑圧的な階層関係に巻き込まれているようなかたちで記述されることは稀だからである。それどころか、言ってみれば、神か何かであるかのように、他人を見積もること、その長所を評価しようと努めるだけの者として、行為者は記述される。これにたいして、上記の五つの構えはすべて本質的に社会的位置にかかわるのであり、多くはその性質上、階層的である。それらは、他人に相対的に自らの社会的立ち位置を保護、改善、回復しようとする傾向性をともなう。つまり、それらは「地位をめぐってしのぎを削る」ことにかかわる。

そうした競合の多くの形式は、敵対関係に加えて、ある種の競合関係をともなう。誰かを自分の競争相手もしくは強敵と見なすために、相手を軽んじる必要はない。じっさい、事はまるで反対で、競争にかかわる領域における相手の長所を認めていなければ、その相手と競い合うことはその内在的な（外在的でないとすれば）価値を失いかねない。また、競合は健全なものでありうる一方、悪意に満ちたものでもありうる。競合関係は友好的でありうる一方で、激しい敵意をともなうこともありうる。それは競争相手にたいする怒りや敵意へとつながり、相手のことを意地悪く考えたり（とりわけ、動機づけられた思考の結果によって）、最終的には相手をひどく扱うようなことにもなりうる。したがって、行為者Aが、少なくとも心の奥底で、主体Sの能力を高く評価しているということから、AはSを手厚く扱う傾向性をもつだろうと推論するのは、単純に妥当ではない（こちらも重要であるが、逆の推論も妥当ではないことについては注13を参照のこと）。

だが、なぜそもそもこの推論は妥当であると考えられたのだろうか。ことに、なぜ歴史的に下位にある社会階級の成員の人間性を認識すること――彼らが人間的な優秀さについて同等の能力を有すると認識するという意味において——が、従来の上位集団の成員の耳に一律に「よい知らせ」と響くだろうと考えるのだろうか。よく考えてみると、これは楽観主義にすぎるのではないだろうか。現代西洋社会において、近年、（たとえば）非白人と白人女性が、最も特権的と見なされる地位を占めるようになったことは、白人男性が熾烈な競争に直面することを意味する。しかも、競争はしばしば、従来の支配階級が暗黙裡に下位にあると理解していた者たちによって凌駕される結果にいたる。この事実を加えてみれば、怒りと、社会学者マイケル・キンメルが呼ぶところの「傷つけられた権利意識（aggrieved entitlement）」の作り方《レシピ》を、私たちは手にするわけである（Kimmel 2013, 18–25, 第一章）[31]。

これは、他者の長所について「どこでもない場所からの見解《ヴュー・フロム・ノーホエア》」を形成することに終始するのではなく、注意を払って、行為者を社会的世界に埋め込まれた存在として記述するとき明らかとなる。ただし、その場合も当該の社会風景を描くにさいしては、細心の注意を払わなくてはならないだろう。（私が見るところ）問題設定において記述が不十分となるもう一つの一般的なパターンは、比較的特権的な地位を占める行為者を、ピーター・シンガーが呼ぶところの「道徳的配慮の環（the circle of concern）」（Singer 2011）の中心に据えたうえで、抑圧を終結させるための彼らの闘争における道徳上の中心的課題は、たんに両手を広げて、他の人たちの人間性か、（高等動物などの場合には）おそらくは感覚性（sentience）を抱擁することだと告げることである。この描像は（重要と思しき）行為者を世界のうちに状況づける一方で、世界がそのうちに含む垂直的構造のすべて——すなわち、真の意味での社会正義を実現するためには解体されなくてはならない特権の砦——を手つかずのまま放置する。そうした砦はたいてい固く守られていて、挑戦することは困難である。というのは、人々は、当然のことながら、自分たちの存続にたいして大きな関心を払うからである。さらに困ったことには、そうした構造は、それによって自分たちの特権的な社会的地位を維持、下支えされている受益者の目にはきわめて見えにくい。したがって、それを解体することは、その特権に浴する者たちにとって、下落であるばかりか、不正義と感じられるかもしれない。彼らは解体のプロセスを経ることを、平等化されるというよりも、むしろ潰されると感じるだろう。

したがって、現状維持にとっての脅威と見なされ、長きにわたって服従を強いられてきた人々にたいする虐待のメカニズムを説明するために、「非人間化」というような心理学的な説明をことさら持ち出す必要などない。右の考察にもとづいて私はそう主張したい。それを説明するのはむしろ、現行および従来の社会的構造、階層的関係、規範や期待の数々、そしてそれらが広く人の心に内面化され、その根絶が困難であるという事実なのである。私が展開するミソジニー分析の場合と同様、ここにさらに非人間化のパラダイムを追加する必要はない。求められる心理学的説明とは、むしろ、イデオロギーと（不正義でありながら、あまりに現実的な）道徳的・社会的風景の諸特性が内面化された結果として考えることができる。

何か特別の心理学的なストーリーがここには必要なのだという人間主義者の感覚は、これまで見てきたように、無防備かつ無辜《むこ》の相手に暴力をふるう、もしくは、攻撃を仕掛けるのはたいていの場合は困難であるという考えに由来する。だから、そうした暴力が起こりうるとすれば、被害者となる者についての加害者側の知覚を変容するために何かがなされなくてはならないという方向に、議論は進む。けれども、社会的に優位な立場を占める行為者は通常そうした中立的で好意的な物の見方から出発しはしないという事実が見失われている。優位を占める者たちは、自らの相対的な社会的位置とそれにともなう義務、許容範囲、権利についてのある種の妄想のうちに恒常的にはまりこんでいる。その結果、社会的優位者の観点からは、彼らが虐待を加える相手は、いわゆる無辜の民からは程遠い存在である。それどころか、被害者は往々にして暗黙のうちに——そして誤って——罪にまみれた者たちと見なされている。[32] 私たちはとりわけミソジニーにかんして、そのことを幾度も目にしてきた。だが、この点は一般化することが可能であり、たとえばミソジノワールの場合のように、人種差別とミソジニーの交差的現象にたいして正義を為すためには、ある意味において、私たちはそうしなくてはならないと思う。

黒人女性が同等の資格を有する白人男性をさしおいて雇用された場合、その男性は自分の職をその女性に取られたと不平を述べる傾向がある。多数の白人男性へのインタビューにもとづいて、マイケル・キンメルはそう報告する。それにしてもなぜ、たんなる職ではなくて俺の職を取られたということになるのだろうか（Kimmel

2003, 第一章)。キンメルのこの問いに答えるのは比較的簡単だと私は思う。つまり、不公正な家父長制的、白人至上主義的ヒエラルキーと、喫緊に埋め合わせを必要とする傷ついた権利意識から見れば、彼女はまさしく彼の職を奪ったのである。この幻想は心理的な事柄ではない。つまり、何らかの心理的メカニズムが存在していて、その結果として、将来的に道徳的な誤りがもたらされたり、あるいは偏見にとらわれた者がいったん自分の面前に立っている存在にたいしてより明確な知覚をもちさえすれば、そうした誤りは生まれなくなるというような、そういった類いの事柄ではない。そうではなく、ここで問題になっているのは、白人・異性愛・家父長制的秩序のいまも続く有毒な陋習《ろうしゅう》から生まれた、世に蔓延する本質的に道徳的な妄想なのである。

人を支配する

ここで一度私たちの現在位置を確認しておこう。行為者が人間主体を人間として認識することは、行為者がこの主体をあらゆる点において人道的に(すなわち、対人的文脈において、相応の考慮、敬意、思いやり、そして道徳的配慮をもって)取り扱うような傾向へと強く——または、議論の余地はあるかもしれないが、いささかでも——導くとは限らないのではないかと、これまでに論じてきた。これは、誰かの人間性を認識することは、他の条件が同じならば、行為者が人道的なふるまいをするよう動機づける傾向があるという人間主義者の主張が誤りであると私が考えるからというわけではない。それはむしろ、ここで言われる他の条件は等しくないことが多く、じっさい、徹底的に不平等であるかもしれないと私が考えていることによる。また、これに関連するもう一点の事実、すなわちそうした人間性の認識は上塗りされるかもしれないし、利他的傾向性も競合する別の表象とそれが生み出す傾向性に圧倒されたり、それによって打ち消されたりするかもしれないという事実について、人間主義者は十分な考察を行なっていないということがある。というのも、私たちは他者を、その人間性をまったく見失うことなく、競争相手、反抗者、強奪者、裏切り者、そして(とりわけ)敵として見るかもしれないからである。そして、その結果、私たちは、そうした、私たちがその人間性をはっきりと認識する相手にかんして、彼らを打ち負かし、厳しく非難し、懲らしめ、罰を与え、破壊し、恒久的に無視しようとするような傾向性をもつかもしれないからである。

こうした点を念頭に置いて、もう一度、人間主義的見方に加えて、今度は社会的に状況づけられた見解を携えて、最初の例に立ち戻ってみよう。人間主義者が範例的と考える中心的事例のいくつかについて、二つのモデルのうちのどちらがより説明的だろうか。

アーパリィはハックルベリー・フィンの道徳的な善行（そして、アーパリィの見解では、道徳的に称賛されるべき行動）は、ジムは自分と同じ人間であるという、ハックの側の新たな認識によってもたらされたと解釈する。だが、アーパリィは、ハックに道徳上の改心をもたらすうえで重要な役割を果たした原因、つまり、ハックがジムとのあいだに真の友情を結んだことについては、話のついでに触れるにすぎない。私は別のところでそう論じたことがあるが（Manne 2013）、そのことは、物語のこの時点まではじつのところハックはジムにたいして彼が奴隷、つまり主人の所有物という身分にもかかわらずそれを超えた考えを抱いていることに強く憤っていたという事実とうまく符合するのである。物語を少しさかのぼってみると、執念深く恨みがましい人種差別主義的な考えにはまり込んで、ハックは次のように息巻いていた。

> ジムはおいらが自分に話しかけているあいだ、ずっと大声でしゃべっていた。ジムが言っていたのは、こういうことだ。自分が自由州についたら、第一にしたいことは、金を節約して一セントも使わねぇようにする。そして充分に貯まったら、女房を買い戻す。というのも、その女房はミス・ワトソンの住んでいる近くの農家のものになっているからだ。そして、女房と一緒に働いて、自分たちの二人の子供を買い戻すようにする。もしその主人が売ってくれなければ、奴隷制度即時廃止論者にたのんで盗み出してもらう、というのだ。そんな話を耳にして、おいらは凍りつく思いだった。こんな話しは、ジムの奴、以前なら一度だってしよう

としなかったはずだ。なんという違いだろう、自分がもう少しで自由になれると分かったとたん、奴はこんなにも変わるんだ。昔のことわざが言うとおりだ。「黒ん坊なんて、親切にしてやれば、すぐにつけあがる」ってな。おいらは思った。こうなったのも、オレがよく考えなかったからだ。ここに、この黒ん坊がいる。それが逃げ出すのを、オレは助けてやったも同んなじだった。その黒ん坊が、ぬけぬけと口を割って、子供を盗み出すなんてほざいてやがる――オレの知りもしねぇ人のものになっている子供をだ。その人は、オレに何の悪さもしたことがねぇのによ、ってな。おいらは残念だった。ジムがそんなことを言うんでな。それは、奴の値打ちをすごく下げるものだった（Twain 2010, 99–100; 邦訳二一三―二一四頁）。

その後、ハックは密告することで、鬱憤を晴らすと同時に、ジムの「過ち」を正してやろうと決心する。

おいらの良心は、前よりもずっと、おいらを熱く沸き立たせはじめた。そこでとうとう、おいらは、良心にむかって言った。「オレを相手にするのはやめてくれ――まだ手遅れっていうわけじゃねぇんだ――最初の明かりが見えたら、岸に漕いでいって、話すからよ」そう言うと、ホッとして、気が楽になった。そして羽根のように軽々とした気分になった、すぐにだ。おいらの悩みはすっかりなくなった（Twain 2010, 100; 邦訳二一四頁）。

つまり、ジムを密告するというハックの計画は、たんに純粋な義務の感覚から生じたものではない（それは共感もしくは良心によって和らげられ、最終的にそちらに取って代わられるのであるが）。その計画は同時に、少なくとも、ジムに自分の身分を思い知らせ、元の場所へ戻らせようという、ハックの怒りに満ちた独善的な欲求を表現するものでもあった。ハックに言わせれば、ジムはずっと「思い上がって」いたのである。(33)

そうなると、ハックの心変わりをもたらしたのは何だったのか。（たまたま）現われた奴隷追跡人のほうへとハックが逃げ出しかけようというまさにそのとき、ジムがこう言う。

すぐに、わしは嬉しくって大声をあげるだ。そして、こう言うだ。これもみんなハックのおかげだ。わしは自由の身になった。そして、ぜったいに自由などにはなれなかったはずだ、もしハックがいなかったならな。ハックがしてくれただ。ジムは、けっしておめえさんを忘れはしねぇよ、ハック。おめえさんは、ジムがもっていた中で一番の友だちだ。そしてジムが今もっている中でたった一人の友だちだ、とな（Twain 2010, 100; 邦訳二一五頁）。

ハックがふたたび語り始める。

おいらは、カヌーを漕ぎだそうとしていた。そして、ジムを密告しようと、すごくあせっていた。だが、ジムがそんなことを言ったとたんに、なんだか体の中から、その決心がすっかり抜けていくような気がした（同書 100; 邦訳二一五頁）。

したがって、盗品（逃亡奴隷であるジムもこれに相当する）は元の持ち主に返却すべきというハックの明白な信念を打ち負かしたのは、何よりも、自分はジムの友だちであるというハックの認識、そしてその背景にある、人は友だちを密告したりしないものだという意識であると、私は主張する。ジムの人間性を認識することがここで重要な役割を果たすこと、そもそもハックがジムと友人関係に入ることを可能にしたのも、おそらくはこの認識であるだろうということについては、私は喜んでアーパリィに同意する。だが、それは私の主張に不利になるどころか、この文脈におけるその妥当性をさらに強める（他方、アーパリィがこの例を使って示そうとしている論点にとってはさほど重要性をもたない）。ジムの人間性をハックが認識していることは、ハックが残酷にもジムを裏切ろうとすることを止めはしない。むしろ、この認識はハックのジムへの友情を条件づけ、後者の点が最終的に概念的・心理的な重責を果たす。ハックはある種のゲシュタルト転換を経験するのであり、それまで「反抗者」であり、「思い上がり」であったジムが、大事な場面で、「友だち」として表象される。そして、この新たな表象が、かつてハックがジムをそう見ていた知覚から生じる傾向性のもつ力を「抜き去る」ように見える。ちなみに、一連の流れを通して、ジムの人間性についてのハックの把握は基本的に少しも変わらないままである。

では、ゲイタの事例に登場するMについてはどうだろうか。ドキュメンタリー番組中のヴェトナム女性にたいして、Mは空虚な内的生活しか帰属させない。ゲイタのこの見方が正しいとしよう。こうしたかたちでの人種差別はありうるだろうし、じっさいよくある。けれども、ゲイタは、これがMのヴェトナム人についての一般的理解である、つまり、Mはヴェトナム人一般にある種の本性もしくは本質を帰属させる、と前提しているようである。たしかに、それは一つの可能性ではあるが、言うまでもなく、唯一の可能性ではない。一つには、ヴェトナム人は長きにわたって、敵として、多くのオーストラリア人の記憶に残ってきた。件の番組がヴェトナム戦争にかんするものであるという事実もおそらくはそうした連想を喚起するのに一役買ったことだろう。したがって、ここまで述べられてきたことにかかわらず、もし仮にMが別の社会的文脈、たとえば、彼らの国籍やエスニシティはMに知られていたとしても、かつての敵としてのステータスがさほど顕著でないような状況に置かれていたとしたら、ヴェトナム人にたいして同様の反応を示したかどうかは、大いに議論の余地がある。

もう一つとしては、ジェンダー化された可能性をとくに検討する必要がある。非白人女性による介護や家内労働への「傾斜」を許容もしくは促進するような社会規範というものが、残念ながら、米国の特定部門の場合と同様に、人種差別的な白人オーストラリア文化にはいまも残っている。そして、およそあの当時は、ヴェトナムからの移民（その多くは難民だった）がその全体に占める割合が比較的高く、その結果、とりわけヴェトナム人女性がそうした搾取的待遇の対象になりやすかった。したがって、ドキュメンタリー中の女性がそうした扱いにたいして怒りを覚える能力をもつことを括弧に入れてしまうのが、イデオロギー的にも心理的にも都合がよかったのかもしれない。他の人間にたいして共感する能力をもつことは、人を居心地の悪い状況に追い込み、ときに人を圧倒しさえもする。その結果、それは他者から目を背けるような傾向性を私たちのうちにもたせることもありうる。

この点が理解されれば、ゲイタが人種差別主義一般についての彼の説明を展開するにあたって（Gaita 1998, 62–66）、いささかあっさりと退けてしまう一つの可能性、すなわち、Mのような人物が外集団の成員の主体性を（少なくとも、ある種の場合に）軽視するのは、希望的想定、またはむしろ意図的否認によるのではないかという可能性が重要性を帯びる。少なくとも最初の段階で、当該の人々の本性について直接的にそう信じられる必要はないし、潜在的にそう表象される必要もない。どんな表象がここで働いているにせよ、それはむしろ、当該の人々の主体性を最小化したいという未分節の欲求に由来する、動機づけられた思考のようなものによる産物であるかもしれない。ひるがえって、そうした欲求のほうは、そうでなかった場合に罪と恥の意識に苛まれるかもしれない危険性、もしくは、自分にとって都合の悪い憐れみの感情に圧倒されるかもしれない可能性に、その存在を負うのかもしれない。それとも、もう少しうがった見方をすれば、その欲求は、外集団成員の選好や計画を内集団成員のそれに比して軽んじることで成り立つような類いの特権にしがみつこうとする、（やはり、しばしば未分節の）強い欲求に起因するのかもしれない。

ここから帰結するのは、次のようなかたちで、Mの話を十分に補足する方法がありうるということである。すなわち、ヴェトナム人が人間として十全な主体性をもつことについての彼女の否定は、どちらかと言えば表面的なものなのであり、それは究極的には、ヴェトナム人ももちろん彼女と同じように、心を痛めたり、悲しみに打ちひしがれたりする能力を等しく有するという認識を彼女がもっていて、それにたいする居心地の悪さから発しているというわけである。だとすれば、Mを人種差別的態度から解放しうるのは、人間性を認めるような経験ではなく、むしろ道徳的洞察力とそれを貫徹する感情的な強さだということになるだろう。

では、ポルノグラフィの本性についてのラングトンの見解はどうだろうか。異性愛的ポルノグラフィには、女性を空虚でけばけばしい、どちらかと言うと愚かしい存在として描くようなジャンルが存在するというラングトンの見立ては、ある意味明らかに正しい（主演女優はいつも男性の与えるものを欲していて、彼女の口にする言葉と言えば、せいぜい吐息まじりのイエスに限られる）。だが、この種のポルノグラフィが、女性は文字どおりにそうした存在であるとの見方を生み出したり、反映したりすると考えるのは誤りだと、私は思う。それはむしろ、直視したくない辛い現実からの逃避を提供する、商品価値のあるファンタジーと考えるほうが適当ではないだろうか。いくらかでも幻想の外に暮らし、（皮肉なことに）インターネットにアクセスできるなら、女性の主体性と自律的なセクシュアリティを否定することなど、ほとんどできはしない。サイバー空間には高らかに女性の声が響きわたっているからである。[34] だから、家父長制的価値観からすれば、女性は人間的、ときにはあまりに人間的であるかもしれない。ポルノグラフィは、そこに捕らえられて、耐えることとの困難な現実からの格好の息抜きを提供するのかもしれない。女性には性的に男性に恥をかかせたり、面目を失わせたりするような力が備わっている。だから、ポルノグラフィは女性の人間性が突きつけかねない精神的脅威を想像のうえで鎮静することで安心をもたらすのかもしれない。これは先述した、ポルノグラフィは、女性はまさしくそうした存在であるという男性側の文字どおりの見方を反映する、もしくはそれを形成しさえするととらえる立場とはまったく異なる（この点にかんしては、Bauer 2015 の洞察に富む議論を参照のこと）。

ここまでは、社会的に状況づけられた理論モデルはきわめてうまく説明ができている。だが、その範囲をさらに拡張するには明らかな困難が待ち受けている。とりわけ、人間性を剝奪するようなプロパガンダの影響によって、あからさまに非人間化を喧伝するイデオロギーを信奉する行為者の道徳心理について、何が語られるべきだろうか。もし説明を与えられないとすれば、人間主義理論が社会的状況理論に明らかにすぐれていることになる重要な領域の輪郭が描かれることになるだろう。

しかし、私はこの点でさえも性急に状況理論を脇に押しやることには賛成しない。これは間違いなく大きな争点であり、直接に関連する文献も豊富に存在するうえに、その数は増えつづけている（Tirrell 2012, Stanley 2015,

Livingstone Smith 2016などを参照のこと）。したがって、より詳細な検討は別の機会に譲るとして、ここではこの主題についてごく予備的な考察を試みてみようと思う。

まず指摘できるのは、非人間化する言語（dehumanizing speech）は強力にコード化された社会的意味を自ずと獲得するので、脅迫、侮辱、貶価、卑小化などの機能を果たしうるという点だろう（Manne 2014b）。人間は人間以外の動物よりもすぐれていると、広く（そしてひょっとすると誤って）信じられている状況においては、誰かの人間性を否定することは、とりわけ侮辱的な種類のこき下ろし（*put-down*）として機能しうる。ファーガソンの白人警察官の一人が、（第七章で取り上げることになる、警察官によるマイケル・ブラウン射殺事件に抗議する）黒人デモ隊を「犬畜生」と呼ぶとき、警察官はこの比喩を使ってデモ隊の人々を卑しめ、貶めつつ、彼らにたいする自らの優越を重ねて主張する。白人至上主義的イデオロギーは、いつでもそこから言葉を汲み上げられるこき下ろし用の語彙プールをもつことで利益を得る。そうしたこき下ろしは、人間以外の本物の動物にたいして向けられるならば、ほとんど要領を得ないだろう。動物は侮辱を侮辱と把握することができないし、その非人間的地位を正しく同定されたところで、こき下ろされもしない。こき下ろしが成立するには、人間的な理解力に加えて、そこから引きずり下ろされることになる人間的地位を、その対象が有していることが必須だからである。本物のドブネズミを「ドブネズミ」と呼ぶことに異論のあろうはずがあるまい[35]。

そうなると、私たちは、大量虐殺に加担する行為者の道徳的態度を説明するには、リヴィングストン・スミスがそうするように、非人間化するイデオロギーに焦点を合わせるのが最善であるとの見解へと退却したくなるかもしれない。しかしながら、ここにおいてすら、非人間化するイデオロギー（もしくは、人々によるその受け売り）の文字どおりの内容から道徳心理を読み取ることについて、憂慮すべき理由がいくつか存在する[36]。控えめに言っても、多くの事例において、非人間化するプロパガンダの取り入れは、煎じ詰めれば、自己欺瞞にすぎない場合も多い。そうと認められているよりも、その実数ははるかに多いのではないかと、私は疑っている。

その理由は何か。この文脈では、戦争、ジェノサイド、そしていわゆる民族浄化はしばしば女性にたいする大量レイプを含むという事実に着目する必要がある。私が思うに、これは人間主義にたいして重要な問いを提起する。すなわち、大量残虐行為の加害者が被害者を非人間化するということが正しいとして、なぜ加害者はしばしば女性をレイプするのだろうか。これはたんに、人間と人間以外の動物とのあいだの性行為は一般的に禁忌であり、おそらくそれがゆえに、比較的に稀であるというのとは異なる。(37) 加えて、大量レイプが行なわれるさいの精神(spirit)は、多くの場合、報復的、処罰的、凱旋的、そして支配的であるという点にも注意してほしい。これらの行為は、それゆえ、人と人とのあいだの暴力、つまり、恨み、正義感に燃える怒り、嫉妬などといった典型的な意味で個人間の反応的態度を表出する、もしくはそれを発散させるような行為の特徴を、すべて兼ね備えている。(38)

人間主義はこの問いにどう答えるのだろうか。リヴィングストン・スミスが模索するように、一つの可能性としては、非人間化の被害者は人間であると同時に人間以下の存在であると認識されると答えることだろう。具体的には、被害者は人間の外観をもちながらも、人類にたいする脅威や危険をしばしば意味する非人間的動物(たとえば、ヘビ、ドブネズミ、ゴキブリなど)とその本質を共有するとされる。こうして、大量残虐行為の被害者は「薄気味の悪い」怪物のようなものと知覚される傾向をもつのだと、彼は論じる。

迫害もしくは破壊を命じられた対象にたいする行為者の態度をしばしば特徴づける、知覚上のゲシュタルト転換とそれに続く両価的感情ということにかんして、リヴィングストン・スミスの指摘には無視しえないところがあると思う。だが、その一方で、彼の説明が完全に正しいとすると、大量レイプを理解するのはさらに難しくなるのではなかろうか。薄気味悪いと知覚され、したがって恐怖心や強い嫌悪感を引き起こすような相手と性的にかかわるのは、他のどんなかたちでの関係に勝るとも劣らないほど不快であるに違いないからである。

第二次世界大戦中のソ連の大臣で、そのプロパガンダ活動で悪名を馳せたイリヤー・エレンブールクはこのことを確信していた。歴史家アントニー・ビーヴァーの最近の説明によると、ソ連軍によるベルリン占領下、エレンブールクが赤軍兵士にドイツ女性陵辱をけしかけたとドイツ宣伝相が非難したとされる(Beevor 2003, 25)。エレンブールクは悪質で残酷とのそしりを気にする風でもなかったが、それでも「赤軍兵士の関心の対象はグレートヒェンたちではなく、わが国の女性をはずかしめたフリッツどもである」と主張した。ソ連の政治部もエレンブールクの心情を繰り返すように、こう述べた。「兵士に本当の憎しみの感情を育てあげるなら、そういう兵士はドイツ女性と情交したりしない。嫌悪を感じるからだ」。

　エレンブールクのプロパガンダは、非人間化する比喩《トロープ》と敵意の具体化という古典的な混合を含むが、前者は本章の文脈でとくに目を引く。それは、戦時一〇〇万人を超える赤軍兵士に配布された、「ドイツ人は人間ではない」の一文で始まる「殺せ！」（一九四二年）という題の小冊子に頻繁に見られるし、より綿密に書かれた「憎悪の正当性」（一九四二年）でもその中心をなす。そこでエレンブールクは、第一次大戦中のソビエト人民の思いやりあるふるまいを例に引きながら、彼らの共感的性質を強調する。ところが、その結果、憎悪の正当化はもちろんだが、エレンブールクは次のような難問に直面することになる。

> だとすると、抑えることのできない憎悪をもってソビエト人民がナチスを忌み嫌うようになったのはどういうわけなのだろう。
>
> 　憎悪がロシア民族の特性であったことはかつて一度もなかった。それはある日、空の上から落ちてきたわけでもない。否。今日、わが人民が身をもって示すこの憎悪は苦しみから生まれてきたものだ。当初、われわれの多くは、この戦争も他の戦争と同じく、たんなる人間同士が異なる軍服に身を包んで戦ういくさと考えた。人間同士の友愛と連帯という偉大な理念の下にわれわれは育った。われわれは言葉の力を信じた。多くは、自分たちがいま相対しているのが人間ではなく、恐ろしく忌まわしい怪物であることを、そして、人間的兄弟愛の原理はファシストにたいして情け無用で立ち向かうべし、そう命ずることを理解しなかった。
>
> （中略）
>
> 　正義ある戦い、正義なき戦い、それぞれにたいする人々の態度を表現した歌がロシアにはある。「狼はか

まわんが、人食い人はいかん」。狂った狼を殺すことと、人間を手にかけることはまるで異なるのだ。われわれはいま狼の群れに襲われている。ソビエト人民ならばそれを誰でもわかっている。[39]

ここに見られる修辞は、非人間化された者たちは羊の衣――あるいは、むしろ人の衣――を被った狼として表現されるというリヴィングストン・スミスの主張とぴたりと一致する。また、「恐ろしく忌まわしい怪物」への言及も同じく、彼の主張にとって好都合だろう。それとも、むしろこう言うべきかもしれない。これらの表現が第一九軍の兵士たちにここで描かれているようなものとしてドイツ人を見るよう促すことに成功したのだと理解するならば、たしかにそうだろう。

しかしながら、ソビエト兵によるドイツ女性の大量レイプという事実は、この仮説に疑問を投げかける。彼らはたんに上官からの命令に従ったわけではないという事実も同様である。じっさい、それどころか、スターリン自身を含む軍上層部には、兵士による残虐行為（ベルリンでの略奪や大規模な破壊行為を含む）が、工場などの有効資源の破壊はもちろん、軍事的努力の成果を台無しにするのではないかという懸念が広く共有されていた。したがって、事実として、ソビエト兵は上官からの命令に服従していたわけではなかった。にもかかわらず、ドイツ女性への大量レイプは数年間にわたって続いた。この時期に、少なくとも二〇〇万人の女性が強姦され、過半数にまで及ばないにせよ、多くが複数回にわたり強姦された。集団強姦がきわめて頻繁であり、記録によれば、被害者年齢は一二歳から八〇歳に及ぶ。被害者層は女性一般を含み、尼僧や入院中の妊婦、分娩中の妊婦さえもその例外ではなかった。多くの女性は想像もできないほどの残酷な方法で暴行を受けた。泥酔状態で、思いどおりに性交を果たせない兵士の中には、酒瓶、ときには割れた瓶で女性を陵辱する者さえあった。そして、それは言うまでもなく、身の毛のよだつような被害をもたらした。多くの女性が生命を落とし、自殺者も多く出た（Beevor 2003, 24–38）。

こうした残虐行為との対決を試みるにあたって、次のような問いが私の念頭に浮かぶ。非人間化するプロパガンダが兵士たちの道徳的態度に深く浸透していたのだとしたら、ドイツ人女性(「雌オオカミたち」)にたいするその後の彼らの行動はどのように説明されうるのだろうか。ここまで強く対象を非人間化する試みを進めたにもかかわらず、それは十分深く浸透しなかったのである。だとすると、非人間化は通常うまく行くのだろうか。そもそもうまくいくことがあるのだろうか。

私たちはここで、重要な可能性と向き合うことになる。すなわち、人は、誰かにたいしてあからさまに貶価的で非人間的な扱いを行なうさい、その相手が自分と同じ人間であることを、およそうわべだけの自己欺瞞の下に、じつははっきりと自覚しているのではなかろうか。そしてそれにもかかわらず、特定の社会的状況——本章ではその表面を引っ搔いた程度にすぎないが——の下で、人は大量虐殺、拷問、大量レイプに手を染めるのではなかろうか[40]。

女、あまりにも人間的な

それではなぜ多くの人たち——ここには煽動家《プロパガンディスト》も多く含まれるようだが——は、人間主義が正しいと考えるのだろうか。本章最終節となる本節では、女性にたいする非人間的な見方や待遇の仕方を生み出しうると考えられる可能性を、二つ挙げることにする。それらは先述の可能性ほど明白ではないかもしれないが、どちらも他者の人間性を見損ねるなどということが本当にあるのだろうかという私の疑念と矛盾しない。とりわけ、第四章で詳述した「与えること/受け取ること」という力学の影響下にある女性のあり方にかんしてはそうである。じっさい、それどころか、いずれの可能性を採用するにしても、またしても女性の人間性を前提とする。

一つは、他人の変則的な行動がまさしく変則的と見られることによって引き起こされる種類の知覚にかかわる。それは他人の通常のあまりに人間的な社会的役割、関係、義務の逆転にかかわる。もう一つは、女性もしくはそれに類する存在によって、歓迎されざる人物としてか、あらんことか人間以下の存在として遇されたと感じる人物が、しばしば誤って、そして不当にも、自分が遭ったのと同じ目にその女性を遭わせる、つまり、彼女に報復することにかかわる。というのは、彼の痛みは彼の側の不当な権利意識、すなわち自分は彼女の眼差しが向けられるべき対象であり、彼女の注意が向けられるべき中心、彼女の優しいケアに浴すべき受益者であるという意識に由来するかもしれないからである。自分がそれに値すると信じ、また、そう感じさせてもらえると期待していたほどには、人間らしく、あるいはおそらくより適切に言えば、人間化されたように彼には感じられなかった。そこで彼は（非）好意をその見返りとして（十二分に）返すのである。

以下、これら二つの点について順に見ていこう。

第一の点について、人間として認知されることは、自身がある集団に属し、そこにアイデンティティを有するということのおかげで、何らかの役割と関係をともなって社会的シナリオのうちに配される潜在的可能性があることにいくらかはかかわる。[41] これがどのように残忍な待遇（もしくは虐待）をもたらしうるかについてはすでに見た。他方、シナリオに割り振られた役柄を演じきれない、もしくは、何かしらの役柄の逆転を試みるというのは、しばしば相手を驚かせ、「ぎょっと」する感覚をもたらす。それをもたらした人物は、そのとき「常軌を逸した」、不快で奇妙な、気味の悪い存在と知覚されるかもしれない。あたかもなりすましのように、ただ動作をこなしているだけの薄気味悪い人物、あるいはロボットか何かとさえ見られるかもしれない。ただし、これは彼女が人間以下の存在として知覚されることを意味しない。それが意味するのは、人づきあいにおいて行動が変則的である場合に生じやすいある種の疑念と嫌悪感もしくは恐れをもって、彼女が見られているということである。彼女はシナリオどおりに役柄を演じていない。そして、私たちは彼女の人柄もしくはペルソナにかんして深刻な疑いの念を覚えるか、そもそも彼女にそんなものが備わっていたのどうかさえ疑うことになる。

アルベール・カミュの『異邦人』（一九四六年）の作中、主人公ムルソーが二つの異なる脈絡で出会う「小さなロボット女」の例を検討してみよう。最初にムルソーが彼女の姿を目にするのは、彼女がレストランで注文しているところである。彼女はきわめて慎重にふるまう。その行為者性がムルソーの注意を引く。彼女がきわめて人間的な行為、それもきわめて社会的な行為に関与していることが、同様に、読者である私たちの目を引くかもしれない。だが、彼女は、ムルソーと同じくひとりで外食しているだけなのである。次のように彼女は描かれる。

給仕が前菜を運んでくると、女はそれに取りかかり、旺盛な食欲で飲み込んでいった。次の料理を待つあいだ、今度はハンドバッグから青鉛筆と今週のラジオのプログラムの載っている雑誌をとり出し、細心の注意をもって、一つ一つほとんどすべての番組に印をつけ始めた。雑誌は十二ページほどもあり、食事のあいだじゅう、女は念入りに、この仕事をつづけた。私が食事を終えても、女はなお同じ入念な注意を払って印をつけていた。やがて、女は立ち上がると、同じぎすぎすとしたロボットのような動きで、ふたたびジャケットを身につけ、きびきびとレストランを出て行った。何もすることがなかったから、私も外へ出てしばらく女の跡を追った。女は歩道の縁の石畳に立ち、小柄な体軀にはほとんど信じがたいほどの速さと確実さで、自分の道を外れもせず、振り向きもせずに歩いた。じっさい、彼女の足取りはあまりに速く、私はじきにその姿を見失い、踵を返してもと来た道を戻った。しばらくのあいだ、あの「小さなロボット」(私にはそう思われた) の姿はきわめて強い印象を残したが、私はすぐに彼女のことは忘れてしまった (Camus 1946, 30; 邦訳四七頁を改変〔原著では「ロボット」は「automate」であり、「自動機械」とでも訳されるべきであろうが、ここでは、引用者が依拠する英訳にしたがって「ロボット」とした〕)。

その女は対人的なやりとりで給仕と応対しているばかりか、その他多くの精神的能力と自律的行為者性を示している。彼女には好みがあり、それにしたがって注文し、雑誌を読み、計画を立て (ラジオ聴取の計画)、書き、計算し、ムルソーをしのぐような「信じがたいほどの速さ」で歩く。彼ら二人は同じ社会的シナリオの中で、本質的にはまったく同じ役を並んで演じている。ところが、それが女性である場合、行動はどこか奇妙で、滑稽でさえある。結果として、彼女は場違いで——自身の場所から外れていて——、その役柄にどこか説得性を欠く、まがいものめいていて、まさしくロボットのようである。ほとんど同じこと（ロボット疑惑も含めて）は、二〇一六年の大統領選に立候補したときに、ヒラリー・クリントンについても言われた（第八章を参照）。そしてそこでもやはりクリントンは、歴史的に男性のみに留保された役割を演じていたのであり、しかも、彼女は彼女が彼にたいして与えることを期待されているものを自らが求めた。それは要するに、支援と注目である。その結果、さもなければ、（とりわけ、トランプへの強い拒否感から）彼女にそれを与えることを予期されていたかもしれない多くの人たちが、そうすることを差し控えた。

ムルソーが次に「小さなロボット女」と出会うのは法廷である。ムルソーは「アラブ人」を撃ち殺したのである。「アラブ人」は彼に匕首《あいくち》の刃を向け、ただの事物か障害物であるかのような非人間的な思いを彼にさせた。とくに、石か木といったそれ自身の意思をもたない、意のままに動かせる対象のように。ムルソーは友人のレエモンと外を歩いているときに初めて「アラブ人たち」に出くわす。彼らの眼差しは、それが自分に直接向けられたのではなく、なんとなく自分の方を向いているだけで、人をひるませ、硬直させ、その人間性を奪いさえするような効果を主人公のうえに——正確には、彼の心のうちに——及ぼしたと語られる。

> やつらはじっと黙ったままわれわれの方をながめていたが、それも実に、やつららしい仕方で、まるで、われわれなんぞ石か枯木同然とでもいう風だった。左から二番目のが例のやつだ、とレエモンが言ったが、何か気懸りな風情だった。レエモンは付け加えて、それでも、いまでは済んだ話なんだがと言った。（中略）そこに留まっている理由は何もなかった。バス停まであと半分というところで、彼は肩越しに振り返って、アラブ人たちは追ってきていないと言った。私も振り返って見た。彼らは相変わらず一つところにたたずんでおり、われわれのいた場所を、同じ漠然とした風でながめていた（Camus 1946, 32; 邦訳五一—五二頁）。

この例でもやはり、道徳哲学においては、非人間化を通常とは反対の方向から考察する必要があることが見てとれる。すなわち、自分は観察者もしくは審判者であり、嫌疑、軽蔑、敵意、無関心ではなく、思いやりと称賛の対象であるという不当な権利意識の心理的な表われとして、非人間化を見るのである。そうした感覚は、なんらかの被害妄想にとらわれている相手にたいして誤った視線を送ってしまった人にとってきわめて危険でありうる。「レエモンの相手」がふたたび砂浜に、今度はたった一人で姿を現わすとき、まさしくそれが起こる。もう事は済んだと思っていたムルソーはその男の姿にぎょっとする。岩の影が男の顔を覆い、その姿は暑さで煙を立てているようにムルソーには見えた。ムルソーはポケットからレエモンのピストルを取り出し、この不気味な陽炎に向けて引き金を引く。身動きしない体に、なお四たび撃ち込むが、それは「目に見える痕跡」を残しはしない（同書39; 邦訳六三頁）。耳を聾するはずの轟音も、目の前の光景と同じように彼には届かない。アルジェリアの異邦人の破滅はこうして進む。決定的瞬間は終わった。自分自身の人間性についての鈍いながらもリアルな感覚がムルソーに戻るのは刑務所の中でである。

　そして、「小さなロボット」女が殺人事件の裁判の傍聴席に姿を見せる。男物のようなジャケットに身を包み、ムルソーを食い入るようにながめている。（同書54; 邦訳九〇頁）ムルソーは彼女の存在を痛いほどに感じる。彼女は大勢の傍聴人の中の一人にすぎないのだが、彼を裁きにやって来た（と彼は想像する）。小説の冒頭からずっとそうであるが、自らが裁かれていると感じるとき、彼はきまって失見当に襲われる。いわゆる「石壁状態(stonewalling)」（本書結論部分で取り上げる「表情静止（still face）」のほうが、表現としてより適切かもしれないが）にとらわれたかのように、自らの行為者性の感覚を失う。一連の出来事に先立って、ムルソーが母親を亡くしたのはたんなる偶然ではないのかもしれない。二人で生活している頃、会話はほとんどなくても、母の目は部屋を動く彼の姿を追った。母親は「私を見張っている」とムルソーは感じ、だがそれを気にする風はなかった（同書5; 邦訳八頁）。二人の暮らしはとにかくそんな風だった。読者はそうした印象を受ける。だからたぶん、彼女は世の母親がそうすること、つまり、息子を「見守って」いたのであろう。

　共感的な受容の欠如に由来する離脱症状に加えて、似たようになかなか気づきにくい非人間化の行動の二つ目について考えてみよう。ある行為者が採用してきた社会的シナリオというものがあり、そこで与えられる役割を果たさない女性は、彼にとっての現実性——たんなる願望もしくは空想と理解されるのではない——の感覚を歪めることになるが、そうした女性にたいする報復行為が存在する。エリオット・ロジャーは、彼が望む注意、愛情、称賛、そして性的恩恵を、それに相応しい「ホット」な女性から、それに相応しいタイミングで受け取ることはなかった。彼の社会的シナリオはきわめて厳格であり、また彼は徹頭徹尾その内部にこもっていたので、自分が追いかけていた女性たちが自分を無視していると感じた。彼女らとはまるで面識がないにもかかわらずである。彼が無理やりそこに侵入してくるまでは、彼女たちの「物語」にとって彼は登場人物に含まれてはいなかった。

しかしながら、私がここまで示してきたように、ロジャーにとって彼女たちは心をもたない事物や対象、人間以外の存在、または人間以下の存在でもなかった。これは家父長制の下にある女性一般についても同様である。むしろ、女性は、自分がもつ人間としての能力を特定の人々、つまり、白人優位主義の支えでもある異性愛的関係のうちにある男性もしくは彼らの子どもたちに負っていると見なされ、他方、彼らのほうは彼女の奉仕を受ける権利があると見なされる。これは事実上、庇護的法律（coverture law）を受け継いだものと認識されるかもしれない。すなわち、女性の存在は父親によって、そして嫁いで後は夫、さらには義理の息子などによって「代弁」されるというわけである。おそらくこれが、女性はより一般的に誰かの母親、姉妹、娘、祖母に、つまり、かならず誰かの誰かへと転じられ、まず自分自身の人格でありえないことの理由の一部なのだろう。だがこれは、彼女が一人の人格としてまったくとらえられていないからなのではなく、むしろ、彼女の人格が、奉仕労働、愛、忠誠などの形式で、それを他者に負っていると見なされているからなのである。

さらに言えば、女性の個人的奉仕は、彼女のケア範囲にある、彼女が注意を注ぐことを負っている者たちのうえに、彼らを人間化する心理的効果をもたらす。したがって、彼が受け取る権利があると考えられているもの、つまり、さまざまな形式での養育、称賛、共感、気遣いを彼女が怠るとき、彼の側は自分が人間以下の存在——

「取るに足らないちっぽけなネズミ」、あるときエリオット・ロジャーは自分自身をそう語った――であるような気持ちにおちいるかもしれない。そして彼の報復はひるがえって彼女を非人間化すること――自分が味わったのと同じ、人間性を喪失したような気持ちを彼女に味わわせること――であるかもしれない。ロジャーは、彼のいわゆる「宣言《マニフェスト》」（つねに自己中心的で、自己憐憫に終始するあたり、どちらかと言うと「回想」のほうが適切だろう）を次のような言葉で始める。

人間。この世での僕の苦しみはすべて人間、ことに女性によってもたらされてきました。種としての人間がいかに残酷で歪んでいるかを僕は思い知らされてきました。僕が望んだのはただ一つ。人とうまく付き合い、人に囲まれて幸せな人生を送ることでした。でも、僕は除け者にされ、拒絶され、孤独で無意味な存在に甘んじることを強いられたのです。それというのも、すべては人間という種のメスたちが僕のうちに何の価値も見てくれなかったからなのです。

「僕の歪んだ世界」が展開すると言うより、むしろ解《ほど》けていくにつれ、ここで語られる両性間の闘争はロジャーにとってたんなるメタファーを超えたものであることが明らかになる。しかし、そうした敵対感情は、意識されながらも満たされなかったニーズとそれに続く被傷性（vulnerability）の感覚――それは対人的攻撃性の基底にあり、ときにそれを誘発する――から生まれる。ロジャーがそうした女性を憎悪するさまは、（少なくとも通俗化されたアタッチメント理論で説かれるように）母親によって見知らぬ人物のもとに置き去りにされたときに、愛着障害の子どもが（概して、しかも意味深長なことに）母親を憎み、怒りをぶつけるさまとまるで同じである。頼りなくさびしい気持ちのままの自分を置き去りにした母を彼は憎む。自分には母の時間、集中、注意、心配りを与えられる権利があると彼は感じ、焦がれるような思いで彼女を愛する。けれども、その愛情は自分の所有物にたいするそれであり、その対象は油断なく監視されなくてはならないし、対象は彼を裏切ったり、約束を破ったり、彼をがっかりさせてはならない。これに似たことが、彼との性的なかかわりを拒否した女性たちにたいするロジャーの憎悪にもあてはまる。彼女たちによって彼は、彼から見た社会的孤立と排除という意味において、非人間的な思いをさせられたのである。彼は「宣言」を次の言葉で締めくくる。

僕は人類の成員ではありません。人間は僕を拒絶してきました。人間のメスたちはけっして僕と結ばれることを望まなかった。だとしたら、いったいどうやって僕は自分が人間の一人だと認めることができるでしょう？　人間は僕をそのうちの一人として受け入れてくれることはありませんでした。それがどうしてなのか、いまの僕にはわかります。僕は人間以上なのです。僕は彼らすべてに優越するのです。僕はエリオット・ロジャー……偉大なる、栄光ある、卓越した……神聖なるエリオット！　僕は神に最も近い存在なのです。人間は嫌悪すべき、堕落した邪悪な生物種です。連中の一人残らずに罰を与えることが僕の目的です。僕は世界から悪をすべて取り除きます。報復の日来たれば、僕は真に全能の神となり、不浄で堕落していると僕の目に映る者たちをすべて罰します。女性が僕に性的魅力を感じてくれさえしていたら、僕の人生はどんなに素晴らしく、祝福に満ちたものでありえただろうか。そのことを思うとき、僕の全存在は憎悪の炎で燃え上がります。彼女たちは僕に幸福な人生を与えることを拒みました。そしてその見返りに僕は彼女たちの生命を一人残らず奪い取ることにします。それでこそ公正なのです。

ロジャーの「宣言」はこれで終わりではない。以下がエピローグにおける彼の言葉である。

この世の不公正さのすべてを代表するのが女たちであり、この世を公平な場所にするためには、女が根絶されなくてはならないのです。ただし、生殖の目的のために、幾たりかは見逃されるでしょう。これらの女たちは秘密の実験室に囲われ、飼育されます。子孫を残すために採取された精液を使って人工授精が行なわれるでしょう。そして、女たちの堕落した性質は時間をかけてゆっくりと淘汰されるのです。

これは映画『博士の異常な愛情』(一九六四年)の二つの結末のうちの不幸なほうを彷彿させる。[42] 失笑を禁じえない言葉ではあるが、ロジャーは銃器を手に入れ、それを行動に移したのだという事実を前にして、私たちは言葉を失う。

公正(もしくは、その欠如)についてのロジャーの感覚は、家父長制の狂気と、その方法を要約するかのような自己愛的妄想にもとづいている。そのイデオロギーはしばしば女性を道徳と社会生活における人間的与える者(*human givers*)として位置づけるものであるが、そのことは女性の人間性を認知することと矛盾しないし、じっさい女性の人間性をしばしば前提する。けれども、それは同時に、彼女の注意をめぐっての競り合い、彼女の身体部位のわしづかみを、そして、彼女が彼にしたがうことに抗したり彼を拒絶すれば、こきおろし(それとも、もっと酷いこと)を帰結する。これらの行動は、その社会的意味、もしくはそれを受け取る女性の側にどのように伝わるかという意味において、人間性を剝奪するような性質を有するかもしれないし、有さないかもしれない。いずれにせよ、私が思うに、そうした行動は究極的には、女性としての彼女の有益性についての感覚、つまり、女性は道徳的財と資源の(とにもかくにも、彼にたいする)提供者として社会的に状況づけられているのだという感覚に由来する。したがって、この点にかんして、ポスト家父長制的と想定される状況下でのフェミニズム的な社会進歩の到来にともなって、欠乏症と呼べるような心的傾向を目の当たりにすることになるだろうことは、十分予想できる。彼女の注意にたいする需要がその供給を大幅に超過するとき、男性が見知らぬ女性を自分のほうに振り向かせようと、冷やかしや口笛、ネット上でのトロリング(あからさまに虐待的なものから、表向きは理に適ったように見える理性的な議論の要請にいたるまでさまざまだが、不幸なことにそれらはときに、女性の卑小化、侮辱、もしくはマンスプレイニングを帰結する)を使っての実践に勤しむのはまったく驚くに値しない。公共的状況では、女性はほほえむよう命じられたり、何を考えているのかとしばしば見知らぬ人(男性)から尋ねられたりする。

とくに彼女が「深く自分のうちに沈んでいる」、もしくは、「自分の小さな世界へと現実逃避している」ように見えるとき、つまり、注意の焦点が外ではなく内側に合わせられ、自身の考えをめぐらせているように見えるときが、そうである。そのとき、こうした身ぶりは、たんなる反応の欠如というよりも、むしろ反応を差し控えているように彼女を見せるか、さもなければ、反応することを意図的に拒んでいるようにさせていると想定される。したがって、彼女の沈黙は冷淡を、無表情は不機嫌を、目を逸らすことは鼻であしらうことを、じっとしていることは攻撃的であることを意味するのである。

だが、氷の女王、性悪女《ビッチ》、妖婦、または、あえて言うならば、天使のそれぞれには、共通点がある。それらはすべて人間的、あまりにも人間的な、女性的役柄なのである。

原注

(1) 家父長制的社会関係の中心的事例において、女性は夫の「内助者」であることを課されるという、前章で取り上げた考えと比較対照のこと（前章冒頭のエピグラフも参照せよ）。

(2) このよく知られた表現は、啓蒙主義的聖歌を多く手がけた詩人ロバート・バーンズによるもの。バーンズ自身は、啓蒙主義の重要な先駆者サミュエル・フォン・プフェンドルフの文章からこの言葉を借用したとも言われる。

(3) 「人間主義的」およびそれに類する表現は人によってそれぞれ異なる意味をもつのは言うまでもない。けれども、私がここで俎上に載せる見解の趣きを伝えるのにこれに勝る表現を見つけることができずにいる。

(4) 広い意味での人間主義的な考えにたいする分析哲学内での批判としては、そうした見解は問題含みの「種差別主義」なのではないかというのが、その主流である。私はそうした批判の内容にいっそう親近感を覚えている。ただし、その他の解放政治的運動との関連でそれをどう理解するのが最善であるかについては疑問もある。だが、いずれにせよ、この種の批判は、本章で私が展開する人間主義批判とはほぼ別のものである。というのも、私が問題にしている人間主義は、人間の価値や権利は他の生物種のそれに優越するという、（私が思うに）疑わしい主張には関与していないからである。

(5) マッキノンは、暴力的、貶価的、異性愛規範的な素材を主に扱うポルノグラフィについて約定的定義を与える(この定義の正確な照準範囲については議論の余地があるだろうが)。これは反ポルノグラフィ的な市民権条例を(アンドレア・ドウォーキンとともに)起草するという彼女の目的にとっては有益であった。

(6) 残念ながら、私の読んだかぎりでは、M自身の人種もしくは民族性は詳らかにされていない。だが、ゲイタの論述の文脈から見て、Mは著者と同じくオーストラリア国籍の白人であると考えるのが自然だろう。

(7) この事例の論述については、拙稿(Manne 2013)第二節を援用する。

(8) 本書で私が意味する人間主義的見解の諸側面にたいする擁護を行なってきた哲学者としては、この他に、クリスティン・コースガード、マーサ・ヌスバウム、スティーヴン・ダーウォル、ジュリア・マルコヴィッツを挙げられるだろう。

(9) ここで「恒常的に」とする理由は、P・F・ストローソンが書くように(「はじめに」での議論を思い出してほしい)、対人関係においては、「相手とかかわることにともなう精神的負担」からの一時的「解放」もしくは「避難」のためのスペースが必要であると、考えるからである(Strawson [1962] 2008, 10, 13, 18)。議論の余地はあるだろうが、これはまさしく他者の人間性からのある程度の離脱(detachment)をともなうかもしれない。また、「さしたる理由もなく」とする理由は、何らかの仕事を完遂するために、そうした離脱がきわめて重要となるような状況が存在するかもしれないからである。たとえば、外科医は手術台の上の患者をたんなる身体、もしくは複雑な組織と見なさなければならないといった場合である。

(10) 念のため、先に取り上げた理論家たちのそれぞれが、これらの定式化はもちろんのこと、前述の主張のそれぞれに同意すると主張するつもりは私にはない。

(11) ここでの「見る」はいくぶん比喩的であると理解してほしい。そうした認識経験のとりわけ視覚的側面が過度に一般化されるべきではないからである(これは部分的には障害者差別という理由による)。他方、ここで問題になっているのは、私たちの知覚もしくは知覚に類するものにおいて、全体論的に、つまり、いわば「ひと目」でそうした知覚がなされるということだと思われる。幸いにして、本章の目的にとっては、人間主義者になりかわっての、社会的な(いわゆる)知覚についての適切な説明ということにかんして、私は中立を保つことができる。

(12) 種の概念が前面に登場するまでは、もしくは文脈に現われるまでは、誰かをその種の仲間の成員として同定する必要はもちろんなかっただろう。

(13) 「潜在的能力をもつ」という言葉がここに含まれているのは、疾患、損傷、障害などのために、非典型的な発達過程を経た、もしくは経ることになる人間も、以下に述べる判断基準に包摂されるようにするためである。人間主義者の多くは、現時点において、そして将来にわたっておそらくけっしてその判断基準に適合しないような人たちが排除されないよう細心の注意を払う。思うに、これは人間主義的思考の最も魅力的な（そして人道的な）側面の一つである。

(14) 議論の便宜上、(2)に含まれる必要性の主張を受け入れることにする。人間がもつ対人関係的認知への欲求の強さを考慮するとき、この主張は一見したところ妥当であるし、私の目的にとってそれを否定する理由は何もない。しかしながら、私はこの主張が、人間であることにかんして何も特別なことはない――人間以外の動物は人間とまったく同等の価値をもつという意味において――と考えることと完全に整合するという意味だと考えている（ただし、その場合でも、異なる動物種のあいだ、つまり、人間と人間以外の動物種のあいだ、そして、人間以外の動物種のあいだには著しい差異が存在すると考える人もいるかもしれない）。

(15) オーウェル自身はより慎重である。この出来事を詳述するにさいして、彼は前もって読者に、それは「とくに何を証明するわけでもない」と忠告する。そして、話の直後にも、次のように繰り返す。「この出来事は何を実証するだろうか。さしたることは何もない。これは戦争ではしょっちゅう起こるような類いの事柄だからである」（Orwell 1981, 194）。

(16) さまざまな形式の感情移入や、相同的および非相同的な形式の悲嘆と心配において他人の見地に立つことの役割については、Nicholas 2004, 第二章を参照のこと。

(17) ここで念頭にあるのは、たとえば、サイコパス、ソシオパス（反社会性病理）、自閉症、うつ病などである。だが、これはきわめてデリケートな問題であり、ここで憶測することは控えたい。正当に取り扱う準備はほとんどないし、むしろスティグマ強化へとつながるリスクが多分に存在するからである。これには、特定の人々を誤って病理化するような概念を実体化してしまう危険性がともなうのは言うまでもない。

(18) (1)から(2)への代替経路は、「同じ人間」という観念が本質的に道徳化された概念であると解釈し――つまり、大まかに言って、同じ人間とは、自分自身そして自分に親しい者たちにたいしてそれを主張することが理に適っていると思われるのと同じ種類の尊敬、親切、配慮をもって遇すべき存在であると理解し――、そこから動機づけについての内在主義的な見解を裏書きすることだろう。けれども、この文脈では、なぜ「人間」の概念はそうした道徳的内容をもつのかについて独立の説明が与えられなければ、この議論は論点先取だという誹《そし》りをまぬがれない。言い換えれば、この代替案は、前述の線での思考が主張するような利他的傾向性をあらかじめ組み込んでおくにすぎない。

(19) なぜ「準‐対偶」であるのかと言うと、これらの主張はどれも純粋に条件文として理解されていないからである。それらはむしろ、「pならば、おそらくqであるだろう」という線での一般化である〔「pならばq」という条件文にたいして、「qでなければ、pでない」をその対偶という。条件文とその対偶は論理的に同値であり、一方から他方が論理的に帰結する。なお、ここでのpとqは主語と述語からなる文、もしくは命題と理解されたい。本書中、以下同様〕。

(20) この線でのとくに強力な歴史的・目的論的主張としては、Pinker 2012 の第七章を参照のこと。

(21) ルワンダ虐殺へといたる前段階で、ツチはフツによって、人間性を剝奪するような新しいタイプのヘイトスピーチなどを通じて、（とりわけ）脅威を与える存在として表象されたが、その仕方について、リン・ティレルが詳細に明らかにしている（Tirrell 2012）。ツチはフツによって「ゴキブリ（inyenzi）」とか「ヘビ（inzoka）」と呼ばれたのだが、それらの語は行動産出的な機能を果たしたと、ティレルは論じる。というのも、そうした生物にたいして人は特徴的な行動、すなわち、破壊行動をとるからである。また、ティレルがいみじくも強調するように、そうした（彼女の用語によると）深刻に軽蔑的な語は抑圧的な社会的文脈のうちに埋め込まれていて、そのことが、たとえば、「ソーセージ顔」（子どもたちが遊びの中で自発的に作り出した言葉としてティレルが挙げる一例）などといったその場かぎりの名称と比較して、それらをはるかに有害なものとするのである。

(22) 「打ち消し」の可能性を認めるとすると——これは、動機づける理由が「沈黙させられる」という、ジョン・マクダウェルの概念に通じるだろう（McDowell 1995）——、(1)の主張は、無視できないような反例の数々に晒されることとなり、それが偽であることが決定的となる。だが、たとえそうでなくても、つまり以前の見解を固持するとしても、(1)の主張は説明の半分を省略することになるが、それは(1)から(2)への重要なステップを進めるために人間主義者が必要とするもう半分なのである。

(23) 引き金となっている物事が奇妙であることに加えて、他者を同じ人間として認知しそこなった（と思われる）ことの徴候もまたしばしば誤りであるように思われる。というのは、それらはたいてい、P・F・ストローソンの意味での、個人間のそれに特徴的な「反応的態度」の顕在化に存するからである。この点については、「はじめに」ですでに触れたが、本章の後半でもう一度立ち返ることにする。

(24) 同様の指摘は、ジェノサイドにかんして、アダム・ゴプニック（Gopnik 2006）、クワミ・アンソニー・アピア（Appiah 2006; 2008）によってもなされている。アピアは以下のように述べている。

最悪の場合、［集団間の衝突は］ジェノサイド的な大量殺戮へとつながりうる。だが、どのようにしてそうなるのだろうか。よく聞く答えによれば、ある外集団の成員はじっさいのところ人間であるとは言えないと私たちを説き伏せることによって、それはなされるとされる。だが、どうもこれは正しくない。というのは、そうした行為の典型的な特徴である甚だしい残虐性――忌まわしい残虐性と言ってしまいたいところだが――を、それは説明しないからである。加害者たちは彼らの憎悪の対象をゴキブリとか黴菌《ばいきん》などにたとえるかもしれない。けれども、被害者の面目を失わせ、負の烙印を押し、罵詈雑言を浴びせ、拷問にかけるという、まさしくその行為において、彼らは被害者の人間性を認識している。ふつう、そうした待遇――そして、それについて加害者がきまって繰り出す饒舌な口上の数々――は、意図、欲求、計画をもつと私たちが認める存在者のために留保されているものだ（Appiah 2008, 144）。

ジェノサイド加害者はしばしば「なぜ被害者――ユダヤ人やツチ――がそうした扱いを受けるに値するのかについて語る」だろう。脚注の一つでアピアはそうも指摘する（Appiah 2008, 247 脚注25）。ただし、アピアは別の場所では、これとやや異なる理解も示す（Appiah 2006, 151–153）。それによると、問題なのは、周縁化された人々がまるでどうでもよい存在と見なされることではなく、むしろ、彼らが、支配的集団の成員と比較して、さほど問題にならないと、アドホックな理由づけにもとづいて、理解されることだとされる。

(25) ［著者によれば、この注はきわめて専門的であり、また、本文の論述とは直接的に関係していないので、割愛しても支障はないとのことなので、読みとばしてもらってもよい。］「敵」や「競争相手」として相手を表象することと動機（相手を破壊しようというそれ、打ち負かそうというそれ）とのあいだにはどんな関係があるのだろうか。先述したとおり、私は自らが動機についてのヒューム主義者であると表明しているので、これはとりわけ重要な問いである。思うに、ここで重要なのは、世界によって誘導された、もしくは「心から世界に向かう（mind-to-world）」そうした表象は、それ自体が世界誘導的もしくは「世界から心に向かう（world-to-mind）」、世界の側の事態に適合することを意図される点なのである。というのは、あなたの敵は、（とりわけ）世界から心に向かう心的状態における世界の中の心をもつ存在、つまりは、あなたを破壊することを欲する存在なのである。同じように、あなたの競争相手は、世界から心に向かう（別の）心的状態における世界の中の心をもつ存在、すなわち、あなたを打ち負かすことを欲する存在だからである。したがって、人を自分の敵または競争相手として表象することには、他者があなたにかんして抱いている欲求についての精度条件がある。そして、このことはあなたの側からの特定の反応を自然に誘発するだろう。言い換えれば、（そのように想定される）他者の側の欲求にたいしては、同種の反応を返すことによって反応するのがごく自然である。少なくとも、あなたは相手によって破壊されたり、打ち負かされたりすることを欲しないという（たいていはもっともな）想定の下ではそうである。そうでない場合、必要とされる反応は対称的ではない。けれども、（たとえば）誰かを反抗者として表象することから、その人物にたいしてふたたび優位を取り返そうと動機づけられるのは、自然な流れである。繰り返しになるが、これは、反抗者が「身分不相応の考え」をもつ心的な存在、あるいはあなたの権威をひそかに切り崩そうとする人物として表象されるという事実に関係する。あなたがもしそれが起こることを欲しなければ、あなたは行動に移る必要があるだろう。

(26) 思うに、ストローソン的「態度」と同じく、これらの態度は全体論的に、人が誰かにたいしてもちうる総合的な「見方（take）」として理解されるべきだろう。つまり、それは感情の異なる次元を包摂し、先述の動機づけにかんする結果に加えて、人が彼女とともに、彼女にたいして、彼女に向けてするかもしれないことを制約したり、それを可能にしたりすると解されるべきである。このことは私の議論にとって非常に重要であるが、それが「態度」がもつ唯一の非認知的側面であると主張するつもりはない。

(27) ここでの「有意味に」とは、「理解可能なかたちで」とか「筋の通るかたちで」でもかまわない。これはたとえば、白鯨にたいするエイハブ船長の愚行をどのように理解するかによるだろうが、この文脈では、どれか一つにその意味を特定する必要はないと考える。

(28) このやり方で私の見解を説明するという有益な示唆を、私はリヴィングストン・スミス（Livingstone Smith 2016）から得た。

(29) 本章が下敷きとする草稿において、私は誤って、二つの概念は不可避的に緊張関係にあるというのがダイアモンドの主張であると示唆した。しかし、ダイアモンドがコミットするのは、両者間に「ある種の緊張関係が存在する」というところまでであるといまは考えている。なぜ二つの概念はここでのみ緊張関係にあり、他所ではそうでないのか、私には定かではないが、それをどう理解するかについてのさらなる議論は別の機会を待つことにする。見解の明確化について意見交換の場を与えてくださった、ダイアモンド教授に感謝したい。

(30) 同様のことは、誰かを一人格（a person）として見ることと、誰かを所有物の一つとして見ることのあいだには根源的な緊張関係が存在するという考えにもあてはまる。本章冒頭で引用したアーサー・チュウの発言に反して、この主張の正しさが先取的に前提されてはならない。それには根拠となる議論の提示が必要である。たしかに、いくつかの（たとえばカント的な）理解によれば、誰かを人格として見ることは、その人物が、売買の対象とすることはできない、道徳の観点から見て自律的な存在であり、他の人格と同等の道徳的価値と権利を有する存在であると見ることをそのうちに含む。しかし、ここで理解される意味での人間主義は、それ自体が標榜する説明能力を発揮するために、危険な橋を渡らなくてはならない。誰かを同じ人間として認知することの観念にこれだけの道徳的内容が詰まっているのだとすると、どうして道徳心理学においてそれが約束するところの説明を与えると考えられるのかが定かでない（ある行為者にたいしてそうした認知を帰属させるのは、「それ」が指示するところについて実質的な特徴づけがすでに与えられているところで、「彼女はそれを理解したね！」と満足げに言うことにほぼ等しい）。他方、誰かを同じ人間として認知することという観念が、説明項として適切なほどにその内容を薄められたとすると、今度は、それが標的となる被説明項についてつねに十分な説明を与えるかどうかが定かでなくなる。この点について、さらに説明するよう求めてくれたこと、そして、貴重なコメントと議論の機会を与えてくれたことにかんして、ノミー・アーパリィに感謝する。

（31）本章全体同様、この段落での議論は拙稿（Manne 2014b）を援用する（「はじめに」注7参照）。

（32）とくに、女性（白人か非白人かにかかわらず）は、家父長制的・白人至上主義的イデオロギーにかんがみて、はなはだしい無礼、脅迫、反抗、怠慢などを犯しているとしばしば見なされる。また、歴史的に服従的立場を課されてきた人々が権威ある社会的役割を担う場合、たんにその地位を占めるという事実が、これらの著しく不当であるにもかかわらず根深く内面化された社会秩序から見ると、いわば「白昼強盗」に相当することもありうるのである。

（33）この例を最初に取り上げたジョナサン・ベネットによる議論に異論を述べる。私の読解は、ハックは当初「ジムを密告しなくてすむような言い訳を見つけるという望みに抗って希望するが、（中略）結局抜け穴を見つけることはできない」というアーパリィの主張ともぶつかる（Arpaly 2003, 75）。しかしながら、人種差別主義と性差別主義の事例における動機づけられた推論の役割についてのアーパリィの示唆的な説明は、（他の多くの理論家と異なり）彼女にはおそらく私の論点を取り込むに十分な資源があるということを意味する（同書98–114）。また、アーパリィが指摘するように、小説中のこの一節についての正しい解釈にたどり着けるかどうかは、哲学的目的にとってはそこまで重要でない（同書76）。残る問いは、一連の出来事の後、ハックはけっして自分の人種差別的な意識を疑問視することがない、また、じっさいジムを助けることについては強い罪の意識を覚えているということを考慮するとき、ハックのような共感にもとづく一八〇度の心変わりはベネットとアーパリィの読解においてどのように評価されるのかが問題となるだろう（Manne 2013）。このことは道徳にかんするハックの方位磁針が多かれ少なかれ壊れていることを示すのだろうか。それとも、ここには複数の次元の道徳的評価が働いていることを、それは示すのだろうか。きわめて興味深い問いではあるが、私のここでの目的とは直接重ならないので、回答は差し控える。

(34) ここで明らかに皮肉なのは、インターネット上のポルノの隆盛は、インターネットが全体として提供してきた、女性の主体性の表現の場の登場と無関係ではないように思われることである。バックラッシュや口封じ（サイレンシング）という社会現象の登場もまた然りである。

(35) 内集団の成員は成員間では外集団の成員についてこうした仕方で話すので、非人間化する言語はたんに支配、脅迫、侮辱などの機能を果たすことはできないと、リヴィングストン・スミスは指摘する（Livingstone Smith 2016）。これはたしかにそのとおりだろう。けれども、内集団の成員は互いにそそのかし合うこともあるし、当該の言葉を再三繰り返すことによって（その中心的な目的をいぜん別の文脈において外集団成員を侮辱することにとどめつつも）、従来、外集団の成員に向けては禁止されていた行動を認可することもできる点を指摘しておきたい。

（注21で述べたように）、当初、侮蔑的な言葉が内集団成員のあいだで、似たような行動産出的な仕方で主に使われていたものの、後になってはじめて外集団成員に向けて、彼らを嘲るために浴びせられることもある。そうした事例をめぐる議論についてはTirrell 2012, 175も参照のこと。ティレルは、侮蔑的な言葉が外集団成員を監視する（police）機能を果たすその仕方についても注意を喚起する。そうした侮辱語の意味に通じた「良い連中」の面前で、「悪い連中」（こちらはその意味を解さない）にそうした言葉を浴びせることによって、もしも規則に従わないならば、同じような侮辱がお前にも待っていると脅すことによって、それは為される（Tirrell 2012, 192）。非人間化する言語にかんするこれらの可能性はすべて、私が見るところ、社会的状況理論と整合的である。そして、とりわけミソジニーの現われ方のうちのいくつかを理解するために心にとどめておくのが有益だろう。

(36) この点にかんしてはジェイソン・スタンリーの示唆に富む議論（Stanley 2015, 第二章）を比較参照のこと。スタンリーによると、非人間化するレトリックはしばしば明らかに比喩的ではあるものの、彼の言う「真摯さの条件」はいぜん成り立つとされる。

(37) バーナード・ウィリアムズの次の言葉と比較せよ。「権利章典［アメリカ合衆国憲法中の人権保障規定］」を起草した奴隷所有者たち［たとえば、トマス・ジェファーソンなど］のことを考えてみてほしい。あそこには相当な自己欺瞞があったはずだ。自分が所有する女性奴隷に手を出したとき、連中は獣姦をしているとはじっさい考えていなかった。『おれは人間とヤっている』、そうはっきり意識していたのだから！」。この発言は、二〇〇二年一二月に行なわれたアレックス・フォルフーヴによるウィリアムズのインタビューの修正前の校正刷りからの引用。この校正刷りは、ウィリアムズの死後に研究者たちのあいだで回覧された。

(38) ルワンダ虐殺のさいの女性にたいするレイプにかんして、リヴィングストン・スミス自身、その恥をかかせるような性質を指摘している (Livingstone Smith 2016)。

(39) 「ヘイトの正当化」、ストームフロント・ロシア——ロシアにおける白人国民主義者。https://www.stormfront.org/forum/t107725-2/

(40) 興味深いことに、ビーヴァーはソビエト兵がベルリンの人々にたいして抱いていた羨望の感情を強調する。というのは、ベルリンの人々はソビエト兵が夢見た暮らしよりもさらに快適な生活を送っていたのである。ビーヴァーは、怒り狂うソ連兵の破壊行動の例として、枕や羽ぶとんから引っ張り出した羽毛が吹雪のように村の道路の上にまき散らされたことに言及する (Beevor 2003, 35; 81)。一九三三年以前のドイツにおける反ユダヤ主義の段階的拡大について歴史学的に説明するには、ユダヤ人にたいする羨望感情ということも同じように重要な主題である。たとえば、アモス・エロン (Amos Elon)『なんと残念なことよ——ドイツ - ユダヤ人時代　一七四三—一九三三年の肖像 (*The Pity of It All: A Portrait of the German-Jewish Epoch, 1743–1933*)』(二〇一三年) およびゲッツ・アリー (Götz Aly)『なぜドイツ人? なぜユダヤ人?——羨望、人種憎悪およびホロコースト前史 (*Why the Germans? Why the Jews? Envy, Race Hatred, and the Prehistory of the Holocaust*)』(二〇一四年) などを参照のこと。

(41) カリフォルニア大学バークレー校での講演中、この点との関連で、ジョエル・サティが貴重な洞察を与えてくれたことに感謝する。

(42) 坑道の奥深くに地下生殖実験室を設置するというストレンジラヴ博士の計画を思い出してほしい。

タージドソン将軍　博士は、いま、男性一にたいして女性一〇の割合と言ったね。そうなると必然的に一夫一婦制は崩れないか? 少なくとも男性の側からは。

ストレンジラヴ博士　さよう。人間の未来のためにはやむをえぬ犠牲です。もちろん男性としてはこのサービスに献身を要求されるのだから、地下組に選ばれる女性は性的に最も刺激的な特性を具備すべきです。

訳注

＊1　原語は「dehumanization」。人間性を与える、もしくは人間化するという意味の「to humanize」にたいして、人間

性を奪う、人間性を否定するという意味で「to dehumanize」が使われる。本書では、文脈に応じて、人間性の剝奪、非人間化などと訳し分ける。

＊2　人間主義の主張が誤りであり、ミソジニーは女性を同じ人間として認知しないという考え方をともなうという主張が誤りであるとしても、つまり、女性が同じ人間として認知されていても、むしろそう認知されるからこそ、ミソジニーが起こりうることが、この後論じられることになる。

第六章　男たちを免責する

高潔なブルータスは
諸君に語った、シーザーが野心を抱いていたと。
そうであれば、それは嘆かわしい罪にほかならず、
嘆かわしくもシーザーはその報いを受けたのだ。
ここに私は、ブルータス、その他の諸君の許しをえて——
と言うのも、ブルータスは公明正大な人物であり、
その他の諸君も公明正大の士であればこそだが——
こうしてシーザー追悼の辞を述べることになった。
シーザーは私にとって誠実公正な友人であった、
だがブルータスは彼が野心を抱いていたと言う、
そしてそのブルータスは公明正大な人物だ。
シーザーは多くの捕虜をローマに連れ帰った、
その身代金はことごとく国庫に収められた、
このようなシーザーに野心の影が見えたろうか？
貧しい者が飢えに泣くときシーザーも涙を流した、
野心とはもっと冷酷なものでできているはずだ、
だがブルータスは彼が野心を抱いていたと言う、
そしてそのブルータスは公明正大な人物だ。
諸君はみな、ルペルクスの祭日に目撃したろう、

私はシーザーに三たび王冠を献げた、それを
シーザーは三たび拒絶した。これが野心か？
だがブルータスは彼が野心を抱いていたと言う、
そして、もちろん、ブルータスは公明正大な人物だ。
私はブルータスのことばを否定すべく言うのではない、
ただ私が知っていることを言うべくここにいるのだ。
諸君もかつては彼を愛した、それも理由あってのことだ、
とすれば、いま彼の哀悼をためらうどんな理由がある？
ああ、分別よ！　おまえは野獣の胸に逃げ去ったか、
人間が理性を失ったとは。
（中略）
つい昨日までは、シーザーの一言は全世界を
畏怖せしめるものであった。それがどうだ、いまは
そこに横たわり、匹夫とても敬意を表する者はない。
ああ、諸君、もしこの私に諸君の心をかり立て、
反逆暴動の挙に誘おうとの下心があるとすれば、
ブルータスを誘り、キャシアスを誘ることになる、
あの二人は、諸君も知るとおり、公明正大な人物だ。
あの二人を誘ることだけはしたくない、たとえ
死者を誘り、私自身を誘り、諸君を誘ろうと、
あのような公明正大な人物を誘る気は私にはない。
（シェイクスピア『ジュリアス・シーザー』第三幕第二場中、マーカス・アントニーの台詞）

殺人から逃げおおす方法

私は本章を二つの殺人事件の物語から始める。どちらも被害者は女性で、どちらも第一容疑者は被害者と親密な男性だった。そして、どちらも男性側の語るストーリーは書き換えられた。殺人と思われたものは、じつは、彼を陥れるための彼女の側の巧妙な企みだったのだ。一方の事件では、男性は潔白であると判明した。もう一方では、筋書きは次の問いに導かれるかたちで進んだ。「彼は逃げおおせるだろうか?」(クロス・フィンガーズ〔幸運を祈りましょう〕)。

どちらの物語もフィクションである。だが、どちらも世に広く行きわたっている文化的ナラティヴの一例であり、私たちはよく注意を払うべきである。そうしたナラティヴは、いまだ明確に認識されていないが、特定の男性たちの潔白を支持し、彼らの名誉を守り、早々に、あるいはそうする適当な権威もないままに彼らに恩赦を与えようとする熱心な集合的努力を反映し、それを固定化する。多くの場合、これはまず、容疑者にたいして「疑わしきは罰せず」という態度を拡張することをともなう。告発者であり被害者である女性の言葉を疑うような理由はほとんどないにもかかわらず、そうするのだ。そこで、私は、これら私が「免責するナラティヴ(exonerating narratives)」と呼ぶものを、ミランダ・フリッカー(Fricker 2007)、ホセ・メディナ(Medina 2011)、ゲイル・ポールハウス・Jr(Pohlhaus 2012)によって理論化された「証言的不正義(testimonial injustice)」の概念に接続することにする。その後に、「奇妙な消失」とそれに関連する、公的言説における特定主体の不可視性についてのクリスティ・ドトソンとマリタ・ギルバート(Dotson and Gilbert 2014)の仕事からさらなる洞察を引きだそうと思う。

議論を進めるにさいして、私はその考察対象を主要な形式の特権の(すべてでないにせよ)多くを享受する男性に限定する。(1) このことによって、物語から女性が抹消されるという事実から私たちがどれほど気を逸らされるかはちょっとした見物《みもの》である。闇の術《アート》、魔術、そう、消える女の奇術《トリック》と考えてみてほしい。

とはいえ、さほど特権的でない男性たちもやはり、しばしばこの力学《ダイナミクス》の虜となりうるということを知っておくことも重要である。じっさい、それが私の論点の一部でもある。いわゆる「悪いやつら《バッド・ガイズ》」は過度にマニ教的（黒か白かの二元論的）な言葉——「怪物《モンスター》」、「サイコパス」、「性的捕食者《プレデター》」、「小児性愛者《ペドフィル》」など、ニュアンスに欠けるにせよ、基本的には正確な呼称から、根深く、組織的な不正義を示す表現にいたるまで——によって、いわゆる「良いやつら《グッド・ガイズ》」から区別されがちである。またしても、これは重なり合う、動的な社会的メカニズムの一部分をなす。というのも、怪物の登場は、特権的な英雄志望者ときわめて好都合な対照をなすからである。

本章で取り扱うのはすべてつい最近の事例にかぎられる。なぜならば、本章および次章での私の方法は、いわば哲学的ニワシドリ、すなわち、巣作りのためにきらきら光る欠片を集めて飛び回る収集家のそれであるからである。以下の例は、ほぼ同時期に同じ地域に現われた、テレビ、政治、ニュース、小説、社会科学、エスノグラフィから収集されているので、私が生きた文化的瞬間の一部を構成するものである。けれども、本章で論じられる力学は家父長制それ自体と同じくらい古いものである。良いやつ《グッド・ガイ》は悪さをしない、だから彼にたいする悪口は取り合わない。私はこれを「公明正大なブルータス」問題と呼ぶことにする。要約すれば、それは次のようになるだろう。

> 彼女は、少なくとも僕の知るかぎり、僕の忠実な友人、それも僕にだけ忠実な友人だった。でも、彼女は嘘をついているとブルータスは言う。そして、ブルータスは良いやつだ。

ここでは議論にたいしてそれと明言されることなく論理肯定式〔pならばq。p。それゆえ、q。という推論〕が適用されるが、それに否定式〔pならばq。qでない。それゆえ、pでない。という推論〕が適用されることはまずない。換言するならば、このような「彼はこう言った」／「彼女はこう言った」、もしくは、「彼の言葉vs.彼女の言葉」的なシナリオでは、私たちは、彼女こそが真実を語っているという、より強い証拠にたいして適切に応えることなく、彼は「公明正大な男」だ、もしくは、彼は「良いやつ」だという前提から、彼女が嘘をついているに違いない、それとも、彼女はヒステリーを起こしているに違いないという結論を引き出す。そしてその結果、私たちは、ブルータスの残酷な裏切りにたいしてマーカス・アントニー的人物が示す苦々しい怒りなどは言うまでもなく、彼は信用の置ける人物であるという集合的前提が結局のところ正しいのだろうかという問いを問いそこねるのである。*1

マーカス・アントニーは彼の有名な演説の最後に、「公明正大なブルータス」が謀反人であり詐欺師であることを暴いて倒れる。「許してくれ」と彼は言う。「私の心はシーザーとともにその柩のなかにある、それが戻ってくるまで、先を続けられないのだ」。まったく同感である。二〇一六年の大統領選挙の直後にこれを書いている私はそう言わざるをえない。

ボーイ・キルズ・ガール

ギリアン・フリンのベストセラー小説『ゴーン・ガール』(二〇一二年)は「良いやつ」側の物語で始まり、「良いやつ」側の物語で終わる。結婚して五年になるカップル、ニックとエイミーは、トルストイには失礼ながら、型どおりに不幸せである(おそらく、不幸なカップルの定型はホームコメディの産物だろう)。経済不況の中、マンハッタンでの職を失った二人は、療養中のニックの父親の面倒を見るため、ニックの育った中西部の平凡な田舎町に引っ越してきた。仕事の見つからないエイミーは退屈し不機嫌で、寂しさも感じている。ニックはバーの経営を始め、地元カレッジの講師もしながら、担当クラスの教え子と不倫関係にいたる。それ以外の時間はテレビゲームに耽り、漫然と日々を過ごしている。

物語の大筋は次のとおりである。男の子と女の子が出会う。二人は結婚するが、男の子は女の子を裏切り、女の子は失望する。男の子は女の子を殺す。もしくは、そうしたように見える。ところが、それはトリックであると判明する。この物語では、女の子はクレイジーだったのである。

彼女は彼を策略にはめる。二人の五年間の関係を綴る偽の日記を作り、自らが被害者であるかのような、血にまみれた殺人現場を仕立て上げ、「生前」の妊娠を偽装する。失踪後は、裕福な元恋人の腕の中に戻るも、心変わりする（気まぐれであり、狡賢でもある）。男の子はさほど悪くなかった。彼女はそう思い直し、支配的な元恋人を、雌カマキリのように性行為の最中に殺害する。そして女の子はふたたび男の子と結ばれる。

二〇一二年に出版された小説は『ニューヨーク・タイムズ』紙のベストセラー・リストに載り、二〇一四年の同名映画も興行的成功を収めた。しかし、フリン（映画化のさいの脚本も担当）は、主人公女性エイミーの描写にかんしてミソジニー的であると各方面から非難を受けた。映画公開直後のことをフリンは次のように語る。


表立っては言わなかったけれど、丸一日くらい頭を抱えていました。「わたしはフェミニズムを殺してしまった。なんであんなことをしたのだろう？　まいった。そんなつもりなかったのに」と。でもそれからすぐに大丈夫な気がしてきました。自分が書いたものについて。(2)


束の間であったにせよ、まさしく「まいった」ではある。だが、ここでのつながりを認識しそこねているのは、なにもフリンだけではない。男性優位を支えることに集合的に過剰投資していて、私たちはそれを守るためなら自分たちがどこまで献身するか、その異常さに気づきにくい。中心部分が安泰であるあいだは、それを支えるものもその副産物も、私たちの目には入らないものである。

ここで第二の殺人事件の物語に移ることにするが、そもそも本書を執筆する動機の一つは、この物語にかんして覚える違和感をどうしてもうまく言い表わせず悶々としていたことにある。その物語とは、コーエン兄弟の一九九六年の作品を二〇一四年に連続テレビドラマ化した、『ファーゴ』である（ちなみに、テレビ版のほうにも、共同制作者としてコーエン兄弟の名前が挙げられている）。劇場版での主役とは異なり、テレビ用にアップデートされた主人公――レスター・ナイガードという名前に変更されている――には、妻――これまた、オリジナル版での「ジーン」から「パール」へと改名されている――を（狂言）誘拐するような計画はない。映画版では、狂言誘拐のつもりが、主人公のあずかり知らぬままに凄惨な連続殺人事件へと展開するが、テレビ版ではすべては主人公の意図により事件にいたる。そこへといたる必然性のようなものもないわけでもなかったが、それはあくまで自発的な行為であり、心理的去勢の恥辱に起因する暴力の激発である。

物語は、レスターが街頭で高校時代の天敵に出くわすところから始まる。その男の名はサム・ヘス。昔と同じようにヘスはレスターに陰湿な言いがかりをつける。ヘスの粗野な息子二人が聞き耳を立てるなか、レスターの妻パールについて、「高校の頃はよく手でヌいてもらったもんだ」と言い立てる。レスターは、比喩的にも字義どおりにも、バランスを崩す。よろけて、店のガラス窓に顔から突っ込む。そしてその衝撃で鼻の骨を折る。

救急外来の待合室でレスターは気味の悪い男、あるいは、むしろ彼のエス〔精神分析用語で本能的衝動の源泉〕の分身とでも言うべき人物、ビリー・ボブ・ソーントン演じるローン・マルヴォと出会う。怪我をした経緯を語ると、マルヴォは自分が代わりに仕返しにヘスを殺してやろうかと申し出る。驚いてまごつくレスターは、申し出を断ろうとするも、はっきりと意思を伝えることのできないままにマルヴォと別れる。マルヴォのほうは答えはイエスと受け取り、殺人の実行に移る。ストリップバーへとヘスの後を付け、ダンサーの一人と別室で後背位でのセックスに励むサムの後頭部にナイフを突き立てる。名前のない女性の肩や首に血が飛び散り、彼女の背中が血まみれになる。言わば時期尚早の射精である。そして私たちは、女性の上にどさりと倒れ込むヘスを目にする。カメラがパンしながら後ろへ退く。惨状に気づいた女性の叫び声が響き渡る。

自分のために大男が殺されたことを聞かされたレスターは、ど肝を抜かれると同時に気持ちを大きくする。そして、自宅の洗濯機の修理に取り組むことを決心する。がたがたと音を立てて回るこの洗濯機は、レスターのさえない職歴ややり手の弟に比べて乏しい給料と並んで、つねに夫婦間の諍いの中心点をなしてきた。さらにまずいことに、レスターは妻にとってベッドの上でも失望以外の何物でもなかった。子どもを設けることはおろか、パールの性的欲求を満足させることもできなかった。続く二人の言い争いの場面では、「あの最中にワタシの目を見ることさえできない」とパールはレスターをなじりはじめる。

こうして次の場面は、洗濯機を修理したと誇らしげなレスターがパールを地下室へと導くところから始まる。だが、彼の栄光の瞬間が長続きするはずもない。それどころか、修理されたはずの洗濯機はかつてないほどの騒音を立てはじめる。彼の失敗にパールは薄ら笑いを浮かべ、まるで当然という顔つきをする。

この後の物語の進行は次のとおりだ。男の子は女の子の期待に応えることができない。女の子は男の子を笑う。男の子は傷つく。男の子は激怒する。男の子は女の子の顔面を繰り返しハンマーで殴りつける。(3)

夫(「かわいそうな」という形容詞を付けたい向きもあるかもしれないが)をなじり、骨抜きにする女はこうして永久に口を封じられる。肝の据わった視聴者は彼女の顔面がみるみる血まみれとなり、それがもはや顔であることを止めて、見るも無惨なぐちゃぐちゃの肉塊と化すさまを目の当たりにすることになる。パールの両眼はもはやそこにはない。あるいは、少なくともそれと思しきものはどこにも見当たらない。第四章で述べたように、エリック・エリクソン(Erikson 1963)によると、恥の感情は「世界の目をつぶすことを欲する」と言う。けれど、この後論じるように、このことは、恥を感じている人の中でも、自分はもっと多くのもっと良いものを受け取る権利があるという意識をもつ人にのみ、すなわち、自分のことを間違った仕方で見たか、まったく見てくれなかったという理由で、誰かを「つぶしてしまいたい」と思っているときに、その相手からの称賛と承認を受ける権利があると感じているような人にのみ、あてはまるようだ。それ以外の私たちは、自らの顔を隠すとか、その場から逃げ出すとか、その場で凍りつくとかいったことで満足するだろう。

自らのしでかしたことに気づき、びっくりした様子でレスターが顔を上げると、(やる気を鼓舞する目的で)壁にセロテープで張りつけてあるポスター――この時点ではその上に血が点々と飛び散っている――が彼の目に入る。そこには一群のブルーの魚たちと、反対方向に泳ぐ一匹の真っ赤な魚が描かれている。「正しいのはあなたで、連中のほうが間違っているとしたら?」、絵の下にはそうロゴが入っている。メッセージは明らかである。このポスターは視聴者のあいだで話題となり、商魂たくましい人物が早速商品化してアマゾンで販売を始めた。次のような商品説明とともに。

『ファーゴ』シーズン1中に度々現われる魚のモティーフはナイガードの地下室のこのポスターから始まりました。コミック風の可愛いポスターは人を元気づけます。妻を殺害した後、ロゴの文句は主人公レスター・ナイガードの新しいモットーとなりました。レスターと同じように、私たちも、血が点々と飛び散るこのポスターからインスピレーションを得ました。レスターとは違って、どうにかダークな衝動に抗うことはできましたけどね。願わくは、皆さんもインスパイアされますように!

「可愛い」とか「願わくは」とか言うとは。たしかにインスピレーションではある。

二〇一四年の視聴者はある意味でこういうドラマを欲していたという事実は、私たちとその時代精神について何を示すのだろうか。私自身は、招かれた友人宅に滞在中、友人と彼女の夫と一緒にこの番組を視聴したが、そのときこれが注目に値するだとか、心をかき乱すだとか、私たちのうちの誰一人として口にする者はいなかった(ポップコーンでも作ろうか? もう一回分観てみる? そんな会話はあったが)。それは何を意味するのだろうか。視聴者はレスターに同情を感じるだろう、そして少なくとも当初は彼に逃げ切ってほしいと願うだろう。この連続ドラマはそういう仮定の下に作られている。私たちは、これまで歴史的に優位な位置を占めてきた者たちにたいして、とくに彼らが運に見離されているようなときには、恩赦を与える傾向がある。そういうことではなかろうか。もしそう思わないのであれば、ためしに登場人物のジェンダーをひっくり返してみたらよい。これまでにそうしたジェンダー逆転を含む例が存在しなかったわけではない。だが、それは比較的稀であり、また、じっさいにそうした例があっても、その場合には暴力性の度合いに比例して衝撃の度合いも強くなるように思われる。そう聞くと、『テルマ＆ルイーズ』がすぐに念頭に浮かぶが、あの映画が公開されたのはもう二五年も前のことである。(4)

「彼がこう言ったvs.彼女がこう言った」、「彼の言葉vs.彼女の言葉」というシナリオにかんしては、家父長制を支える観点からすれば、彼の側に証言的優先性を与えるべき明らかな理由がいくつか存在する。万一彼女のほうが正しかったら。その場合、彼は論駁される立場にある。彼女のほうにより信用性があるとなれば、彼女は自身の言葉で彼に一杯食わせる力をもつだろう。したがって、そうした力が、社会的優位を占める者に抗して、社会的下位にある者に認められることは闘争なしにはありそうにない。そして、ジェンダー化された階層のそうした転覆が起こるのを効果的に抑止することにこそ、ミソジニーの果たす機能の一部分が存する。だから、私たちはミソジニーと証言的不正義との関係について考えなくてはならない。

階層を維持する証言的不正義

最近の分析哲学において、証言的不正義は広く議論され、多くの実りをもたらしている主題の一つである。この現象は最初ミランダ・フリッカーの記述の下で分析哲学者の注目を集め、その後（さまざまな記述の下で）、パトリシア・ヒル・コリンズ、チャールズ・W・ミルズ、カレン・ジョーンズ、ホセ・メディナ、ゲイル・ポールハウス・Jr、クリスティ・ドトソン、レイチェル・V・マッキノンらによって理論化されてきた。

証言的不正義は、フリッカー（Fricker 2007）の適切な表現を借りるならば、「信用性の経済」における組織的な偏見によって生じる。それは特定社会集団の成員、ことに当該集団が歴史的かつ現在にいたるまで、いくらかでも不当に社会的下位に押しとどめられてきたような場合にその集団の成員の上に降りかかる。(5)つまり、証言的不正義とは、典型的には、下位集団の成員が何らかの事柄について、またはある特定の人々に抗して主張を行なうときに、信用性において劣ると見なされ、その結果、知識保有者としての認識的地位を、彼（彼女）が当該の下位集団に所属するという事実を通して説明されるような仕方で、否定されるという事態を指す。

フリッカーの著書『認識的不正義』（Fricker 2007）の冒頭では、映画『リプリー（*The Talented Mr. Ripley*）』中のマージ・シャーウッドが彼女の婚約者の父によって退けられる場面がその例として挙げられる。婚約者ディッキーの失踪について、それが彼の親友であり、物語のもう一人の主人公であるトム・リプリーの悪ふざけによるのではないかとの懸念を表明しようとするマージにたいして、グリーンリーフ氏はいっさい聞く耳をもたない。「マージ、女の勘というのと事実というものはまったく別物だよ」。事もなげにそう言い放ち、彼女の懸念の妥当性も彼女がそれを表明する立場にあることもいずれも否定する（Fricker 2007, 9–17）。客観性について、当時（すなわち、一九五〇年代に）流通していた「適切」（すなわち、性差別的）な標準によれば、彼女はとどのつまり道理のわからぬヒステリー女なのである。

フリッカーの理論的枠組みでは、人が証言的不正義を被る仕方は二通りある。第一に、彼女は、しかるべきレベルの能力を有さない、すなわち、求められる水準に比して、自分が話していることについて知識をもっていそうにないか、それが正しいと信じることを正当化する根拠をもっていそうにないと見なされるおそれがある。第二に、彼女は、しかるべきレベルの信頼性を有さない、すなわち、（やはり）求められる水準に比して、聞き手側の観点からは、彼女の主張には真摯さ、または正直さが備わっていそうにないと見なされるおそれがある。一見したところ、グリーンリーフ氏は、何か不規則なことが行なわれているのではないかというマージの疑念にかんして、彼女の能力（competence）を過小評価し、それを退けているようである。しかし、じつのところ、これは水面下で起こっていることの社交上の見せかけ（さもなければ、無意識的な正当化）にすぎないのではないかと私たちは容易に想像できる。おそらく、グリーンリーフ氏は、女は人を支配し操る生き物であり、心配という見せかけの名目で、男の子が男の子らしくあること、つまり彼らの権利である楽しみの享受を邪魔しがちだとの疑念を常日頃から抱いていたのだろう。グリーンリーフ氏からすれば、息子のディッキーは親友のトムとともに、独身生活最後の自由を楽しんでいるにすぎない。そして、それを台無しにしたいがばかりに、マージは心配を盾に騒いでいる。誰でも嘘はつくものだが、女は生来の嘘つきなのである。

マージ・シャーウッドのエピソードは証言的不正義についてのわかりやすい具体例を与えるが、この現象はもっと微妙な、したがってもっと陰険なかたちをとることも多い。私の議論にとって重要なのは、関連する社会的カテゴリーへの言及はおろか、なんら明確な根拠もなく、じっさいよりも信頼性に欠けるとされ、人は不当にも退けられることがありうるという点である。むしろ、女性として、もしくは非白人男性として解釈されるという事実のほうが、その人物がどのように見られ、どのように扱われるかを予言し、またそれを説明する。たとえ彼（彼女）の社会的アイデンティティが聞き手側に強く意識されていなくても、そうなのである。他方、聞き手は自分がその人物の証言に疑念を抱いたり、その議論に説得性を感じなかったりすることについて、無意識のうちに遡及的な理由づけを行なうかもしれないし、あるいはその理由にまるで気づかないかもしれない。

要するに、これが証言的不正義という現象である。だが、なぜこうしたことがいつまでも続くのだろうか。その社会的、心理学的基盤は何なのだろうか。いつ、どこで、そしてなぜ、それはそんなに起こりやすいのだろうか。

より正確を期すために、ここで問いを四つに区別すべきだろう。

(1) 歴史的に下位にある集団の成員が信頼性の欠損を被りやすいのはどんなときだろうか。

(2) 歴史的に下位にある集団の成員が信頼性の欠損を被りやすいのはなぜなのだろうか。

(3) じっさいに、歴史的に下位にある集団の成員はまったく一律に信頼性の欠損を被りやすいのだろうか。それとも、そうした欠損は、特定の領域もしくは文脈に限定されるのだろうか。また、それに付随して、別の文脈での信頼性の過剰がもたらされるのだろうか。

(4) そうした信頼性欠損——そして、その過剰——はどんなイデオロギー的機能を果たすのだろうか。

では、これらの問いのそれぞれについて私見を述べてみたい。

(1) 歴史的に下位にある集団の成員が信頼性の欠損を被りやすいのはどんなときだろうか。

統計的に見て証言的不正義がどのくらい蔓延しているかについて詳細に答えることは、哲学者としての私の職域を明らかに超える。じっさい、フリッカーもこの種の問いに取り組むことはない。ここで言えるのは、私が本章で言及する架空の事例、そしてこの後に続く現実の事例の多くにおいて、証言的不正義が係争点であることは明らかであるか、もしくは、そうであることがきわめて蓋然的であるということである。たとえ事例についての私の分析に同意が得られないとしても、私の中心的目的からすれば、それはかならずしも失敗ではない。私の主目的は、この現象の輪郭を描き出し、それによって、証言的不正義の本性について、すなわち、ここで「候補」として挙げたものがその事例をなすかどうかについて、たとえ意見の一致が得られないにせよ、実りある議論ができるようになることである。同様に、重要なのは、証言的不正義がどれほど蔓延しているかをアプリオリに決定することではなく、その事例の諸類型とその蔓延の範囲を認識できるようになることである。

(2) 歴史的に下位にある集団の成員が信頼性の欠損を被りやすいのはなぜなのだろうか。

この問いにたいするフリッカーの回答は「アイデンティティ偏見にかんする否定的ステレオタイプ」が存在するからということであり、彼女によれば、「ある社会集団と一つかそれ以上の属性とのあいだに軽蔑的な連想が広く行きわたっていて、そうした連想は、倫理的に不適切な感情投資のせいで、対抗証拠にたいしての（たいていの場合、認識の観点からは非難されるべき）抵抗を示すような一般的傾向を体現する」とされる[*2]（Fricker 2007, 35）。もっともらしい答えである。けれどもフリッカーは、ここで彼女が「感情投資」と呼ぶものの性質について多くを語らない（説明におけるのと同じような空白は潜在的バイアスにかんする文献にときおり見受けられる）。なぜそれは直接的に重要な対抗証拠にたいして抵抗する傾向を示すのかといった問いも含めて、このステレオタイプについてはまだかなり疑問が残る。私たちはまた、なぜ下位集団の成員は証言能力を欠くばかりか、信頼性も欠くとしばしば見なされるのか、そう疑問を抱くかもしれない。これら二つのステレオタイプは目的相反することがよくあるにもかかわらず、両者の並存を耳にするのは稀ではない。それどころか、第八章で取り上げる経験的証拠が示すように、そうした並存は世にありふれているようにさえ思われる。いったい何がこの事実を説明するのだろうか。

(3) じっさいに、歴史的に下位にある集団の成員はまったく一律に信頼性の欠損を被りやすいのだろうか。

フリッカー自身が、彼女の挙げる例の一つ――ハーパー・リーの小説『アラバマ物語（*To Kill a Mockingbird*）』（一九六〇年）では、黒人のトム・ロビンソンが白人女性のメイエラ・ユーウェルをレイプしたとして、誤って告発される――にかんして認めるように、この問いにたいする答えは間違いなく「ノー」である。

証言的不正義へとつながるような種類の偏見が有する文脈依存性についてはすでに触れた。メイコム郡の陪審員たちは、たとえば畑の収穫にかんする事柄についてであれば、たいていトム・ロビンソンの言葉を信用しただろうし、ハーバート・グリーンリーフは、恋人の失踪という、女の勘によって歪められかねないような事柄以外だったら、多くの事柄についてたやすくマージの言葉を信じたであろう（Fricker 2007, 135）。

フリッカーはここではその理由について明確な説明を与えていないが、それに先立つ箇所で次のようなことを示唆していた。

トム・ロビンソンは知識ということについて、ある種のことにかんしてならば、骨の髄まで人種差別的なメイコム郡の白人住民からさえ頼られたかもしれないし、信用されたかもしれない。たとえば、日々の仕事にかんする事柄はもちろんのこと、日常生活における実践的な事柄の多くについてもそうであろう。ただし、それは彼の言葉が白人住民の言葉に抗うものでないかぎり、それが知性にかんして彼の劣性にいかなる疑念を覚えさせるようなこともないかぎり、また、その主題の選択が、この黒人は身の程を忘れているという含意の生じる余地がないかぎりのことである。人間的偏見における一貫性の欠如の傾向――それは心理学的区分化（compartmentalization）のメカニズムによって維持されてきたのであるが――とは、相当数の小領域において認知的信頼を手つかずのままに残しつつ、その一方で、強力な人種差別主義的イデオロギーが他の文脈においては無数の場面でその信頼を台無しにするようなものなのである（Fricker 2007, 131）。

私たちはここでフリッカーが階層とイデオロギー双方の役割を指摘するのを目にするわけである。彼女はこれらの点を敷衍しないし、彼女がそう主張するわけでもないが、私はそれらの役割が重要であり、しかも両者は重要な点で連関していると考える。それらは、先述の「感情的投資」にとっての政治的基盤と思しきもの、たとえば証言的不正義が部分的に維持するものや、それによって維持されるところの社会的ステレオタイプを下支えするものを理解する助けとなる。

知識にかんする評価は知識の保有者が誰であるかということにたいして相対的で対照的であること、また、それは過去から未来への時間軸上に延びているということにかんがみて、優位集団によって享受される過剰な信頼性は、下位集団の成員にたいする証言的不正義をもたらす。そう論じることで、ホセ・メディナ（Medina 2011）

は階層の役割をより明確にする。

> 『アラバマ物語』の裁判場面では、信頼性想定の階層の全容を目にすることになる。白人女性は黒人と比較してより信頼性を有し、白人男性は白人女性と比較してより信頼性を有する。どんなに奮起してみたところで、主張の信頼性にかんしては、［弁護士アティカス］・フィンチと陪審員のどちらにもメイエラは敵わない。信頼性評価の相対的で対照的な性格は、被告と検事とのやりとりについての傍聴人たちの知覚――両者の発言が交互になされるのに合わせて、一方の権威と信頼性が増し、他方のそれが収縮する――においても見て取れる。（中略）トムの証言の信頼性の失墜は他と無関係に起こるわけではない。彼の信頼性は彼を取り巻く人々の信頼性と独立に蝕まれるわけではなく、じっさい、彼の証言的権威の減衰は、暗黙のうちに検事側に与えられる認知的権威の向上を通して達成される。証人の抱いた感情の数々とそれらのもっともらしさについての評価者として、検事のほうが証人本人よりも勝ると想定されるのである（Medina 2011, 23–24）。

社会階層と証言的不正義とのあいだの関係、そしてとりわけ、どのように両者はイデオロギーと、チャールズ・W・ミルズ（Mills 1997）が「無知の認識論」と呼ぶものによって連結されているかについて、ゲイル・ポールハウス・Jrによる議論（Pohlhaus 2012）がさらに明らかにしてくれる。トム・ロビンソンの事例は、信用できるのは誰か、つまり、トムとメイエラとのあいだには本当は何が起こったのか（彼女が彼を性的に誘惑したが、彼はそれを拒否したのであり、彼女を殴ったのは彼女の父親であるということ）を明らかにするといったことを超越すると、ポールハウスは指摘する。むしろ、ここにあるのは、証拠が示す内容を認知することの拒絶、「世界についての組織的で、連係調整《コーディネート》された誤解」、そして、意図的な種類の無知なのである（Pohlhaus 2012, 731）[6]。

では、なぜそうした拒絶が生じるのだろうか。一つには、メディナが論じるとおり、トム・ロビンソンを無罪放免とすることは、黒人男性の証言を白人女性のそれより優先させることであり、既存の社会的階層に反するからである（たとえ、ユーウェル家が極貧農家であり、その他の白人と比べて身分が低いにせよ）。もう一つとしては、ポールハウスの議論が示唆するように、トム・ロビンソンの話を信用することは、白人女性が黒人男性を性的に欲望する可能性を認めることであり、それは白人の異性愛・家父長制秩序にとって禁忌だからである。白人女性の眼差しは白人男性に向けられることを義務づけられているのであり、それゆえ、彼女たちの注意を惹きつけるような黒人男性は、白人優位主義の内側では、脅威を与えるものとして、そして同時に、（身体を）脅かすものとして、理解される。

トム・ロビンソンの不自由な左腕は、彼がメイエラにたいする加害者でないことをはっきりと示す。しかし、それと同時に、既存の人種秩序を維持するという目的のため、彼の身体を使い捨ての消耗品としやすくもする。メイエラと彼女の父親が信用されているわけでもなければ、彼らの話が信じられているわけでもない。じっさい、とくに父親のほうにとっては大いなる屈辱なのだが、この二人は町でまったく信頼されていない（小説の結末を考えてみてほしい。ただし、未読の読者のために内容は明かさないでおこう）。けれども、ユーウェル一家の嘘は多くの者がけっして認めようとしない真実を隠している。すなわち、白人女性が、彼女にたいして憐れみを覚えているだけの黒人男性に惹かれることもありうるということをである。この無知を維持するための犠牲として、清廉潔白たる一人の男性が、ちょうどその歌で人を喜ばすだけで何の害ももたらさないマネシツグミ（mockingbird）が撃たれるように、有罪判決を下されるのである。トム・ロビンソンは誤解されるのではない。狩られ、撃たれ、生けにえとされるのである。

こうして私たちは、メディナとポールハウスがフリッカーの枠組みに加える補強を利用することで、ミソジニーの本質についての私の説明と整合するかたちで、証言的不正義について考える方法を手に入れることができる。ここでいったん立ち止まり、その理由を述べたうえで、少し整理してみよう。

本書のここまでの議論において、私は女性が直面する敵対的な反応に主に焦点を合わせてきた（それはミソジニーについての著作として相応しいことで、もちろんそうでなければならないと思われるかもしれないし、それ以外の何を考察対象とすると言うのかと、怪訝に感じるかもしれないが）。だが、ここで第二章での私の論点、すなわち、コインには表と裏の両面があるということを思い出してほしい。あるいは、ミソジニーについての私の説明は、ひっくり返すべき二枚のまるで異なるコイン——否定性（negativity）のそれと、ジェンダーのそれ——の存在を示唆すると言ったほうがよいのかもしれない。

私の分析では、ミソジニーの第一義的機能とそれを構成する表われとは、「悪い」女性の処罰、そして女性の行動の取り締まりである。しかしながら、処罰と報償——および有罪言い渡しと責任免除——の二つのシステムは共同して、全体論的に働く傾向をもつ。だから、説明全体の構造的地勢は、私が分析対象とするミソジニーがジェンダー遵守を施行するその他のシステムやメカニズムと並んで機能するだろうことを予見する。(7) しかも、今日の社会的現実について振り返ってみるとき、女性が直面する敵意とは、巨大な家父長制的氷山の突出した先端部分であると見なすような線での思考を追究することが求められる。私たちはまた、ジェンダー化された規範や期待の数々を遵守し、他の女性に「良い」行動を強要する女性、たとえば、スラット・シェイミング〔一定の女性観にもとづき、女性の性行動を非難して貶める行為〕、被害者非難、インターネット上での「魔女狩り」などの実践に参加することによって家父長制的価値観を体現してみせるような女性にたいする報償と高評価（valorizing）にも、関心をもつべきである。もう一か所、関心を払うべきは、広く認識され、ある程度は受け入れられている論点ではあるが、男性性についての規範に従わない男性にたいする処罰と取り締まりである。他方、ほとんど論じられてこなかったのは、女性にたいして支配的な男性が受益者となる傾向の強い、肯定的で免責的な態度と実践の数々である。これがミソジニーとともに働くシステムであり、私が本章で強調しているものである。

先へ進める前に、アイラ・ヴィスタ事件とその犯人エリオット・ロジャーについて少し触れておきたい。この事件をミソジニー的とするフェミニズム解釈にたいして、世論からあれほど抵抗があったのはなぜなのか（フェミニズム解釈に同意が得られないにせよ、あれほどまで敵意を向けられるべきではなかったと思われるのである）ということの理由については、ぼんやりとした考えが浮かばないでもなかったのだが、ここでそれらに肉付けすることができる。より具体的には、私はここで二つの要因が考えられることを示唆したい。一つは、エリオット・ロジャーの「ソフトさ」と脆弱性であり、もう一つは、女性の痛みよりも男性の痛みにたいして同情する私たちの傾向性である。それは特権を与えられる男性が英雄か救世主の役割でも振り当てられるのでもなければ、とても理解しがたいほどである。次章で明確になるが、両者は密接に結びついている。特権的な男性の犯した罪を赦す傾向——私たちにたいする彼の脆弱性（被傷性）か、それとも彼にたいしての私たちの脆弱性かという、彼を「負けなし」の位置に置くような理由によって——は、女性被害者にたいして私たちが抱く敵意と結びついている。私たちは彼を守りたいと感じ、だから彼女に疑いの目を向ける。さらには、彼女が心を配るべきとされる圏内にある人々——たいていそこには支配的な男性も含まれている——になり代わって嫉妬を覚える（それにしても、何にかんしての嫉妬だろうか。この後の議論を簡潔に先取りするならば、それは、現実の、もしくは想定上の聴衆から共感のこもった道徳的注目を集める位置を占めることにかんする嫉妬である）。

ところで、証言的不正義について挙げた四つの問いのうち、残りはあと一つである。

(4) そうした信頼性欠損——そして、その過剰——はどんなイデオロギー的な機能を果たすのだろうか。

ここまで見てきた証言的不正義の事例の多くが興味深い特徴を共有している点に目を向けてほしい。すなわち、どの例について見ても、誰かの言葉が誰か別の人の言葉と対抗させられるのである。具体的には、歴史的に従属的位置にある集団の成員が、なんらかの社会的文脈において、優位を占める社会的主体に抗して証言しようと試みている。あるいは、より細かく言うならば、上位集団の成員が答えを独占するとこれまで見なされてきたうえに、大体において内輪だけで自由に話をしてきたような領域において、下位集団の成員が主張を行なおうと試みているのである。

したがって、信頼性欠損（そして、その過剰）は、しばしば上位集団成員の現在の社会的位置を支え、既存の社会階層において彼らが転落しないよう保護する機能を果たすというのが私の考えである。ちなみに、そうした転落は、歴史的には彼らが支配的な立場にあった下位集団の成員によって、たとえば、告発されたり、非難されたり、有罪を宣告されたり、誤りを正されたり、権威を下げられたり、あるいは単純に能力的に優越されたりすることによって起こる。この仮説が正しい方向を示しているとすれば、次のように予想できるだろう。歴史的に下位にあった集団の成員は、たとえば、「彼はこう言ったvs.彼女はこう言った」的なシナリオであるとか、同意や注目という「商品」にたいする需要が多く、しかも、その供給に限りがあるような状況において（加えて、ゼロサム・ゲーム的な環境であるかどうかは別として）、すなわち対立状況において、歴史的に上位を占めてきた集団成員に比して、信頼性の欠如を被る傾向がある。(8)

この仮説は本章で取り上げた例の多くやその他の例によっても裏付けられる。

- 『ゴーン・ガール』――夫が被告弁論で述べるところは信じがたかった。妻のほうがとんでもない陰謀家であると判明するまでは。
- マージ・シャーウッド――彼女は有能なミスター・リプリーについて密告しようとしていた。
- トム・ロビンソン――黒人男性の言葉が白人女性に向けられるが、先述したような理由で、それが功を奏すことはなかった。
- ゲーマーゲート――インディーゲームの開発者であるゾーイ・クインにたいする誹謗中傷を元恋人の男性が自分のブログに書き連ねたことに端を発して、ネット上で大炎上した。当初、彼女の浮気を責めていた元恋人が、その後、クインは自身の開発したゲーム『ディプレッション・クエスト』のレビューを高評価にしてもらおうと記者たちに枕営業をしていたと暴露するにいたり（後日、この告発は誤りであると判明）、火に油を注ぐ結果となった。男性優位であるゲーマーコミュニティへのクインの「侵攻」によって、コミュニティ内の特定男性への不当行為や裏切りを彼女がしているとの認識が広まる一方で、ミソジニー的ハラスメントの津波が彼女を襲うことになった。殺人予告、レイプ予告、そして彼女の自殺を促すメッセージが彼女の元に多数送りつけられた（第四章注12を参照）(9)。

- ジュリア・ギラード――前オーストラリア首相ケヴィン・ラッドに代わって首相に就任するも、その直後には、ラッド留任を認める旨の選挙中の確約を破ったとして（加えて、裏切り者の二枚舌であると）非難を受けた。ギラードは「ジューライアー《嘘つき》」と呼ばれ、この渾名を払拭することはついになかった。内閣支持率は史上最低レベルであったが、これはその業績に比して不当なものだった（ギラードについては、第八章において、同様に過大な嫌疑をかけられたヒラリー・クリントンの例とともに考察する）。
- 性的暴行事件での男性の言葉にたいする女性の言葉――私たちはどちらの言葉を、そしてどちらの人柄を信用したいのだろうか。

この最後の問いは、残念ながら修辞疑問ではない。気が重いが、次にそれに向かうことにする。ここでは、メディア上で多くの注目を集め、人々が通常よりも慎重に考えをめぐらせたように思われる最近の事例を扱う。レイプ文化と闘うための一大転機が訪れるのではないかと考えた人も少なからずあったのではなかろうか。だが、幸運は来なかった。その理由については、事件のあらましを説明してから取り組むことにするが、それは次のような可能性を提起する。すなわち、かなり多くの人がこの件にたいして適切な反応をしたが、それは誤った理由によるものだった。

ヒムパシー

二〇一六年六月、二〇歳のスタンフォード大学生ブロック・ターナーが、二二歳の女性にたいする性的暴行

——キャンパスのパーティで知り合った彼女をゴミ捨て場に連れて行き、まるで「肉の塊」か何かのように扱ったとされる——の容疑で裁判にかけられた。当日妹に会いに大学を訪ねていた被害者女性は意識をうしなった状態で発見された。他方、加害者の父親は、息子の逮捕後と公判中、食欲を喪失した息子がもはや焼きたてのリブアイ・ステーキを食べることができなくなるのではと心を悩ませていた。「私たち家族も食欲を失いました」と、判事宛の手紙に父親のダン・ターナーは綴った。息子はもはやかつてのような「楽天的」で、「おおらかな」大学生スポーツ選手ではないと言って父親は嘆いた。だが、そもそも彼はそんな人間であってよかったのだろうか。[10]

この裁判の判事を務めたアーロン・パースキーも同じように有罪判決がターナーの将来にもたらす影響を憂慮し、標準に比してきわめて寛大な判決（郡刑務所での懲役六か月——じっさいの服役期間はちょうど三か月——と三年間の保護観察）を彼に与えた。公判から判決を通して、ブロック・ターナーの水泳選手としての卓抜した能力が大きく報じられた。それでも、父親のダン・ターナーは裁判結果に不満だった。息子に服役はいっさい必要ないと信じていたのである。二〇年間にわたって非の打ちどころのなかった息子が犯した犯罪はたった「二〇分間の行ない」にすぎないと、ダンは記している（WITW Staff 2016: 注10参照）。

だが、じっさいに殺《あや》めることのなかった人数に応じて殺人犯が信用を得られないのと同じで、ターナーは彼が暴行しなかった女性すべてにとってやはりレイプ犯なのである。そして、一人でも被害者が存在するところには、たいていその他にも被害者が存在すると言ってまちがいない。したがって、彼の父親による犯罪率の見積もりは実際以下であった可能性も否定できない。[11]

この事例は、しばしば見過ごされているミソジニーの鏡像を鮮やかに描き出す。私はそれをヒムパシー(himpathy)［「彼」を意味する「him」と「共感」を意味する「sympathy」とを合わせた、著者による造語］と呼ぶことにする。これが見過ごされてきたのは、『新しい女性の創造』（一九六三年）におけるベティ・フリーダンの有名な言葉を借りるならば、「名前のない問題」だからである。しかし、だからと言って、ヒムパシーが稀であるわけではない。それどころか、あまりにありふれているせいで、私たちはそれを「いつもどおりのこと」と見なす

（Manne 2016f を参照のこと。同記事では「男性愛好（androphilia）」という呼び名も使っている）。

スタンフォード大学事件に見られるヒムパシーの具体的形式は、性暴力の加害者男性にときに示される過剰なまでの同情である。現代のアメリカでは、その感情はしばしば白人の健常者、もしくは、スタンフォード大学の水泳奨学金の受賞者であるターナーのように特権的位置を占める「ゴールデンボーイ」へと向けられる。その結果、これらの男性に抗して証言を行なう女性を信じることへの躊躇、もしくは、ターナーの場合のように、その有罪が明確に証拠づけられている「ゴールデンボーイ」を罰することへの躊躇が生まれる。

否認主義の一つの理由として、レイプ犯についての間違った理解を挙げることができる。レイプ犯はぞっとするような薄気味の悪い、人間性の欠片も感じられない人物にちがいないと、私たちは考えがちである。「ブロック・ターナーはモンスターなんかではありません」。有罪判決はポリティカル・コレクトネスのせいだと考える彼の女友だちの一人は、手記の中でそう書いた。彼は「キャンプ場みたいな大学キャンパス環境」の犠牲者であり、飲酒による「判断の曇り」で「収拾が付かなく」なってしまっただけなのだ。彼の事件は「駐車場の自分の車に向かって歩いている途中の女性を拉致しレイプするような」のとはまるで違う。「そういうことをするのがレイプ犯です」と、ターナーの女友だちは続ける。「ブロックがそんな人間でないのは私がいちばんよく知っています[12]」。

ブロックとはずっと友だちだったと彼女は付け加える。彼はいつも彼女の身の上を案じ、彼女の気持ちを尊重し、優しくしてくれた。だから、ブロックはレイプ犯ではないと、彼女は再度強調する。そして、パースキー判事もこの女友だちの意見に同意する。「私もそのとおりであるように思います。彼女の言葉は、言ってみれば、事件以前の被告の人格を証拠づけるものであり、それは肯定的であると言えるでしょう」。

女友だちも判事もここでは以下のような推論パターンにしたがって考えているように私には思われる。一般に「ゴールデンボーイ」はレイプ犯ではない。ところで、誰某は「ゴールデンボーイ」である。それゆえ、誰某はレイプ犯ではない。まさしく「公明正大なブルータス」問題である。

もはや「ゴールデンボーイ」の神話を捨てて、三段論法の大前提を否定すべきときが来ている。適宜、論理肯定式の代わりに否定式を適用するのである。ターナーは、ゴミ捨て場の裏の路地で、泥酔して意識を失った女性を暴行しているところを目撃された。これはレイプ行為である。レイプを行なう者はレイプ犯である。したがって、ターナーはレイプ犯であり、かつ、「ゴールデンボーイ」である。それゆえ、……。結論の導出は読者におまかせする。

あまりにしばしば、私たちはアメリカ全般にそして、とくにその大学キャンパスに蔓延する性暴力の実情から目を背け、それを直視するのを避ける。現実のレイプ犯は、三叉を手にした角を生やした悪魔か、それとも、不気味でぞっとするようなモンスターとしてレーダー上に姿を現わすだろうと自分に言い聞かせているのだ。モンスターは薄気味の悪い、理解を超える存在であり、その外見はおどろおどろしいはずだが、レイプ犯のおどろおどろしさは、性別がまずまちがいなく男性であること以外、その存在を特定する標識や特徴が欠けていることによる。レイプ犯は人間、しかもあまりに人間的な人間であり、私たちの中の一人である。だから、レイプ犯をモンスターと考えるのは、戯画化による潔白証明に等しい(13)。

もう一つの(これに関連する)神話として、レイプ犯はサイコパスで、無慈悲かつ冷酷で加虐的というものがあるが、これはレイプ犯についてもサイコパスについても誤った考えである(だからと言って、両グループに重複がないと言うつもりはないし、じっさいにはその両方である者は存在する)。性的暴行の多くは、加害者が他者にたいする意識や配慮を欠くことによるのではなく、攻撃性、欲求不満、支配欲求、そして権利意識——傷つけられた権利意識であろうと、期待に満ちたそれであろうと——がその理由なのである。このことはまた次のことを意味する。つまり、ソロリティ・ハウス文化に加えて、アルコールやその他の精神作用物質のような要因が性的暴行の蔓延に一役買っているのは疑いないと思われるが、それはどちらかと言うと、イネイブリング〔依存症を抱える人を手助けすることによって、かえって依存症からの回復を遅らせてしまう周囲の人の行為のこと〕にかかわるものであって、動機にかかわるものではないということである。

性的暴行の蔓延と上述の神話などにかんして意識の高い人たちのあいだにさえ、さらに微妙な形式の楽観的思考傾向が認められる。大学キャンパスでの性暴力は主として若年ゆえの経験不足や無知によるという考えがそれで、その結果、ミソジニー的な攻撃性、常習的な性的捕食行動、加害者を手助けし《イネイブル》保護する規範、すなわち、レイプ文化の影響にまで、考えが及ばない。息子は今後「アルコール摂取と性的不品行の危険性」について世間を啓発することに全身全霊をもって努めるとダン・ターナーは語り、パースキー判事も賛同の意を表明するかのようにその計画に言及する。けれども、いわゆる不品行は問題ではない。問題は暴力なのである。加えて、この時点で、性暴力反対キャンペーンのスポークスパーソンとしてブロック・ターナーが適任であるとするにいたっては、控えめに言っても、苛立ちを覚えざるをえない。他人に説教する前に、まずは自分が道徳教育を受けるべきであろう。暴力を使って女性をねじ伏せておいて、こんどは道徳にかんして人の優位に立とうというのでは、何の教訓も学ばれてはいない。どんな階層であろうと、そこで優位を占めることが生まれつき自分には約束されているという考えが誤っていると知ることが肝要なのである。

　だが、父親、判事、女友だちにたいして腹を立てるのはたやすいし、それはある程度、時宜に適っているとも言えるだろう。ただし、彼らがその道徳的鈍感さゆえに私たちと別の次元に属すると考えるのは誤りである。むしろ彼らは私たちの多くもそこに属する、いわばヒムパシー連続体の末端に連なっているだけなのである。ブロック・ターナーを弁護する者たちは、彼の罪にたいして寛大な傾向を示し、免責の語りを紡ぎ出すが、こうしたことがターナーのような社会的位置を占める男性に施されるのはめずらしいことではない。さらに言うならば、そうした傾向は主として、私たちがそれにたいして批判的であることがまずないような能力や性質、つまり、共感、同情、友人にたいする信頼、わが子への献身、可能なかぎりでの性善説的信念といったものに由来する。[14]

　他の事情が同じならば、これらはすべて私たちにとって大切な能力や性質である。だが、他の事情が同じでない場合、たとえば、社会的不平等が広範に及ぶような場合、共感には負の側面も存在しうる。共感の稚拙な適用は、不当なかたちですでに特権的位置を占める者たちの特権をさらに助長する傾向をもたらすだろう。そして、彼らの被害者である、彼らほど特権的な位置にない人たちを不当に非難したり、譴責《けんせき》したりして、辱めることになったり、また、彼らを危険に晒し、彼らを抹消するような犠牲を強いることになりかねない。場合によっては、加害者はこのことを知り尽くしたうえで、標的を選ぶこともある。この点については、ミソジノワールの傾向が顕著であるダニエル・ホルツクロー事件との関連で、本章の最終部分で再度論じることにしよう。

ブロック・ターナーのような加害者へと注がれる過剰な同情は、彼らが被害者にもたらすかもしれない害悪、屈辱、そして（おおよそ持続的な）トラウマについての配慮が不十分であることに由来するとともに、それを助長もする。ヒムパシーは、歴史的に優位な集団の行為主体が、歴史的な劣位集団の成員にたいする殺人行為から、比喩的にまた文字どおり、逃げおおすことを許すような傾向に由来するとともに、それを助長もする。男性優位社会においては、私たちはまず男性のほうに同情し、事実上、彼を彼自身が犯した犯罪の被害者に変えてしまう。というのは、水泳奨学金と食欲を失ったということで、まずレイプ犯に同情が示されれば、この物語では彼のほうが被害者として登場することになるからである。しかも、次章で論じるように、被害者の語りには悪役か加虐者の存在が（少なくとも天災の場合を除けば）必須である。そして、レイプ犯にとって、苦境をもたらした「あいつさえいなければ」的な人物とは誰だろう。それは他でもない、彼に不利な証言をした人物にちがいない。こうして、事件の被害者は悪役へと役柄を変えられることもありうるのである。

これがしばしば被害者非難をもたらす一つの機制なのではないかと私は疑う。語りの裏表をひっくり返し、屈折した道徳的役割の反転を引き起こすその仕方ゆえに、それはきわめて有害である。[15]

ターナー事件では判事も父親も被害者を責めることはなかった（本人は否定したが、女友だちは別として）。しかし彼らはそれに勝るとも劣らぬほど陰険な行動に出た。すなわち、語りから被害者を完全に抹消したのである。彼らの物語には彼女がまったく現われないのである。

だが、この事件では被害者は沈黙することを拒んだ。彼女の被害者影響報告書――彼女はそれを公判で朗読することを許された――は痛々しいほどの明瞭さをもって、ブロック・ターナーの犯罪がどのような衝撃を彼女に与えたかを示した。それは彼女の意思を蹂躙したばかりか、事件後に彼女の心を書き換えた。事件によって空白となった彼女の記憶のうえに、省略とでっちあげだらけの彼のストーリーを押しつけたのだ（彼女が信じられないほどぞっとしたことには、「彼によると、私は楽しんでいた、楽しんでいたと言うのです」。意識を失い、半裸の状態で自分が発見されたことを知った、その同じ新聞記事で彼女はこれを読んだという）。こうして、事件との関連において、被害者は彼女自身の身体にかんしても身体についての物語にかんしても、自分がそれらにたいして有するはずの正当な信頼性を剝奪されたのである。彼女の説明はさらに続く。

「君に記憶がないことを彼は知っている以上、彼は自分のシナリオを書こうとするよ」。そう警告されました。言いたいことを言いたいように彼が言ったとしても、誰も論駁できないのです。私には何の力もなければ、声すらもありません。私はまったく無力でした。私の記憶喪失は私の不利になるよう使われるでしょう。私の証言は根拠薄弱で、不完全でした。そして信じ込まされました。私に勝ち目はないだろうと。彼の弁護士は陪審員に繰り返し訴えました。信じられるのはブロックの言葉だけです。被害者には記憶がないのですからと。あのときの無力さはトラウマ的でした。

癒やしのための時間を取るかわりに、私はあの夜のことを、二度と思い出したくないくらい詳細にいたるまで思い出そうと努めました。弁護士の証人尋問に備えるためです。ずけずけと立ち入り、私を責めるような問いの数々。私をしどろもどろにさせ、私や妹の証言を否定し、私の回答を弁護側の思いどおりに操れるよう、念入りに仕組まれた言葉の配列。擦り傷に気づきましたか？　そう聞くのではなく、擦り傷を負ったことに気づきましたか、気づかなかったですよね？　被告側弁護士はそう言いました。戦略のうちだったのでしょう。まるで私が自分を売り渡しでもするかのように。性的暴行の事実に疑いはありませんでしたが、被告席に立たされているのが私であるかのようでした。

「あなたの年齢は？　体重は？　事件当日何を食べましたか？　夕食は何でしたか？　誰が料理しましたか？　夕食時に何か飲みましたか？　水も飲まなかったのですか？　では、飲酒したのはいつですか？　どのくらい飲みましたか？　どんな容器で飲みましたか？　それをあなたに提供したのは誰ですか？　ふだんはどのくらい飲酒しますか？　そのパーティ会場には誰に連れて行かれましたか？　それは何時くらいのことですか？　正確には、車を降りたのはどこですか？　どんな服装でしたか？　なぜそのパーティに行くことにしたのですか？　会場では何をしましたか？　それをしたのは確かですか？　それは何時頃でしたか？　送ったメールの内容は？　誰とやりとりしていましたか？　小用を足しに出たのはいつですか？　どこでしましたか？　外でしたとき、誰と一緒でしたか？　妹さんから電話があったとき、マナーモードになっていましたか？　マナーモードに設定した記憶がありますか？　報告書の五三ページでは、携帯電話は呼び出し音が鳴るよう設定されていたとご自身でおっしゃってますよね？　大学生の頃はお酒を飲みましたか？　当時はパーティピープルだったとおっしゃってますね？　酔って記憶がなくなることはどのくらいありましたか？　ソロリティ・ハウスでパーティはしましたか？　現在の恋人とは真剣な交際をなさっていますか？　彼とは性的関係がありますか？　男の人とデートするようになったのはいつ頃からですか？　過去に浮気をしたことはありますか？　幾度かそうしたことがありましたか？　彼にご褒美をあげたかったとおっしゃっていますが、それは正確にはどういう意味でしょうか？　目を覚ましたのが何時頃だったか覚えていますか？　そのときカーディガンを身につけていましたか？　カーディガンは何色でしたか？　あの晩について何か他のことを記憶していますか？　覚えていないのですか？　わかりました。では、ブロックに補足してもらいましょう」。

　名前すら尋ねずに、私の私生活、恋愛、過去、家族関係などについて根掘り葉掘り、ほとんど意味のない質問を繰り返し、些細なことを集めては、私を半裸にしたあの男のための言い訳探しをしていたのです。身体的暴行を受けた後に、今度は人格攻撃を意図した質問の数々によって精神的暴行を受けたのです。この女の言うことは筋が通らない。正気じゃないんだろう。じっさいのところアルコール依存症じゃないか。誰か相手が欲しかったんじゃないのか。男のほうは運動選手だろう。どちらも酔ってたわけだし。暴行後に病院職員と話したことは記憶していると言うが、そんなのは知れたことじゃない。なんと言っても、こんなたいそうな目に遭って、大変な思いをしているのはブロックのほうだろう。そう言わんばかりでした。(16)

この最終行にまさしくヒムパシーの問題が具体化している。私たちの忠誠がレイプ犯の元にあるとき、私たちは彼が被害者にもたらした傷のうえに、重い道徳的侮辱をさらに加えることになる。法律の観点からは彼の犯罪は国民にたいして、つまり、私たち全員にたいしてなされたのだということも、私たちは見失うかもしれない。そして、自ら名乗り出て、彼の犯罪にたいする証言を行なった被害者にかんしては、あの女は一体何を狙っているのかといった疑問が頻繁に呈される。刑事訴訟での難しい役目を果たしているのではなく、むしろ個人的復讐と道徳的報復をもくろんでいると彼女は見なされる。さらには、法秩序を維持することに貢献しているどころか、執念深い人物で、犯人から何かを奪い取ろうとしているとさえ言われかねない。(17)

「誰のために役に立つのか」「彼女がこれを追求する目的は何なのか」、そう問うとき、私たちは、レイプ被害者の立脚点——自らの身体に反社会的犯罪を被ったその当の人物として、彼女はそこから証言する——を掘り崩すことになる。そして、彼女の身体は彼女のものであると同時に、その利害を守ることが私たちの集合的利害であるような誰かの身体でもあるという認識を、私たちはもっていることになる。少なくとも、そうあるべきだし、それが道徳の目指すべきところである。

ロッカールーム・トーク

あまりに軽い判決と、(きわめて重要なことに)判決を支える薄弱な論拠にたいして世間から強い抗議が巻き起こったとき、ブロック・ターナーの事件が性犯罪被害者の認知について転機をもたらすことを多くの人たちが願った。かく言う私自身、短い期間だったが、めずらしいほどに楽観的な気分を味わった。けれども、そのほんの数か月後の出来事と、それに続いて起こるべきはずの事が起こらなかったがゆえに、希望は脆くも潰《つい》え去った。その出来事とは、いまや悪名高きドナルド・トランプがビリー・ブッシュにした内輪話の録音がリークされた件である。

キレイな［女］には自動的に惹きつけられる。気がつけばキスしてる。磁石みたいなもんだ。キスだけだ。問答無用。有名人にはなすがままだ。なんだってやれる。（中略）プッシーをわしづかみだろうとなんだろうと。やり放題だ。

これに加えて、似たような彼の「武勇談」がこの後メディア上を連日にぎわせたが、その結果トランプの選挙戦がつぶされることはなかった。このほんの一か月後、彼は大統領に選出された。

なぜこの録音テープ（録音自体はさらに一一年前にさかのぼる）はトランプにもっと大きなダメージを与えなかったのだろうか。いや、見方によってはむしろこう問う方が適切だろう。なぜこの録音のリークは彼にたいしてあれだけのダメージを与えたのだろうか。というのも、録音テープのトランプの発言にはとくに目新しいところは見当たらないからである。トランプによるセクハラや性暴力の数々はそれまでも広く報道され、周知の事実だった。正当性を信頼できると思しき無数の告発の中には、彼の前妻イヴァナによるものも含まれており、（序論で見たように）レイプ容疑についての彼女の証言も広く知られていた。非道行為の範囲を他人の家庭の女性、それも白人女性へのミソジニー的侮辱行為に限定したとしても、さしたるニュースとはならなかった（ほぼ白人にかぎられるトランプ支持者の多くは自分の母親を愛しているだろうが、彼らからとくに反応はなかったし、他方、イスラムおよびメキシコ系の人々は彼から恒久的に疎外されているので、こちらにとってもニュースとしての価値はなかった）。

先に見たような女性についてのトランプの発言の数々も、しばしばすぐに許され、都合よく忘れ去られた（第三章を参照のこと。たとえば、メーガン・ケリー、ロージー・オドネル、カーリー・フィオリーナについての発言に加え、ヒラリー・クリントンについては、二〇一六年一二月のテレビ討論のCM中、彼女が用を足すため席を外したさいに、そもそもトランプが自分で彼女がトイレに行ったことに触れたにもかかわらず、「気色悪くて、話題にしたくもない」と発言した）。トランプのミソジニーは、その厚顔無恥ゆえに、ファンの多くにとって、おそらくはセールスポイントの一つだったのだろう。いわゆるポリティカル・コレクトネスに疲れ果てたアメリカ人、ことに、女性の身体について心の中で思っていることを公にしたり、女性蔑視的発言をすることにかんして恥辱と沈黙を余儀なくされていた男たちにとって、さしたるとがめもなく、思う存分に毒づくトランプの姿は、胸がすっとしたり、ときに勇気づけられるような、そんな見せ物であったにちがいない。

では、一体なぜトランプのいわゆる「ロッカールーム・トーク」（彼自身そう喧伝していた）は、あそこまで物議を醸したのだろうか。彼の発言のどこが、共和党員の何人かが彼との絶縁を決断しそうになるほど問題になったのだろうか。

私が思うに、その主な理由は、『ニューヨーカー』誌のコラムニストのアダム・ゴプニクが録音テープのリーク直後に最初に指摘したことでもあるが、トランプ発言の奇妙きてれつさ、人を当惑させ、口元を歪めさせるようなその性格に存するのではなかろうか。(18)「腸《はらわた》的な（visceral）*3」という言葉が評論家からはよく聞かれた。「胸が悪くなる」と、共和党リーダーの一人、ポール・ライアンは形容した。しかも、これはどちらかと言うと、そこに述べられている行為ゆえというよりも——後日、明らかになったように、被害に遭った女性たちの言葉に真摯に耳を傾ければ、そうした行為は文字どおり日常茶飯事であったようである——むしろ、その言葉遣いゆえであり、トランプはその後謝罪した。「「雌犬みたいに、まさぐってやったあの女を」。こんな慣用句がどこかに存在するのだろうか」。ゴプニクはそう首をかしげた。私も、いまでは知らぬ人のない「プッシーわしづかみ」発言について同じような疑問を抱いた。前者について、ゴプニクは英語を母語としない人の言葉のようだと感想を述べる。後者について、私には何かまるで馬鹿げた映画の一場面、血気盛んなアメリカ人男性を装うエイリアン（有性生物なのかどうかはわからない）が地球人女性に迫るイメージが浮かんでくる。男たちはさまざまなものについて「わしづかみ」と言う。胸、おっぱい、そして男性器、たぶん睾丸も。だが、プッシーというのは聞いたことがない。その可能性について私は懐疑的であり、私の情報提供者たちも同意見である。

　たしかに、男たちはこうしたかたちで女性に性的暴行を加える。だとしても、彼らは自らがこんなことをしている姿を想像するだろうか。「つかみどころ」がなくて、わしづかみするには厄介な場所ではなかろうか。性暴力は被害者の意思を蹂躙するばかりか、それを精神的に「書き換える」ことについても考えてほしい（たとえば、「本当は好きなんだろう?」という偽の問いを使って）。この書き換えは、性的な有能さ——その反対ではない——を加害者に帰属させがちである。最後に、仮にそうした襲撃者が女性の鼠径部に突進したい気持ちを内心では認めるとして、彼はそのことを事後的に他人に図々しくも自慢したりするだろうか。同意なきキスの嵐を降らせる前に、彼は几帳面にもミントを一粒口に放り込んだりするだろうか（どうやらトランプはそうしているようだが）。なんと思いやりのある痴漢だろう。

　「プッシーわしづかみ」発言からは別の表現がこだましてくるのもたしかである（「奴の顔面ど真ん中をぶん殴ってやった」、「あの女のプッシーど真ん中にファックしてやった」などは、女性記者や女性スポーツキャスターへのやじりを本業にする輩のあいだでよく使われる）。つまるところ、人類史上もっとも読むに堪えないような表現の数々を精読する危険を冒すことを怖れずに言うならば、これらの表現の効果は擬《まが》い物である。どういうわけか、それらは意味をなさない。的外れで、気持ちが悪くて、ぞっとする。そして、いかがわしい。トランプの言葉はそう響く。フェイクであるとさえも。

　なぜそう聞こえるのか、その理由についてはさておき、このことはトランプにたいする世間の抗議について何を示唆するのだろうか。

　残念ながら、よいことは何もない。それが示唆するのは、せいぜいのところ、件の発言を理由に最終的にトランプを拒絶する方向に動いた共和党員たちは、彼のミソジニーそれ自体に懸念を示したのではないということである（表向きには、それが問題だと口にしたかもしれないにせよ）。私が見るところ、何にも増して――すなわち、トランプが日常茶飯として女性にたいしてやってきたことについての十分すぎるほどの証拠の数々にも増して――人々を狼狽させたのは、特殊な言葉遣い、不快な露悪趣味、社交上のあらゆる面にわたるぶざまさだった。

じっさい、テープ公開の数日後に私なりの分析（Manne 2016g）を投稿して以降、当初この件をめぐってトランプ拒否に傾いていた共和党員のほぼ全員が、自らの政治的利害に適うかたちで、元の鞘に収まった。これは予期していたことではあるが、気が滅入ることに変わりなかった。トランプの思考もしくはモラルの範疇に後悔というものが含まれないのは明らかだが、この種の言動について心からの悔悛が表明されれば、適当なタイミングで、その人物を放免するにかんして私はやぶさかでない[19]。けれども、ほんの一か月足らずのあいだに、大統領候補のあんなふるまいが許されてしまうというのは、あえて言わせてもらえば、取り返しのつかないほど無責任なことだと思う。

ここでもう一度、ブロック・ターナー事件の場合になぜあれほど被害者の発言が真剣に受け止められたのかという問いに戻ろう。それには二つの要因があると私は考えているが、事件後に行なわれた大統領選の結果がもつ意義にかんがみて、いずれの要因も私たちの集合的な道徳感覚にとってあまり喜ばしいとは思われないし、道徳にとって必要な悲観的な現実主義を維持するという関心からは、そうであってほしくないと思われるような内容を含む。

(1) ブロック・ターナーの被害者は力強い声をもった。そして彼女の報告書は広く拡散した。だが、それは身体化された声（embodied voice）ではなかった。彼女は匿名のまま、つまり顔をもたないままだった。だから、彼女は「被害者を演じている」との嫌疑を被ることはなかった。しかも、報道で知りうるかぎり、彼女は誰（そしてとくに、どの男性）にとっても親しい誰か、たとえば、女きょうだい、友達、恋人、妻、または彼の（現実のであれ、架空のであれ）子どもたちの（現実のであれ、未来のであれ）母親でありうるような誰かだった。

(2) 彼女はスタンフォード大学の大学院生二人によって救出されたが、この二人はスウェーデンからの留学生であり、被害者の発見者として模範的にふるまったうえ、道徳的に魅力ある人物たちであった。二人は勇気をもって適切に行動した――その点について私はけっして過小評価したくない。だが、彼ら自身居心地悪そうにしていたように（彼らは当初記者会見を断っていた）、その後二人はこの物語の主人公役を割り当てられることになった。そして、エリート大学に通う、あまりにも恵まれ、うんざりするほど「甘やかされた」と評されさえする金持ちの子息であることと相対的に、二人は称賛された。

ブロック・ターナーに向けられた怒りは激しく持続的だったが、ここでどうしても次のような疑問が浮かんでくる。あの怒りは彼がしたことについてだったのか。それとも、彼という人物、彼が表象するものについてだったのかと。

次章では、これらの問いのいくつかについて、いわゆる「被害者文化（victim culture）」の概念とそれにたいする有毒な道徳主義との関連において考察する。そして、私は次のように論じる。自分と同等、もしくはより特権的な地位を占める男性を差し置いて、女性として道徳的スポットライトを浴びるのを要求することは、共感的注意と道徳的優先をめぐって、暗黙の、そしてしばしば誤りにもとづく競争が存在するという点を考慮するとき、彼に抗して証言するのと同じくらい大きな危険を孕んだ行為なのである。また、あまり認識されていないが、それは証言的不正義と同じくらい深い不正義の源泉を構成する。加えて、それだけではないにせよ、被害者非難の実践をもそのうちに包含する。

しかし、その前にもう一例挙げておく。米国の文脈では、ミソジニー的搾取やヒムパシーが、私が「彼女の抹消」と呼ぶものと相まって、きわめて独特な仕方で黒人女性に害を及ぼすのであるが、その実態を明らかにしたい。つまり、この事例研究は、黒人クイア・フェミニストのモヤ・ベイリーが造語し発展させた概念「ミソジノワール（misogynoir）」が現実においてどのように作用しているかに注目することを意図している。[20]

ミソジノワールの現場――ダニエル・ホルツクロー事件

「ダニエル・ホルツクローとは誰か?」この記事のタイトルにたいする答えは同記事の小見出しによって与えられた。いわく、イースタン・ミシガン大学アメフト部の元ラインバッカーだ。[21] 彼はまたオクラホマ・シティ市警察の警察官であり、性的暴行、強姦、強制的ソドミー行為など一八件に及ぶ性的暴行事件――しかもすべてアフリカ系アメリカ人女性にたいする犯行――にかんして有罪となった。ホルツクロー自身は白人（父方）と日本人（母方）の混血である。陪審員は、その他一八件については無罪とする一方、これらの犯罪について彼を有罪とし、懲役二三六年の刑を言い渡した。ただし、これは告発者一三名のうちの八名にたいする犯行への有罪判決でしかない。

ジェフ・アーノルドによる記事がスポーツ・ジャーナリズムのウェブサイトSBニュースに投稿されたのは、二〇一六年二月一七日だった。それはホルツクロー周辺の人物――友人や家族――の視点からの記事だった。告発されているような罪をホルツクローが犯したなどとはとても信じられないと、記事中に名入りで引用された人々は全員がそう語った。ただ、その中の一人、かつてのアメフト部のチームメイトが次のような出来事を記憶していた。

ホルツクローはバーベルスクワットの記録を破ろうと必死だった。およそ六〇〇ポンド（約二七二キログラム）の重量をとうとう持ち上げて、皆の度肝を抜いたんだが、本人は気持ちのやりどころに困ってしまったのか、バーベルに頭突きを始めた。繰り返し繰り返し金属の棒に頭を打ちつけるんだ。「あいつ頭おかしいんじゃないか」。周りの皆が口々にそう言ってた。

これにたいして、他の元チームメイトたちはもっと肯定的で、せいぜいステロイド使用にかんする根拠のない噂がある程度だった。上述の唯一の例外も、匿名を条件にして初めて得られた情報だった。

ホルツクローの被害者として初めて名乗り出たのは、当時五七歳のジェイニー・リゴンズで、オクラホマ・シティのデイケアセンターの所長である。リゴンズの証言によると、二〇一四年のある晩、急ハンドルを切ったことを理由に停止を命じられ、武器等の所持を確認するため衣服の上から身体検査をされた。そして、脱衣を命じられた後に、オーラルセックスを強要された。「そんなことをしてはいけないはずではないですか。警官はそんなことはしないでしょう」。彼女にはそう訴えるのが精一杯だった。

だが、ホルツクローはまさしくそうした行為を行なったと、陪審員は認めた。彼が告発されたその他多くの類似の犯罪についても陪審員は彼が有罪であるとの判決を下した。この判決は部分的には、別の被害者のDNAとの合致という証拠にもとづいている。当時まだ一七歳だった被害者を、ホルツクローは補導し、身体検査の後、パトカーで彼女の自宅へ送った。そして、玄関ポーチで彼女をレイプし、車で走り去った。彼女はそう証言した。

ホルツクローの弁護団は、彼の制服ズボンの内側に被害者の皮膚細胞が付着していたのは、たとえば身体検査を行なったさいに彼の手に付着したものが、更衣か小用のさいに移った「DNA転移」である可能性があると指摘した。しかも、付着した染みがとくに膣からのそれであるかどうかは明瞭でない。ホルツクローの妹はそう付け加える。

彼の両親も同じく息子の無実を確信しており、有罪判決を不服として上告することを計画している。

本当につらいです。ダニエルはこんなことはしません。息子は普通の人間で、世間が描くような悪漢ではぁりません。息子がそんな風に見られるのを傍観しているのは、ただただつらかった。本人を知っている者からすれば、息子はけっしてそんな人物ではないんです。

だが、困ったことに、見知った者——とくに家族や友人——にとってまさしく「そんな人物」であるような人物というのは、存在しそうにないのである（彼はレイプ犯などではないという、ブロック・ターナーの友人の確信に満ちた言葉を思い出してほしい。「ブロックがその種の人間の一人でないことを、私は事実として知っています」）。「その種の人間」とは、愛情を注ぐことが不可能な、厚顔無恥で、自らの犯した犯罪以外に過去をもたない、自分自身の人生と呼べるようなものもない、そして、その機会を逸するような価値ある未来をそもそももたない人物として思い描かれる。「そんな人物」とは、社会に居場所をもち、道徳的に多くの顔をもち、そして、ときとして才能を開花させるような人間ではない。彼らはむしろ一幅の戯画か、そうでなければまたしても一匹の怪物なのである。

この分野で物事がいくらかでも改善するためには、ミソジニー的暴力や性暴力は、これと言って目立つところのない、怪物などとはほど遠い人物によって犯されるという一般的事実が受け入れられねばならない。ハンナ・アーレントのよく知られた言葉——そしてしばしば非難中傷される概念——を借りるならば、私たちはミソジニーの凡庸さを受け入れなければならないのである。悪の凡庸さにかんしてのアーレントの基本的な道徳的論点は間違っていないし、アドルフ・アイヒマンは怪物にいささかも類似していなかったという彼女の洞察を、いまこそ認識することが重要であると私には思われる（その洞察から彼女がどんな結論を引き出すにせよ）。まったくありきたりな人物で、むしろ馬鹿げているところがあるというか、アイヒマンの場合、とくに道化のようなところがあったと、アーレントは書いている（「検事のあらゆる努力にもかかわらず、この男が〈怪物〉でないことは誰の目にもあきらかだった。しかしまた彼は道化なのではあるまいかと疑わないですますのもじっさい困難だったのだ」（Arendt 1963, 54; 邦訳四二頁））。当時の多くの人（ことにユダヤ系アメリカ人の一部）にとって、アーレントによる素描はあまりに拍子抜けするもので、あまりに淡々としているせいで、かえって直視することができないものだった。それは、自分たちだったら描いたであろう肖像とはかけ離れていた。[22]

事件を担当したキム・デイヴィス捜査官によると、犯行の「戦略」という観点から見て、ホルツクローは一つだけ過ちを犯した。それはリゴンズを標的としたことである。彼女は過去に有罪判決を受けたこともなければ、当時の時点で令状が出ているわけでもなく、したがってそれを種に脅して彼女が名乗り出ることを躊躇させるような理由がまったくなかったのである。デイヴィスとその他の捜査官によると、ホルツクローはそれまでは標的選びにきわめて慎重であり、証言の信憑性が認められることが最もありそうにない者、つまり、犯歴のある薬物使用者やセックスワーカーなど、社会の周縁的な地位に追いやられている者を狙うのが常であった。ホルツクローの脳裏にあったと思しき思考をデイヴィスはこう語る。「これほど完璧な標的は他にいません。連中を信じる者などいやしないし、たとえいたとしても、世間は気にもかけません。定義からして、売春婦がレイプされることなどありえないからです」。ところが、「それはありえます」と、デイヴィスは彼女自身の声でそう語る。「十分ありえます。だからこそ、彼はこの種の女性たちを選んでいたのです。彼女たちは格好の標的だったのです」。

そしてまさしく、ホルツクローの弁護団は、一三人の告発者の多くがさまざまな理由で法的に問題を抱えているという事実、したがって被疑者の疑いを晴らすという観点からはもってこいの被害者であるという事実に、焦点を合わせた。じっさい、リゴンズさえかならずしも完璧ではなかった。有罪判決後の二〇一六年四月にABCのニュース番組「20／20」にたいして、ホルツクロー自身がそう指摘する。

事実をはっきりさせておこう。彼女は世間が信じるような清廉潔白な人物じゃない。八〇年代にガサ入れを食らってる。(中略)その事実を陪審員に提示することが許されなかっただけなんだ。彼女はいわゆる「サッカーママ」なんかじゃない。社会で信用を置かれるような人物じゃないんだ。[23]

ホルツクローがここで言及した告発は証拠不十分で取り下げられており、リゴンズには八〇年代以降逮捕歴もない。

> 彼は娼婦やヤクの売人をしょっちゅう職務質問の名目で呼び止めてました。それで何かしら、たとえば［逮捕］令状なんかを彼女たちの目の前に突きつけてたんです。思うに、私もそんな一人だと思ったのでしょうね。でも、大間違いです。あの晩、彼はとんでもない人違いをしたんです（Diaz et al. 2016）。

リゴンズはそう語り、自分自身と他の被害者のために正義を晴らすことができて嬉しいとも述べた。この種の事件では正義がなされることは少ない。そして陪審員が全員白人だという事実は悪い前兆だと思われたのだった。にもかかわらず、有罪判決の一年後、ホルツクローと彼の弁護団は思いがけず士気を鼓舞するような大きな支援を受けることになる。保守系のジャーナリストのミシェル・マルキンが、二部構成のドキュメンタリーを発表し、ホルツクローはミズーリ州ファーガソンでの抗議運動の影響で、無実の罪を着せられることになったと主張したのである。[24] ダニエル・ホルツクローもこの主張に同意した。「僕を有罪にしなければ、オクラホマ・シティは第二のファーガソンになるだろう」。彼はそう述べた。

だが、これが正しいかどうかは少なくともはっきりしない。ホルツクロー事件は、たとえば、アイラ・ヴィスタ銃撃事件とその犯人エリオット・ロジャーなどと比較して、ほとんど注目を集めることはなかった。アフリカ系アメリカ人女性にたいするこの犯罪にかんして、白人フェミニストはほぼ沈黙したままだった。「痛恨の沈黙」。いみじくも（とりわけ）ミシェル・デニース・ジャクソンはそう書いた（Jackson 2014）。ある者たちにとって金である沈黙は、被害者を軽視するとともに、被害者を敵対視する結果を生む。

国際通貨基金（ＩＭＦ）の（現在では前）専務理事ドミニク・ストラス＝カーンによる性的暴行を告発したナ

フィサトウ・ディアロとの関連で、クリスティ・ドトソンとマリタ・ギルバートが論じたように、白人リベラル層がどの程度女性の苦境にたいして同情的であるかが、道徳的注意にかんしての私たちの人種差別的習癖を反映する。私たちの多くは加害男性の名前を記憶しつづける一方で、被害女性の名前を忘れるか、そもそも記憶すらしないだろう。ドトソンとギルバートはそう指摘する（Dotson and Gilbert 2014）。二人が理論化する「影響可能性（affectability）の不均衡」は、黒人女性の「ナラティヴからの奇妙な消失」の一因となっており、ホルツクローはまさしくこの現象を利用することで、状況が自らにとって有利になるよう企んでいたと言える。ひょっとすると彼は容易にこの企みに成功していたかもしれないという事実は、ミソジノワールにおける私たちの共犯的役割、黒人女性の「抹消」についての共謀関係、さらには（白人）フェミニズムにおける「リーン・ダウン」搾取[*4]やそれに類するようなその他の人種差別的傾向にかんして、私のような白人女性は自らを恥じ、自己省察を行なうべきだということとの根拠を与えている。

ジェフ・アーノルドの記事「ダニエル・ホルツクローとは誰か？」では、仮に告発者が虚偽を語っていないとしても、いぜんホルツクローの無実を示しうるといういくつかの根拠について触れられている。それでもやはり、ホルツクローはアメフト選手時代に脳に損傷を受けたのかもしれないと、アーノルドは書いた（よくあることではあるが、裁判ではこれについて何の証拠も提示されなかった。したがって、常習的性的暴行との関連はもちろん、自己制御能力の減衰との関連もあくまで思弁的なものにとどまる）。だが、ひょっとすると、ホルツクローは、大学卒業後にアメフトのプロリーグ（ＮＦＬ）にドラフトで選ばれなかったことへの失望から、うつ状態にあったのかもしれない。あるいは、通常時の道徳的性質とは別個の性的倒錯症が彼にはあったのではないか。そう主張する専門家もあった。犯行時、人が変わってしまっていたのかもしれないというのである。

こうして、私たちはなぜホルツクローのような人物にたいして、Ｐ・Ｆ・ストローソンが「客体への態度」と呼ぶような態度をとるのか、その理由についてのほぼ完全なリストを手にすることになる（客体への態度とは「反応的態度」に対照される態度であり、後者は、誰かについて、私たちが通常の対人的、道徳的関係をもち、その行為にかんして責任能力を有する責任ある成人だと見なすような態度を指す）。ここで、客体への態度への切り替えが示唆するのは、当該の行為者については、彼のなす行為にかんして彼を咎めること、もしくは、その行為を彼という人格に帰することさえも差し控えるべきであるという考えである。「彼は彼自身ではなかったのだ」というのは、ストローソンの用語を借りるならば、ことに興味深い「弁明（plea）」である。私たちはこの「すばらしく含蓄深い」発語を、その「論理的に滑稽な」性格にもかかわらず、できうるかぎり真剣に受けとめなければならないとストローソンは言う。そして、この点でホルツクローの評判――彼が誰であるかについての人々の感覚――がきわめて重要な効果をもった。私たちの人格同一性《アイデンティティ》は部分的には他者が私たちをそう思いなすものに、すなわち、私たちの評判に依存する。先に見たように、もしある男性が「良いやつ《グッドガイ》」というペルソナと、物質的、社会的資源を十分に所有するならば、もしくは胸の張り裂けるような「不運」の物語を有するならば、私たちはしばしば彼の名誉を守るため、彼の無実を主張するため、全力を振り絞って戦うものである。

　どんな証拠があったら、ホルツクローの支持者に彼の有罪を確信させられるのだろうか。そして、たとえ家族の彼にたいする忠誠心が理解可能であり、ひょっとすると正当性があると考える人がいるにしても（私はそう考えないが）、なぜアーノルドはインターネット上での発表からほんの五時間後には取り下げられることになるような、ホルツクローにかくも同情的な一方的記事を書いたのだろうか。編集者はそれを「完全な失敗」と呼び、尊敬すべきことに、編集プロセスの破綻について自ら責任を取った。しかし、なぜ破綻は起こったのだろうか。マット・ボーンスティールが『ワシントン・ポスト』紙上で指摘するように、それは一万二〇〇〇語に及ぶ原稿であり、脱稿には数か月とは言わなくとも、数週間はかかったはずである。しかも、少なくとも一人の編集者が集中的に原稿整理にあたったとされる。それは慌てて仕立て上げられたブログ記事ではない。それにしても、社会的、法的資源をほとんどもたないアフリカ系アメリカ人女性を餌食にした非道の連続レイプ犯の有罪を、根拠薄弱な議論のみで否定することを唯一の目的とするような記事にたいして、大ブーイングが巻き起こるだろうことを、関係者の誰一人として予想しなかったようなのである。彼らは同様に、被害者の事実上の抹消ということにも気づかなかった。彼女たちへの言及は記事の末尾の法廷文書を引用した短い二つの段落に見られるのみである。また、ジェフ・アーノルドが被害者女性のたった一人とでも、じっさいに会って話を聞いたという証拠もない。

この経験からアーノルドは何かを学んだだろうか。残念ながら、そうした様子は見られない。騒動の後、彼はある記事について「必読記事」としてリツイート投稿しているが（二〇一六年一二月一七日付）、それは偶然にもＮＦＬによる長期の調査によって不当な扱いを受けたとされるアメフト選手についてであった。選手の名はエゼキエル・エリオット。彼はＤＶ容疑で告発されていた。ティム・ローハンによるその記事は、エリオットの被害者とされる人物が山ほどウソをついている可能性があると報じた。(25)

ダニエル・ホルツクローが有罪判決を受けた犯罪とこの事件のその他の側面は、（第二章で見たように、社会的構造や実践に加えて、現実に個々の「腐ったリンゴ」にかかわるときでさえ）ミソジニーがどれほど制度的に機能するかについて、説得力ある例証を与える。常習の性的捕食者は男性のうちのごく少数であるが、制度は彼らを法の力から遮蔽《しゃへい》し保護しようと働く。さらには、女性にコード化された財——社会的、性的労働の中でも、とりわけ、注意を払うことや気遣いをすることなど——を女性から引き出そうと働く、多種多様な社会的シナリオ、道徳的許可、物質的剝奪が存在していて、その範囲は人工妊娠中絶反対運動から性的冷やかし、そしてレイプ文化にまで及ぶ。また、女性が男性にコード化された地位、権力、権威を手中に収めようとするのを防ぎ、それを警告するような傾向性や機制の数々も存在し、そこには証言的不正義、マンスプレイニング、被害者非難、そして次章で見ることになるこれ以外の被害者非難の方法が含まれる。

ホルツクローの行動がもつ社会的意味が彼の被害者にとって深い敵意に満ちたものであり、また、それが彼女たちが女性であるという事実、より正確には、従来からの男の世界で特定の人種や階級に属する女性であるという事実に依存することを理解するために、何がホルツクローのような男を動機づけているのかを知る必要はない。彼がたんに典型的な支配対象を「パンチダウン」しているにすぎないにせよ、とりわけ、出し惜しむ女、男の場所を取ろうとする女にたいして怒りをぶつけているにせよ、もしくはそれに類するようなジェンダー化された不満を抱えていたにせよ、そのことに変わりはない。特権的位置を占めていたり、長くそうした位置にとどまっていたりすると、男性は自分が法的に免責されているばかりか、道徳的な権利も有するという意識をもつようになり、すなわち、自分がつかんだものはそもそも自分の取り分なのだという考えに安住するようになり、旧来の不平等なジェンダー取り引きで課された約束を果たさない女性にたいして、ときに報復を試みる。

そうした犯罪の被害者女性が加害者にたいして処罰を求めた場合、構造的障壁と障害物に突き当たることになり、さらには嫌疑、非難、怨恨などの対象となりかねない。これはその他の形式の不利——たとえば人種差別、貧困、犯歴をもつこと、セックスワーカーであること、そして、たんなる総和を超えたこれらの交差——を被っている女性にとくにあてはまる。しかも、加害者はこのことを知っていて、彼女たちの相対的無力を利用しようと、冷笑を浮かべながら次の標的を選び出すのかもしれない。

ミソジニー的暴力の被害者を退けることは認知的な形式を取るかもしれない。典型的には、虚偽を語っていると見なされることが多いが、さもなければ、愚かである、正気でない、ヒステリー状態であるとして退けられるかもしれない。もしくは、それは道徳的な形式を取るかもしれない。その場合、女性が自らの被害を主張することの権利が疑問視されたり、我慢強さが足りないとか、場合によっては、寛容さに欠けるという理由で軽蔑されることになる。ともすれば彼女は認知的、道徳的両方の根拠から、たとえば妄想的で虚偽的であると非難を受けることさえあるかもしれない。ホルツクローは被害者の信用を貶めるさらに別の典型的方法を使った。被害者は彼を使ってひと儲けしようとしている、「億万長者《ビリオネア》」になろうと目論んでいるというのである。だが、もしそうだとすると、控えめに言っても、高リスク低報酬の企みであったろう。

女性や非白人男性にたいする証言的不正義の基底にあるとしばしば見なされるステレオタイプの存在を指摘す

ることによって、これら相互に連結した問題を解決できるとは私は思わない。ミソジニー被害者への非難や信用失墜工作は場当たり的傾向がある。たとえば、ホルツクロー事件にかんして、告発者であるリゴンズの言葉やその人物を信用しない人が、自分の子どもを彼女の管理するデイケアセンターに預けることに何の躊躇も感じないというようなことは、大いにありうると想像できる（本章で論じた、証言的不正義との関連で、『アラバマ物語』中のトム・ロビンソンについてフリッカーが類似の指摘をしていたことを想起してほしい）。こうしたステレオタイプがその性質と適用において場当たり的なのは、証言的不正義がしばしば強く動機づけられているという事実にその理由を負っている。本章で見てきたように、優位の男性の利害を守り、彼らの評判を維持しようという強力な傾向性――多くの場合、それは無意識であるにせよ――が存在する。だから、多くの人は、彼が清廉潔白であり、彼に抗して証言する女のほうがまったく信用できないことを示すような理由があれば、道徳的な必然性の感覚をもって、本能的にそちらに飛びつこうとする。さもなければ、彼女にとって、公に名乗り出ることが不都合であるような理由がありそうならば、そちらに飛びつく。まるで大幅に異なるそれぞれの事例や文脈において、彼女が自分で物事を決めるなど、とても信用できないとでもいうかのように。

したがって、問題は、フリッカーの分析が主張するような、社会的想像から拾い集められた誤った情報や連想にその源を発する過ちという次元を超えている。この問題にかんして、フリッカーは、もっと真摯に徳をもって被害者の声に耳を傾けることが、有効な（部分的）解決策になると示唆するが、そもそも人々はそんなスキルを実践することを動機づけられそうにない。また、問題が明らかに構造的なそれであるとしても、問題解決にあたって、直接的な構造改革の試みだけではかならずしも十分でない。それに加えて、行為主体の物事にたいする態度、つまり何にたいして忠誠を感じ、何にたいして注意を向けるかといった習慣に変化が生じる必要があると私は考える。けれども（どうやったら）私たちはそうした変化を起こすことができるのだろうか。そして、（どうやって）それを試みるべきだと多くの人たちに納得させることができるだろうか。

とどのつまり、言語道断なこうした形式の不正義の問題を提起するには、ミソジニー的暴力行為を告発する女性たちを退けて、その加害者である社会的に優位な位置を占める男性たちに人々が与《くみ》するのを止めさせることが、(十分条件には遠く及ばないにせよ)必要条件なのである。だが、問題の性質上、それは厄介な仕事となるだろう。とても醜悪で正義に反し道徳的に有毒な、しかも特定の社会的文脈において(のみ)発現する偏見が存在していて、あなたがたはそれにとらわれているのだと、人を説得するのは容易ではない。しかも、偏見は私たちの道徳的注意に影響を与える。つまり、私たちの内面では、自分は告発を行なう女性たちにたいして不公平なことをしているという感覚よりは、むしろ告発を受けている男性たちにたいして公平であろうとしているだけだと感じられるような作用をする。だから、説得の困難さはいや増すとさえ言える。名乗り出る女性は不正直な人物で、好ましくなく、同情を覚えない人物と映りやすい。もしくは、彼女にあまりに説得力がありそうなときには、証言させないために彼女を脅して黙らせようという動きが生じるかもしれない。

他方、彼のほうはと言えば、自分には彼女に貸しがあると思っている。もちろんこれは誤りである。にもかかわらず、私たちの忠誠は、いささかもそれに値しないにもかかわらず、それを最もあてにする人物である彼の元にある。ダニエル・ホルツクローはこう語る。

心のうちでは一〇〇パーセント確信しています。家族は全員僕の味方です。「お前が有罪になるなんて、そんなことありえない」。皆そう言ってくれました。僕は[陪審席を]見つめました。彼らの目を一人残らず見つめて、「僕はやっていません」と伝えました。男性たちを見つめ、女性たちを見つめると、女性たちは泣いていました。

称賛すべきことに、陪審席に座った白人女性たちは、証拠にかんがみて、ホルツクローを有罪であると判断した。それでも、彼女たちは泣いた。彼のために、そしていまとなっては潰《つい》え去った、警察官としての彼の輝かしい将来を思って涙を流した。被害者たちの面前で。

原注

（1） ただし、最終的には、標準的な問題の複雑化について探究したい。そのために、私は、重要な道徳的および政治的懸念がどのようにして男性の名誉回復に向けた問題含みの努力の一環として取り入れられるかを明らかにする。人気のポッドキャスト・ドキュメンタリー『シリアル』によって広められたと私が疑う（ただし、ここではそれを論じる十分な紙幅がない）免責するナラティヴにおける無意識バイアスについての懸念が果たす役割と比較参照のこと。（同番組は、サラ・クーニグが司会を担当し、シカゴのＦＭ局 WBEZ Chicago と共同製作された。シーズン一、二〇一四年、https://serialpodcast.org/season-one）。

そうしたバイアスについての表面的な懸念は、この事件の容疑者にたいして示される明白な同情、そして彼の容疑を晴らそうという、ときにあからさまな欲求を正当化しはしない。アドナン・サイードは元恋人のヘイ・ミン・リー殺人事件で有罪判決を受けた。事件は二人が高校生だった一五年前にさかのぼる。ムスリムであるサイードにたいする人種バイアスが働いていたことは否めないかもしれないが、同様のことは、彼の友人であり、彼の有罪判決にとって重要な証言を行なったジェイ——アドナンと同年齢のアフリカ系アメリカ人——についてもあてはまる。そしてもう一つ、被害者ヘイ・ミン・リー——韓国系アメリカ人——の語りの抹消も指摘できるだろう。第三章で示唆したように、アジア系アメリカ人女性はこの形式のミソジニーにかんして、きわめて脆弱な立場にあるように思われる。本章では、この番組によって例証されるもう一つの一般的問題、すなわち、「ゴールデンボーイ」、「良いやつら《グッド・ガイズ》」の免責と放免を取り上げる。『シリアル』では、事件当時のアドナンを知る人たちによって、どちらの呼び名も彼にたいして使われる。

もう一点注記されるのは、被害者ヘイ・ミン・リーは絞首によって殺害されたという事実である。序論で論じたように、このことは殺人が親密な男性パートナーによる犯罪である可能性がきわめて高いことを示唆する。

（2） キャラ・バックリー「ゴーン・ガールズ、発見される」、『ニューヨーク・タイムズ』二〇一四年一一月一九日付。https://www.nytimes.com/2014/11/23/arts/talking-with-the-authors-of-gone-girl-and-wild.html

（3） 映画版にはこれに対応するシーンはない。また、筋書きもまったく異なる。映画版では、主人公のジェリー・ランディガードは、金に困って、自分の妻にたいする狂言誘拐を企み、身代金を手に入れようとする。ところが、ジェリーに雇われた実行犯のうちの一人が、妻のジーンを殺害してしまう。「あの女はうるさすぎる」というのがその理由である。

（4）私の編集者ピーター・オーリンによると、そうした例としてもう二つ、『イナフ』でのジェニファー・ロペス、『ブレイブ・ワン』でのジョディ・フォスターがそれぞれ演じたキャラクターが挙げられるとのことである。

（5）フリッカーは代わりに「社会的アイデンティティの力」について語り、より局地的で、かつさほど歴史化されていない形式の証言的不正義、たとえば、特定の方法論もしくは学問領域の支持者が否定的なステレオタイプを被るような場合のそれが存在することを認める（Fricker 2007, 28–29）。だが、私はここでは、フリッカーと同じく、より組織的な形式、たとえば、人種、ジェンダー、階級、障害、年齢、性にかんする経歴（セックスワーカーであったなどを含む）、およびそれらの交差にもとづく証言的不正義に集中する。

（6）ポールハウスは、そうした無知がとくに陰険である理由を二つ挙げる。「第一に、道徳的、政治的言説において、それは人にたいして規範的主張を行なうべき知識の伝達を妨げる。知識はまさしくその人たちに向けられているのだが、その代わりに、不良な情報源からの歪められた描像が提示されることで、その伝達が妨げられるのである。第二に、それは、自覚されることなく、知識保有者自身によって決定される、世界についての連係調整された経験というものを許してしまう。なぜならば、知識にかんする資源は、いったんそれを利用するための仕組みが作られてしまうと、第二の天性となるからであり、また、そうした資源は知識保有者を、世界および他の人々との関係において連係調整するよう機能するからである（Pohlhaus 2012, 731）。

（7）「ミソジニー」という語がその情動的な含意を失わないようにとの考えから、家父長制イデオロギーに照らして「良い」女性を報償し、動機づけるといった、非‐敵対的な表われ方をその名の下に含むことを私は好まないという点を注記しておく。「ソフトなミソジニー」という用語が使えるかもしれないが、より簡潔で明確なラベルを引き続き探し求めようと思う。「台座載せ（pedestalling）」というのもよいかもしれない。というのは、マドンナや天使と見なされる女性もじつは不安定な位置にあり、少しでも過ちを犯そうものなら、台の上から突き落とされかねないというニュアンスをうまくとらえられるからである。他方、このラベルの短所としては、良い行動を動機づけるとか、家父長制の利害に合うかたちで女性のエネルギーを吸い取るとかいった、未来を考慮した機構のニュアンスをつかめないことだろうか。

（8）つまり、私は、フリッカーの下記の見解にたいして、微に入り細を穿った批判を展開するホセ・メディナ（Medina 2011）に従う。

一見したところ、信頼性欠損と信頼性過剰のどちらも証言的不正義の例をなすと考えられるかもしれない。たしかに、信頼性過剰にかんしては、「不正義」の言葉がごく自然に、しかも適切にあてはまるような場合もある。たとえば、誰かがある特定の方言で会話をするという理由だけで、彼の言葉に分不相応な信頼性を得ているような場合に、その不正義を訴えるような場合はそうだろう。拡張すれば、これは配分的不公正としての不正義——何らかの財について、誰かが正当な取り分より以上を得ている——の事例とすることができるだろうが、それには無理がありそうである。というのも、信頼性というのは、配分的正義のモデルが適合するような財ではないからである。（中略）配分的モデルに最も適合する財というのは、主にそれが有限であり、かつ、少なくとも供給不足の可能性があるという理由においてそう呼ばれるのである。（中略）そうした財というのは、何らかの競争が存在するか、もしくは、まもなく存在するようになる可能性のある財なのだ。（中略）それにたいして、信頼性はそうした意味において一般的に有限ではないし、したがって、配分的取り扱いを求められるような類似の要請は存在しない（Fricker 2007, 19–20）。

メディナの重要な仕事に注意を喚起してくれたレイチェル・V・マッキノンに謝意を表する。

（9）次の点が注記されるべきである。すなわち、残念なことに、ネット上で知名度のある女性にたいするこうした虐待はきわめて一般的であり、とくに家父長制的価値観（たいてい「男性の権利」、道徳再武装（MRA）、「オルタナ右翼」運動といった、申し訳程度の包装をまとわされて）に挑戦していると見なされる場合はそうである。クインはそのうえ「さらされた」。つまり、彼女の住所がネット上に公開されたのである。物理的危害を加えると脅迫していた者たちがそれを実行に移すこともできたわけである。脅迫は彼女を萎縮させ、脳への損傷は彼女を植物状態にするかもしれない。あるフォーラムのポスターはそう指摘した。その結果、クインは最終的に転居を余儀なくされた。男性ゲーマーの聖なる、「安全な」空間を台無しにした代償がこのあからさまな報復というわけである。サイモン・パーキン「ゾーイ・クインの鬱々たる冒険《ディプレッション・クエスト》」、『ニューヨーカー』二〇一四年九月九日号。http://www.newyorker.com/tech/elements/zoe-quinns-depression-quest

（10）ウイメン・イン・ザ・ワールド職員「キャンパス性的暴行事件の被害者および加害者父の声明がネット上で激しい反応を呼び起こす」、『ニューヨーク・タイムズ』二〇一六年六月六日付。http://nylive.nytimes.com/womenintheworld/2016/06/06/victims-and-fathers-statements-in-campus-sexual-assault-case-draw-strong-reactions-online/

(11) その後、具体的証拠が明らかにしたところでは、女性にたいするブロック・ターナーの過去の行動はどう見ても一流からは遠かった。「スタンフォード大学水泳部女性部員はブロック・ターナー逮捕に動揺せず」、『インサイド・エディション』二〇一六年六月一六日。http://www.insideedition.com/headlines/17021-members-of-stanford-womens-swim-team-not-surprised-by-brock-turner-arrest

(12) ニューヨーク市警察ブルックリン地区担当ピート・ローズ警部の二〇一七年一月の発言を比較参照のこと。当該地区でのレイプ事件の大部分は「行きずりの犯人に通りから引きずりこまれるといった、忌むべき強姦事件ではない」と、ローズは語っている。「まるで面識のない人物による街頭でのランダムな犯行といった本当の行きずりレイプ事件が問題なのだ。そういう犯人には、道徳観念がまったく欠如している」。ローズのこの発言にたいして世間から激しい非難が巻き起こり、後日彼は謝罪声明を発表した。グラハム・レイマン「性的暴行のすべてが忌むべき犯罪ではない――ニューヨーク市警察警部、発言か?」、『ニューヨーク・デイリー・ニューズ』二〇一七年一月六日付。http://www.nydailynews.com/new-york/nypd-commander-sex-assaults-not-total-abomination-rapes-article-1.2938227

(13) 「藪の中の怪物」的ナラティヴの特性の多くを含む性的暴行の稀な事例の一つについての一人称的語りとして、スーザン・ブライソンの『その後――暴力と自己の再構成 (*Aftermath: Violence and the Remaking of a Self*)』(Brison 2002, 第一章)を参照のこと。また、ブライソンによる、これとは別の、ある意味でさらに大きな困難、つまり知人による性的暴行を告発しようとしたときに彼女が直面した困難についての語りを参照のこと。スーザン・ブライソン「なぜ私は一つのレイプについて語りながら、もう一つのレイプについて沈黙を通したのか」、『タイム』二〇一四年一二月一日付。http://time.com/3612283/why-i-spoke-about-one-rape-but-stayed-silent-about-another/

(14) とりわけこの理由から、道徳的万能薬としての共感(empathy)にたいするポール・ブルームによる批判(Bloom 2016)に私は共感を覚える。すなわち、共感は私たちを歴史的に支配的立場を占めてきた側に与する方向へ、特権的立場にない人たちに抗して、動かすかもしれない。また、ブルームがいみじくも指摘するように、共感をもてはやすことは女性への過大要求や女性の搾取をもたらしうる。これは第四章での私の議論、いわゆるポスト家父長制的文脈でのミソジニーの実質的内容についての分析結果と共鳴する。これに類する主題については、本書の結論「与える彼女」で立ち返ろう。

(15) こうした語りこそが元凶であると思われるかもしれない。それが問題の一つであることは私も認めるが、私たちがそれを完全に捨て去ることができるかどうかについては懐疑的である。人は誰かに脅されることも、誰かにたいして脅威であることも、傷つけられることも、攻撃することも、脆弱であることも、敵対的であることも、どちらもありうるということを私たちがもっとよく認識できたらよいのだろうが。思うに、どうやったら私たちの道徳的役割のもつ二面性と曖昧さを忠実にとらえることができるかについて、真剣に考える必要があるだろう。現時点においては、不正行為を解釈するための私たちの主たる文化的資源は、きわめて粗雑で、善悪二元論的な道徳の語りであるが、これをもっとニュアンスに富んだ別の語りに代えることによってそれができると思われる。けれど、これと少なくとも同じくらい大切なのは、それぞれにぶつかり合う、複数の重複的な語りがしばしば存在するということをよりよく理解することであるとも思う。すべての行為は記述の下でのそれである。よく知られるように、G・E・M・アンスコムはそう指摘した（Anscombe 1957）。これに加えて、もしある行為について、複数の適切な表現が存在するならば、それらは、異なる登場人物たちと、彼らのあいだの、そして、聞き手としての私たちとの異なる関係を含む、それぞれに正しい複数の物語の一部分を構成するかもしれない。これらの主題群については、今後また別の機会に取り上げてみたい。

(16)　ケイト・J・ベイカー「スタンフォード大学事件被害者が加害者の面前で読み上げた渾身の手紙の中身」、『バズフィード』二〇一六年六月三日付。https://buzzfeed.com/katiejmbaker/heres-the-powerful-letter-the-stanford-victim-read-to-her-ra?utm_term=.uveV3VxYaM#.wrWLMLemVy

(17)　判事の観点と立法者のそれとの区別については、ジョン・ロールズの有名な論文「規則の二概念」（Rawls 1955）を参照のこと。ロールズのすばらしくもニュアンスに富んだ議論を過度に単純化することを恐れずに言うならば、判事は法を維持することに配慮せねばならない——そしてだからこそ、被告はじっさいに罪を犯したのかどうか、その動機と犯意の有無、被告は懲罰を受けるに値するのかどうか、またどのような罰を受けるべきかといった問いを問わねばならない。他方、議論の余地はあるかもしれないが、立法者は概して帰結主義的な検討のみにかかわるべきであり、したがって、たとえば、何らかの刑法の立法化をめぐって、その内容や違反にさいしての具体的罰則にかんして、それが立法化され、（とりわけ）判事や陪審員が下す評決や刑の宣告のための基礎として使用されるとき、どのような費用と利益を生じるかであるとか、それにもとづいて罰せられる者たちに課される費用を考慮するとき、そうした抑止手段は実効的であるかどうかといった問いを問わねばならない。

　簡単に言って、犯罪にたいする証人の観点は、たとえ法の理論的根拠と目的は応報でなく、抑止に存すると考えられるにせよ、判事のそれと同じように、非帰結主義的な線で考えられるべきであるというのが、私のここでの論点である。また、私はここでそう論じるに十分な論拠を与えたとは言えないかもしれないが、それは判事と陪審員にかんしてのロールズの議論のごく自然な拡張か、一般化であると考える。そして、私とは違う線を取る論者にとっても、一般的な問いはそのままに残る。すなわち、なぜ性犯罪はこの点にかんして財産犯罪やそれに類するものと異なる扱いを受けるべきなのだろうか。たとえば、窃盗に遭ったとき、それについて被害届を提出するにあたって、「被害者」にその権利があるのかどうかが問題になることはまずない。

(18) アダム・ゴプニク「ドナルド・トランプ――ナルシシスト、キモい負け犬」、『ニューヨーカー』二〇一六年一〇月九日付。http://www.newyorker.com/news/news-desk/donald-trump-narcissist-creep-loser

(19) 「私は神とすばらしい関係にある――トランプ氏は語る」CNN、二〇一六年一月一七日付。http://www.cnn.com/videos/politics/2016/01/17/sotu-tapper-trump-has-great-relationship-with-god.cnn

(20) 「アメリカのヴィジュアルそしてポップ・カルチャーにおいて黒人女性に向けられる特殊な種類の憎悪を記述する」ために「ミソジノワール」という語を作ったとベイリーは書く。「なぜレニーシャ・マクブライドは顔面を撃たれたのか〔一九歳の黒人女性マクブライドは車での交通事故の後に、近隣の住宅に助けを求めたところ、白人住人によって射殺された〕、なぜ『ジ・オニオン』はクヮヴェンジャネ・ウォレスについてあんな風に報道してかまわないと考えるのか、なぜリアリティ番組は過剰に黒人女性を取り上げるのか、なぜシャネーシャ・テイラー〔仕事の面接に出かけるあいだ、子どもを駐車場の車に置き去りにした〕は逮捕されたのか、なぜシーシー・マクドナルド〔バイ・トランスの女性LGBTQ活動家〕は拘留されたのか、なぜラバーン・コックスとルピタ・ニョンゴは『タイム』誌の人気リストから外されたのか、なぜマリッサ・アレグザンダー〔別れた夫の暴力から逃れるために、威嚇射撃を行なったことで有罪判決を受けたが、その後釈放された〕にたいする訴訟はいまだに続くのか、ツイッターでの黒人女性にたいする憎悪に満ちたタグづけ、インスタグラムやポップミュージックでのからかい……。これらはすべて、有色女性に向けられる一般的なミソジニーを超えて、ミソジノワールの語を思い起こさせる」(Bailey 2014)。

(21) ジェフ・アーノルド「ダニエル・ホルツクローとは誰か?」二〇一六年二月一七日付。http://archive.is/03Gub

(22) この「道化っぽさ」は、アイヒマンの紋切り型で冗長な言葉遣い、一貫して厚かましい嘘の数々、意味不明な宣言と、それに続く一八〇度の方向転換、あらゆる面での厚顔無恥とナルシシズムによるものだった。アイヒマンは自らの職歴と組織への帰属ということをひどく気にした（とにかく「入会好き」だとアーレントは記している）。そして、いったんナチ（国家社会主義ドイツ労働者党）に入党するや、彼はそれまでのくすぶった経歴を挽回しようと、昇進を固く心に誓った。だが、彼には他人の目に自分がどう映るのかが皆目見当がつかず、たとえば、取り調べにあたったユダヤ人警察官に向かって、彼の特徴である高慢さと自己憐憫をもって、党内で思うように出世できなかった不運を語った。自分が悪かったからではない。自らの戦争犯罪を裁くイェルサレムでの裁判を待ちながら、信じられないといった面持ちの警察官に向かって、彼は繰り返し繰り返し長々とそう説明した。
　いまの世の中にアイヒマンに匹敵する例が見当たるだろうか。ぜひとも考えをめぐらせてみてほしい。

(23) ジョゼフ・ディアス、エリック・M・ストラウス、スーザン・ウェルシュ、ローレン・エフロン、アレクサ・ヴァリエンテ「元オクラホマ市警察官、強姦罪で懲役二六三年の有罪判決。告発者らは語る」ABCニュース、二〇一六年四月二一日付。http://abcnews.go.com/US/oklahoma-city-cop-spending-263-years-prison-rape/story?id=38517467

(24) 黒人青年マイケル・ブラウンが白人警察官により射殺された事件をきっかけに抗議運動は始まった。両手を挙げ降参の意を示すブラウンに向けて、警察官ダレン・ウィルソンは発砲を続けたと複数の目撃者が語る。だが、大陪審はウィルソンを起訴しなかった。この事件については、被害者ナラティヴとの関連で次章で論じる。ブラック・ライヴズ・マター運動の歴史については、Lebron 2017を参照のこと。

(25) ジェフ・アーノルド @JeffArnold_17 Dec 2016
アーノルドによるティム・ローハンのリツイート「以下は必読 @TimRohan」https://twitter.com/JeffArnold_/status/810195406894362624
このツイートには以下のローハンの記事へのリンクが貼られている。「NFLによるDV調査の解剖」。http://mmqb.si.com/mmqb/2016/12/14/Ezekiel-elliott-domestic-violence-nfl-investigation-process

訳注

*1　大まかに言うと、著者の論点は次のようなことである。「彼が正しいならば、彼女は嘘をついている。彼は正しい。それゆえ、彼女は嘘をついている」。こうしたかたちで（論理肯定式を使って）議論が進められることが多いが、「彼が正しいならば、彼女は嘘をついている。彼女は嘘をついていない。それゆえ、彼は正しくない」というかたちで（否定式を使って）議論されてもかまわないはずなのだが、にもかかわらず、そう議論が進むことはまずないというのである。

*2　歴史的に下位にある集団の成員による証言をめぐって、証言者の信頼性の欠如が取り沙汰されるような場合に、たとえそうした疑義を払拭するような証拠が提示されたとしても、聞き手側がその集団にかんする否定的なステレオ

タイプに「感情投資」している結果、認識論的に不当にも証拠の正当性に抵抗するような傾向を示すだろうという意味である。

＊3　「visceral」は「直感的」や「理屈抜きで」などの訳語があてられることも多いが、ここでは、文意を強調するため、語源である「viscera」ないし「viscus（単数形）」、つまり「内臓」にニュアンスの近いこの訳語をとる。

＊4　フェイスブックのCOOであるシェリル・サンドバーグのベストセラー『LEAN IN（リーン・イン）——女性、仕事、リーダーへの意欲（*Lean In: Women, Work, and the Will to Lead*）』にかけた言葉。同書においてサンドバーグは、（比較的裕福で特権階級にある）女性にたいして、仕事上で控え目にふるまうのをやめて、前のめり（リーン・イン）になって、大胆に挑戦しようと励ます。これにたいして、そうした女性はしばしば家事や育児などを移民など、より脆弱な立場にある女性に「丸投げ」しており、要は彼女たちの労働を搾取しているとの批判があがったことを踏まえていると、著者は私信で訳者に解説した。

第七章　被害者を疑う

裁判が芝居に似ているのは、両者とも行為者――犠牲者ではなく――をもって始まり行為者をもって終るという点である。しかも見せ物裁判の場合は通常の裁判の場合よりも、何がいかにおこなわれたかを厳密に描き出すことが一層不可欠となる。裁判の中心にいるのは常に行為をなした者であり――この点で彼はドラマの主人公に似ている――、彼が苦しむとすれば、彼自らの為したことのために苦しむのでなければならず、彼が人に与えた苦しみのためであってはならない。

（ハンナ・アーレント『イェルサレムのアイヒマン』）

いわゆる「被害者文化」について

被害者、および被害者であることと、私たちは緊張に満ちた関係にある。これはとくに目新しい情報ではない。その著書『真の被害者というカルト（*The Cult of True Victimhood*）』（二〇〇六年）において、アリソン・M・コールは米国での反被害者感情の高まりについて、一九八〇年代後半から九・一一（アメリカ同時多発テロ事件）の数年後までのその軌跡を追っている。彼女によれば、ここ二〇年余りのあいだに、被害者――より正確には、自らを被害者と認識し、被害者を名乗る者、自身の傷を手当てする者、そしておそらくは傷を捏造する者、学習したか偽装した無力さを身をもって示す者――の像が果たす役割が、保守派イデオロギーにおいて漸進的に高まったという。それは、苦悩に満ち、感傷的で、メロドラマ的で、人にたいして根拠のない非難を行ない、第三者からの同情と注目を要求するような人物像として出回った。その対象は、学生、ミレニアル世代〔一九八〇―九〇年代に生まれた人々〕、女性、フェミニスト、急進派、性暴力の被害者、もしくは後述するエマ・サルコウィッツの場合のように、それらすべてであるような人たちであることがはなはだ多い。そして、たぶん言うまでもないだろうが、その描像は人を喜ばせるようなものではない。

けっして新しい現象ではないが、ここ数年、被害者にたいして示される反感が増しているように思われる。[1] 論文「マイクロアグレッションと道徳文化」（二〇一四年）において、社会学者のブラッドリー・キャンベルとジェイソン・マニングは、新しい「被害者性の文化（culture of victimhood）」を、それに先立つ「尊厳の文化（culture of dignity）」や、さらに古い「名誉の文化（culture of honor）」と対比する。彼らによれば、この三つは現代西洋社会において重複することなく一つがもう一つに取って代わり、それにまた別のものが取って代わったとされる。「被害者文化」を例証するものとして、彼らは、たとえば古代ローマにおける故意の不衛生の実践や、インドの「ダルナ」つまり断食をともなう座り込みなど、ほぼすべて殉教者的な特色をもつものを挙げ（Campbell and Manning 2014, 708）、さらに、「マイクロアグレッション」を指摘し、それを「喧伝」する行為をそこに連なるものとして説明する（マイクロアグレッションとは、侮辱や敵対的行為の中でも比較的小さく、意図せずに行なわれるものだが、侵蝕的に蓄積しながら、歴史的に従属化、周縁化されてきた社会集団を組織的に害する）。[2]

キャンベルとマニングは自分たちの試みが純粋な記述社会学のそれであると主張する（ただし、見るからに道徳的価値を負荷された用語選択に加えて、猜疑心に満ちた「どうしてことさらに被害者であることを強調するのか」といった質問の繰り返しを見ると、いささかその信用性を疑わざるをえない主張ではある）。[3] いずれにせよ、保守派は早々に、規範的に中立であるとされる彼らの研究を利用して、道徳的、政治的結論を導き出してきた。被害者ナラティヴについて、より均整の取れた、だが同じような仕方で――ちなみに、それはフェミニストや急進派だけでなく、保守派方面に由来することもある（たとえば、ウェンディ・ブラウン著『傷の国家（*States of Injury*）』などを参照のこと）――、長きにわたって疑問を呈してきたにもかかわらず、ジョナサン・ハイトは最近自身のブログにおいて、二人の論文を繰り返し激賞した。[4] ハイトの考えでは、被害者文化という概念は、大学講義での〔講義内容に含まれるトラウマなどを起こしかねないような内容についての〕トリガー警告、〔差別や攻撃的な発言に直面する恐れのない〕セーフスペース、そして「マイクロアグレッション」的枠組みの採用が増えていること（ハイトの見解では、そうした「災い」）を説明するのに大いに役に立つのだという。明らかに、自称「被害者」と思しき人たちへの反感が目下高まりを見せている。[5]

しかしながら、キャンベルとマニングの問いはいまや急進派にとっても無視できないはずである。歴史的に従属化され、周縁化されてきた人々、とくに女性が自ら名乗り出て、自分が傷を受けた状況にたいして注意を引こうとするのを動機づけるのは何なのだろうか。これから見るように、この問いにたいする答えは明瞭ではない。とりわけ信用失墜、解雇・免職、逆告訴を被る危険性の高さを考えると、従属的な社会的位置から名乗り出るどころか、むしろそれを思いとどまる大きな理由がいくつか存在するのである。そうした位置から名乗り出ることが徒労に終わったり、または裏目に出るようなことになりうるのだとすると――しかも、それは人が必要とし、権利を有するところの物質的資源や社会正義を獲得するにはきわめて不確かな道である――、率直に言って、誰がわざわざそんなことをするだろうか。にもかかわらず、ミソジニー的敵意を突き止めようと名乗り出る女性（他の人々の中でもとくに）の数は増えている。なぜだろうか。どうしたらそれを説明できるのだろうか。たんに経験にたいして希望が勝利したということなのだろうか。それとも、こうした行動には何か別の目的――妥当であるにせよ、そうでないにせよ――があるのだろうか。まさしくそうであると、この後私は論じる。また、ある種の文脈においてそれは妥当でもあると私は考える。というのも、名乗り出ることは、行為者性の表現であり、転覆行為でもありうるからである。世の中で支配的なデフォルトの語りから離れて道徳的ナラティヴと格闘し、自らの状況を、そうでもしなければ見向きもしてくれない人たちに知らしめるかぎりにおいて、それは転覆行為なのである。第三者はそれに共感するかもしれないし、しないかもしれない。じっさい、第三者の敵対心と怒りの感情は減るどころか、いや増すかもしれない。だが、少なくとも第三者は、傷を負うことの現実、もしくは継続する支配という事実を関知するにいたるだろう。そして、当然ではあるがこのことは、被害を被ってきた人たちにとっては重要なことのはずなのである。

被害者とは何か——道徳的ナラティヴの役割

被害者であるとはどういうことなのだろう。そして被害者性を主張するとはどういうことなのか。これから見るように、これら二つの問いは単純ではない。「被害者」概念は事実上、特定の視点に紐づけられるか（indexical）、もしくは特定視点から見た概念である（perspectival）という性格があり、それゆえ両者の関係もやはり単純でない。こうした理由で、自分が被害者であると主張することは——じっさいにそうした言葉で語られるとはかぎらないし、また、どのようなニュアンスで語られるにせよ——たんに、Aは被害者であるとか、Aは図らずも被害者であるとかいうように主張するにとどまらない。加えて、それはある意味でそうした役割を遂行する、もしくは引き受けることをともなう。

だが第一に、被害者であるということは一般的に、たんに何らかの不幸に見舞われたという問題なのではない。私が思うに、それは本質的には道徳的な問題である。被害者であることの典型的事例は、誰か別の行為者の手によって道徳的に不当に扱われた——そして傷つけられ、辱められ、もしくはそのせいで何らかの傷を負った——ということをともなう。典型的には、それによって人はかつて自らが占めていた道徳的・社会的位置に比して、その位置を下げる。また、典型的には、道徳的悪行によってその人を被害者にさせた行為者と比べて、その位置を下げられるのである。(6)

こうしたことこそが被害者であることの中心的事例である私は主張する。ところで、加害者、加虐者、迫害者をもたない被害者というのは存在しないと言えるだろうか。これは主張としては強すぎるだろう。というのは、自然災害や、ときには伝染病やその他の疾病などについても（後者については、私の耳にはやや不自然に響くが）、私たちは「被害者」を有意味に語りうる。しかし、私の直感では、これらの事例は中心的事例に寄生するのであって、それが意味をなすのは、私たちの側に破壊的な自然要因を擬人化する、もしくは少なくともそれらを行為主体と思い描く傾向性があるからだと思う（ハリケーンに名前を付ける習慣だとか、癌を「ビッチ（性悪女）」と呼んだりすることを考えてほしい）。だとすると、被害者という概念は、ある種の道徳的ナラティヴ――ある主体が別の行為者の手によって恥辱的で貶価的な仕方で不当な扱いを受けるというナラティヴ――がその背景に存在することを、重要な意味で前提とすると言える。そうした彼女が被害者であり、そうした彼が加虐者もしくは迫害者なのである。

被害者であることの中心的事例はこのシナリオに忠実であると私は思う。そして、この典型的な意味で被害者であるということは、このナラティヴの中に、自分自身または他者によって、配役されることをともなう。聞き手の一人としての私たちの反応もまた何らかのかたちでシナリオに記されている。被害者とは、私たちが同情を寄せることになっている人物のことである。被害者は注目の中心であり、語りの主唱者であり、おそらくはその主人公である。他方、加虐者もしくは迫害者は、被害者の味方である私たちが怒りを向けることになっている人物である。より正確には、彼らはP・F・ストローソンが「他人の立場を考慮した（vicarious）」反応的態度、もしくは他者の味方として他者に向けてとる態度として指定する位置を占める。この文脈では、それはたとえば憤慨、不承認、処罰的傾向などを含むかもしれない（Strawson［1962］2008）(7)。

少なくとも大枠でこれが正しいとすれば、なぜ自分自身を被害者として描写することがそんなにまでストレスに満ちた行為であるのか、その理由を説明するための端緒が得られる。というのは、被害者性を主張することは、じっさいのところ、自らを物語の中心に据えることを意味するからである。この行為は一般的に自らを配役するよりもさらにストレスに満ちている。それはひとりよがりで尊大であり、同時に、弱々しくてお涙頂戴的であると見られる可能性が高い。さっさと前へ進むことなく、ずるずると自分の物語を引き延ばし、その中に浸っているという意味合いがともなう。これをやってのけるには、あまりにみすぼらしかったり、疲弊しきっていたりといった風であってはならない。人の目にそう映れば、偽善的で虚言を弄する、裏表のある自己中心的人物という疑いや告発を誘発することになる(8)。

被害者性について私が提案してきた考え方、すなわち、それは根本的には被害者・加害者的な道徳的ナラティヴに関連しているという考え方は、これらの概念を使って考えたり、話したりする仕方について説明する一助ともなる。私たちは、被害者役に自分や他人を配するということを口にすると同時に、被害者役を演じるということも、もちろん口にする。より重要なこととして、私たちは、被害者というのは無実であり、何の咎《とが》もないし、(さらに悪いことには)そうでなくてはならないと考えがちである。その結果、何か軽度の不実を犯したり、そうした嫌疑をかけられたりした場合、私たちはその人物が被害者であると認めることに躊躇したり、認めることができなかったりする。同様にして、何か大きな事件の真正の被害者であると私たちが考える人物については、その人物が軽度の不実を犯したことを否定する傾向が私たちにはある。シナリオが異文や微妙なニュアンスをともなわない本質的に単純でミニマルな道徳譚であれば、そうした態度も理解できる。強盗役が警官の被害者役を演じるなどありえないからである(9)。

この関連でマイケル・ブラウンの事件は示唆的である。二〇一四年八月、ミズーリ州ファーガソンでの警官によるブラウン射殺をめぐって、ファーガソン警察署は、それに先立つ数分間のブラウンのコンビニエンスストアでの行動をとらえた防犯カメラ映像を公開した。そこには箱入りの細巻きの葉巻《シガリロ》を万引きしているように見える姿とともに、店を出る前に(「そこをどけ」と言わんばかりに)店員を小突くブラウンの様子も記録されていた。そしてその数分後、警官ダレン・ウィルソンが少なくとも六発の銃弾をブラウンに向けて発射し、うち二発は頭頂部を貫通した。数人の目撃者によると、ブラウンは丸腰で両手を挙げていたが、それでもウィルソンは「おかまいなく撃ちつづけた」。法医学的報告書では、ブラウンはウィルソンのほうに顔を向けてそのまま倒れたとされ、このことは二発の銃弾がブラウンの頭蓋骨を下方に貫通していることと符合する(Manne 2014b)。ファーガソン警察がコンビニの防犯カメラ映像を公開したのは事件から六日後、最初のマスコミ騒動の最中だった。これは意図的な公開だったと思われるが、その策略は多くのメディアで狙いどおりに働いた[10]。

　だが、なぜそれはうまく働いたのか。そして具体的に何を成し遂げたのか。警察が申し立てるブラウンが犯した軽犯罪は、彼が国家権力による殺人という言語道断の人権蹂躙の被害者であるかどうかという問いとまったく無関係だというのが、明らかに理に適った反応だろう。犯罪性と攻撃性を黒人男性に帰するような人種差別的傾向が働いた結果、ウィルソンとブラウンとのあいだに起こった事実が歪められ、誤って伝えられたということもいくらかはあるだろう。ブラウンはじっさいにはごく普通のティーンエイジャーだったようだが、仮にそうでなかったとしても、こうした状況下では最小限の寛容をもってそのような人物像を想定するのがデフォルトのはずだ。ところが、ブラウンは最終的に「悪党（thug）」——現代アメリカにおける本質的な人種差別主義的概念——として想像されなおされることとなった。他方、これと対照的に、ウィルソンは見たところ無力な存在であるとされた[11]。けれども、いったんこうしたイデオロギー的な視点移動がなされると、知覚上に、もしくは少なくとも感覚上にある種の遮蔽物が現われる。すなわち、ブラウンがコンビニの映像を通して犯罪者もしくは（いかに些細な意味であるにせよ）侵略者としていったん描かれると、白人の多くはもはや彼を警察による残虐行為の被害者と見ることができなくなるか、あるいはじっさいにそう見なくなる。二つのナラティヴ、すなわち軽微な犯罪を犯した人物としてのブラウンと、重大な市民権蹂躙、おそらくは殺人事件の被害者としてのブラウンの両者は、まったく両立可能であるにもかかわらず、競い合うようになる。

　こうして被害者性概念についてのナラティヴ的説明は、なぜ被害者非難はそれほどまでに道徳的に問題を孕《はら》むと考えられるのか、また、直感的にもそう思われるのか、その理由を明らかにするのに役立つ。誰にたいして何がなされたのかということが問題だったのが、彼女自身による（おそらくは、まったくの）軽率行為もしくは道徳上の問題行動が、彼女にたいしてなされた不当行為の発生に因果的役割を果たしたと認識されるにいたり、ではそれはどんな仕方で起こったのかということに焦点が移動すると、ナラティヴにおける被害者としての彼女の役割は損なわれる。そうして、彼女を被害者と見ることそれ自体がもはや困難となることもありうる（これについては、第六章、とくに「ヒムパシー」についての節を参照のこと）。

被害者性概念についてのナラティヴ的説明はまた、ダイアナ・T・マイヤーズ（Meyers 2011）がアムネスティ・インターナショナルのプロトコルを利用して区別した、被害者の二類型、すなわち「パトス的」被害者と「英雄的」被害者を理解するのにも役立つ。これら被害者の二類型は、言ってみれば、異なる二人のキャラクターとして、つまり、苦境に喘ぎ救助を必要とする不運な乙女vs.現代アニメの勇敢な女主人公として理解できる。マイヤーズが明らかにするように、両者はいずれも罪なき存在ととらえられるが、その理由は異なる。パトス的被害者は、その受動性と完全な無力さゆえに道徳的不実の嫌疑から自由であるのにたいして、英雄的被害者の場合、そうした存在と見なされるためには、道徳的に価値ある目標の達成に向けて行為者性を稼働させなければならないのであり、その結果として、道徳的嫌疑を免れる。換言すれば、後者のイノセンスはそのナラティヴ的自己同一性によるのである。[12]

被害者を（控えめに）演じる

なぜ歴史的に、もしくは現時点において周縁化され従属化された人々が、自らの負った道徳的な傷に注意を引こうとすると、「被害者を演じている」と見られる危険に晒されるのかという問いについて、私たちはここでようやくいくらか議論を進められそうである。この問いは、特権的位置を占める男性によるミソジニー的攻撃性によって傷を負った女性たちの問題と通底しており、私は、最終的には、その点にとくに関心をもっている。

歴史的に、もしくは現時点において置かれている従属的な社会的位置からこのように名乗り出ることにたいして消極的な態度を取ったり、被害者だと名乗り出ることに明確に反対する理由のいくつかについて考えてみることは有益だと言えよう。[13] そうすることによって、私がここで解決を試みることになる問題の困難さがより際立つだろう。

キャンベルとマニングが示唆するところによれば、自分が被害者であることを強調すること、もしくは、彼らが前掲の論文で四度にわたって言及するインチキ憎悪犯罪の場合のように、それを捏造することは、「第三者からの注意、同情、介入」を引き出すための策略である場合が多い。被害者は自らの被害者性を「美徳」と表象する。キャンベルとマニングは同論文の節タイトルに「美徳としての被害者化」と掲げる。「人々はますます他人からの助けを要求し、自分が敬意と援助を受けるに値することを示す証拠として自分の受けた迫害を喧伝する。したがって、私たちはこのような道徳文化を被害者性の文化と呼ぶこともできよう。というのは、名誉の文化においで底辺にあった被害者の地位が新たな高みへと上がったからである」。これと対照的に、「自分自身が被害者であり同情を必要とすることを喧伝もしくは誇張するような公にたいする不服申し立ては、名誉の文化に生きる人にとっては、自分がいかなる名誉ももたないことを見せびらかすことに等しく、つまりは彼らにとって禁忌なのだろう」(Campbell and Manning 2014, 714)。

本書においてこれまで示してきた議論——とくに第四章と第六章でのそれ——にかんがみると、別の可能性が見えてくる。被害者ということにかんして言えば、舞台を水平にしようとする被害女性の試み——名乗り出て、自らの意見を公然と表明するなど——は、道徳的スポットライトは誰のものなのかについて、一般に受け入れられている想定をかなぐり捨てることを意味する。女性は、共感的注意と道徳的焦点を自分自身のために要求するのではなく、社会的優位を占める男性にたいして与えることを期待されているとすれば、女性が自らを被害者として主張するのは強く人の目を引く行為であり、嫉妬や羨望を招きかねない。そうした女性は、親の愛情をめぐって競合する新生児の姿が、嫉妬深い兄や姉の目にそう映るように、人の目に映るだろう(いわゆる「新たな幼稚症(new infantilism)」という概念について考えてみてほしい)。けれども、この場合、「新生児」役の女性は親役と同一人物であり、したがって、親の立場にある者が立場を逆転するなど、まるで自分の役割を忘れてしまっているではないかという苛立ち、あるいは激怒さえ、引き起こしかねない。

こうした認識のすべては、家父長制的規範と価値観の遺物である不当な権利意識に由来する。しかし、それらは深く根づいていて、男性と女性のいずれの場合にもしっかりと内在化されているので、ほとんど気づかれることはない。キャンベルとマニングが名誉の文化と称する文化――存在すらしなかったかもしれない過去にたいして現代人が抱く郷愁で溢れんばかりである――においては、傷を負ったという主張は当然のごとく予期されていて、わざわざ公にする必要などないだけなのかもしれない。というのも、家父長制秩序の下では、優位な位置を占める男性は、そうした奉仕を自ら求めることなく、たいてい妻、母、愛人、もしくはそれに類する女性的存在によってなだめられ、そのエゴを修復されたからである。彼はそうした奉仕をいわば自動的に彼女から受け取ったのである。

他方、女性であるあなたが被害者性をあからさまに主張するならば、(a)同情や道徳的損傷にたいする補償ということにかんして、あなたが必要とするものを自動的に与えられるようなことはないだろう。そして、(b)あなたは自分が人と同じ権利をもっと主張していることになるだろう。しかも、歴史的にそうした権利をもつどころか、むしろ他者の権利が充足されるのを確実にすることを義務づけられてきたような人物がそんな主張をすれば、その行為はより際立つことになるだろう。[14]

したがって、女性が「被害者を演じている」、「ジェンダーカードを切ってきた」、もしくは、過剰に劇的であると感じるとき、私たちには自らの直感について批判的、懐疑的態度をとるべき理由がある(Schraub 2016)。彼女の行為が際立つのは、彼女が正当な取り分以上のものを要求しているからなのではなく、こうした文脈で女性が正当な取り分を要求することに私たちの側が慣れていないということなのである。女性はむしろ、支配的位置を占める男性が語る被害者ナラティヴのよき聞き手となり、道徳的ケア、傾聴、共感、慰めを提供することを期待されている。

換言すれば、そうした女性に特徴的な男性にたいして負うとされる財の一つが、道徳的注意と感情的エネルギーなのである。裏を返せば、社会的に優位にある男性はこうしたものにかんしてこそ過剰な権利意識を抱き、おそらくそれを渇望するのである。

注意と道徳的配慮ということで言えば、合衆国における黒人女性にたいする虐待が、しばしば黒人男性のみの問題として白人リベラルによって暗黙のうちに概念化されてきた大量収監と比較して、どれほど軽視されてきたかについて私たちは考えるべきである。もちろん私は、黒人男性にたいする不正義の深刻さと大きさを軽んじるつもりは毛頭ない。だが、社会学者マシュー・デズモンドの指摘するとおり(Desmond 2016)、たとえば住居からの退去命令のように、黒人女性にたいする類似する形式の構造的不正義は、(やはり、白人リベラルの)公的言説において比較的冷遇されることが少なくない。さらには、警察官による黒人男性と黒人女性にたいする残虐行為についても、また、黒人女性の白人女性と比較した場合のより高い収監率についても、似たようなことがあてはまる(Crenshaw 2012)。加えて、ブラック・ライヴズ・マター(「黒人の生命も大切だ」)運動が三人の黒人女性によって設立されたという事実が、この運動の白人リベラル支持者(と思しき人々)のあいだでの議論でしばしば無視されるが、これは(私自身も含めて)この分野にかかわる人たちが直視すべき恥ずべきアイロニーを上塗りする。[15]

さらに言うならば、誰かの被害者であることを強調(または、たんにそれに言及)したとしても、それは第三者からの共感的注意を獲得する手段としてはほとんどあてにならない。この点にキャンベルとマニングは気づいていないようだ。じっさい、彼らの論文それ自体が、自分が負った道徳的傷にたいして注意を求める人たちが直面しがちな敵意と怒りにかんする根拠を提供する(注2を参照のこと)。このことは従属的集団の成員――とくに女性がそうであるが、女性だけにかぎらない――についてよりいっそうあてはまる。

ここでダーシー・ニールの経験について考えてみたい。黒人男性、ゲイ、脳性麻痺であるニールは、ある時、サンフランシスコから五時間の空路の旅を経て自分の住むワシントンDCに到着したが、降機にさいして車いすでの介助を受けられなかった。彼は繰り返し搭乗員に助けを求めたが、「いま仕事で忙しいので」、おとなしく待つようにと命じられた。ニールはそのときトイレを使用する必要があった。搭乗機には車いす用のトイレが装備されておらず、飛行中ずっと我慢を強いられたうえに、飛行機通路用の幅の狭い車いすが手配されるまで（標準タイプの車いすが通路に入らないため）、さらに四五分間も待たされていたのである。待つことに耐えかねたニールは、とうとう両肘をついて這って飛行機を降りた。搭乗員一同はただ唖然とした。彼は飛行機脇に届いていた自分が所有する車いすを取り戻すと、それに乗り、空港内のトイレで用を済ませて、さっさと帰途についた。一連の出来事については誰にも告げなかったが、この件は、ニールへの処遇を憂慮した搭乗員の一人によって報告され、その結果、ニュースの見出しを賑わすこととなった。

ほとんどあらゆる側面において、ニールは完全な被害者である。「事を荒立てたくなくて」、彼は苦情を申し立てなかった。この件には、「うんざりした」し、「いらいらして」「腹も立った」が、同時に、その種の出来事には「慣れっこ」であると、彼は語った。過去に、三、四度ほど似たような経験をしていたのである。航空会社はこの不祥事をCNNへの報道発表で公式に認め、ニールは謝罪を快く受け入れた。

キャンベルとマニングの説明にしたがうとすれば、ニールの場合のような明快なケース――ユナイテッド航空という同情無用の「悪役」まで絡んでいることを付加してもよい――では、ネット上でそうした被害者にたいして同情の気持ちを示すことを奨励される発信元、つまり世間一般から、ほぼ普遍的な同情が寄せられるはずだとの予測が立てられるだろう。ところが、現実はそれとはほど遠かった。多くの人々がニールにたいして共感を表明する一方で、同じくらい多くの否定的で被害者非難的なレスポンスが殺到したのである。その結果、電子メールとネット上のコメントによるニールの二度目の屈辱の詳細を報道する新聞記事が書かれた（ちなみに、同記事は二〇一五年一〇月二八日付『ワシントン・ポスト』紙で最も多くの人に読まれた記事となった）。ニールの身体障害は偽装であり（「歩けない者に匍匐《ほふく》前進ができるのか?」）、すべてはブラック・ライヴズ・マター（ニールはこの運動を支持していたが、個人的な関与はなかった）に注目を集めるための茶番にちがいないと糾弾された。自己中心的で、介助について不当な権利意識をもっているとの非難も彼は受けた。情報ウェブサイトのコメント欄から拾った投稿を以下にいくつか紹介しよう。

「君はいったいいくら欲しいんだい？　飛行機が着陸して、皆一刻も早く降機したいというときに、トイレへ行きたいだなんて、どうかしてる」。

「どのくらい待たされたんだ？　五分？　一〇分？　三〇分間か？　待たされるのは皆同じこと。それが公平ってものだろう。交通機関のアクセスしやすさについての講演からの帰途だったと。そりゃあ皮肉だな。賭けてもいい。ニールは「俺様一番」的な人物だろう。俺はあんたらより偉いんだ。俺が特別だってことは見たらわかるだろうって」。

「飛行機の乗り降りとかトイレへの介助とか、そういうことって航空会社の責任なのかしら。まさか飛行機に乗ってから、自分が障害者だとわかったわけでもないでしょうに。どうして介助者なり家族なりが同行してないのかしら。今時、ニーズに合わせた事前計画って常識でしょう？　自分のニーズにかんして他人の助けをあてにすべきじゃないわ」。

「不時着でないのが幸いだった。きっと搭乗員が抱きかかえて降ろしてくれるとでも思ったろうからね。それにしても自給自足の精神はどうなっちまったんだ。この調子でいくと、歯のない年寄り連中は、口移しで食わしてくれだとか、盲人は文字を読んでくれだとか、そんなことを搭乗員に言い始めるぞ。飛行機に乗ったことがあれば、機内持ち込み荷物にサイズ制限があることは知ってるはずだ。機内通路が狭いこともわかってるはずなんだから、あそこを通れるような旅行用の車いすを奮発してもいい頃なんじゃないか。それが自立の対価ってもんだろう。連中の面倒見るのは俺の責任じゃないんだ！」(16)

意地悪であると同時に、笑ってしまうほど心の狭い言葉が並んでいるが、話の中心が、誰が優先されるか、誰が誰に責任をもつのかという点にあるのが示唆的である。何か欲しかったら「列に並ぶ」か、それとも順番を待たなくてはならないという感覚が蔓延している。そして、誰かが不当にも列に割り込んでくるという考えをめぐる不安感が見て取れる。合衆国でもオーストラリアでも、割り込んでくるのはとりわけ移民であるとされ、この偏見については、難民もしくは、いわゆる「キュージャンパー〔列に割り込む者の意〕」にたいする理性を失った道徳的パニックの長い歴史がある。(17)

けれども、何のための列なのだろうか。行列する人たちが求めるのは、とりわけ今日ますますその供給が不足する、女性の感情的・社会的労働なのではないか。私はそう睨んでいる。このことが、そうした道徳的財の嫉妬心をともなう貯め込みを、優位を占める男性にたいして与えることを期待されているものを与えずにおく女性、または、――さらに悪いことに――自らのためにそれを要求する女性にたいする恨みのこもった怒りを、そして、(黒人であり、障害者であり、ゲイである)ニールのように、完全な被害者であると同時に、複合的に周縁化された社会ステータスをもつ人々にたいする憤怒を説明する。こうして、明らかにまるで誤った考えであるにかかわらず、「列に並べ」という心情が多くの人々の心をとらえた。ところが、完全な被害者である一人の左翼女性、というか、被害者の中でとくに道徳的優先性の高い者が現われると、彼女はその特別な脆弱性において、一部の右翼男性にとっての悪夢となるだろう。後者は、家父長制によって彼らに残された、かつてはデフォルトだった権利、つまり、被害者として世話をしてもらう権利を懐かしく思うかもしれない。そして、それを懸命に守ろうとするだろう。ただし、直接それを要求するのではなく、(ときには自らが被害者を演じつつ)他者にたいして被害者の地位を与えることを拒否するというやり方で、それはなされるかもしれない。

ニールの二重の屈辱について書いた記者は、ニールを酷評する前に「知っておくべき二つのこと」があると、読者の注意を喚起した。一つは、彼は苛酷な人生を生きてきたということ、もう一つは、彼は同情されることを望んでいないということである。もしも同情を望んでいたとするならば、彼は多くの人々からの反応にひどく落胆していたことだろう[18]。自らに向けられた非難にかんして、ニールはとても信じられないし、傷つけられたと、その胸のうちを吐露した。「どうやったらこれを否定的な話にできるのだろう？　僕には何一つ落ち度はないのに。すべて自分たちの責任ですと、ユナイテッドは認めたし、公式謝罪から声明文にいたるまで、すべて出てるわけなのに」（Miller 2015）。

願わくは、以上の説明によって、ニールの的を射た問いに回答を与えることができているとよいのだが。

このように、従属的集団の成員として、自らの負った道徳的な傷への注意を公の場で引くのは、同情的な注意を集めるにはあまり良い方法でないようである。ニールの場合のように、これ以上はないというくらい明快なケースでも、多くの人のうちに敵意を引き起こすこともある。被害者がさほど完全でないような場合については、おそらくもっとそうであろう。

ところで、苦情を抱えて公に名乗り出ることにかんしてはその他の理由も存在するが、その場合はどうなのだろうか。ここでもまた、なぜ名乗り出ようとする女性の数が増えているのか、それを説明するに足るような答えは簡単には見当たらない。従属的集団の成員が、正義を通したい、認知してもらいたいと願ってそうした申し立てをするときに直面する構造的障壁がどれほど多いことかといえば、まさしく驚くばかりである。たとえば社会的優位を占める男性にたいして、（文字どおりにせよ、そうでないにせよ）告発を行なおうとしている女性がいるとして、彼女にとっては、以下のようなことについて、より高いリスクが存在するだろう。

- そもそも申し立てを信じてもらえない。さらには、裏表があるとか、正気ではないとか、ヒステリックであるなどの疑いをかけられる（証言的不正義の場合のように。『ゴーン・ガール』のエイミーのキャラクターに例示されるように、女性は容赦なく報復的な存在であるという考え）。
- 起こったことについて咎められる（被害者非難の概念の場合のように。どんな服装をしていたかについての問い。DV、性的暴行のいずれの場合にも、女性が挑発したのではないかという考え）。

● 当該の犯罪について適切な捜査が行なわれない（有名スポーツ選手をめぐる事件の多さや、DVや性的暴行を真剣に取り合わない警察をめぐる事件の多さに見られるように）。

● 当該の犯罪についての証拠が破壊される（レイプ・キット〔体毛や精液など、加害者を特定するための証拠を収集するためのキット〕の破棄など、警察による組織的怠慢および／または隠蔽について立証されている事例の数々）。

● 告発内容が最小化される、もしくは、却下される（パートナーや元パートナーによるDVを告発しないよう女性を説得する行為。被害者の同意もしくは事前の了解なしに、男性大学生による犯罪にたいして、本来よりも軽めの量刑を与える）。

● 当該の犯罪は、ミソジニー的攻撃性のより大きなパターンの一部であるとは認められず、むしろランダムで説明不可能であるとされる。または、その原因にかんして、精神疾患などの個人的、特異的要因とされるものが想定され、告発自体が却下される（白人犯人による最近の銃乱射事件の多くにおいて、公式および非公式なかたちで「心神喪失」の申し立てがなされていることに留意）。

● 自己中心的、攻撃的で、虚言癖があり、人を操ろうとする傾向があるなどの逆告発を受ける（そうした傾向にかんして、たんなる仮定でないはっきりとした現実的証拠がほぼ皆無であるにもかかわらず、それを根拠にして、当該のレイプ告発は偽証の恐れがあるなどと論じられることが多い。「社会正義戦士（social justice warrior）」〔ネット上で人種差別、性差別、障害者差別などの社会的不正義と闘う人を指す俗語〕の概念にも留意）。

● 卑小化される（幼稚である、神経過敏である、自身の問題について大人や成人としての対応ができないなどとされる）。

● 加害者の支持者、擁護者から嫌がらせや恫喝を受けたり、場合によっては（ふたたび）傷つけられたりする（いわゆる「レイプ・シールド」法〔性暴力の被害者が訴訟で不利益を受けることを防止する目的で制定された法律」の制定以前における反対尋問など)。

丸括弧内に挙げた手近な具体例の豊富さ、そしてジェンダー的に言ってこれとは逆方向での相当例の少なさにかんがみて、優位を占める男性を告発しようと試みる女性は、前記のような障壁の数々に直面するリスクがより大きいという予想には、かなりの信憑性がありそうである。第六章では、次の命題についてさらなる証拠も示した。すなわち、多くのケースにおいて、女性にたいして優位にある男性は、特権的な社会的地位を占めるばかりか、そうした地位を失う可能性から尋常でないほど巧妙に保護されている。

ここから見て取れるように、女性にたいする社会的優位を享受する男性を、そのミソジニー的行動にかんして告発しようと名乗り出る女性には、数多くの障壁が待ち受けている。そして、ここまでの考察で明らかなように、女性がそうすることにたいして反対するに足る十分な理由が存在する。では、マイクロアグレッションのように、法的もしくは民事的処方がまるで見当たらないようなケースについてはどうだろうか。こちらについては、なぜわざわざ名乗り出ようと思う人がいるのかを理解するのは、はるかに困難である。

したがって、同情や注意を引こうとするのはもちろん、加害者を裁きにかけて、なにがしかの物質的資源や恩恵を得るなどということを目的とする人が存在するとすれば、「どうしてことさらに被害者であることを強調するのか」というキャンベルとマニングの問いは、まだ答えを待っているということだろう。女性が名乗り出ることを動機づけているのがそうした目的であるとすると、それは合理的であるどころか、ほとんど理解不可能な行為にさえ見えるからである。

だが、これはそうともかぎらないかもしれない。レジーナ・リニの論じるところによると、従属的集団の成員として不当な扱いを受けたその仕方について注意を引くことは、ときに自分と似た状況にある他の人たちとの連帯を促進するための最善の、そしてただ一つの活きた方策でさえあるかもしれないからである。[19] そうすることによって、人は自らの負った傷を深刻に受けとめてもらうことができる、または、自分と同じように脆弱な立場にある他者によってそれを認知してもらえるという慰藉《いしゃ》を、少なくとも得ることができるかもしれないからである[20]。もちろん、社会的制裁のシステム（公式、非公式のどちらも）が家父長制的価値や利害を支えるべく方向づけられているのだとすれば、数を集めることそれ自体のうちに力が見出されるというのはかならずしも正しくない。けれども、ときにはこうした意味での、いわば「クラウドソーシング」（無報酬または定額報酬を条件として、不特定多数の人々に（インターネットを介して）仕事を依頼すること）のもつ力が効果的であるようにも思われる。そしてそれはソーシャルメディアが隆盛する今日、ますますその可能性を増している。

たしかに、クラウドソーシングによる力の増大とともに、それを行使する人々に対抗する攻撃性や、彼らを卑小化し、彼らの信用を失墜させようとする圧力もまた増大するかもしれない。だが、そうした社会的サポートそれ自体と、強化されたパターン認識の展望には、重要な価値がある。女性にとって、ミソジニーがどのように作動するかについて事前警告を受けることは、たとえば、ガスライティングにたいしてあらかじめ備えることができることを意味する（序論を思い出してほしい）。

だから、連帯を促進するという目的で、マイクロアグレッションを喧伝することに価値があるというリニの説明に、私はまったく同意する。しかし、それと同時に、このジグソーパズルには付け加えられるべきもう一つの、しかもまったくその性質を異にする一片《ピース》が存在するとも、私は考える。また、ここから先の議論は、右派からばかりでなく左派からもなされる以下のような批判が偽りであるのを示すことにもなる。その批判とは、被害者性を主張することは、行為者性と勇気をともない、またそれらを明示するような仕方で、過去もしくは現在における無力化と屈辱の経験と向き合うことを避けること、つまりは、現在そして未来における受動性を受け入れることに等しいというものである[21]。以下の事例研究を通じて、私はこの批判が誤りであると論じる。それは同時に、ここで問題となる傾向と動機が、合衆国の文脈を超え、さらにインターネットやSNSをはるかにさかのぼる時代から顕著であったことも、明らかにするつもりである。さらには、文脈によっては、何らかの圧力を受けた後に、準意図的に被害者を演じることは、自給自足と独立の価値を認めることと矛盾しないどころか、逆にそれを立証することさえありうるということを、明らかにする。

『独立の民』──事例研究

ノーベル文学賞を受賞したアイスランドの作家ハルドル・ラクスネスの小説『独立の民』(Laxness [1934] 1997)の主人公ビャルトゥルは、長く小作人であったが、アイスランドの痩せた耕地に、小さいながらも自分の土地をようやく手に入れ、羊を飼って生計を立てようとしていた(ビャルトゥルはかつて「冬の家々」と呼ばれていたその土地を、希望を込めて「夏の家々」と改名する)。小説のはじめのほうに忘れがたい場面がある。ビャルトゥルの新婚の妻ローサは別の男の子どもを身ごもっているのだが、あるとき羊を駆り集めるために出かけたビャルトゥルの留守を守って、一頭の雌羊と家に残ることになった。空腹と孤独に耐えかねて正気を失いかけたローサは、雌羊には悪霊が取り憑いていると思い込んでしまう。彼女は藪から棒に羊の喉を掻き切ると、その肉で脂の滴るようなソーセージを山ほど作り、我を忘れてそれを貪り食う。

家に戻ったビャルトゥルが雌羊のことを尋ねるが、ローサからは曖昧な返事しかない。そこでビャルトゥルは、姿を消した雌羊を探し求めて山に向かって出発する。他方、家に残されたローサは産気づき、どうにか出産するがそのまま息絶えてしまう。ビャルトゥルが帰ってみると、すでに固くなった新妻の遺体と、「シラミだらけの体」を丸めて、温かいその腹で赤ん坊を守りつづけた、飼い犬のティトラが彼を待っていた。ビャルトゥルは、生まれたばかりの女の子を育てることが自分にとっての「至上の使命」と決心し、気高い気持ちを覚える(血のつながった父親ではないものの、この時点ではそうするより他ないと考え、ビャルトゥルは女の子をわが子として養育するつもりであった)。だがその一方で、自らの独立生活の維持を何よりも重んじるビャルトゥルは葛藤に苦しめられてもいた。「自分は他人に助けを求めなくてはならないのだろうか」と彼は自問した。「妻に最後に告げたのは、他人の助けだけは受けてはならないということだった。独立不羈を掲げつつ、他人に助けを求めることは、悪魔に自らの魂を売り渡すに等しい。そしてまさにそうした屈辱が、彼のうえに、「夏の家々」のビャルトゥルのうえに宣告されようとしていたのだ。しかし、たとえどれだけの対価を求められたとしても、ビャルトゥルにはそれを支払う覚悟ができていた」(Laxness 1997, 100–101)。

ほどなくビャルトゥルは思い切って——みじめで、ぎこちなさげに——赤ん坊のためのミルクを求めて、土地管理人と、詩人であるその妻の家を訪ねた。それでもいったん中へ通されると、ビャルトゥルは自分の自由な立場を自慢してやろうと心に決めた。管理人の妻が出してくれたお粥を啜りながら、ローサの健康を尋ねる管理人にビャルトゥルは答えて言った。「わしはすっかり満足だよ、グンサラス。知ってのとおり、いまやわしの主人はわしだけだ。誰に何を申し開きする必要もない。あんたなんか言うまでもない」。そう言うと、空腹にもかかわらず、ごちそうの馬肉を管理人の飼い犬たちのほうへと傲然と放り投げた。

そこへ管理人の妻が「豊かな胸を張って直立姿勢で颯爽と」部屋へ入ってくる。ビャルトゥルは一変して、お恥ずかしいことだが、ちょっと頼みごとがあると話し出す。「もちろん、大したことじゃない」。管理人さんにはなんてこともない「些細な」ことだ。ゆっくり話そうと、三人が客間へと移ったところで、小説の語り手がビャルトゥルの心のうちを代弁する。「その衣服、そして外見において、「夏の家々」のビャルトゥルは、浮浪者のような身なりのこの管理人よりはるかにすぐれていた」。にもかかわらず、「このみすぼらしい男こそが人のうえに立つ者、人の運命を握る者であることは、誰の目にも一目瞭然であり、かみタバコを含んだ口元の皺は、価値あるものを残らず吸い尽くすまでは、何一つ吐き出したりはしないという無意識の象徴のようだった」(Laxness 1997, 104)。

ビャルトゥルは、自分のもつあらゆる手を使って、管理人とその妻にたいする自らの独立を繰り返し主張しようと試みる。席に着くことを拒み、取るに足らない自慢話を長々と続ける。度量のあるところを見せようと、万が一に必要ならば、冬季用の干し草を提供しようとも申し出る(残念ながらこれは無駄な試みで、「自分の心配をすることだな、若い人」と、管理人は「慇懃で、憐れのこもった口調で」答える。「けっして侮辱的ではないが、無条件に他人を「憐れむべき屑」の籠へと分別するかのように」[22]。）ビャルトゥルは、訪問の目的は、「ちょっとした知らせ」を伝えることだったと仕切り直す。そして、死について哲学めいたことを口にしはじめる。彼はこれ以上ないほどもって回った言い方で——謎めいた詩を通して——、まるで自分の知性ばかりか、詩人である女主人が専門とする競技で彼女に勝りはせずとも互角に競い合う能力があることを示さんとするかのように、ローサの不慮の死のことを伝え、施しや善意からではなく、二人が幼な児の祖父母であるという理由から、彼に助けの手を差し伸べるべきであることを仄めかす（これは真実であった。ローサが彼らの息子によって身ごもったことは二人にも知れていた。彼らはローサに好意を持っていたが、彼女は彼らより低い身分の出であった。そこで、彼らは急いで彼女とビャルトゥルとの結婚を手配したのである）。

ビャルトゥルは自らの価値観に照らして、自分が彼らより劣っているとは思わない。それどころか、彼は管理人夫婦にたいしてまるで軽蔑的な態度を取る。彼らの社会的地位を羨ましく思うこともない。ビァルトゥルが望むのは独立であって、自分が彼らに取って代わることではない[23]。けれども、ビァルトゥルは管理人夫婦が彼にたいして有する権力と彼らがそれを行使する仕方——夫のほうは高圧的で人を見下すようであり、妻のほうは狭量で支配欲が強い——に深い恨みを感じている[24]。

だが、自らの手のうちをすべて晒すことになり、ビャルトゥルはとうとう彼らの前にひれ伏す。女詩人はビァルトゥルの言葉をさえぎり、出産時にローサが命を落としたのかどうか、明瞭な言葉で答えるよう命じる。ビャルトゥルがそれを認めると、彼女は言う。

> たぶん私たちはあなたに助けを与えるでしょう。これまで他の多くの者たちにそうしてきたように。返済のことなど気にもせずに。でも、一つだけ条件があります。あなたであれ他の誰であれ、私やうちの家族について遠回しの仄めかしをするような真似は今後一切許しません。よろしいですか（Laxness 1997, 108）。

「『夏の家々』の幼な児の本当の父親が誰であるかを詮索するつもりで管理人邸を訪問したのではないこと、そして、ビャルトゥルがはっきりと明確にそれを示すまでは、彼女が心の平安を取り戻す」ことはない。

それが明らかになったところで、ビャルトゥルは突如すっかり恭しくなる。「ご承知のとおり、わしの舌は人間のことより羊のことを喋るのに慣れています」。申し訳なさそうに彼は言う。「赤ん坊の喉へ数滴ほど温かいミルクを落としたら、明朝まで生き長らえる。それくらいしてやってもよいとお考えくださるのでは。それをお願いしたかっただけなのでございます。もちろん、返済は仰せのとおりにいたします」。

ようやくのことで、ビャルトゥルはかつて仕えた女主人を納得させるに十分なほどの平身低頭ぶりを見せる。それを目にした女詩人は、「このうえない喜び」を口にする。「この厳しい時節であっても、弱い者に助けの手を差し伸べる。か弱き幼な児を支え、生命の目覚めを促す。なんという喜びでしょう。私の心はあなたとともにあります。その喜びに、そしてまたその悲しみにも」(Laxness 1997, 108)。

それは彼女の本心からの言葉であった。語り手はそう付け加える。

それにしても、管理人と女詩人は重要な意味で(そして、ふたたびビャルトゥル自身の価値観に照らして)勝利を収めたことが明らかだと言えるだろうか。否。この場面には、滑稽なのはむしろ二人のほうであることを示す効果がある。最終的にビャルトゥルは、彼らの行動がいかに横暴かつ狭量で下劣であるかを読者に向けて暴露するために、自らの従属を(どちらかと言えば大げさに)演じて見せるのである。(25) 二人は、もう少し度量の広い人であったら気にもとめない程度の誇りと独立を維持するのをビャルトゥルに認めるよりも、孫娘の幼い生命の光が消え去るほうをよしとする。

そして、一般に、是が非でも自らの優位を維持しようとする者にかぎって、読者を惹きつける力を失いがちである。他人に恥をかかせることで、そうした人物は魅力のないいじめ役の風体を帯びることが多い。あきれるほどお粗末な人物に見えはじめさえするかもしれない。そして、読者は弱者のほうを応援しはじめるかもしれない。

この悲喜劇的エピソードから学ぶべきなのは何であろうか。それは、被害者を演じること――自らのそうした地位を受容または甘受さえするという意味において――はときに、自らの被害者性にたいする受動的忍従の行為であるよりも、むしろ反抗、もしくは抵抗の行為となりうるという可能性を示唆するということではないだろうか。被害者としての自らの役割を能動的に演じるとき、もしくはそれに注意を引こうとするとき、じっさいのところ人は受動的ではない。[26] ウェンディ・ブラウンの読解によれば、こうした仕方で被害者性を受容する人たちは、ニーチェ的なルサンチマンにとらわれているとされる (Brown 1995)。ここでニーチェ的ルサンチマンとは、「これでもかと無力さを反復する、支配による一つの結果、すなわち、行為、権力そして自己肯定に取って代わるものであり、それは無能力、非力さ、排除を繰り返し刻印する。(中略)[それは] 反応、すなわち、行為を理由、規範、倫理に取って代えることにその根をもつ」。ブラウンは否定的にそう書く (Brown 1995, 69)。しかし、これはビャルトゥルの記述としてはいかにも不適当である。彼は、自分を迫害する者たちとの関係で、自分自身の従属をルサンチマンをもって受容したりしない。

小説に描かれるような状況下では、ビャルトゥルの行為は、規範的に言って、正当性と価値を有するかもしれないと私は考える。ビャルトゥルは多かれ少なかれ意図的に役を演じているかもしれないが、その演技は彼らの置かれている現実の社会関係を劇的に再現する (ビャルトゥルは、言ってみれば、管理人夫婦を彼らの「したい放題」にさせているだけである)。さらに言えば、先述したように、これは抵抗の最終手段としての行為である。というのも、自己主張ということにかんして、彼はありとあらゆる選択肢を使い果たしてしまったからである。ビャルトゥルのやり方は、実質的には、彼と同じように進退きわまった、無力の主体が取りうる受動的攻撃性の一つの生産的な形式であるかもしれない。問題の場面をこのように読めば、それは受動的抵抗という手段を使った、いわば市民的――社会的?――不服従の趣を持つ。それを特徴づける考えは次のようなものかもしれない。いいだろう。私はあなた方が私を辱めるがままにしよう。相まってこれを可能にする社会規範と権力関係にたいする私の反抗の一形式として。どうぞ私を虐めるがよい。そうすることで人の前に自らの姿を晒すがよい。人は見ている。そしてけっして忘れはしない。

この解釈がいくらかでも真実をとらえているとすれば、なぜ従属化された人々の側のこうした行動が（とりわけ）保守派を混乱させるのか、その理由が明らかになる。窮地に立たされた、滑稽でちっぽけな存在として権力者を見せるような仕方で、それは不当な権力関係を白日の下に晒すような潜在能力を備えているのである。

私たちはこの種の怒りが公然と示されるのを、二〇一五年のいわゆる「ベンガジ事件」についての米下院特別調査委員会でのヒラリー・クリントンの証言において目にした。『ニューヨーク・タイムズ』紙のコラムニストであるモーリーン・ダウド——長年にわたるクリントン夫妻との確執はよく知られるところだが、ここではそれはほぼ無関係である——は、次のように書いている。

> 被害者を演じるにヒラリーの右に出るものはなし。
>
> 彼女は建物解体用の鉄球のように「被害者」ラベルを使うことができる。ホワイトハウスの大統領執務室で夫とその愛人が彼女に恥をかかせれば、ヒラリーはそれを逆手にとって、憐れな妻への同情を使って自らの政治家としてのキャリアに乗り出す。討論中にライバルの共和党候補が高圧的に彼女の言葉を遮れば、それを逆手にとって、同情票を使って上院議員の座を勝ち取る。保守派が下院特別調査委員会の名の下に「魔女狩り裁判」を開けば、それを逆手にとって、同情を使って大統領選行きハイウェイのHOVレーン*1へと車線変更する。(27)

ここでのダウドの敵意は目を見張るほどである。ヒラリーはそれに値するような何をやらかしたというのだろう。答えは「何もしていない《ナシング》」である。厳しい状況下にもかかわらず、ただ堂々としていただけである。「青白い顔をした、口の悪い白人男たちから叩かれているときほどヒラリー・クリントンが魅力的に見えるときはない」。ダウドは右に引用した一節に続けてひとくだり愚痴った後にこう続ける。「共和党のリリパット人たち〔ガリバー旅行記に登場する小人〕との長時間折衝のときも彼女はとても魅力的だったが、ネアンデルタール人みたいな野蛮な輩が身の程を知らせてやろうと意気込んでいるときほど、彼女が力を発揮するときはない。そのことに彼らはまったく気づいている様子はなかった」。これは正確な描写かもしれないが、ダウドの論調は不満であふれんばかりである。そして、またしてもここには論理の飛躍があるようだ。つまり、私たちにしてみれば、何が一体「問題」なのか反対に教えてもらいたいところなのである。クリントンは、道徳的に一枚上手か、もしくは「冷静な大人」の対応をすることによって、彼らのさもしく横柄な行動をすっぱ抜いた。だとすれば、「被害者を演じる」とする代わりに、「悪漢の正体を暴く」と呼んでもしかるべきではなかろうか。たしかに、それによって世間の同情の向かう先は変わるだろう。しかし、それに何の不都合があるというのだろう。

こんな風に自身を他人に認識されるがままにすること。もちろん、行きすぎることもある。過度に執拗だったり、敗北主義的だったり、マゾヒスティックだったり、あざとかったりするかもしれない。それはまた、不当であったり、誤った理由からなされることもありうるだろう。しかしその一方で、それは効果的な術策、そして私が思うに、正当な術策でもありうる。これに反対する人があれば、理由を述べるべきである。加害者と迫害者を正義の裁きにかけるための、それ以外のあらゆる可能性を使い尽くしてしまった人々にとって、これに代わる方法が何か残っているだろうか。

最近のことであるが、コロンビア大学の学部生だったエマ・サルコウィッツはまさしくそうした窮境を身をもって経験した。サルコウィッツは性的暴行の告発を加害者にたいして行なおうと試みたが、それは失敗に終わった。サルコウィッツの見るところ、起訴へといたらなかったのは、大学の構内警備とニューヨーク市警察の不手際によるものだったが、ここで彼女は自らの経験をめぐって考案したパフォーマンスを開始した。「重荷を背負う（Carry That Weight）」と題したそのパフォーマンスは、キャンパス内のどこへ行くにも、重さ二三キロほどもあるツインサイズのマットレスを引き摺るというものである。これによって、彼女は、暴行の最中と事件後に体験した、行為者性の不当な剝奪を視覚的に表現するものとして、この重荷を能動的に背負うわけである。これは明らかに力を——感情的にも身体的にも——要した。

サルコウィッツの次の「作品」はこれに劣らず私の興味を掻き立てる。当初両者の同意にもとづいていた性的邂逅が、その後、暴力に転ずるさまを、文字どおり自らが被害者役を演じ、それを録画するというものである。このビデオ映像のタイトルは「これはレイプではない（Ceci n'est pas un viol)」である。それは受動性と屈辱を強いられる経験を、まさしくその経験を演じ提示することによって、主体的な行為へと変容するアート表現である。この創造的行為は告げる。こうしたことは起こると。そして、それは作家の身に起こった。だから、それはアートワークなのである。

プロジェクトのウェブサイト（http://www.cecinestpasunviol.com/）で、サルコウィッツは視聴者にたいし、ビデオ映像へとスクロールダウンする前にいくつかの問い——「検索すること」と「欲望すること」についての問い、そしてサルコウィッツ（「私」）についての問い——についてじっくり考えることを求める。

- あなたはどれほど私のことを知っていると思いますか？　私たちはどこかでお目にかかりましたか？
- あなたは私がサイコー（perfect）な被害者だと思いますか、それともこの世界のサイアクな被害者だと思いますか？
- あなたは私を人間もしくは被害者として見ることを拒みますか？　もしそうなら、それはなぜですか？　私の行為者性を否定し、私をさらに被害者化するためですか？　もしそうなら、あなたが私にたいしてそうする能力をもつことを私に負っているという事実についてどう思いますか？　というのも、そもそも私こそが身を賭して、無防備なままに自らをあなたの前に差し出しているからです。
- あなたは私を嫌悪しますか？　もしそうなら、私を嫌悪することをどう感じますか？

「君を嫌悪することは僕に満足を与えてくれる」。とりわけこの回答が返されるのではないか。私にはそんな気がする。そして、このことが、いわゆる「被害者文化」の文化、すなわち、特定の被害者にたいして怒りを覚え、非難することにかんして、私たちを心配させるとしても、それは当然である。

それでは、最後にもう一度キャンベルとマニングの問いに戻ってみよう。「なぜ自分自身が被害者であることを強調するのか」。それは、レジーナ・リニが論じたように、ときに連帯を促すためである。また、ときに自分自身をナラティヴの中心に据えるためでもある。すなわち、（再）構成にさいして自らが能動的役割を果たしてきたナラティヴこそがそれであり、それは世に出回る支配的でデフォルトの語りと競合することになるかもしれない。私はそう論じた。そうすることによって、人は、従属的集団の成員として一つの機会――おそらくは、唯一の機会――をもつ。支配的集団にたいして、その事柄について自分自身の観点と呼ぶのが自然であるもの、自分自身の側の物語を外に向かって示す機会を。そうすることによって、通常は熱流のように社会階層の上方へと上がっていく傾向をもつ共感《シンパシー》の流れを、自分のほうへと変えることは期待できないとしても、人は自分を被害者にさせた人々を加虐者や迫害者として暴露することができるかもしれない。

この種の破壊的術策はしばしば人々の反感と怒りを煽ることになる。ことに二人の当事者の一方が女性で、もう一方が彼女にたいして社会的優位にある男性である場合には。本書の何か所かで論じてきたように、女性として共感や注意を求めることは、しばしば緊張に満ちた試みとなる。さまざまな仕方で道徳的に誤った方向に進んだり、社会的に見て裏目に出ることも少なくない。だが、それこそが道徳的に正しい道を生きることではなかろうか。既存の権力関係を混乱させる試みは道徳的な危険に満ちている。しかしながら、それが正当化できるような行動ではないと主張する人には、「なぜダメなの《ホワイ・ノット》？」と、私は問いかけたい。「被害者を演じる」ことがどうしても遺憾だと言うならば、「それは誰の利益のためなの？」、そう問いたい。誰にとってそれは煩わしいのか。ミソジニーを被った女性が、それを現実化した男性との関係において、自らが負った道徳的損傷にたいして注意を引くべきであるような場合も少なくない。暴露することは歓迎されないかもしれないし、それを試みることは威嚇的であるかもしれない。だがそれはいささかも驚くべきことではない。

原注

（1）検索ワード「被害者性（victimhood）」で出るグーグル・トレンドのグラフを参照のこと。http://www.google.com/trends/explore#q=victimhood（二〇一五年一〇月にアクセス）。

（2）二人の論文は、社会統制――ジェノサイド、リンチ、テロリズム、対人暴力がそこに含まれる――とマイクロアグレッションを喧伝するさまざまな方法を列挙することから始まる。「同じく、マイクロアグレッションを喧伝することは、逸脱行動――多くの他者が非難する行動――の一形式であるとともに、社会統制――他者による逸脱行動への反応――の一形式でもある」（Campbell and Manning 2014, 693 注1）。リストの最後の項目（つまり、マイクロアグレッションの喧伝）はそうした連座制によって非難されるようである。「攻撃的自殺」についての彼らの発言も参照のこと。彼らによれば、それは夫による暴力（「ただの折檻」）にかんして、真剣に取り合ってくれない親族をもつ妻たちによって実践される「社会統制の一形式」であるとされる（705）。

（3）以下の記事を参照のこと。コナー・フリーダースドーフ「「被害者性文化」は公正な表現か？」」、『アトランティック』二〇一五年九月一五日。http://www.theatlantic.com/politics/archive/2015/09/the-problems-with-the-term-victimhood-culture/406057

（4）ジョナサン・ハイト「マイクロアグレッションは本当はどこからやってくるのか――社会学的考察の試み」、『ライチャス・マインド』二〇一五年九月七日。http://righteousmind.com/where-microagressions-really-come-from/

（5）煽動的な発言によって『ワシントン・ポスト』紙のコラム欄を失ったジョージ・ウィルは、次のように書く。

政府によって教育されたカレッジや大学は、その経験にひどく苦しめられている。キャンパスは被害者であふれている（「マイクロアグレッション」は無教育の人間の目にはしばしば不可視であるが、そこら中に蔓延している）と言って、被害者にさまざまな特権を与え、被害者であることを魅力的にしてしまった結果、被害者はとめどなく増えつづける。

ジョージ・ウィル「カレッジはいまや急進主義の被害者となる」、『ワシントン・ポスト』二〇一四年六月六日付。https://www.washingtonpost.com/opinions/george-will-college-become-the-victims-of-progressivism/2014/06/06/e90e73b4-eb50-11e3-9f5c-9075d5508f0a_story.html

（6）被害者化（victimization）がいわゆる「成功」語であるかどうかについては疑問がある。すなわち、AがBの被害者（および何らかの意味での被害者）と見なされるためには、Bの側のAを被害者化する試みは完遂、もしくは完了されていなければならないのだろうか。範例的な事例では行為が完遂されていることが想定されているだろうが、その必要はないと私は考える。

（7）共感の裏返しが攻撃性だが、つまり攻撃性とは、共感するよう傾向づけられている主体に敵対すると知覚される対象に向けて攻撃的な感情をもつような私たちの心理的傾向なのである。この点については、Bloom 2016を参照のこと。

（8）そうしてみると、本物の被害者が、「被害者」と呼ばれることを極度に嫌い、むしろ自らを「サバイバー」と称することが増えているのは至極当然と肯ける。いかがわしい仕方で過去について述べ立てているという嫌疑は、自分の現在と未来に肯定的に焦点を合わせる一方で、加害者にたいして批判的にスポットライトをあてるのを避けることで和らげられるかもしれない。私が心配なのは、これがときに道徳にかんする誤った指導や、比較的特権的な地位を占める男性加害者の悪行を控えめに扱おうとするヒムパシー文化からの圧力の結果なのではないかということであり、さらにこうしてナラティヴにおける免除を認めることによって、事実上、彼らを免罪してしまうのではないかということである。なお、私はここで「サバイバー」という呼称を非難したり、軽んじるつもりは毛頭ない。助けになる場合があるのなら、この語にもっと大きな力を与えたらいいと思う。あなたが被害者であるならば、自分が被害者であると主張することにかんして内在的な誤りなどいっさい存在しないというのが私の論点である。したがって、私の議論は、道徳哲学一般にたいする私のアプローチと同じく、禁止もしくは（否定的）義務ではなく、許可（permission）もしくは権利（entitlement）を確立することを目指している。

（9）自らが児童虐待の被害者であるロバート・ハリスが犯した凄惨な殺人事件についてのゲーリー・ワトソンのよく知られた議論（Watson 1987）と比較参照のこと。そうしたナラティヴの内側で視点を同情的な方向に変換することは困難であること、また、それゆえ、犯罪者自身が、別の文脈において、それともおそらくは同じ文脈において、被害者であるということを認識するのは困難であることを、それは示唆する。概念的にはこの考えを理解するのは難しいことではない。傷つけられた人が傷つける、もしくは、虐待が虐待を生むという考えについては、人はそれを直感的に理解できる。けれども、犯罪行為にたいして私たちが取ることになる反応の多くがすでに書き込まれているナラティヴのうちに、こうした考えを取り込むのは容易ではない。私たちには一対の目しかないのであり、いちどきに占めることができるのは、おそらく一つの視点だけだろう。同様にして、通常、私たちの視点は部分的でなく、全体的である。したがって、共感にとって必要なのが、どちらかというと文字どおりに相手の「視点を取ること（perspective-taking）」であるならば（かならずしも、視覚的な意味でないにせよ）、このことは、物語において私たちがいちどきに共感できる役柄の数を制限するだろう（とくにそれぞれの意図が食い違うような場合には）。

(10) 警察署長がひどく映像を公開したがっていたというのは意味深長である。複数の記者から「情報公開法」の適用要請があったと主張することで、署長は映像公開に踏み切ったことの正当性を訴えた。しかしながら、じっさいにはそうした要請は一切なかったのであり、（さだかではないが）おそらくは署長の主張はでっちあげだったのだろう。だが、もしそうだとすると、なぜそんなことをしたのだろうか。理由の一つは、映像を公開することで、保守的な評論家や政治家が注意の方向を被害者としてのブラウンから犯罪者としての彼へと転じることが可能になるからだった。『ニューヨーク・タイムズ』紙でさえ、次のような指摘を含む記事を掲載した。「月曜日に埋葬が予定されているマイケル・ブラウン（一八歳）は天使ではなかった。公式記録および友人や家族へのインタビューによれば、若い青年の人生には大いなる将来もあれば、多くの問題もあることが明らかとなった」。ジョン・エリゴン「マイケル・ブラウンの最後の数週間は人生の謎との取っ組み合いでもあった」、『ニューヨーク・タイムズ』二〇一四年八月二五日付。
http://www.nytimes.com/2014/08/25/us/michael-brown-spent-last-weeks-grappling-with-lifes-mysteries.html

(11) 「ハルク・ホーガン［アメリカのプロレスラー］を前にした子どものような気持ちだった」。ファーガソン事件の後のダレン・ウィルソンのこの発言について考えてみてほしい。じっさいには、身長についても体重についても二人はほぼ似たような体格だった。そして、言うまでもなく、ウィルソンが訓練を受けた警察官であるのにたいして、ブラウンは丸腰の民間人だった。

(12) これら二つの概念によってカバーしきれない大きな隙間から、どれほど多くの抑圧的非道者がすり抜けてしまうことかと、疑問に思われるかもしれない。マイヤーズ自身もこの点には気づいていて、性的人身売買と死刑の例を使いながら、示唆に富む議論を行なっている（Meyers 2011 および 2016 も参照）。

(13) ここで私は、動機づける理由と規範的理由という文脈におけるおそらく重要な区別について、明言を避けている。その理由は、一つには、両者には密接な関係があると考えるからである（したがって、別の文脈で、紙幅を費やし、この主張を擁護する議論を行なった。Manne 2013; 2014a など）。もう一つとしては、もし仮に妥当な（規範的）理由が存在しないとすると、そこに何らかの特別な心理学的な背景が存在していない状況では、規範的理由と同内容をもつような動機づける理由が存在することもまずないだろうと考えるからである。換言すれば、この文脈での女性たちは基本的に合理的であるか、もしくは、ある一連の行為を取るにさいして、その是非にかんする理由に応答的であるということを、私は前提している。

(14) 私の感覚では、従属的位置にある人々が自分が負った道徳的傷にかんして人の注意を引けば、その行為はより顕著で際立ちやすいように思われる。他方、権威的な人物がそうした苦情を口にしても、私たちは気にとめにくい。むしろ、私たちはただ同情する。この論争の驚くべき皮肉は、ハイトやエドワード・シュローサーが、事実上、自らが学生から寄せられる苦情の被害者であると（私の見るところ、明確な証拠もなしに）主張していることである。（ちなみに、後者は偽名であり、この人物は「リベラル教授、そして自分のリベラルな学生に恐れおののく日々」なる記事を『ヴォックス』に投稿している。『ヴォックス』二〇一五年六月五日、https://www.vox.com/2015/6/3/8706323/college-professor-afraid）。これは、共感が商品に見える一例である（この後すぐに明らかになるように、これは一般的には、きわめて有害で、誤った考えであると私は思う）。こうした見方は、「特権」という通貨において、もっと裕福な人たちによって受け入れられやすいだろう（注18を参照のこと）。

(15) この主題についての重要な議論として、Dotson 2016 および Lebron 2016; 2017 を参照のこと。

(16) これらのコメントは以下の記事に引用されている。マイケル・E・ミラー「ダーシー・ニール――ユナイテッド便を這って降りた障害者運動家、その後の屈辱について語る」、『インディペンデント』二〇一五年一〇月二八日付。http://www.independent.co.uk/news/world/americas/the-disabled-gay-activist-who-had-to-crawl-off-his-united-airlines-flight-and-into-even-more-a6711626.html 以下も同記事からの引用。

だが、おそらくあなたがまだ耳にしていないのは、その後に起こったことの数々である。無視、心ないコメント、根も葉もない告発、人前で四つん這いになることの屈辱。ネット上で幾度も幾度もそれが繰り返された。「僕が嘘をついているか、それともこの機に乗じて金儲けしたがってるとかそんな風に考える一群のインターネット住人がいるんだ」。ニールはそう語る。「すべてはブラック・ライヴズ・マター運動を盛り上げるための芝居だ。そんな中傷さえ投げかけられた。あれには本当に傷つけられた」。

ニールについてあなたがまず知るべきなのは、彼がきわめて苛酷な人生を歩んできたということである。ワシントンDC出身のアフリカ系アメリカ人であるニールは、ゲイを自認し、身体障害を抱える、つまり、三重の意味で社会的少数者なのである。

「僕は生まれつき脳性麻痺だった」。

けれども、彼についてもう一つ知るべきなのは、彼は同情されることをまったく望まないということである……。

(17) アーリー・ラッセル・ホックシールドの「ディープストーリー」の観念もやはり「列」のメタファーに訴える。それによって彼女は、『壁の向こうの住人たち――アメリカの右派を覆う怒りと嘆き（*Strangers in Their Own Land*）』（二〇一六年）というエスノグラフィにおいて彼女が考察対象とした人々の政治的世界観を具体化しようとした。ホックシールドはルイジアナ州の小さな田舎町で、保守派白人とともに五年間を過ごした。彼らはもともとティーパーティ運動の参加者であり、共和党の大統領予備選挙以後に、その大部分がトランプ支持者となった。ホックシールドによれば、彼らのコミュニティでは、次のような状況が生まれていた。

〔ここでは〕トランプ登場のための舞台装置が整っていたのだとわかる。マッチが炎を上げる前の、火がついたばかりの瞬間だったのだ。三つの要素が重なっていた。まず、わたしが話を聞いた人のほぼ全員が、一九八〇年以来、経済基盤が不安定になっているのを感じ、「再分配」という考え方が出てくるのを覚悟していた。また、彼らは文化的に疎外されていることも感じていた。人工妊娠中絶や同性結婚、ジェンダーの役割、人種、銃、南部連合の旗をめぐる自分たちの考え方が、どれもこれも全国メディアで時代後れと嘲笑されたのだ。さらに、集団としての規模が小さくなってきたような気もしていた。「わたしたちのような白人のキリスト教徒がどんどん減ってきているのよ」と、マドンナは言っていた。自分たちが包囲された少数派のように感じられていたのだ。こうした感情に、ある文化的な傾向も加わった。W・J・キャッシュが『南部の精神』に書いたように――南部以外の地域にもより穏やかな形で存在するのだが――彼らは、自分の社会階層を「上《うえ》」と見て、大農園主や石油王と同一視し、自分より下の階層とはまったく格がちがうと考えたがるのだ。

これらすべての要素が〝ディープストーリー〟の形成に関わっていた。その物語の中では、よそ者が列の前に割り込んできて、彼らの不安や怒りや恐怖を掻き立てる。ある大統領がこうした侵入者と結託したことで、彼らは不信感を持ち、裏切られたような気持ちになる。やがて列の前に並ぶ者から、無知蒙昧なレッドネックと呼ばれてばかにされ、彼らは屈辱を感じて、腹を立てる。経済的にも文化的にも、人口的にも政治的にも、彼らは突然、〝自国に暮らす異邦人〟となる。ルイジアナ州を成り立たせている状況――その企業、政府、教会、メディア――のすべてがこのディープストーリーを強めている。つまり、ディープストーリーは、マッチに火がつく前から存在していたのだ（Hochschild 2016, 221–222; 邦訳三一三―三一四頁）。

(18) もちろん、共感と感情移入は道徳的能力の中でも中心的な、おそらくはその中核となる能力であると言ってもいい（私自身はそう明言することにためらいを覚えるが）。それにもかかわらず、共感や同情を人にたいして要求することは、えてして反感や怒りを買うことになりやすい。これら二つの点は密接に結びついていると思われる。おそらくは、共感を求めることは人の感情への脅迫状、あるいは感情についての説教と映るのだろう。一般化すると、私たちは暗黙裡に共感をある種の商品として理解しているのではなかろうか。しかも、それを必要とする他の人へのトリアージュ（分配優先選別）をどれほど妨げるか、もしくは同情の提供者にどれほど負担をかけるか、その程度に応じてではなく、自らの負傷の程度に応じて列に並ばなくてはならないような商品として。だが、これはまったく間違った考え方である。共感をひとまとめにして保管しておく中心貯蔵所があるわけではないし、それを必要とする人のそれぞれに公平に分配する方法があるわけでもない。さらに言えば、共感は厳格な意味でかぎりある資源ではない。だからといって、もちろんそれは無限であるわけでもないが。しかしながら、理論上は、私たちはお互いにたいして（互恵的な仕方で、少なくとも通時的に）より多くの共感を注ぐことができるはずである（この点については、Manne 2016c を参照のこと）。

(19) レジーナ・リニ「マイクロアグレッション、マクロな害悪」、『LAタイムズ』二〇一五年一〇月一二日付。http://www.latimes.com/opinion/op-ed/la-oe-1012-rini-microagression-solidarity-20151012-story.html

(20) 一つには、明らかにある種の虐待や搾取でありながら、カテゴリー分けするのが難しいような経験をしたということについて、自分はひとりぼっちではない、もしくは、自分よりもはるかに大きな権力をもつ人物と信用の置ける関係をもてたと認識することは、腹の底からの安心感をもたらしうる。この点については、拙稿（Manne 2017）を参照のこと。

(21) この点については、性的暴行の事例と関連させるかたちでの「道具化された行為者性」にかんするキトリ・ゴーノ（Quitterie Gounot）の現在進行形の研究成果と、彼女との会話から多くを学んだ。

(22) 「このことはいつも、何らかの犯罪的傾向を自分に帰属されたかのような印象をビャルトゥルに残した。そして、その後長年にわたって彼の性格のうちの攻撃性を、また彼の自由への、独立への熱情を助長した」（Laxness 1997, 104）。

(23) 総じて、ラクスネスのこの小説は多くの意味でビャルトゥルの独立への欲求の深さと真摯さの証しとなっている。

他の人物であったら、それを公言するのはたんなる傲岸さの表われととられかねないものではあるにもかかわらず、である。ビャルトゥルは二〇世紀文学で最も頑固で血の気の多い、腹立たしい主人公であると語られるのを、私は耳にしたことがある。

(24) これはニーチェ的なルサンチマンのような感情をその持ち主の内側から語る、卓抜で稀有な例である。だが、より詳しく見てみると、管理人と女詩人であるその妻にたいするビャルトゥルの態度は、ニーチェ的ルサンチマンの典型例、すなわち、弱者から強者へのそれとは多くの意味で異なるのがわかる。これはもしかすると、強者がときに弱者にたいして覚えることがあるとニーチェが認めたタイプのルサンチマンだと解釈することもできるかもしれない。ビャルトゥルと彼らとの社会的関係にもかかわらず、管理人夫婦は立派というにも高貴というにも程遠い。彼らの精神は、ビャルトゥルの気高い激しさとは対照的に、いわば「斜視的《やぶにらみ》」である。

(25) ビャルトゥルの帰宅を描く、次のような一節にいたり、下劣さの演技——なんと惨めな状況へと追い込まれたことだろう！——はさらに誇張されることになる。そこには管理人の小間使いであるグドニーがいて、赤ん坊の介抱をしている。彼女はビャルトゥルにたいして、自分が子どもの世話をするから、家を出て行けと告げる。

> 自分の家を追い出されたのはビャルトゥルにとってこれが初めてだった。状況が異なっていたら、まちがいなく彼はこんな非道に黙ってはいなかったろうし、「お前なんかには一文たりとも借りはない」と、グドニーに釘を刺したことだろう。けれども、ビャルトゥルは屈辱に打ちひしがれ、まるでしょげ返って、負け犬のように階段を這い下りた。（中略）藁を一束ほど引っぱり出して床に広げると、犬のようにその上に寝転がった（Laxness 1997, 109–110）。

(26) 身体的被傷性を身をもって示すことと、政治的抵抗の行為（としてのそれ）についてのニュアンスに富む考察として、Butler 2016 を参照のこと。

(27) モーリーン・ダウド「帝国の逆襲」、『ニューヨーク・タイムズ・サンデイ・レヴュー』二〇一五年一〇月二四日付。https://www.nytimes.com/2015/10/25/opinion/sunday/the-empire-strikes-back.html

訳注

＊1　High-Occupancy Vehicles レーンの略で、規定人数以上が搭乗している車のみ走行可能な車線のこと。相乗りを推進することで走行する車の数を減らし、渋滞緩和と排気ガス排出削減を狙った制度。

第八章　ミソジニスト（に）敗北する

容姿が端正でない女は偽物と思いなせ。不誠実な女はねじ曲がっていると思いなせ。がっしりとした女は親方と呼べ。痩せた女はハシバミの小枝と、褐色の女はカラスのように漆黒だと思いなせ。色鮮やかであれば塗りたくられた壁と、悲しげで内気な女は道化と思いなせ。浮かれて楽しげな女は浮気の常習者と思いなせ。

（ジョゼフ・スウェトナム『好色、怠惰、強情、不実な女たちの糾弾』）

魔女、牝犬、嘘つき。しょうがないから、こいつにしとくか。彼女はそんなふうに呼ばれた。「彼女にはいくつも仮面があるが、本当の顔を見た者があるだろうか」。評論家の一人は修辞的にそう尋ねた。彼女の誠実さにかんして広く出回る、根強い疑いをこう表現したのである。素行については政治家の平均点をはるかに上回りながら、世論調査での彼女の支持率は常に例外的に低かった。彼女の名は「ジュリア・ギラード」。私の母国オーストラリア史上初の女性首相である。

悪質なミソジニー的批判を浴びせられ、主にそれが原因で（さらに党内からの挑戦を受けるかたちで）ギラードが最終的に党首としての地位を失ったということは、いまでは周知の事実であり、議論になることはまずない[1]。私の目的にとって興味深いのは、なぜ、どのようにして、また、どうして私たちはここから教訓を得ることができなかったのかということである。

というのも、標的と社会的文脈がきわめて異なるにもかかわらず、二〇一六年の米国大統領選挙において、驚くほど似たようなかたちで――そのレトリックとメカニズムという意味で――、歴史は繰り返されたからである。思うに、同様のミソジニー的メカニズムとより広範におよぶジェンダー力学は、ヒラリー・クリントンにたいするドナルド・トランプの大逆転勝利の物語の重要な一部分を担ったと言えよう。(2)（きわめて頼りない希望の光であるのは承知のうえで）せめてこの結果を通して、ミソジニー的力がいかに私たちの思考を歪め、偏向させるかについて考えてみたい。

男が女と争うとき――ジェンダー・バイアスの比較研究

私たちはしばしばジェンダー・バイアスを次のように概念化する。それは、私たちが偏見を抱く領域において、個々の女性に適用される減点制のようなもので、それを適用された女性はそうでない場合よりも否定的に評価されることになる。(3) 私たちは彼女を過小評価し、彼女が男性ライバル――こちらにかんしては私たちは正当な評価を与える傾向がある（という具合に考えは続く）――との競争に勝利することをより困難にする。極端な場合には、勝利するために彼女は彼の二倍は有能でなくてはならないこともありうる。

しかしながら、ジェンダー・バイアスについてはもう一つ別の考え方があり、それによると、バイアスは男性と女性について私たちが行なう格付けに適用され、他のすべての条件が同じであるならば――つまり、その他の潜在的な偏向的要因を固定するならば――、私たちは女性よりも男性を好むよう傾向づけるとされる。こうした選好は、彼女にたいして彼のほうを支持したり、応援したり、好んだり、信じたり、彼のほうに票を投じたりといったように、さまざまな仕方で発現しうる。このことは結果として彼のほうを過大評価し、敵意をもって彼女に背を向け、彼女の長所にたいする過小評価をもたらすかもしれない。彼女がどれほど有能であろうと、極端な場合、あるいは最悪状況のシナリオでは、たとえどんなに些細なことでも、私たちは何かしらについてとにかく彼女を疑い、嫌悪するための理由を見つけようとするかもしれない。

大統領選挙戦中に私たちが二度も経験した状況、つまり、歴史的に男性優位であった権力と権威の座をめぐって男性と女性が直接的に対決するような場面が、まさしくそうしたケースの一つであったのかもしれない。以下は、関連する三つの分野の文献において、最も目を見張るような知見のいくつかであり、どれもが、広く私たちのうちに存在する（そうした極限的な条件下で）ジェンダー化された社会階層を擁護しようとする強い傾向性を示唆する。

(1) 二人の研究者（デイヴィッド・ポールとジェシ・スミス）が、二〇〇八年の大統領選挙に先立つ二年間にわたって、約五〇〇人のオハイオの有権者を調査した（Paul and smith 2008）。調査協力者は、五人の候補予定者――うち三人は共和党員、二人は民主党員、三人が男性、二人が女性――についての評価を求められた。調査結果によると、大統領として適任であるかどうかについての質問では、（研究者によると）客観的に見て、いずれの候補者もきわめて有能であるにもかかわらず、二人の女性は五人中、四位と五位。また、男女間での一対一対決の可能な六つの組み合わせでは、すべての場合において男性候補者が女性候補者に勝利した。

対立政党候補との直接対決について見た場合、男性候補はすべて、相手が男性の場合よりも女性の場合に高得点を得た。おそらくこの調査結果において最も目を引くのは、支持政党の候補が女性の場合に、対立政党の男性候補に支持を変える可能性がその反対の場合（支持政党の男性候補から対立政党の女性候補への支持変更）のそれと比較して何桁も高いということだろう。「大統領選で女性候補者を対抗候補としてもつことは［男性の］選挙戦で有利に働く」。研究者はそう結論した（Paul and Smith 2008, 466）。

ちなみに、上記の調査における男性候補者とは、ジョン・マケイン、ジョン・エドワーズ、ルディ・ジュリアーニの三人であり、女性候補者の一方はエリザベス・ドールであった。そして、気になるもう一人の女性候補とは誰か。そう、ヒラリー・クリントンである。

だが、ちょっと待て、と言われるかもしれない。二〇一六年の時点ではヒラリーはその一〇年前と比較して、政治家としてより多くの場数を踏んでいたではないか。仮に女性候補にたいしてより厳しい目が向けられたり、二重基準が存在するのだとしても、彼女の適性について疑念は払拭されていたはずなのだから、ジェンダー・バイアスは「問題」たりえなかったのではないかと。

答えは否。もしくは少なくとも、かならずしもそうとはかぎらない、である。じっさい、以下に示すような研究によれば、そうしたことは、一般集団のレベルではまったくありそうにないようである（二つの研究者チームのいずれによる調査でも、整合的な結果が出ている）。それによると、男性優位の役割にかんして、女性候補者の適性にまったく疑いが存在しない場合、その候補者は広く嫌悪され、社会的処罰と拒絶にさらされる傾向があるというのである。

⑵ 心理学者マデリン・ヘイルマンは（とりわけ）以下の問いにかんして多数の研究結果を発表している。男性優位の分野において女性の有能さについて確固たる証拠が存在する場合でも、女性はいぜんジェンダー差別を被るのだろうか(4)。現実はそのようである。秀でて有能な女性管理職は同程度の男性に比べて昇進率がはるかに低い。これはなぜだろうか。

なかでもとくに目を引く研究の一つで、ヘイルマンと共同研究者たちは、男性優位の産業において高い地位を占める二人の従業員（航空機部品製造会社の営業部長補佐）の人物プロフィールを実験参加者に与えた。二人は男性と女性で、それぞれ名前は「ジェイムズ」と「アンドレア」と参加者に伝えられた（好感度の平均がほぼ同様の二つの名前が事前に選ばれてあった）。二つのプロフィールは、交互にジェイムズとアンドレアに振り分けられ、したがって、半数の参加者にとって、一方の人物プロフィールはジェイムズにタグ付けられ、残りの半数の参加者にとっては、アンドレアにタグ付けられる。そして、そのうえで参加者を二つのグループに分けて実験が行なわれた。

第一のグループは、「成功が不明瞭」――つまり、ジェイムズとアンドレアのいずれについても、部長補佐としての優秀さを示す証拠が曖昧にされている――という条件の下で二人の評価を行なった。こちらの場合では、参加者の大多数（八六パーセント）が、ジェイムズがアンドレアと比べてより有能であるとの判断を下した。好感度にかんしては、この場合、両者に違いは現われなかった。

「成功が明瞭」な条件下では、残りの参加者たちにたいして、二人の従業員について付加的な情報――いずれも「傑出した仕事人」であり、同類企業の部長補佐全体の上位五パーセントに入るという年次勤務評定――を与えることで、それぞれの有能さがはっきりとわかるようにした。こちらの場合、実験参加者は二人のどちらもが同程度に有能であると評価したが、好感度にかんしては、やはりかなりの大多数（八三パーセント）が、ジェイムズがアンドレアに勝るとの評価をした。また、アンドレアは質問票の他のどの条件――「辛辣である」、「裏表がある」、「陰謀家である」、そしてとくに、「信頼できない」などを含む尺度――においても、対人的により敵対的であるとの評価を受けた。ヘイルマンらはこの結果を「劇的」であると表現する。

これは基本的にまったく「同一」の情報（プロフィールは交互に振り分けられたので、平均しているという意味である）にもとづいての調査である点を思い出してほしい。したがって、これらまったく異なる評価はいかなる合理的根拠ももたないのである。参加者が自分には理由があると感じたとするならば、それは場当たり的な基準によるものか、後づけ的な理由によるものだろう。

それにしても、なぜなのか。有能さが明確であるときに、なぜ彼らはそこまでアンドレアを嫌悪したのだろうか。

(3) 心理学者L・A・ラドマンは以下のような答えを提案してきた。人々は、ステータスのある男性にコード化されている地位をめぐって競合する、もしくは、そうした地位への昇進の可能性のある女性に社会的ペナルティを適用することによって、ジェンダー階層を維持するよう（しばしば無自覚のうちに）動機づけられている。この「ステータス不調和」仮説は先述の研究結果と整合的であり、それらを説明する手助けとなる。この仮説とヘイルマン論文に言及する最近の研究の一つ（Rudman, Moss-Racusin, Phelan and Natus 2012）において、ラドマンと彼女の共同研究者たちは、前記のような結果は、「社会的優位性へのペナルティ」として知られるものによって媒介されるのであり、すなわち、そうした地位を占める行為主体的（agentic）――つまりは、有能で自信に満ち積極的――である女性は、男性にコード化されている、傲慢、攻撃的といった特性を極度に有すると認識されていることを明らかにした。彼女たちはしばしば「きんたまつぶし《ボールブレイカー》」や「去勢ビッチ」（いずれも、男性の自信を打ち砕く、苛酷な要求をする女性を表わす語）と表現される（聞き慣れた表現ではなかろうか？）[5]。

（ラドマンらが実験を通して確認したように）これらは女性一般にとって「NG」の特性でもある（Rudman et al. 2012）。したがって、男性優位の役割をめぐって男性と競合する行為主体的な女性は、これらのメカニズムの存在に照らして、二重の意味で処罰され、拒絶されやすいということになる。そうした女性は、彼女らとまったく同じ記述を与えられる男性側の相当者と比較して（ここで「記述」とするのは、名前を入れ替えただけの推薦状といった、言語テクスト的刺激を使うという理由による）、それを有することをさほど許されていない諸性質を、より多く有すると知覚される。

社会的優位性へのペナルティについてラドマンが与える説明の妥当性は、次に示す興味深い結果によってさらに確証を得る。それは前述の実験に「高脅威」条件とでも言える条件を加えたもので、参加者は実験開始時に以下の一節を含む「衰退するアメリカ」と題された記事をまず読む。

今日、合衆国に暮らす多くの人々は自国の状況に落胆している。そうした感情は経済的メルトダウンや、しつこく続く高失業率に由来するかもしれないし、財政的にも人的資源的にも大きな負担を強いられたうえに、終わりの見えない中東での軍事介入から来る疲弊や、政府が自国の有利に向けてまるで対応できていないことや、地球規模での諸変化とテクノロジー革新にかんして覚える一般的な不安などに由来するのかもしれない。いずれにせよ、アメリカ人の不満はきわめて根深い。社会的、経済的、政治的要素にかんして、アメリカはどん底にまで落ちたと感じる人も多い（Rudman et al. 2012, 172）。

この条件では、高い地位を切望する行為主体的女性が好まれない割合は有意に高く、また、対照条件である「低脅威」条件の場合と比較して、昇進を拒絶される確率も高い。他方、行為主体的である男性側の相当者にとっては、脅威を与える刺激は何の相違ももたらさなかった。研究者の説明はこうである。

システム的脅威の下にある人々は、ジェンダー・ステータスの違いを含む、自らの世界観を守ろうとする傾向があり、（中略）また、女性の行為者性はシステム的脅威の下ではとくに拒絶されるので、「これらの実験結果」は、バックラッシュはジェンダー階層を保持するかたちで働くという命題への直接的証拠を与える（Rudman et al. 2012, 174）。

このことは、ポールとスミス（Paul and Smith 2008）が予見した、ライバル女性との競合において男性候補者が受けるとされる後押しに加えて、なぜドナルド・トランプと、議論の余地はあるかもしれないが、バーニー・サンダースさえもがヒラリー・クリントンにたいして予想外の成功を収めたのかを理解する助けとなる。トランプもサンダースも、それぞれ（いくらか異なるとはいえ）「衰退するアメリカ」の物語と解される演説を行なっていた。それによって、クリントンはさらなる向かい風に晒されることになったのかもしれない。

進歩派を自認するミレニアル世代（一九八〇年以降に生まれた人たち）はおよそそうしたジェンダー・バイアスを免れているとの一般的理解は、じつのところ、少なくとも疑わしいという点にも留意されたい。先述の研究のうち、第二と第三のそれでは、全員がそうであったわけではないにせよ、実験参加者は主にこの世代に属する人たちであった（実験当時、大学の学部生だったのだからそうなる）[6]。第一の研究も少なくともこの世代の参加者を含んでいた。また、参加者の年齢差も結果について統計的に有意な差異を生じなかったと報告されている[7]。同様に、三つすべての研究において、参加者のジェンダーもやはり差異を生じなかった。ヒラリー・クリントンを差し置いてドナルド・トランプに票を投じた（白人）女性の数の多さに多くの人たちが驚きを表明した。けれども、右に見たようなジェンダー・バイアスは男性にだけでなく、女性にも見出されることにかんがみて、議論の余地はあるにせよ、それはさして驚くべきことではなかったのである。このよくあるバイアスについてなされるさまざまな説明の成否をめぐっての複雑な問題と、この場合になぜとくに白人女性がそうしたバイアスにとらわれがちであるのかという問いについては、本章の終盤で立ち返ることにする。だが、その一方で、次の点も注記されるべきである。すなわち、ミソジニーが、女性を人間以下もしくは心をもたない存在、もしくは忌まわしく恐ろしい存在と見なすことよりも、むしろ、ジェンダー規範の執行にかかわるのだとすれば、女性から女性へのミソジニーの説明にかんして直接的な利益が生じる。というのは、これが正しいとすれば、女性が他の女性の監視を行ない、ジェンダー規範の執行にかかわる行動に参与するということには何の不思議も（疑いの余地も）存在しないだろうから。本書で私が展開してきたミソジニー理論によると、ミソジニー的力を他の女性に向けるような女性というのは、ジェンダー規範や期待を遵守しない人にたいして過剰に道徳主義的——たとえば、非難し罰する傾向をもつ——だろうことが予想される。同様にして、内在化されたミソジニーということにかんして言えば、女性は女性にコード化された義務に違反することについて、自分自身にたいする嫌悪的感情を抱くというよりも、むしろ罪や恥の意識を過剰に覚える傾向があるだろうと予想される。これらの主題については、この後もう一度論じることにしよう。

社会的拒絶は嫌悪によって媒介される

以上の考察にかんがみて、反感や敵意が、最高職責を切望する女性政治家にたいする反応として生じることは比較的予想しやすい。明確な根拠をもたない不信感というのも同じだろう。それにしても、彼女にたいするこうした見解はどこからやってくるのだろうか。

嫌悪（disgust）についての最近の研究が両者のつながりを見出す助けになる。というのは、嫌悪はたとえば怒りなどと異なり、社会的拒絶の感情なのである。哲学者ダニエル・ケリーの論じるところによると（Kelly 2011）、生得的な嫌悪反応――汚染された食材によっても、病原菌の脅威によっても誘発される――は、社会規範、慣習、階層などにたいする人々の忠誠を統制する役割を担うのにとくに適しており、したがって、まさしくその目的で採用される。一つには、嫌悪されるという見込みによって、人は嫌悪すべきと見なされる行動を忌避するよう強く動機づけられる。もう一つとしては、嫌悪は貼り付き、汚し、染みこみ、捉える。嫌悪は、人や物にたいする他者の嫌悪反応を目にすることで容易に学習される。さらに、いったん学習されると、嫌悪感情にもとづく連想を取り消すのは難しい。

心理学者ヨエル・インバーとデイヴィッド・ピザーロが指摘するように（Inbar and Pizarro 2014）、嫌悪は連想によって広がるという特徴ももつ。私たちに嫌悪感を引き起こすものとかかわる人もまた私たちにとって嫌悪感を引き起こすかもしれない。だから、社交的に人から避けられること、恥をかかされること、共同体から追放されることにかんしては、それを回避したいというほぼ普遍的な傾向がある以上、社会的タブーとされるような行動に参与することで他者から嫌悪されるリスクは、人の行動を動機づけるさらなる要因として働く。歴史的に、これはしばしば「死を告げる鐘」を意味したことだろう。加えて、共同体からの追放と孤立は感情的に苦痛をともなうだろうし、じっさい、たとえ物質的剥奪や、人々とのつながりを失うことによる脆弱性もしくは不安定さがなかったとしても、極端なケースではそれは拷問に等しい経験でありうる。

嫌悪はまた、人を新たな道徳的判断へと向かわせ、ときには激しくそれにしたがうようにと駆り立てる、道徳化を促す力でもある[8]。人によっては、誰かにたいして軽い嫌悪感を覚えるだけで、その人物について、彼は疑わしいとか、何かよからぬことを企んでいるといった判断へと導かれる。対象となる人物がまったく清廉潔白で、何か賞賛に値するような善行をなしているような場合、つまり、そうした判断に合理的な根拠が存在しないことが明らかであるような場合でさえ、そうなのである。

タリア・ウィートリーとジョナサン・ハイトによるきわめて印象的な研究（Wheatley and Haidt 2005）では、催眠術による暗示にかかりやすい傾向をもつ被験者に催眠術を施し、「しばしば」または「取る」の単語を目にすると嫌悪感を覚えるように暗示をかけておく。そのうえで、被験者は紋切り型の道徳的逸脱行為を描いた小文を読まされる。たとえば、「賄賂」のシナリオは次のようなものである。

> 下院議員のアーノルド・パクストンは政治の腐敗をしょっちゅう糾弾し、政治資金の使い方改革を訴える。ところが、自分自身がタバコ企業のロビイストや、その他の利害関係者から、彼らの便宜を図るよう、**賄賂を受け取る／しばしば買収される**、という事実を隠蔽しようと必死である（Wheatley and Haidt 2005, 781）。

後催眠暗示をかけられた単語を含むこの小文を読んだ被験者は、人工的に強化された嫌悪感情を経験するのだが、彼らは、嫌悪を誘発する単語を含まない同一内容の小文を読んだ被験者と比較して、当該の逸脱行為をより厳しく、すなわち、道徳的により悪いと判断する傾向が有意に見られた。

追跡研究では、実験者は別の小文を対照群として挿入した。その小文では、生徒会のクラス代表であるダンについて、彼は議題として、生徒間で広く関心をもたれている事柄を**取り上げようと努める／しばしば選ぶ**、と記述された。まったく無害な行動、むしろ有益な行動と言ってもよいだろう。ところが、当初、実験者も驚いたことに、嫌悪を誘発する単語を含むバージョンを読んだ被験者の中に異論を口にする者があった。「ダンは何か企んでいるような気がする」。一人がためらいがちにそう言うと、「ダンは人気取りの嫌なやつなんじゃないかな」と別の一人が同調する。彼の行動は「奇妙だし、嫌なかんじがする」。困惑した様子で、三人目はそう言った。「なぜだかわからないけど、[道徳的に間違ってる]、とにかくそうなんだよ」。最終的に彼らはそう結論した(Wheatley and Haidt 2005, 783)。

第一の実験が示唆するのは、嫌悪反応は私たちをより厳格な道徳家とし、人によっては、まるで罪のない行為にさえ道徳違反を読み込むようになりかねないということである。他方、第二の実験が示すところによると、道徳家としての私たちはかならずしも理に適う根拠や議論にもとづいて道徳的判断を行なうわけではなく、むしろすでに下された判断を正当化するためにそうした根拠や議論へと手を伸ばすこともあるということである。そして、知らず知らず、そうした根拠のうえに後づけの議論をでっち上げるのである。(9)

ヒラリーにたいする嫌悪表現の数々

それでは、ヒラリー・クリントンの話に進むことにしよう。二〇一六年の大統領選挙運動中は、彼女にたいする嫌悪と不信感ばかりか、生理的嫌悪感を表明する人も多かった。その一人がドナルド・トランプであり、二〇一五年一二月のテレビ討論のCM中、クリントンがトイレを使うのを「想像するだけで」虫酸が走ると述べた(そもそもその話をもち出したのは彼自身だったにもかかわらず)。

こうした嫌悪感は一つには彼女の体調にたいする異常なほどの関心を意味した。それを口実に使って、彼女を病弱で年老いた(まさか死に体ではないにせよ)、大統領職に必要とされる(つまりは、男性的)スタミナを欠いた、彼らの言い回しを借りれば、せいぜい介護ワーカーあたりとしてしか役に立たない高齢者であるという誤った印象を伝えようとしたのである。もう一つとしては、ヒラリーの身体からの分泌物によって、彼女が他者を汚染する可能性ということにたいする、やはり異常とも言えるほどの執着があった。たとえば、二〇一六年九月、彼女が軽い肺炎を患っていたときには、彼女との握手による感染の危険性が取りざたされたし、喉の乾きや花粉症のために咳き込めば、痰があろうとなかろうと、マスコミは大騒ぎした。ヒラリーのトレードマークである笑い顔さえ——頭をのけぞらせて、大口を開けて笑うあの奔放さは、彼女がインチキだという世間の印象にたいする大いなる反証であるはずだったのだが——嫌悪反応を引き起こした。あたかも彼女の身体を包む「封筒」は多くの人にとってその封印があまりにもゆるいかのようだった。

最初の大統領選挙討論会（二〇一六年九月二六日）に先立って、テレビ番組のインタビューを受けたトランプ支持者の一人は、クリントンはいくつもの病気を患っているから、カテーテル付きで壇上に上がるのではないかという意見を述べた。気になってネット検索してみたところ、どういうわけか、これはネット上で話題の陰謀説となっていた。「できるだけ同情しようと思ってはいますが」。インタビューの男性はそう付け加えたが、これにたいしては、「まだ同情が足りないかもしれませんね」との冴えたコメントがインタビュアーから返された。しかも、皮肉なことに、同年二月の討論で下着を濡らしてしまったのはトランプのほうだとの噂も出回った。噂の出所はマルコ・ルビオ〔下院議員。大統領共和党予備選でトランプと争ったが、二〇一六年三月、地元フロリダ州での予備選に敗れ、選挙戦から撤退〕のようだが、これがでっち上げの内容だとすれば、あまりに奇妙で陳腐ではある。けれども、この噂はその後まもなく、トランプには都合よく、立ち消えになった。こと構造的な記憶障害、つまりは、社会的特権と優位に媒介された集合的忘却にかんして言うならば、これに勝る格好の例はまず見当たらないだろう。彼女の名前は平気で泥の中を引きずり回しながら、彼の威厳にかんしては、しかつめらしくそれを維持する。それが私たちのやり方なのである。

一方、最初の大統領選挙討論会のさいにクリントンの上着に付いた小さな黒い染みはよだれの跡だとの噂が流れた。私用メール問題〔国務長官在任中、公務のメールを送受信するさいに私用のメールアカウントを利用していたという問題）をめぐって、討論会でトランプから刑務所行きにしてやると、脅迫的態度で迫られたことを受けて、（確たる証拠がないにもかかわらず）またしても彼女のだらしない口元の症状の一つが発現したというのである（染みのように見えたのは、じつは、上着に取り付けられた小型マイクの影だと判明した）。

トランプの選挙集会で人々が「あの女を投獄しろ」と声高に叫んだとき、それは明らかにヒラリーを処罰することへの欲求を表明していた。しかし、それは同時に彼女の封じ込めへの欲求をも表明していたように思われる。私用メール問題とベンガジ事件をめぐって、ヒラリー・クリントンは国家反逆罪を犯した罪人として銃殺されるべきだと、ニューハンプシャー州選出の下院議員でトランプ支持の共和党代議員の一人が要求したとき（二〇一六年七月）、彼は次のような言い方をした。「あれには何かおかしいところがある。（中略）そのすべてに私は強い嫌悪感を覚える。ヒラリー・クリントンは国家反逆の罪で放列の前に立たせて銃殺すべきである」。その後、彼はヒラリーを「生ゴミ」とも呼んだ。

したがって、先述した経験的証拠の数々が予言するように、選挙戦の経過とともに、クリントンはきわめて多数かつ激烈な嫌悪反応に晒されたというのが誇張であるとは、私は思わない。加えて、これまで見てきたとおり、このことはおそらく彼女にたいする不信感の増大をもたらし、彼女の行動についての道徳的非難の激しさをも増幅したのかもしれない。それはまた、たとえ何ら特定の告発が存在しなくとも、もしくはその反対に、過去に彼女に向けられた非難にたいする強力な反証が存在しないにしても、人々のあいだにクリントンには何かしらの罪があるとの認識を広めたのかもしれない。こうして、彼女にたいする疑いや事実無根の流言や噂の類いを晴らそうとする試みは、しばしば「モグラ叩き」の様相を呈したのである。以下の二節で取り上げることになる、嫌悪の一般的特性――それはいかに人に貼り付くか、そしてそれはいかに私たちのうちにその対象から身を引き離したいという欲求を引き起こすか――を参照することで、このこともまた説明できるだろう。[10]

いかに嫌悪は貼り付くか

選挙戦中の数多くの場所で、同じような道徳的疑惑の目がヒラリー・クリントンとジュリア・ギラードに向けられた場面を、私はつぶさに調べた。他の章でも論じたように、二人はいずれも「嘘つき」の烙印を押され、ギラードの場合、反対者のあいだでは、メディアでもオーストラリアの一般家庭でも「ジューライアー」が彼女のお決まりのニックネームとなり、根拠薄弱な理由にもとづいて政治家としての腐敗が糾弾された。これらの「告発」はどれも最終的には無に帰した。けれども、人々の心のうちの疑惑の感覚が減じることはけっしてなかった。たとえそうした疑いを裏づける証拠がまったく明るみに出ることがなく、したがって、証拠の欠如はそもそも不正の不在を示すと考えられてよさそうなものなのに、彼女たちへの疑惑を悪びれる様子もなく公に主張する者が後を絶たなかった。(11)

そうしたエピソードは政治の分野にかぎられるわけでもない。一時メディアを騒がせた、いわゆる「アリス・ゴフマン裁判」について考えてみよう。その後、良心的な評論家たちによって「魔女狩り」であると断じられた事例であるが、インターネット上の「有罪判決」や批判的コメントの数々にもかかわらず(Singal 2015)、この場合も嫌疑が現実化することはとうとうなかった。若年ながら受賞経験をもつ、社会学者でありライターでもあるゴフマン〔彼女は著名な社会学者アーヴィング・ゴフマンを実父にもつ〕は、研究者としての不正行為(彼女の著作における矛盾点の数々を暴くことを意図された、六〇頁ほどの匿名文書が広く出回り、彼女への嫌疑をもたらした――これについては後にゴフマン自身が釈明をしている。詳細については、Singal 2015を参照のこと)、事実の捏造、さらには「殺人計画における逃走用の車の運転手」にいたるまで、ありとあらゆる嫌疑をかけられた。ゴフマンにたいする妥当な批判がまったく存在しないというわけではないのだが、その多くは彼女だけが対象となるようなものではなかった。妥当と呼べる批判のほとんどは、すべてではないにせよ、多くのエスノグラフィ的著作に同じように向けうるものであり、通常著者がそんな批判を受けることはまずない。したがって、私の印象では、これらの嫌疑は過剰で、しかもゴフマンを狙い撃ちしたものであり、その理由は解明される必要がある。このことに、最善の、もしくは少なくとも説得力のある説明を与えてくれるのは、二人の女性政治家の場合と同じくジェンダー・バイアスにもとづくパターンなのではないかと、私には思われる。

たしかに、すべての女性政治家や著名な公的人物がそうした嫌疑、非難、そして彼女らが罰せられるところを見たいという他者の欲求に晒されるわけではない。しかし、いったん中傷が始まると、それはあっという間にエスカレートする傾向がある。しかも、（インターネット上ではよくあることだが）数が急増するばかりか、いわば「滲出」効果をともなう傾向もあり、嫌疑と批判は、本人の能力、人格、業績について疑いを向けるような、ありとあらゆる事柄へと波及する。クリントン、ギラード、ゴフマンの三人はいずれも数え切れないほどの逸脱行為を疑われた。そしてそれが、彼女らには何かしらの罪があるとの確信を人々の心のうちにもたらすのである。

そんな確信を共有しない人々のあいだにさえ、彼女たちにかけられた嫌疑の数々は間接的に彼らの思考に影響を与えるかもしれない。私の印象では、総じてリベラルや急進派層は、クリントンに票を投じることにかんして、オバマのときほど誇らしげではなかった。政策や政治スタイルの類似性はもちろんのこと、アイデンティティ政治の観点からすれば、どちらも同じように時代を画する大統領となりえたにもかかわらず、そうだった。加えて、左派層には、ヒラリーに投票することは、彼女の見当違いの（これについては私自身同意せざるをえない）外交政策がもたらしかねない最悪の結果にたいする共犯関係、さもなければ自己満足を意味するかのような、道徳的後ろめたさにつながる空気が漂っていたと、私は思う。けれども、そうした政策のほとんどはオバマ大統領の政策でもあった。にもかかわらず、それらはオバマの評価を貶めるようなことはさほどなかったし、彼に票を投じることで道徳的責任（moral liability）を負うことになるというような認識を左派層にもたらした印象は、私にはない。

ここでの問題は、道徳的批判が個人的批判の様相を呈し、あっという間に、しかもきわめて辛辣に、一人の女性の人格攻撃に転じていったそのさまを考えるとき、さらに深刻さを増す。それはまた、どのようにしてミソジニーは女性間、とくに白人女性間の連帯を打ち砕くか、そのことについても何事かを教える。次節では、これらの点について、（反対の順で）取り上げることにしよう。

距離を保つ

ミソジニーは、家父長制的規範と価値の遵守という観点から、しばしば「良い」女と「悪い」女を区別するということを第三章で論じた。それを踏まえて、きわめて一般的に言うならば、「良い」女でありたいと望む女性には、ヒラリーがそうであったような「悪い」と見なされる女性から距離を取り、また、道徳的違反行為と目される事柄にかんして「悪い女」が罰を受け、排斥されるときは公に参加するという社会的動機が存在する。

なぜ全白人女性の半数以上が二〇一六年の大統領選挙でクリントンではなくトランプに投票したのか、マドレーヌ・ヘイルマンのもう一つの共著論文（Parks-Stamm, Heilman and Hearns 2008）がその理由を理解するヒントを与えてくれる。男性だけでなく、女性も同じように、大きな成功を収めた女性を罰しようとする傾向をもつことは先に見たとおりだが、その理由はどうやら異なるようである。この実験では、男性と女性の参加者が、与えられた人物プロフィールにもとづいて、新たに就任した女性副社長にかんして、敵対的性格、反社会的特性、全体的好感度についての評価を行なう。男性、女性いずれの参加者も、副社長が女性的美徳を有し、品行方正であるとの特別の情報が与えられない場合、彼女の側に規範にたいする逸脱行為——裏表がある、冷酷である、攻撃的であるなど——の存在を推測することによって、彼女を（社会的に）罰しようとする傾向が見られた。実験では、そうした場合に、男性、女性どちらの参加者にたいしても、「社会的制裁」を与えることを妨げるような働きかけを行なった。すると、この点が重要なのだが、その場合に女性参加者だけに自己にたいする評価の低下が見られた。このことは、大きな成功を収めた女性を罰することは、女性にとって（のみ）、自我を守る機能を果たすという、実験者の仮説を裏打ちする。成功した女性にたいして規範違反を帰し、社会的制裁を与えることは、自分と同じような人物――つまり、同じように良い女性、まっとうで、かつ／または「現実的な」女性――が、自分よりも有能であるか、もしくは成功しているという、自分にとって脅威となるような感覚を和らげてくれるのである。さらに、示唆的なのは、成功者バッシングの傾向は評価者の自己肯定感の欠如と結びついている点で、女性参加者にたいして彼女自身についての肯定的なフィードバックを与えることで宥和できるのである。

第一の実験では、評価対象とされる女性副社長が、女性にコード化された、向社会的な傾向性の数々を有すると記述することによって、女性参加者が他の女性を罰することがブロックされた。同研究の第二の実験では、実験条件として、参加者にたいして彼女たち自身が例外的なビジネス能力をもっているとの肯定的なフィードバックを事前に与えることによって、同じ程度の同一効果（つまり、処罰の阻止）を得た。自らの有能さを確信する参加者は、他の有能な女性を罰する動機づけをもはやもたなかったのである。

大統領選後の一時期、その結果を嘆く私たち女性は、同じ気持ちを抱く男性たちと比較して、トランプに投票した白人女性にたいして、より辛辣な判断をくだす傾向があった。正直なところ、私自身もそうだった。だが、前述の諸結果を知るに及んで、私は怒りの矛先を、男性が優位を占めてきたきわめて高い地位の役割において女性が成功することはまずないと、自分のような比較的若年の女性にさえ――前述の研究における参加者は大学学部生であることをふたたび注記しておく――信じ込ませるような、家父長制システムそれ自体へと向け直した。加えて、大統領選挙の結果と先述の機制《メカニズム》に備わる力の大きさから判断して、彼女たちの行動が正しいのだとしても当然なのである。どんなに努力したとしても、自分が（たとえば）大統領になれたはずはない。そう強く感じている人にとって、いやそんなことはない、私がまさしくその証拠であると、実例をもって挑んでくる他者は脅威である。そうした相手の脅威から自分を守ろうとするのは誤りではあるが自然な反応である。これを実現する一つのやり方は、自分にとって脅威であるようなそうした女性は、自分とは異なっていて、何らかの意味で自分より劣っている、もしくは、道徳的に問題のある人物であるか、さもなければ疑わしい人物であると思いなすことだろう。彼女たちは無慈悲で、冷酷で、思いやりがない。さもなければ、あの人たちは成功と引き換えに魔女になったのであり、彼女たちの力は黒魔術にちがいない。そう思いなすのである。

先述の研究を敷衍《ふえん》するかたちで考えてみたい問いの一つとして、人種という要素がどのように影響するかということがある。というのは、クリントンを見かぎってトランプに票を投じた黒人女性はほぼ皆無であり、ラテン系女性についてもそうした人は比較的少ないからである。人種の違いということが、心理的にクリントンを自分から区別する助けになるのだろうか。それとも、白人至上主義に親和的な大統領を選ぶことは彼女たちにとって不利益となるという明白な事実が、そうでなければ働いていたはずの、脅威的な同性にたいする潜在的傾向性を阻止する無効化要因となったのだろうか。残念ながら、先述の研究は実験参加者の人種について言及していないので、これらの問いに答える端緒は得られない。また、先述の研究において、実験参加者は評価対象とされた女性副社長を白人として理解したかどうかも定かでない。

いずれにせよ、白人女性にはトランプを支持し、（とりわけ）彼のミソジニーを大目に見ることへのさらなる心理的ならびに社会的インセンティヴが存在するというのは、確かなようである。それは一つには、白人女性は、非白人女性と比べて、トランプ支持者のパートナーをもつ蓋然性が平均的に見てはるかに高いという事実による。もう一つとしては、やはり平均的に見て、そして場合によってはそれと関連して、一般的に白人女性は、トランプのような有力な白人男性と良好な関係をもちたい、もしくは、保ちたいという、より大きなインセンティヴとそれに対応する傾向性をもっていただろうという事実にもよる。なぜならば、如才なく立ち回って、トランプのような男性から「グッド・ガール」と見なされるわずかばかりの見込みがあるのは、じっさいのところ、白人女性のみだからである。他方、そうした男性が黒人およびラテン系女性にたいして取る態度は、しばしば人格を無視したものだったり軽蔑的であったりする。

キンバリー・W・クレンショーが大統領選直後に行なった一六人の社会正義分野のリーダーたちとの対談（Crenshaw 2016）は、社会的アイデンティティと同じく、社会的関係について交差的な視点で考えることの必要性に焦点を合わせる。クレンショーとの対話において、批判的人種理論とフェミニズムの論客スミ・チョウは次のように指摘する。「じっさいには、個々の［白人］女性は、自分自身の利害にもとづいて投票することはなかったのではないでしょうか。（中略）そうではなくて、私の耳に聞こえてきたのはむしろこんな語りでした。「でも、私の息子にとってどうなのかしら、私の兄弟に、私の夫にとって」と。こういうきわめて人種化された家族概念が存在していて、それが良識にもとづく投票行動を圧倒し、それに取って代わったのです」。このように、チョウは「ふつうの男たち《リトル・ガイ》」へのヒムパシーも選挙結果の説明の一部を成すことを明らかにする。名目的には一人の男と一人の女との一夫一婦制的な関係が統計的標準であり、多くの地域、たとえば保守的な地域の多くにおいては、多かれ少なかれ、それが明示的な道徳的規範でありつづける、アメリカ社会の内側では、女性の第一の忠誠はたいていは他の女性ではなく、まず彼女の男性パートナーのほうに向けられている。男性パートナーの側に、隠微な男性優位の思考パターンとそれ以外のかたちでのミソジニー的行動が存在していれば、女性の側にはその頻繁さと重大さを否定し最小化するか、それとも知らないふりをするかという、きわめて強力な心理的インセンティヴが働くだろう。そしてそこには、トランプに投票することは、事実上、パートナーの性的不品行やミソジニーにかんして目をつぶるという行為に等しいという可能性も含まれる。

この点は敷衍できる。白人女性として、私たちは近傍の有力白人男性（たとえば、職場、地域、学校やその他の社会機関で自分よりも上位を占める人々）にたいして忠実を尽くす習慣がある。私たちは、優位にある男性の秘密を、たとえば、それが彼らの性捕食者的行動にかんする場合だったら、言わば「債務不履行」事項とする。私はここであえて「私たち」と書く。というのは、リベラルや急進派の白人女性だからと言って、この点にかんして、かならず旧弊を打破する意思をもつとは言い切れないからである。学問の世界では――ここには、最も多様性に欠ける学問の一つである哲学も当然含まれる――、どれほどセクシュアルハラスメントや性的暴行について、信頼性のある報告が山高く積まれており、どれほど時間がかかって、ようやく著名な男性加害者にたいして行動を起こすことが可能となったことか。これは、沈黙を保ち、「良い娘」であろうとする私たちの集合的傾向を示す一症状である。優位な男性への忠誠だけでなく、それに加えて、近傍の誰彼にも気を配ることが私たちには要求されるのである。

女性は周囲の誰にたいしても個人的ケアと気遣いを捧げることを求められ、それを怠れば、卑劣で意地悪で狡くて冷淡な女と見られるリスクを負う。第四章で私はそう論じた。けれども、もしも自分が誰かと大統領の座を争っていたとしたら、それが無理な相談であるのは言うまでもない。そして、一般的に、女性有権者が多ければ多いほど、またその質が多様であればあるほど、女性的気配りにかんする規範の数々に照らして、権力の座を目指す彼女は、冷たくよそよそしく「どこ吹く風」といった様子の、不注意で思いやりのないわがままな女と見られることになるだろう。他方、男性候補者の側にそうした傾聴スキルの「実演」が求められることはない。じっさい、トランプにかんしては、まさしくそのとおりだった。

したがって、ここで私たちに求められるのは、男性にたいして、あるいは女性にたいして、評価基準をもっと高くするとか、もっと低くするとか、たんにそうした議論を超えて考えることである。むしろ、私たちはしばしば男性と女性は根本的に異なり、名目的に相互補完的な責任をもつと考える。以下において、私はそのことを裏づけるのに役立つ二つの機制――「ケア煽動」、およびジェンダー化された「二重知覚」と、それぞれ私が呼ぶもの――についての証拠を詳述することにしよう。

ケア煽動

女性ばかりが一方的にケアすることを求められる。しかも若年成人によってさえそうなのだ。このことの証拠となるのは、よく知られている研究ではあるが、大学生による教員評価にたいするジェンダー・バイアスの影響についてのそれであろう。この結果について検討するのは、目下の文脈でも非常に役に立つからである。考えてみれば、政治家と大学教員とのあいだには多くの共通点が存在する。どちらの場合も、自分が権威的存在であることを自分自身にたいして暗黙に表象しなくてはならないという意味においてだけでなく（それは他の多くの職業についてもあてはまる）、自分がそうした存在であることを身をもって遂行しなくてはならないという意味でも、そうである。大学教員として聴講者の前に立つとき、あなたは彼らがあなたの言葉に信用、尊敬、注意という名の貨幣を投資してくれるよう求めなくてはならない。そのさい、どう評価されるか、また、どれほど高く評価されるかにかんして、驚くなかれ、ジェンダーが大きく影響するのである。教員については少なくともそうであり、したがって政治家の場合もおそらくそうであろう。

それはたんに、多くの学生――またしても、男性、女性いずれも――が、彼らにとっての知性と道徳の権威はシス・ジェンダーの男の身体に具現化されてほしいと望む傾向をもつというのでもない（多くの研究が一貫してそう示しはするのだが。他方、人種にかんする最近の研究結果はより期待がもてそうである）[12]。それだけでなく、女性と男性とでは知覚がきわめて異なる傾向があり、それに関連して、教員はその性別が男性であるか女性であるかに応じて、異なる短所のために罰せられる傾向があるのである。ジョーイ・スプレイグとケリー・マッソーニの研究によると（Sprague and Massoni 2005）、男性教員は退屈であるという理由で罰せられる傾向がより強い一方、女性教員は冷たくて思いやりに欠ける、または各学生とのあいだに人間関係を育むことがないように見えるという理由で罰せられる傾向がより強い。また、スプレイグとマッソーニは、最高と最低の教師についての学生たちの記述から次のような知見を得た。

> 最も敵意に満ちた言葉の数々は女性教員に取っておかれる。最低評価を受ける女性教員は、「意地悪女《ビッチ》」とか「鬼婆《ウィッチ》」などといった語の使用を通して、あからさまに悪い女であると示されることがある。学生たちは横柄で退屈でやる気のない男性教員を好まないかもしれないが、他方、意地悪で不公平で厳格で冷酷で「サイコな」女性教師をすすんで嫌悪する可能性がある。こうした知見は、（中略）適切にジェンダー役割を果たしていない、または、ジェンダー差別に反対するような講義内容を取り上げると思われている女性教員にたいして学生が示す反感についての報告事例によって実証される（Sprague and Massoni 2005, 791）。

男性教員と女性教員のどちらも、自らのジェンダーのために、特別な努力をしなくてはならなかったが、女性の場合、とくに努力を要する場合が多かったと、研究者は結論づけた。というのは、男性の場合に求められる、講義が退屈にならないようにするというのは、聴講者数が増えたとしても比較的容易に調整可能であるが、女性の場合に求められる、各学生とのあいだに関係を育むというのは明らかに質が異なる。じっさい、ある線を越えると、これは単純に実現不可能だろう。

「ケア煽動」の到来、あるいは別の言葉を使って言えば、(ジェンダー化された)脆弱性の専制政治が、オーストラリアでのジュリア・ギラード攻撃においては、重要な役割を果たした。ギラードは党内の指導権争いを経て首相となったのであるが、前任のケヴィン・ラッドはその後も地位奪還のチャンスをうかがっていて、その方法をよく心得ていた。ラッドはまずローリー・オークスというジャーナリストにたいしてこう話した。党首選前にギラードとラッドとのあいだには、彼が首相としてのパフォーマンスを向上させられるまでは、ギラードの党首選への出馬は見送るとの内約があったが、彼女はそれを反故にしたというのだ。ラッドは次にギラード内閣の閣僚会議の内容をオークスに漏らしたようである。それによると、ギラードは赤字財政を理由に、高齢者年金と有給の育児休暇のための追加予算の提案に反対したとされた。予算の均衡が取れた後に、これらの法案に賛成したとギラードは説明したが、彼女の支持率は急落し、次の選挙では敗北しかけた。ギラードは信頼できない、彼女は冷酷だと見られたのである。

オーストラリアのとあるジャーナリストの言を借りれば、ラッドとオークスの行為は相当にいかがわしいものであり、次のような疑問が自然と脳裏に浮かぶ。

男性同士の政争だったら、はたしてこんなことが起こったろうか。私にはその答えはわからないが、今回のことについては詳細な分析をして、われわれがいま目にしているのがいったい何であるのか、男たちが寄ってたかって一人の女性を怪物に仕立て上げているこの騒ぎが何であるのか、理解する必要があると思う。

残念ながら、ジョージ・メガロジェニスのこの訴えがオーストラリア国民の耳目を集めることはなかった。(13) 同様の戦略は、ヒラリー・クリントンにも大きなダメージを与えたのではないかと私は考える。彼女の場合、男性ライバルたちと比較して、より厳格な評価基準を適用されたばかりか、まるで異なる基準を適用されたのである。彼女のケア圏内には、脆弱な状況に置かれながらも、彼女から十分な助け、ケア、注意を注がれることを怠られた、そんな人たちがこれまでいなかったろうか。そう問われたのだ。そしてその答えは、「イエス」だったし、これからもほぼ間違いなくそうだろう。熟練の政治家であり元国務長官だった彼女が配慮《ケア》すべき（と想定される）範囲は無際限に拡張可能であり、要するに、ほとんど誰でもそこに含まれうるのだから。これとは対照的に、「たとえニューヨーク五番街の真ん中で私が誰かを撃ち殺したとしても、私の支持者は減りはしない」と、ドナルド・トランプはうそぶいた。(14) 彼のこの言葉に多くの人々が激怒したが、にもかかわらず、彼は選挙戦を制したのである。

ジェンダー化された二重知覚

ジェンダーにもとづく二重基準《ダブル・スタンダード》についての通常の焦点の合わせ方は、もう一つの側面では狭すぎると言えるかもしれない。この概念は、見たところ同一の行為にかんして（この認識は道徳的におおよそ中立の基盤でなされると想定される）、同等の立場の男性と比較して、女性がより厳格に評価を下されるといった事例を含む。だが、じっさいには、男性と女性によって遂行される同一の行為はそもそも異なる見方をされるかもしれない。すなわち、行為に先立って両者に注がれる異なる眼差し、もしくは、ジェンダー化された役割分担によって、両者のまったく同一の行為が異なるものとなるかもしれない。彼の行動は正常で平凡な、いつも通りのそれであり、取り立てて注意すべきところはない。ところが、彼女の同じ行動は私たちに首をかしげさせる。あの人、何を隠しているのだろうと。

つまり、ここで問題になるのはたんにジェンダーによる二重基準とは異なるのではないだろうか。政治におけるジェンダー・バイアスは社会的知覚におけるこうした「二重化（split）」をも含む。

この仮説のエビデンスとして、社会心理学における最近の研究結果に言及することにするが、その確証にはまだ時期尚早であることをあえて注記しておく。それにもかかわらず、さもなければ袋小路で行き詰まってしまいそうな事象について、説明の糸口を与えてくれるこの研究について、ここで述べておく価値はあると考える。この実験では、幼い子どもを諸事情ゆえに留守宅に残して出かける親の話を読んだ後、子どもが晒されることになるリスクもしくは危険度の評価を参加者は行なう。その結果は、ポケモンGOをプレイしに出かける親の場合のほうが、仕事に出かける親の場合に比較して、子どもが晒される危険度はより高いとの評価であった。加えて、こちらが私の目的にとって重要なのであるが、他の条件（外出する理由、外出時間、子どもの年齢など）がすべて同じであるとき、親が女性である場合は男性である場合と比較して、その行動はより危険度が高いと評価されるという結果が出た（Thomas, Stanford, and Sarnecka 2016）。

これらの研究結果は（本章執筆時の二〇一六年時点で最先端であり）たしかにまだまだ予備的なものである。また、（研究者自身が認めるように）とくにジェンダー差の影響についてはさらなる研究が必要だろう。それでも、それらは切に説明が求められる多くの事柄に説明を与えるのではなかろうか。つまり、おおよそ以下のようなメカニズムの存在を想定するのが自然であると考えられる。私たちは、道徳的に見て、どちらかと言えば良い、もしくは悪い、たとえば、憤慨、道徳的嫌悪、もしくはより怒りに値する／しない、と私たちに思われるような行為を人が行なうのを目にする。すると私たちは、そうした行為の記述（その人が何をしたかについての記述）、たとえば、行為がどれほど危険をもたらすものであったかについての記述を、そうした行為について過去に私たちが覚えた自発的な道徳的反応の強度および価値づけに対応させる。誰かについての道徳的反応もしくは判断は、したがって、純粋に事実的で、道徳から独立であると想定されるレベルで、私たちがどのように彼（彼女）の行為を見るか、記述するかというその仕方にとって重要な要素となるかもしれない。理想的には、もちろん、その反対、つまりまず道徳から独立のレベルで中立に事実を見きわめ、その後にはじめて当該行為について道徳的判断を下すということであってほしいのではあるが。

ここで、ある種の社会的地位にある女性、具体的には、政治の場合のように、男性にコード化された権力をともなう地位を目指す女性にたいする先入見（prejudice）について考えてみよう。こうしたケースでは、広く否認されているものの、いまだ廃れていない、ジェンダー化された社会習律に沿うような道徳的予断（prejudgment）が随伴するかもしれない。たとえば、ヒラリー・クリントンのような人物はしばしば道徳上の「簒奪者」の役割をあてがわれる。しかも、これは少しも驚くようなことではない（もちろん、だからと言って、その正当性を認めるわけではないが）。彼女には男性の歴史的な場所を奪う、もしくは、男性を出し抜くおそれがある。彼女が勝利するとすれば、不正がなされたにちがいない。なぜなら公正なやり方で勝てるはずがないのだから。彼女のふるまいも彼女の人物も不注意《ケアレス》で疑わしく不正直に見える（という具合に、予断は続く）。

先例のないような政治的権力をともなう地位、もしくは、その分野で最先端と目される地位を占める女性は、一般的に掟破りと見られる傾向もある。彼女たちには協調性とか、法秩序への敬意とかを期待することはできない。世間のそうした認識は理解できないわけでもない。それは無根拠というよりは、いまや廃れてしまっただけだからである。そうした女性は、いまだ解体途中の不当な家父長制的システムの規則を現に破っているのである。クリントンのような人物は現に隊列を乱していたのである。名目上すでに過去のものでありながら、いぜん堅固な社会階層、つまり、男性のみが最高職責を切望しうるような社会階層にとって、彼女は秩序から外れていたのである。女性は競合ではなく、かしずき、援助することを期待されていた。それゆえ、この役割に背を向けることは反逆か背信行為と映るかもしれない。それにたいして人々は困惑し、したがって人を困惑させるような、自身も怯え、また人を脅すような仕方で、反応するのである（「はじめに」を思い出してほしい）。

これに照らしてみると、道徳的、社会的現実において（すなわち、公正で平等主義的な標準にかんがみて）いかなる過ちも犯していない女性が、道徳的嫌疑をかけられたり、家父長制「規則書」の命令に違反したとして驚愕されたりすることは十分ありうる。そしてその結果、彼女の行動が、すでにその人物にたいして下された道徳上の判決に沿うかたちで、危険で疑わしくリスクをともなう詐欺的であると捉えられるかもしれない。人物についての判断が行動についての判断を駆り立てるのであって、その逆ではない。彼女は何か企んでいる。ただそんな風に見える。そして、この「何か」が捜索されるか、それとも創作されるのである。

ここまでは理論上、つまり思弁的仮説としては筋が通っているかもしれない。だが、（どうやって）現実に適用できるだろうか。こんなことが現実に起こっているという証拠はあるのだろうか。

たしかにあると私は思う。たとえば、ヒラリーの政治団体の職員が彼女の電子デバイスを破壊したという件とその含意するところ〔私用メール問題についての証拠隠滅を図ったのではないかというわけである〕をめぐっての過剰報道について、考えてみてほしい。さもなければ、政治以外の例として、『オン・ザ・ラン（*On the Run*）』（Goffman 2014）出版後にフィールドノートを焼却したことをめぐってアリス・ゴフマンに向けられた嫌疑についてでもいい。ゴフマンは、薄弱な根拠にもとづいて、その研究の大部分が捏造であると多くの学識者から糾弾されたばかりか、当該地区（フィラデルフィア）在住で彼女の知人である弁護士さえ知らないような、警察の不正行為についての事実を（虚偽）記録したとも言われた。他にも数多くの非難がゴフマンの業績に向けられ、しまいには、研究上の不正行為を糾弾する者に加えて、殺人計画の共犯として彼女を起訴しようという奇想天外な主張を行なう者まで現われた。じっさいに彼女のしたことと言えば、近しい友人が殺害された後、憤懣やるかたない思いだった彼女の友人でもある男性の復讐願望に少しばかり付き合い、そのときのことを生々しく記述した、それだけのことなのである。(15)

けれども、クリントンやゴフマンの場合のように、誰かが証拠を「隠滅」したとすれば、その人物に嫌疑を向けるのは当然のことではなかろうか。答えは否である。どちらの場合も、こうした行為は当該領域においてまったく標準的な対応なのである。クリントンについての前掲の記述——そして、そこから連想される、サスペンス映画の中の死体処理のシーンを彷彿させるような、隠密裡にスマホを処分するイメージ——は偏向的であり、ミスリーディングである。彼女の職員は証拠隠滅をしていたのではなく、機密情報保護のプロトコルに従ったにすぎない。ゴフマンの場合も同様に、エスノグラフィの学問作法を守っただけのことである。

男性がこうした行為に関与する場合、それは平凡なことであり、したがってわざわざ言及されることはまずない。だが、男の領分に侵入してきた女性が同じことを行なえば、彼女の行為——そして彼女自身——は疑わしい、もしくは、職務怠慢であると人の目に映るおそれがある。

連邦捜査局（ＦＢＩ）のジェイムズ・コミー前長官によると、クリントンは電子メールの扱いにかんして「きわめて不注意《ケアレス》」であり、外遊中にアメリカ国民を「敵性組織」からの深刻な危険に晒した。こうした記述も、その後の反応もどちらも明らかに過剰であった。他の政治家と比較して、クリントンがそれほどまでに不注意であるという考えは、証拠についての公平な評価ではなく、むしろ暗黙の道徳的判断、つまり、彼女は有罪であるにちがいないという予断的確信に駆り立てられているように思われる。

同様の出来事はオーストラリアでもあった。首相の地位を追われた後、ジュリア・ギラードはおよそ二〇年前にさかのぼる汚職事件をでっち上げられ告発された。結局、刑事起訴にいたることはなく、この一件は、仇敵であり当時首相であったトニー・アボット（第三章で見たように、ギラードの「ミソジニー・スピーチ」のきっかけとなった人物）が背後で糸を引く「魔女狩り」だと広く見られた。それにもかかわらず、証言台のギラードは「判断力の低下」を示したばかりか、どことなく「曖昧で」、「無理があり、行きすぎで」、「芝居がかっていて、怒りを隠せない」様子だったと評価された。公的調査を行なった王立委員会委員によると、「非常にすぐれた証人」であることが容易に見て取れる一方で、「彼女のふるまいには演技のような気配があり、（中略）その供述は完全に失敗であった」[16]というのである。

クリントンを「大統領の資格なし」と断じ、物議を醸した発言にかんして、バーニー・サンダースは彼女がイラク戦争に賛成票を投じたことに言及し、彼女の「誤った判断」を責めた。その後、トランプもクリントンとの討論で繰り返しこの言葉を使って彼女を非難した。ちなみにトランプ政権の副大統領マイク・ペンスもイラク戦争に賛成票を投じているが、これについてトランプは、ペンスは「たまには」そんな間違いをする資格があると述べた。「彼女にはそういう資格はないのですか」とCBSのレスリー・ストール記者が尋ねると、「彼女にはない」と、トランプはにべもなく答えた。「わかりました」と言ってストールは目を瞬《しばた》きながら、インタビューを続けた。(17)

なりすまし

大統領選で作用したかもしれないジェンダー・バイアスの証拠についての最後の貴重な情報源は、ウェブサイト（ratemyprofessors.com）から集められた膨大な数（約一四〇〇万件）の授業評価を利用した対話型データベースである。ベンジャミン・シュミットの設計したこのデータベースでは、使用された単語の頻度が教科別、担当教員のジェンダー別に表示される。ジェンダー化された記述のすべてが「意地悪女《ビッチ》」とか「鬼婆《ウィッチ》」のような露骨なものではない。勘に頼って、「偽物《フェイク》」という単語を打ち込んでみたところ、驚くべき結果が出た（図8－1）。それによると、二教科を除くすべての教科において、女性教員はより頻繁に――科目によっては何倍もの頻度で――「偽物」であると記述されている。その一方で、男性教員は、さほど大きな差ではないが、女性教員と比較して、「本物」という語を生徒に喚起する頻度がより高い（一科目を除いての結果。異なる科目であり、明確なパターンは存在しない）。「冷淡」、「意地悪」、「不愉快」、そしてまたしても、「不公平」の語についての結果は劇的なジェンダー分布を示した。すなわち、女性は、男性の場合と比較して、より頻繁に、冷淡、意地悪、不愉快、不公平、そしてとりわけ、（本物に対比されるかたちで）偽物であると知覚されているようなのである。

女性教員と男性教員ではたんに授業スタイルが異なるせいで、その結果として、評価や批判も異なってくるの

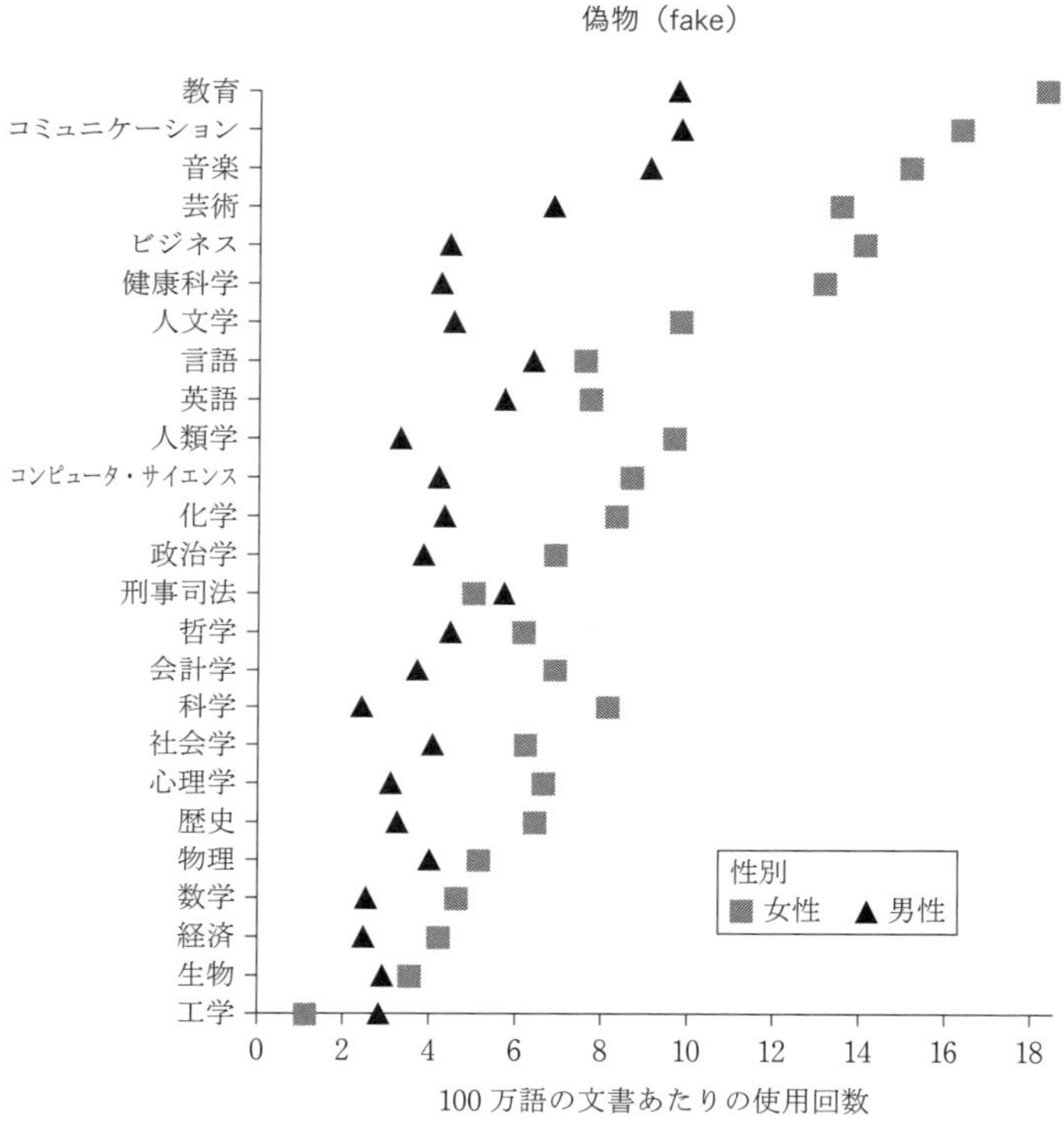

図８－１　異なる学術分野において、学生が男性／女性教授を評価するさい、「偽物（fake）」という語が出現した回数（http://benschmidt.org/profGender/#fake によるデータとグラフにもとづく。2016年９月にアクセス）

ではないかと考えられるかもしれない。幸運なことに、先述した論文（Sprague and Massoni 2005）において、スプレイグとマッソーニはその可能性も提起していて、それはありそうにないと論じている。彼らによると、男性教員はしばしば同一次元に沿って、ただし、正反対の極性をともなうコメントを受ける。このことが示唆するのは、彼らは通約不能なほどに異なる性質を示すというのではなく、むしろ人によって厳格さの異なる基準が適用されるということではないかと考えられる。

　女性教員は、それがどんな見かけであるかはさておき、正真正銘の「偽物」であるような見かけを有する以上、こうした手厳しい評価をされても仕方がなく、彼女たちはそれに値する、ということではないと仮定してみよう（もっともな仮定と思うが、取消可能な前提として）。ここから示唆されるのは、人々は権威的位置を占める女性にたいして、同等の立場にある男性と比較して、「気取り屋」（見かけだけで実質がともなわない人物）もしくは「なりすまし」と見る傾向がより強いということだろう。

これが正しいとしよう。すなわち、いわゆるインポスター症候群〔自分の達成を内面的に肯定できず、自分は詐欺師であると感じる傾向。一般的には、社会的に成功した人たちの中に多く見られる〕は、道徳的、知的権威としての地位を占める女性教員（男性教員よりも）を見る側がおちいっている場合もあるのだと考えてみよう。この仮説を使えば、なぜ多くのミレニアル世代のあいだで、バーニー・サンダースのほうがヒラリー・クリントンよりもはるかに人気が高いのかを説明できそうである。つまり、それは、一貫性、誠実さ、真正性にかんしてクリントンにたいする差別的な知覚があることに加えて、両者間に過剰なまでの政治的、道徳的な差異が存するように見えることに負うところが少なくないということではなかろうか。とくにクリントンの不正直さと不誠実さについての仄めかしが事実無根であることが明らかとなった後は（Abramson 2016）。

この仮説を使うと、ヒラリーについての奇妙な陰謀説のいくつかを理解することができそうである。その一つは、彼女の健康状態は報道されるよりもかなり深刻だというもので、選挙戦に入って二か月後には、ヒラリーには影武者が存在するという馬鹿げた噂まで出回った。もう一つの説によると、コメディ映画『バーニーズ あぶない!?　ウィークエンド（*Weekend at Bernie's*）』さながらに彼女はすでに死亡していて、傀儡《かいらい》である分身がヒラリーを演じているとまで言われた。

こうした知覚の被害を被った女性政治家はクリントンが最初ではない。「本物ではない」との酷評を受けて、ジュリア・ギラードの選挙事務所はオーストラリア有権者に向けて「本当のジュリア」なるキャンペーンに打って出て、誤ったイメージを払拭しようと躍起になったほどである。しかし、この試みは大失敗し、ギラードは中身のない、化粧で顔を塗りたくった張りぼてのロシア人形もどきだと揶揄され嘲笑された。

「彼女にはいくつも仮面があるが、その本当の顔を見た者はいるだろうか?」本章冒頭に引用した評論家のこの発言を思い出してほしい。この評論家は匿名の友人の言葉としてこうも述べている。「彼女はまったくの保守派であるか、さもなければ、まるで政治的信条などもたないか、そのいずれかである。前者であることをわれわれは祈るべきだろう」。ギラードの敵にかんしては、少なくとも彼らを支持することが何を意味するのかがはっきりしている。「これにたいして、彼女については、何もかも偽りである可能性が強く存在する」。彼女のふるまいには、「目的のために手段を選ばないような、虚偽すれすれのマキャベリ主義」が見え隠れする。彼女の政策はたんに「有権者が好みそうなことの把握」にもとづくものであり、確固たる政治的展望を欠く。彼女の「信じるものが権力のみ」であり、がむしゃらに権力を渇望するのならば、「左派リベラルにとってはおよそ考えられないようなことであるが」、いっそのこと右派候補、「まるで考えが異なるにせよ、少なくとも立場が明確で、したがって、よりまともな指導者となりうる」、そんな人物に投票すべきではないのかと、この評論家は述べている(Craven 2010)。

文脈を知らずに右の段落を読んだならば、そこに述べられるきわめて特徴的な――そして、生々しい――イメージは、ジュリア・ギラードではなく、ヒラリー・クリントンについてのそれであると考えられるだろう。二人は、その容姿、年齢、経歴についての相違(中道左派である点を除いて)にもかかわらず、一貫して驚くほどに類似の仕方で描写される。

政治における女性リーダーへの信頼は視覚のレベルでさえあやういようである。彼女たちはフェイクでインチキであると同時に、うつろでよそよそしくぎこちなく見える。彼女たちの活力は内側から出ているものには見えない。彼女たちの価値観についても同様で、それは気まぐれな、外部からの社会的諸力による産物にすぎないように見える。

第三回大統領選討論会で、クリントンがトランプを「プーチンの傀儡」と呼んだときのトランプの本能的反応は見物だった。「違う。……傀儡なんかではない。……傀儡はあなただ!」いつになく、彼は自分の言葉を信じているような顔つきだった。彼女は操り人形で、彼が人形遣いだったのだ。

彼の言葉は事実そのままを伝えている。トランプの支持者は満足そうによくそう言う。実質的内容なしに、真正性（authenticity）の印象を与えるという彼の能力が及ぼす影響について、リベラルの多くは、彼の言うことは誤りどころか、途方もない虚言、筋の通らない自己撞着、さもなければ、前言の翻しにすぎないとして、完全に見くびっている。だが、私たちは自問すべきだろう。政治とそれ以外の分野において将来のリーダーと目される人物に真正性と信頼性のお墨付きを与えるとき、それは彼らが偽りではなく真実を語ると私たちが考えることによるのだろうか。それとも、とどのつまりクリントン個人とはほとんど無関係であるような理由によって、おそらくは彼女とちがって自然な様子で、聞こえのいい話をしてくれるというそれだけのことで、どういうわけか彼らのほうがその役割に適当であると思われるだけなのではなかろうか（一般的情報を無視して、個別的事柄に言及する説明のほうを好んでしまうという、社会心理学で言うところの「基本的な帰属の錯誤」の現象と比較してみてほしい）。

したがって、少なくとも大統領選でのトランプの勝利を懸念すべき深刻な理由が存在したし、加えて、ジェンダーによって主に媒介される「興ざめ効果《ターンオフ・エフェクト》」は、小さいながらもその作用はほぼ確定的で、かつ重大な影響をもたらしかねないことを考慮すれば、投票率の低さがクリントンにとって致命的となるかもしれないとことさらに不安視すべき深刻な根拠が存在していたと、私は思う。いずれにせよ、事の是非はさておき（つまり、正当化の可否はさておき）、この可能性について、私はたしかに選挙前に憂慮していた[18]。真正性の政治と人格の誠実さについての美学は、とりわけ政治の分野において、女性にたいしてきわめて不利に作用しうるし、じっさいに作用する。演壇上に立つ姿、大統領執務室のデスクに腰掛ける姿が居心地悪そうに見えるとき、彼女は信頼できないとか、不正直ななりすましだとか思われ、生理的に、さらに道徳的に嫌悪を起こさせさえするかもしれない。誰かについてその人格の悪さを表わすと思われる証拠を前に、私たちは自らの不安定な感覚に過度に頼り、すぐにそれに飛びついてしまう。他方、トランプは、政治の世界であろうとなかろうと、何かしらの権力の座を占める、つまりは指導者であることを予期されるような人物だと思われる。だから、多くの人がツイッターで、そしてさらにそれを超えて、彼をフォローする心づもりをもっていた。だがこの先、どれだけのコストを払って、どこへ連れて行かれるのだろうか。神よ、我らを助け給え。

原注

（1） ギラードの事例については拙稿（Manne 2016a）でより詳しく論じた。同論考では、歴史家マリリン・レイクの次の言葉を引用した。「ギラード内閣にたいする後世の評価は現在の評論家によるそれよりも同情的となることはまず間違いない。だが、歴史家の関心を引くことになるのは、いかに彼女が扱われたか、そちらのほうであるだろう。女性が最高権力につくことを肯んじえない男たちの激しいミソジニーと集団ヒステリー。牝犬、魔女、嘘つき、権力簒奪者、男性ライバルの前に頭を垂れることを拒絶した不当候補。彼女はそんな風に呼ばれた」。マリリン・レイク「いかにして首相のジェンダーは最優先協議事項となったのか」、『エイジ』二〇一三年六月二四日付。https://www.theage.com.au/opinion/how-the-pms-gender-took-over-the-agenda-20130624-2oson.html

（2） はっきりと言っておきたいのは、ここでの目的は、すでに起こってしまった結果について、「もしもあれがなかったら」的な理屈っぽい分析をしようということではない。選挙後と選挙当日へといたる期間に浮かび上がってきた、よりきめの粗い社会学的問題、すなわち、接戦などという事態がなぜそもそも起きたのかという問いに光を当てるというのが、ここでの目的である。というのも、大統領候補としてのクリントンの長所ということについてもちろん異論はありうるだろうが、以下の点に疑義を差し挟むのは難しいのではないかと思われるからである。(a)当時の情報（そして、それはその後も誤報であるとはされなかった）を総合するかぎり、クリントンはトランプよりも適任の候補であったこと。(b)ミソジニーが（あんなにも大きな）要因として働いていなかったとしたら、そのことは（はるかに）多くの人たちにとって、（より）明らかであっただろうこと。以上二点である。

（3） 本節の論述は拙稿（Manne 2016i）を援用する。

（4） ここでは主にHeilman, Wallen, Fuchs, and Tamkins 2004——これ以降はHeilman et al. 2004と表記する——、Heilman and Okimoto 2007、Parks-Stamm, Heilman, and Hearns 2008を援用。

(5) ヒラリーがテレビに出ているのを見ると、知らず知らずのうちに(急所を隠すように)足を組んでしまう。タッカー・カールソンは彼のニュースショー『タッカー』で繰り返しそう語った。「おっかないんだ。だから仕方ないんだ」と(それはそうなのかもしれないが、放送中にわざわざ口にする必要はない)。ライアン・チャチェリー「クリントンをめぐるタッカーの発言――「彼女がテレビに出てくると、私は無意識に足を組む」」、『メディア・マターズ』二〇一七年七月一八日。http://mediamatters.org/research/2007/07/18/tucker-carlson-on-clinton-when-she-comes-on-tel/139362

(6) Heilman et al. 2004 における実験参加者の平均年齢は二〇・五歳であった(残念ながら、同論文には、範囲と標準偏差についての記載がない)。したがって、参加者はおおよそ私と同年齢の、ミレニアル世代の上端に属するということになる。Rudman et al. 2008 では、心理学の初学者向けクラスを受講した学部生から参加者は募られた。そのため、参加者の年齢についてとくに情報が与えられていないが、彼らの多くはやはりミレニアル世代に属すると言ってかまわないだろう。最後に、Paul and Smith 2008 では、一八―二四歳の範囲の人々を含む、オハイオ在住の約五〇〇人の有権者からなる無作為標本にたいして調査はなされたとのことである。

(7) スミスとポールとレイチェル・ポールによる別の研究(Smith, Paul, and Paul 2007)では、とくに若年の有権者(実験時、学部生)にたいして調査がなされ、架空の大統領候補の履歴書にかんして、候補が男性と女性の場合で異なる評価結果が得られた。履歴書に付されたのが男性名である場合、女性名の場合と比較して、それがより業績のある有望な候補者のものであると見なされる傾向が優位であった。しかしながら、興味深いことに、そうした結果は上院議員候補については得られなかった。ここから読み取れるのは、そうした結果があてはまるのは、匹敵する者も前例もないような、男性にコード化された権力と権威を備えた地位を目指す女性の場合にかぎられるのかもしれない。

(8) 両者の関係についてのこの独自の見解を私はタリ・メンデルバーグから学んだ(Mendelberg 2016)。私の論考「ミソジニーの論理」(Manne 2016d)についてのすばらしいコメントの中で、彼女は、トランプの非道徳的な嫌悪の表情は彼の支持者のうちに道徳的判断を生み出すと指摘する。

(9) 誰にも等しく嫌悪反応をもつ傾向があるわけではないというのは注記されるべきだろう。しかし、インバーとピザーロは、ポール・ブルームらとともに、嫌悪感情をたやすく覚えがちな人は社会的に保守的である傾向がはるかに高いことを示した(別の文脈で念頭におくべき重要な結果だろう)。けれども、嫌悪感情が公的言説を通じて広まるその仕方にかんがみて(この点についてはこの後さらに論じる)、これがもつ説明の力はこの後に続くクリントンの事例に限定されるかどうかは定かではない。

(10) その少し前までクリントンははるかに人気が高かったことが注記されるべきだろう。たとえば、国務長官職を退いたときのことを思い出してほしい。そしてその後に、彼女が、言ってみれば、「昇進」を要求したとたん、多くの人々によって、貪欲で強欲だと見られたのである。これについては、政治家としての彼女の経歴をたどる記事のいくつかが説得力をもって論じている。たとえば、以下を参照のこと。セイディ・ドイル「アメリカはヒラリーのような女性を愛する――昇進を求めないかぎりは」、『クォーツ』二〇一六年二月二五日付。https://qz.com/624346/america-loves-women-like-hillary-clinton-as-long-as-theyre-not-asking-for-a-promotion、マイケル・アーノヴィッツ「ヒラリーについて思うこと――有権者の理性への訴え」、『ミディアム』二〇一六年六月一二日付。https://thepolicy.us/thinking-about-hillary-a-plea-for-reason-308fce6d187c

(11) たとえば、次を参照のこと。カラム・ボーシャー「元『ニューヨーク・タイムズ』編集長いわく、クリントンは「基本的に正直」である。それで?」、『ワシントン・ポスト』二〇一六年三月三〇日付。https://www.washingtonpost.com/news/the-fix/wp/2016/03/30/a-former-top-new-york-times-editor-says-hillary-clinton-is-fundamentally-honest-and-trustworthy-so-what/

(12) 最近のとある研究によると、どの人種の学生も、どちらかと言えば、非白人の教授を好むそうである。アニヤ・カメネッツ「最新研究結果によると、どの人種の学生も有色の教員を好む」ナショナル・パブリック・ラジオ、二〇一六年一〇月七日。http://www.npr.org/sections/ed/2016/10/07/496717541/study-finds-students-of-all-races-prefer-teachers-of-color

(13) ギラード自身によると、「選挙という観点からすれば、オークスの暴露話は大打撃だった。それは、私にかんしてそれ以前から有権者の脳裏にあった問い、未婚で子どもをもたない私に、一般家庭が抱える不安を理解することが本当にできるのだろうか、という問いを巧妙に利用したものだったからである」(Gillard 2014, 40)。

(14) ジェレミー・ダイアモンド「トランプいわく、私が「誰かを撃ち殺したって、支持者を失いはしない」」CNN、二〇一六年一月二四日。http://www.cnn.com/2016/01/23/politics/donald-trump-shoot-somebody-support/index.html

(15) Lubet 2015a.

(16) マシュー・ノット「王立委員会はジュリア・ギラードを放免するも、証人としての信憑性を疑う」、『シドニー・モーニング・ヘラルド』二〇一四年一二月一九日付。http://www.smh.com.au/federal-politics/political-news/unions-royal-commission-clears-julia-gillard-but-questions-her-credibility-as-a-witness-20141219-12alcd.html

(17) テッサ・ベレンソン「ヒラリー・クリントンは間違ってはならないが、マイク・ペンスはかまわないとドナルド・トランプ語る」、『タイム』二〇一六年七月一七日。http://time.com/4409827/donald-trump-mike-pence-hillary-clinton-

iraq/

(18) 後知恵（嘘をついている）と非難されないように——そして、自らの主張を現実に合致させるというのは、トランプが迎え入れた代替的事実とフェイクニュースの時代においては、まるで過ぎ去った昔の自慢をするようであるのは承知のうえで——、私がこの懸念について書いたのは二〇一六年の三月と五月であり、それがその後二度にわたって公にした「予想」（Manne 2016d（出版は同年七月一一日）およびManne 2016i（公開は同年一〇月一九日））へとつながったことを、ここに記しておく。その当時、世論調査ではヒラリーが余裕のリードを保っていたが、その後、私はツイッター上で以下のようなやり取りをすることになった。

たとえば、一〇月一九日に私は、@kate_manne「男が女と争うとき——社会心理学の知見は、なぜトランプがいまだ三八パーセントの支持率を保っているのか理解する一助となる」とツイートし、本章の基になった『ハフィントンポスト』への私の投稿記事（Manne 2016i）へのリンクを貼り付けた。https://twitter.com/kate_manne/status/78879856268057600

@kate_manne「世論調査の結果にもかかわらず、ヒラリーの勝利については悲観的。大統領選で男性候補にたいして女性候補を支持するのはアメリカ人の性分に合わないから」。続けて、そうツイートした。https://twitter.com/kate_manne/status/788746573195468888 すると、選挙直前のこの段階での世論調査が投票結果と異なることはまずないというエビデンスに訴える反論ツイートがあったので、「今回の場合、ジェンダー力学を考慮すべきであり、過去の選挙結果にもとづく予想には懐疑的である」と返した。https://twitter.com/kate_manne/status/788875451779407872

そして最終的に、「根深いジェンダー・バイアスによって、投票所に足を運ぶことができないクリントン支持者も出てくるだろう」と付け加えた。https://twitter.com/kate_manne/status/788883913557078016 でも、これはもちろん、特定の州の名まで挙げて、それらでの投票結果によってトランプが勝利するだろうと予言したマイケル・ムーアの驚くべき先見性には遠く及ばない。以下を参照のこと。マイケル・ムーア「トランプが勝つ五つの理由」MichaelMoore.com、二〇一六年七月二一日。http://michaelmoore.com/trumpwillwin/、マシュー・シェフィールド「マイケル・ムーアいわく——国民はトランプに投票する。巨大な「ファック・ユー」として。だからアイツは勝つ」、『サロン』二〇一六年一〇月二六日。http://www.salon.com/2016/10/26/michael-moore-people-will-vote-for-donald-trump-as-a-giant-fk-you-and-hell-win/

結論　与える彼女

むかし一本の木がありました……　彼女はひとりの少年を愛していました。少年は毎日やって来ては、彼女の葉っぱをいっぱい集めたものでした。葉っぱで冠をつくり、森の王様ごっこをしたものでした。

彼女の幹をよじ登ったものでした。彼女の枝にぶら下がり、りんごをたべました。いっしょにかくれんぼをしてあそんだものでした。くたびれたら、彼女のかげで少年はねむったものでした。

少年はその木を愛していました……　とても、とても。木はしあわせでした。でも時は流れました。少年は大きくなっていきました。木はたいていひとりぼっちでした。

（シェル・シルヴァスタイン『与える木』）


右はシェル・シルヴァスタイン作『与える木（*The Giving Tree*）』（邦訳はこれまで二度出版されているが、いずれも「おおきな木」と題されている）という児童書の冒頭部分である。『与える木』はいまも版を重ね、売れ行きもよい。(1)アマゾン・レビューでは★4・5の高評価を受けていて、「子どものお気に入り」、「無条件の愛情を描いた絶えることなく感動的な作品」とする親の意見などが散見する。木――それが母親的人物を指すことはまったく明瞭であるが――は愛する一人息子に惜しみなくすべてを与える。他方、必要を超えていや増す少年の要求にたいして、木がはっきりと線引きしないのを心配する親もある。そのうえ、少年は恩知らずのようにも見える。

「木登りや一緒に遊ぶにはもう大きくなっちゃったんだ」。少年が言った。「買いたいものもあるし、出かけたりもしたい。だからお金がほしいんだよ！」「ごめんなさいね」と木が答えた。「お金は持っていないの。私にあるのは葉っぱとりんごだけ。りんごを摘んで、街で売ったらいいわ。そうすれば、お金が手に入るし、しあわせになれるわ」。

少年は戻ってくる。さらなる要求を携えて。「住む場所がほしいんだ」。気軽にそう言う。そこで木が彼女の枝を提供すると、彼は受け取り、家を建てる。次に彼は小舟を望む。彼女は幹を差し出し、彼は受け取る。小舟を拵えて、彼は冒険へと出かけていく。それで木のほうはと言うと、彼女は幸せである。「……でも、本当はそうでもありません」。最後から二番目の連の最終行は人をぎくりとさせる。そして、ぞっとさせるように露骨に、そこで連は終わっている。

当然、読者の脳裏をいくつかの問いがよぎる。このときを含めて、木はこれまで本当に幸福だったのだろうか。そうでないとしたら、それは問題だろうか。少年はいつか彼女に何かお返しをすることはあるのだろうか。たとえ一度でも。

いずれにせよ、彼女が損失を取り戻すにはもう遅すぎる。彼女はすべてを失ってしまった。少年が彼女のすべてを持ち去った。へとへとの彼が大冒険から帰還しても、彼女にはもう何も差し出すものは残っていない。あるのはただ、少年によってそんな姿にされた、切り株だけである。それを枕にして、少年は疲れた体を休める。「二人」をそこに残し物語は終わる。

本書執筆のためのリサーチをしながら、私は徐々に希望を失っていった。人を説いてミソジニーについて真剣に考えてもらうこと――それが道徳的優先事項であるときには相応に扱ってもらうことも含めて――、そんなことができるのだろうか。耳を傾けてくれるような人だったら、とっくにそうしているのではなかろうか。こうして、希望を向ける相手の範囲はかつてよりも狭くなっていった。ミソジニーと比較すれば、そこまで重要でないトピック、たとえば、トリガー警告について興味をもってもらうほうがよほど容易であることに私は気づいた。ミソジニーとは少女を、そして成年女性を、文字どおりにも比喩的にも、殺すことであるという事実が多くの人の心をつかむことはない。それは明らかである。[2] 私は驚くべきではなかった。それはいつも少女を、成年女性を――とりわけ、規則に従わない者たちを――、文字どおりにも比喩的にも殺すことであったし、これからもそうなのだろう。この事態は胸を引き裂かれるほど悲しい。でも、どうすればそれが変わるのかが見えてこない。ミソジニーは自己隠蔽的な問題だ。ミソジニー行為に注意を引こうとすることは、ミソジニーという現象それ自体からすれば、不正なことである。女性は自分自身のために道徳的注意や配慮を促すよりも、むしろ他者に助けを差し出すものだとされるからである。

　だが、あの二〇一六年が起こった。ドナルド・トランプが大統領に選ばれたのだ。このほとんど思いがけない、悲惨な結果をもたらした要因の中で、ミソジニーがその最も重要な一つであるのはまず疑いえない。また、この点でミソジニーと人種差別主義とは無関係であるという考えには、失礼ながら私は同意しかねる。その理由は、数多ある脆弱性をいっそう悪化させうるような交差的抑圧システムが存在するからというだけではない。従来は社会的優位を占めてきた者、たとえば、失望した白人男性は、非白人や移民、そして白人女性にたいして、ほとんど無差別に憂さ晴らし《パンチ・ダウン》を行なうであろう。とくに彼らが女性の社会的、感情的労働にかんして、離脱症状を示し、剝奪の感覚を心のうちに抱きつつあるときには。そう考えられるからでもある。

　大統領選の投票結果へのミソジニーの影響を考慮するならば、政治にかかわるあらゆる分野を横断して、同じようにその結果を嘆く人々が、道徳的、合理的判断を歪めるミソジニーの力の大きさに、いまや目を覚ますだろうと、思われるかもしれない。多くの人がヒラリー・クリントンを攻撃した。容赦なく、意地悪く、不公平なほどに、誤解を招きかねないほどに、道徳的に、そして私が思うに、ときとして好き放題に。いまや彼らが

「私のせいです《ミーア・カルパ》」と謝罪を望むだろう。そう思われるかもしれない。だが、それは誤りである。そんなことはほとんど起こらなかった。加えて、クリントンへの批判を繰り広げた人たちは、批判にかまけて、有毒感情の蓄積がクリントンに敗北をもたらしかねないと正しく判断できる位置にあった女性たちの声に耳を傾けるのを怠った。そのことも私たちは忘れるべきではない。選挙当時、政治的にクリントン支持であったかどうかは別として、長期に及ぶミソジニー的な組織的中傷に抗して彼女を擁護した人たち、顕著な二重基準や彼女にたいしてとくに厳格に適用された基準の存在を指摘した人たち、そうした人たちに目が向けられることは現在になってさえもない。思い出されるのは、ブリトニー・クーパー、ジョーン・ウォルシュ、アマンダ・マーコット、ミシェル・ゴールドバーグ、リンディ・ウエスト、レベッカ・ソルニットであるが、この面々には注記すべきいくつかの共通性が存在する。[3] 全員がインターネット上で著名なフェミニスト著作家であり、全員が女性である。したがって、ミソジニー的バックラッシュがどういうものであるか、その「風合い」には馴染みがある人々だと言ってかまわないだろう。これは何も、最近の研究が明らかにしたように、彼女たちのような女性は不相応なほど多数のヘイトメールを受け取るからなおさらだというわけでもない。[4]

クリントンへの人々の反応には魔女狩りの気配がする。彼女たちがそう証言したとき、彼女たちはその道の権威であり、自分の言葉をよくわかっている識者として遇されたと思うかもしれない。だが、それもやはり違う。そんなことを言う女は過剰反応している。それが世間の一般的感覚だった。山火事の危険信号（熱波、強風、日照り続きの状況など）を感じ取り、それを知らせるように、彼女たちは社会のうちの危険因子を拾い上げていたと言えるのにもかかわらずそうだった。山火事の起こりやすい地域に暮らした経験があれば、もちろん一〇〇パーセントの確率ではないにせよ、いつ発生しそうか予知する能力が身につきやすい。そして、そうしたさいの主な関心事は、火災が発生したときに、どうしたらそれが大火となり甚大な被害を及ぼす前に、火の勢いを制御することができるかということである。

「感じ取る」というのが認識論的に見て疑問含みであると思われるようならば、次のエピソードについて考えてみてほしい。二〇一六年三月下旬（民主党大統領候補の座を獲得することがほぼ確実となった晩にクリントンは勝利演説を行なったが、その演説の後）、彼女の声が「耳につく」と複数の評論家が言いはじめ、それが彼女の声質や声の響きのせいなのかどうかと、まる一週間にわたって熾烈な議論が繰り広げられた。だが、それはひょっとして、性差別の問題だったのではなかろうか。私個人はそうだと思う。というのも、ギラードがオーストラリアの首相となったときにまったく同じ批判に晒されたのを記憶しているからである。当時、あるボイストレーナーの意見では、彼女の声は以前と比べていくぶん質が変化した（話し方が遅くなって、声が低くなったというか、より「鼻にかかって」、しわがれて、ざらざらした）ようであり、有権者の好みに合わせるにはボイストレーニングに励まなくてはならないとのことだった。[5] それだけではない。私自身が所有するヘイトメールの「コレクション」をざっと見回したところ、一度も聞いたことがないはずの私の声を甲高い（shrill）とするメールが見つかった。[6] これは間違いなく、女性の声にかんして誰かがこの手の言いがかりをつけてきたら、その意図に疑いを抱くべきだという証拠にならないだろうか。ところが、私たちは彼らが自らの勝手な印象を喧伝するがままに放置してしまう。それがジェンダー・バイアスに由来するとの疑いが頭をよぎるにもかかわらず、あたかも彼らの欲求によって、言説空間にそうした実践を恒久化させないという私たちの集合的関心が打ち負かされてしまうかのように。

「現実に、私、そして他の多くの人たちにとって、ヒラリー・クリントンの声は耳障り（shrill）なんです。それはちょうど、黒板の上を猫が引き摺られていくような、たいていそんな風に聞こえるのです」。クリントンに向けられる「耳障り」だという非難の背後にははたして性差別が存在するのか。それをテーマにした同年三月のFOXテレビの討論番組で、ゲストの一人はそう語った（文字どおり、とても聞いていられないと多くの人が感じるような不快な音、たとえば、黒板を爪の先でこする音だとか、盛りのついた猫の甲高い鳴き声だとかといった二つを混合した比喩を使ったところで何の不都合があろうか。この表現はそんなつもりなのだろう）。大声を上げながらも、同じような（もしくは、同じように広範にわたる）反応を世間から浴びることのなかった複数の男性政治家たちについて、彼らの映像を前に、ラジオパーソナリティのクリス・プラントはこう語った。[7]「たしかにそうだが、男と女では違いがある。僕の印象ではね」。彼はただ事実を語っただけにすぎない。彼の聞かされた、または、否応なく耳に入ってきた事実を。(8)

序論に書いたように、そして、終始強調してきたように、私の主な関心は道徳的観点からの非難ではなく、道徳的診断もしくは分析にある。だから、個別主体に咎《とが》があるかどうかは優先問題ではない。けれども、右に引用したような発言は、今後、物事を進めていくうえで、社会的に許容できない糾弾していくべき種類の、数多ある事柄のうちの一つである。クリントンの敗北につながったかもしれないあらゆる事柄について、(多くの場合そうであるにもかかわらず)私たち自身の責任を認めることなく、彼女に責任を負わせるような態度についても同様である(「すべて彼女のせいにしてはならない理由があろうか」。第一回の候補者討論会でトランプはそう言った。振返って考えてみるに、あれは、ユーモアを込めた質問でもなければ、問いにたいする答えを求めない、いわゆる修辞疑問でもなかった。そして、その答えは、「そんな理由はない」となるのだろう。というのも、私たち有権者は彼にたいしていかなる理由も示さなかったのだから)。

あまり認識されていないが、女性の動機について、彼女を傷つけるような仕方で、漫然と憶測をめぐらせるという傾向についても、その有害さは同様である。クリントンの場合は、身勝手、恩知らず、ナルシシスト、腹黒女、「取る人《テイカー》」、特権意識の塊、さらには、嘘つき、腐敗政治家、偽善者、恵まれすぎの特権階級、エスタブリッシュメントの人などと呼ばれることとなった。

こうした非難はつねに真剣に、しかもほぼ額面どおりに受け取られた。だが、またしても、同様の批判(「お前はエスタブリッシュメントの一員だ」というものも含めて)は、本書執筆中の現在、ツイッター上で私にたいしても向けられている。(9) しかも、私の見るかぎり、これらの書き込みには何ら正当な、そして容易に理解可能な根拠は示されていない。思い当たるとすれば、向こう見ずにも(感じの好い、見ず知らずの人からのメッセージに答えて)次のようにツイートで示唆したくらいだろうか。すなわち、白人女性は一般的に(恋愛関係を規定する、異性愛規範的かつ人種差別主義的な統計的・社会的規範ゆえに)白人男性をパートナーにもち、パートナーである白人男性への忠誠を命じる強力な規範が働くゆえに、トランプの性的不品行にもかかわらず、彼に票を投じたのかもしれないと。たったそれだけで、レイプに近いような、綴りが間違いだらけのツイートが山ほど来たのである。そして最近は、ことに反ユダヤ主義的な汚水を浴びせられるに十分だったわけであるが、加えて、先述の文脈に照らしてより興味深いことに、クリントンにたいしてしばしば向けられたのと同じような種類の侮辱を、私も受けることになったのである。

　これらの経験は唯一無二と言うにはほど遠いが、私が名もない一般人であるだけに、かえって意味をもつと思う。私は有名でもなければ、ビル・クリントンの妻でもないし、政治家でもなければ、裕福でもない。この種の道徳的反応を受けるのに必要なのは、どうやら、家父長制的利害や虚栄心に迎合することなく、男性が支配する領域に場所を得ようとする女であると見なされること、ただそれだけである。私の見るところ、誰かの所有地に無断立ち入りしたら受けるような道徳的反応を受けるには、それだけで十分である。というのも、ある意味、私は無断立ち入りをしたからである。

　だとしたら、そんな許容できない行動にかんして恥をかかせてならない理由があるだろうか。犯した過ちから学ぶことを人が拒むとしたら、その行為を非難してならない理由があるだろうか。自分の参加したクリントンにたいするミソジニー的な集団いじめ（それは今日まで続いている）がもたらした結果の数々について、引き続きそれらを彼女のせいにしていけない理由があるだろうか。[10]

　こうして、なぜミソジニーはそんなにもしぶとく存続しつづけるのかについてのもう一つの理由へと私は導かれることになる。本書でさまざまな事例について論じるうちに明らかになってきたように、ミソジニーは、個々の行為者の道徳心理のレベルでは、しばしば恥の感情にその根をもつ現象であるように思われる。ミソジニー的世界観の内側では、とりわけ女性からの称賛と承認が男性にたいして、男性間の階層におけるステータスを付与する。かつて最優位にあった雄、もしくはその地位を嘱望する雄は、女性からの注意が差し控えられたり、得られなかったりするときに、しばしば病的と言えるほどのそうした恥の感情に襲われることになる。ここで問題となる恥の感情というのが、よく考えたうえで物を言えと誰かを促す試みから生じる副産物にすぎないのだとしても、だからこそそこから発するミソジニーを非難しようとするのは危険をともなう。この危険は、およそ物議を醸しそうにない種類のミソジニー行為についてあえて苦情を申し立てたり、たんにそれを指摘しようとしたりする女性にとくにあてはまる。私たち女性に指定された役割は、道徳的な聞き手であって、批評家や検閲官ではない。他方、ミソジニー的憎悪――道徳的嫌悪、報復的吊し上げ《カウンター・シェイミング》、社会的排斥――の対象とされた「不完全な」被害者を弁護することで被りかねない社会的ペナルティを考慮するとき、私たち女性は自ら口をつぐむことを選択するかもしれない。

しかしながら、恥の感情――とりわけ権利意識に発する種類のそれ――は、私たちが生産的に迎え入れることのできるような種類の痛みを生み出さない。左派系の人々――その中にはアーリー・ラッセル・ホックシールドのようなきわめて知的で敏感な評論家も含まれるのだが――は昨今まさしくこの誤りを犯しているように見えることがある（たとえば、ホックシールドの著書（Hochschild 2016）の最終章に掲げられる、リベラル左派の友人への「公開書簡」を参照のこと）[*1]。恥にもとづくミソジニー的で人種差別主義的な感情の噴出に見舞われがちな人たちに耳を傾け、彼らにたいして同情を示せば、それはそもそも彼らを駆り立てている、満たされなかった権利意識とそこに発するニーズを助長することになる。長い目で見れば、それは火に油を注ぐに等しいだろう。彼らは本当に痛みを感じ、それがゆえに拳を振り上げているのだろうが、彼らにたいして私たちが助けたり、与えたりできることは多くない。なぜならば、そもそも彼らはそうした道徳的注意にたいする不当な権利意識を抱き、それに飢《かつ》えているにすぎないからである。だから、これから先ずっと、そんなニーズの餓鬼たちを養いつづけていきたいのでなければ、リベラル側のこの衝動は見当外れなのである。それはちょうど、多くの白人女性が、（とりわけ）性的不品行にもかかわらず、パートナーの白人男性への忠誠に献身するさまになぞらえられるように思われる。

こうしたことすべてを通じて私が何を言いたいのかと言えば、ミソジニーは人に理性を失わせるということであり、それは人を遡及的な理由づけに走らせ、その結果、一般にその重要性が喧伝される当のもの、すなわち、個人的責任（ややこしい哲学的概念ではあるが、ここでは一貫性を意味すると解されたい）を欠如することになり、そのことがミソジニーについて真剣に考えるよう人を説得する見込みにかんして、私をきわめて悲観的にさせるということなのである。思うに、本書をここまで読み進んできてくれた読者は、世の多くの人が示すアパシー、無関心、そして悪意に満ちた無知について、私と同じような考えを抱き、私と同じように地団駄を踏んでいるのではなかろうか。だから、ここで言うべきは、ひょっとすると、いささかためらいがちにではあるが、「連中なんてクソ食らえ《ファック・ゼム》」という言葉なのかもしれない。面と向かって言いづらいことは柔らかい言葉に包んで、そうやって穏健派を取り込もうなどという考えは捨てようではないかという限定的意味ではあるが。おそらく、私たちはもっと根源的で、辛辣であるかもしれないが、より正確に表現された、デフォルトの前提群を相手にすることから始めるべきなのだろう。では、それらの前提とは何なのだろう。

　人間のもつさまざまな卓越性（養育《ナーチャー》する能力もそこに含まれる）にかんして、男女間の能力差についてあからさまに中立的スタンスをとるパラダイムから外れることを、私たちはしばしば求められる。けれども、それと同時に、一般に私たちは、人類史上のこの時点においては、道徳的には同等な存在として、社会的にも政治的にも十全たる人格として扱われるということには同意するものと理解されている。性差別やミソジニーはもはや稀であり、ほぼ必然的にこの進歩は続くだろう。一時的な逸脱は別として、啓蒙主義は成功を収めたのだということは共通理解のはずだ。

　これが一般に好まれる帰無仮説[*2]と非帰無仮説との組み合わせである。しかしながら、これとは別の、現実味のある代替案も存在する。私たちはそれを検討することに慣れていないだけであり、たんに通常と反対のことを考えればよいのである。つまり、説得性のある反証が提示されないかぎり、人間的卓越性にかんする人々の能力はジェンダーとは無関係であるという帰無仮説を認めるのである。じっさい、歴史の現段階においては、対照群が存在しない、すなわち、ある程度の期間にわたって、人々が真正の意味において平等に生活してきた歴史をもつような社会が存在しないため、そうした反証は得られていない。[*3] 歴史的に男性優位であったし現在もそうであるような多くの領域（たとえば、数学、ＳＴＥＭ分野〔科学（Science）、技術（Technology）、工学（Engineering）、数学（Mathematics）〕、もしくは哲学）において、業績にかんする性差間のギャップは急速に縮まっている。それにもかかわらず、もちろん、現在も残る性別間の能力差を説明するようなかたちで男性の優越を示す（かくして、帰無仮説を反証する）かのような証拠が得られるかもしれない。現時点においてそうした知見が得られていないだけのことであって、その正しさは（ローレンス・サマーズ〔アメリカの著名な経済学者。男女間の能力差にかんする彼の発言が物議を醸した〕の流儀で）直感されているかもしれないというわけである。

けれども、私は性差別主義的仮説の数々をめぐって議論するかわりに、いっそ誰の目にも明らかな事実を指摘したい気持ちになっている。すなわち、有力な社会集団の大部分は男性優位を維持することに強い関心（既得権益）をもつというのがそれである。ここでの適切な対応は、次のように問うことであるかもしれない。あなたは、いまのところ反証可能でないにもかかわらず、きわめて多くの人の注意を集めてきたこの男性優位仮説の正しさについて本当に知りたいと思いますか。もしくは、それがじつは誤りであって、すなわち、女性はあらゆる点で男性に匹敵するということに、むしろぼんやりとした不安を感じますか。あなたは正当な根拠に支えられた信念を獲得しようと試みますか、それとも、あなたはミソジニー的欲求に駆り立てられて、私たち女性を排除したいとか、または、そうした排除をなくすような努力は避けたいと感じていますか、と。

たしかに、こうした暗黙のミソジニー的仮説にたいして不快感を覚える人もいるかもしれない。女性は男性と比べてどうしても優秀さに欠ける傾向があるという仮説は、学問の世界に生きる女性をずっと居心地悪くさせてきた。そこでどうにか生き残ってきた私たちにとって、そしてそれが叶わなかった多くの女性にとって、形勢を逆転させることは私たちの特権である。私たちがそこにいるにもかかわらず、ここはお前たちの場所ではないと、あなた方は思っていた。それでも私たちはそこにとどまったのであり、だから、あなた方を居心地悪くさせるかもしれない理論を提案するのは私たちの権利である。

ジェンダーに適用された非帰無仮説はさまざまな形式を取るかもしれない。けれども、私が本書の後半で焦点を合わせてきた力学は、そこに巻き込まれる人々を、一方で女性にコード化された財やサービスにかんして、もう一方で男性にコード化された特権や特典にかんして、与える者（givers）と受け取る者（takers）という二つの道徳・社会的カテゴリーのうちのいずれかへと振り分けることだろう。そのプロセスは人生の早い時期（乳児期）から始まるという証拠が存在する。男児のほうが女児に比べてより頻繁になだめてもらえる一方、女児のほうは話しかけられることがより多い（厳密には、言葉を投げかけられると言うべきかもしれないが）という実験結果が出ている。これは、女児の言語発達を促進するかもしれないという意味で、女児にとってかならずしも悪いことではない。[11] ここでの論点はたんに、生まれたときからすでにこうしたかたちで、性別／ジェンダーにもとづいて、私たちは社会的役割を切り分けているのかもしれないということである。

子どもたちが成長したときにも、そうした与える者／受け取る者といった区別が存在することを示す何らかの証拠があるだろうか。半可通の知識ではあるが、子どもたちが学校に行くようになり、授業中に挙手した場合に、男児は女児と比較して、少なくともおよそ八倍もしくはそれ以上の頻度で教員から指名されると聞く。しかも、男児と比較して、女児は指名されることが――相対的にも絶対的にも――より少ないが、よりしばしば教員によって答えを訂正されるという。[12] 知識獲得にかんする有利な立場も、発言の機会と時間も、そして優先順位も「彼」の領地である以上、この結果には完全に頷ける。人に権力を付与するような種類の利権については、とにかく「彼」が優先なのである。

年齢五歳の時点では、女児も男児も同じく、自分と同一ジェンダーの人間は「とても、とてもお利口」だと自信満々である。それに続く数年間、男児は変わらず自分のジェンダーにたいする信頼をもちつづける。ところが、女児はそうではない。対照的に、六歳から七歳の時点で女児は女性の優秀さについての信念を急速に失う。六歳までに、女児は「すでに女性の優秀さへの信念を失い」始める。そして、いったんこの信念を失った女児は、「とても、とても、お利口な」子ども向きのゲームから身を遠ざけるような傾向を示す（Bian, Leslie, and Cimpian

2017)。

繰り返しになるが、これはかならずしも、男児がすべての利益を独占するということではない。年齢を重ねて、他人（たいていは、他の男児）が済むまで自分の順番を待たざるをえないようになると、それまでほとんど忍耐を強いられることがなかったせいか、彼は不満を募らせるかもしれない。[13] 学業で落ちこぼれて、場合によっては、誤診されたり、過剰投薬されたりするかもしれない。換言すれば、過剰に利益を受けることは、最終的に彼にとって不当なかたちでの不利益となるかもしれないのである。だが、ここで話を女子に戻して、その後の彼女について見てみよう。

彼女は男性たちから野次《キャットコール》を受けるようになる。彼らは彼女が自分の考えに集中するのを妨げたり、彼女の注意を得よう（または、気を引こう）とするだろう。そして、デートに応じてくれることで、彼女が彼らに何を与えることになるかを、彼女に付与される社会的価値（つまりは、彼女の等級《ランキング》）という言葉を通して、彼女に告げる。

対照的に、彼がそうした野次を彼女から受けることはまずない。

彼女はある男性たち（おそらくは、きわめて少数）によって、ある程度の頻度で、セックスを奪われる（盗まれる）。彼がレイプされることもありうるし、もしそうしたことが起これば、それはもちろん同じようにひどいことである。しかしながら、それははるかに稀である。こうしたかたちで彼女が彼からセックスを奪うことは、皆無ではないにせよ、やはりはるかに稀である。彼はそうと意識することなく彼女をレイプするかもしれない。「レイプではない。そこまでのことではないが、それでも不本意、あくまで不本意なことだ」。J・M・クッツェーの『恥辱』の主人公デヴィッドは、事のついでといった風にそう認める。彼女は望まないセックスを受け入れるかもしれない。それが彼女に求められていることだから。さもなければ無理強いしたあとで、彼はこう言うのだ。「よかったんだろう」。推測ではなく、宣告として。

彼女のせいで男性オンリーの集会場所への独占的アクセスを失って、恥のかき捨てが許される場所を奪われた場合、彼はいかなる手段を使ってでも彼女を駆逐しようと決心するかもしれない。そうした例については、第四章のゲーマー・ゲート、そしてシタデル軍事大学についてのスーザン・ファルーディの報告を通して見たとおりである。(14)

男性にコード化された役割をめぐって男性と女性が競い合うときには、両者の条件が同じであれば、圧倒的多数(男性、女性いずれも)が男性のほうを適任として選ぶ傾向があることが研究によって示されている。その選択にいかなる合理的根拠もないようなケースもそこには含まれる(第八章で詳述した、ヘイルマンらの第一の研究(Heilman et al. 2004)では、求職者の履歴が同一の場合にもそうした結果が示された)。

こうした実態は、家事労働にかんして、家庭内の誰がより多く「与える」かについての比較統計によって補足されうる(ちなみに、問いの答えは「彼女」である。いわゆる「第二シフト」問題については、(Hochschild and Machung [1989] 2004) を参照のこと)。加えて、異性愛的世帯においては誰がより脅迫的、侮辱的、そして継続的な暴力の諸形式を、誰にたいして加える蓋然性が高いのか(答えは、「彼」が「彼女」にたいして)や、(15)レイプする蓋然性、レイプされる蓋然性が高いのは誰であるか(答えはそれぞれ「彼」、「彼女」)についての統計によっても、実態が見えてくる。

誰が誰にたいしてマンスプレイニングを行なうのだろうか。私の感覚では、男性が女性にたいして行なうほうが、その反対と比較して、より頻繁だと思える。確固たる証拠を出せと言われるかもしれないが、直感がそう告げるのだと答えておこう(「マンスプレイニング」の語自体は別人によるが、この概念の生みの親はレベッカ・ソルニット(Solnit 2014a)である)。

彼女の声の特性(たとえば、ボーカル・フライ〔声帯を震わせて、きしむような音で話す発声法。とくに語尾が消えてしまうような、やる気のない音に聞こえることが多い〕)は耳障りとされるのにたいして、彼の声の場合には同一の特性は気づかれることさえない。(16)

二〇一七年二月、エリザベス・ウォーレン上院議員は、合衆国司法長官候補の承認審議において、トランプ大統領によって指名されたジェフ・セッションズ候補の人種差別主義を糾弾する公民権運動家コレッタ・スコット・キング〔マーティン・ルーサー・キングJrの妻〕の手紙を議会で読み上げることを決め、彼女の同僚であるバーニー・サンダース議員とシェロッド・ブラウン議員も同じ動きに出た。ところが、サンダースとブラウンは妨げられることなく、その手紙を読み上げた一方で、ウォーレンが同じように手紙を読み上げようとしたところ、上院多数党院内総務のミッチ・マコネルが、難解な議会運営規則に訴えることで、彼女の議会での証言を封殺した。司法長官の最有力候補であるにせよ、同僚である上院議員の人格を貶めるような行為は許されないというのである。いわく、「彼女は規則に違反したように思われた。警告は与えてあった。十分な説明を受けていたにもかかわらず、固執した」――つまり、マコネルによって阻止されるまでという意味であるが（報道によれば、「きわめて異例の譴責によって、彼女は自分の席へ戻るようにと指示された[17]」）。

職場において、彼は昇給を要求することができ、それを得るかもしれない。彼女が同じ要求をしたとしたら、それはたいてい却下され、礼儀を欠くという理由で処罰を受けさえするだろう。したがって、女性は交渉を避ける傾向がある。もっと男性のようになれ。貪欲さを見せろ。彼女はそう忠告される。その一方で、研究が明らかにするところによれば、彼女は、自らの被るリスクと見返りを考え合わせながら、自分のしていることを十分理解している（Exley, Niederle, and Vesterlund 2016）。

もしも彼女が、同情、聴衆からの注意と承認、有権者からの投票といった、道徳的財という意味で男性にコード化された特権や特典の数々を彼から奪い取るそぶりを見せたら、どうなるだろうか。被害者を名乗る女性、物を書く女性、義務教育、高等教育の場で教える女性、コメディアン、政治家、アスリートを目指す女性について考えてみてほしい。偶然ではあるが、以上はミソジニー的酷評にかんして、被害を受ける可能性の最も高い人物像のリストである。

他方、もしも彼女が女性にコード化された財とサービスを適切な仕方で、適切なタイミングで提供しそこねたとしたらどうなるだろう。同情を示すことに控えめであれば嫌な女《ビッチ》、内省的であれば冷たくてわがままな女、意欲的であれば敵対的で無愛想な、しかも信用ならない女と見なされるだろう（Heilman et al 2004）。「不適切な」相手に性的注意を向ければ、スラット。「不適切な」服装だったり、酔っていたり、自ら災難を招くようにふるまえば、ダイク、つまり色気のないレズビアン。さもなければ、彼女が彼を唆《そそのか》したのであり、色香で彼を言いくるめて、彼に約束されたものを、彼の将来を奪ったのだとされる。

彼女は妊娠という重労働がなかったらよいのにと思う。だが、今日それはますます強制されるようになっている。性的自律を剥奪されるレイプや近親姦の場合のように、妊娠がたとえ彼女から不当に奪われたセックスの結果であったとしても。より大きくとらえるなら、歴史的標準に比して、今日の女性は家庭内におけるケアをいくらか差し控える。すると、男性政治家や権力の座にあるその他の人々はそうした（忘）恩にたいして十分以上の報いを与える。ある立法者は彼女を胎児の宿主であるとする。[18] ある者たちは、レイプ犯人の親権のために運動を起こす。また、ある者たちは、それが人工妊娠中絶の結果であれ、流産によるものであれ、胎生組織の火葬もしくは埋葬を義務づけようと試みる（第三章注16を参照のこと）。かつてのインディアナ州知事であり、現副大統領であるマイク・ペンスは、「胎児の尊厳」擁護運動のパイオニアだったが（Grant 2016）、他の州もこれにならった。そして、こうした法令の元祖と言えば、それは誰あろう、序論で紹介した、あのアンドルー・パズダーのミズーリ州での活動に他ならない。私の分析では、個人的かつ政治的に連合する傾向をもつ、一見するとまるで異なる特性の数々がミソジニーによって統合される。

彼女は政治家の中では最も虚偽の少ないほうであり、誰かに攻撃を加えるような真似もしたことはない。腐敗や不正にかんするいかなる証拠も存在しない（Abramson 2016）。にもかかわらず、彼女にはあんな評判がつきまとう。おそらくは、講演にさいしてたいそうな額の謝金を受け取ったからなのだろう（皮肉である）。

彼は「プッシーをわしづかみ」し、多くの女性を性的に利用する。それにもかかわらず、彼は大統領の座にとどまっている。彼女は彼にたいする敗北を強いられる。もっと早く敗北を認めるべきだったと、彼女は彼の子分たちからしつこく言われ続ける（Baragona 2016）。これが、ミソジニー的脅迫と暴力によって維持される男性優位

——そして、もっと大きく見れば、異性愛・家父長制——の最先端である。言っておきたいのだが、しかも、これはあくまで比較的特権的位置を占める女性たちの状況なのである。はるかに劣悪な状況にあり、独特の問題に直面する他の女性の存在が忘れられてはならない。ここでの論点はむしろ、最も恵まれた状況にある女性たちでさえ、これほどの不平等にさらされているということである。

そうした女性たちが周囲に多くを与えることをしばしば期待されるのは、彼女たちが無私に人に尽くすことを怠っているのではないかと考えがちな、きわめて道徳主義的な私たちの態度と明らかに密接に関連している。間違いなく、これは大統領選挙戦中クリントンにたいして人々が抱いた反感の理由の一つだった。事実として、彼女は自らを優先している、または、「自己本位」だというのが、彼女の批判者のあいだでの共通主題だった。

さらには、彼女が腐敗政治家であり、「賄賂をもらっている」だとか、ウォール街と「ベッドをともにしている」などということが、まことしやかに囁かれもした。

また、彼女は不当な権利意識の持ち主として語られた。民主党大統領候補への彼女の最終的選出の見込みにかんして、人々は明白な軽蔑と怒りをもって彼女の「来たるべき戴冠」について語った。

だが、権利意識は妥当、真正、または現実的でありうる。そして、これが付け加えられるべきだが、それはまた対照的もしくは比較的でもある。たいていの場合、誰かがただたんに何かにたいして権利をもつということはないのであって、むしろ、XはYにたいしてより多く権利をもつのである。

これについて適切な例を思い浮かべることができるだろうか。読者への練習問題として残しておくこととしよう。

大統領選挙戦中、過度に自己中心的であるとの批判が頻繁に、しかも悪意をもってクリントンに向けられたことに疑いはない。こうした批判の多くは、二重基準と性差別的基準にもとづくという意味で不当であるばかりか、およそ根拠を欠き、反証不可能であるようにも思われた。どうしたらこうした疑いを和らげることが可能だったろうか。仮に手だてがあったとして、それが何かは定かではない。公務にかんして、クリントンが傑出した履歴を有することが指摘されたさい、デイヴィッド・フレンチは『ナショナル・レヴュー』誌に次のように書いた。

これだけははっきりさせておこう。ヒラリー・クリントンは何一つ犠牲にはしなかった。彼女はむしろ急進的な夢を生きてきたのだ。そして、彼女は明らかに「公僕」ではない。彼女はシニカルで貪欲な野心的な政治家である。彼女自身の業績と言えるものは乏しく、彼女を導く唯一の原理は自己向上である。

ヒラリー・クリントンはアメリカにとって主に破壊的な力でありつづけた。妊娠中絶権についての彼女の熱狂的な擁護は、死の文化を維持する一助となり、数百万の幼い生命を失わせた。外交政策における彼女の過失は、リビアを「イスラム国」の遊技場と化し、イラクおよびアフガニスタンでのわが国の勝利を水泡に帰するのに一役買った。彼女のロシアとの「仕切り直し」は国民の感覚を麻痺させて、ロシア熊はおとなしいと吹き込んだだけだった。とどまることを知らない彼女の個人的腐敗によって、アメリカ政治は堕落の道を辿ってきた。彼女は主に自らの利害に仕えるのである。

偉大な先人たちが礎を築いたこの国――そして、この国の生み出した多くの偉大な大統領たち――はいまもその指導者に敬意を表することを切望する。こうしてわれわれは大統領制の切り売りを開始した。不動産開発業者の男が自らの独裁政治カルトを創始する一方、頂点を極めた政治家の妻が今度は自分もと、英雄的先駆者になりすまそうと躍起になる。だが、最終的に、われわれの手元に残るのは欲深いシニシズムとちっぽけな個人腐敗ばかり。いずれの候補者も身を投げうって国に殉ずることなどない。(19)

苛烈な言葉である。けれども、こうした誤った等式の導出は――恥ずべきことに――あまりに当たり前であった。そして、クリントンは好ましからぬ仕方で自らの利益のみに仕えるという話は、言うまでもなく、いたるところで聞かれた。

私は『与える木』とともに育ちはしなかった。この本とは最近出くわしたばかりである。でも、寝しなの物語に読み聞かされて育った、私の幾人かの友人たちは、恐ろしい経験だったと口を揃えて言う（他の友人たちは、美しい物語であり、自分の子どもたちに読み聞かせていると言う）。ここで私はそれを主に寓話として使ってきたが、それはひょっとすると作品にたいして寛容さを欠いたのではなかろうか。シルヴァスタインは子ども向けの当世風たとえ話として書いたとは考えられないだろうか。欲張りしてはいけないよ、きみの木はもうヘトヘトかもしれないよ、と。

だが、私はそうは思わない。以下に引用するのは、シルヴァスタインの詩の中でもとくに物議を醸した一篇である（じっさい、この詩を含む詩集『屋根裏の明かり』（一九八一年）はいくつかの学校で禁書とされたほどである）。偶然ではあるのだが（本当に）、この詩はある人物を、より正確には、その人物がメディアによって語られる、その語り口を、思い起こさせるかもしれない。

「レディー・ファースト（Ladies First）」

アイスクリーム屋で並んでいると
「レディー・ファースト」と
パメラ・パース乱暴に割りこんでくる
お昼にケチャップ一人占め
「レディー・ファースト」と
パメラ・パース人押しのけてバスに乗る
それでいつもけんかになる
「レディー・ファースト」のパメラ・パース

ジャングル探検に出かけた時も
「レディー・ファースト」とパメラ・パース
自分が一番喉カラカラだと
水もみんな飲んじゃった
野蛮な土人に捕まって
みんな一緒に縛られて
大酋長の前に突き出され
――人食い人種のダルダバだよ
王座に坐って大きな前掛け
片手にフォーク舌鼓
どいつを先に食おうかと
吟味してると後ろから
キンキン声のパメラ・パース「レディー・ファースト！」[20]

シルヴァスタインの言葉を読んでいて、私は心の底から敗北感を覚える。ミソジニーを下支えする中心的力学の一つは子ども向けの詩やベッドタイム・ストーリーという手段を通じてばらまかれてきた。それは子どもたちがまだ幼稚園に行きはじめる前にすでに重んじられているのだ。多くの人たちはここに作動しているジェンダー力学について、たとえそうした偏見を植えつけ（ない）ようにと心を配っていたとしても、気づかなかったようである。[21]もし男の子が、与える木（彼女）が提供する何もかもを受け取るのだとしたら。そして、私たちはそれをすばらしいことと考え、女の子は罪の意識なくして思う存分に飲食を楽しむことができないのだとしたら、私がいまここでしているのは何なのだろうか。いったいどうしたら、少しでもこんな状況を変えることができるのだろうか。たんにそれを試みるだけで、私はいけ好かない、ざらざらとした、押しつけがましい（あえて言うなら、キンキン声の）女と人には映るのだろうか。他人の好みや道徳に口を出すことで、致命的となるような抵抗を引き起こしてしまうのだろうか。それとも、どうにか遠回しに抵抗したとして、自滅の道をたどるのだろうか。

だから私はギヴアップする。もっと希望に満ちたメッセージを提供できたなら。本当にそう思う。だから、せめて事後分析《ポスト・モーテム》を与えることで議論を閉じることとしよう。

本書を通じて見てきたように、私たちは人間（と認識される存在）を、性的モノ化の場合のように、対象として、または、人間以下の存在として、超自然的存在として、あるいは非人間的動物として概念化されるものと、しばしば対照する。けれども私は、誰かの人間性（もしくはその欠如）を認識することを強調する代わりに、この語の後半部分、つまり、存在（being）のほうに強調を移して考察を行なってきた。本書の後半で検討した事例の多くでは、（自己）認知された人間的存在（*human being*）にたいして、人間的与える者（*human giver*）を区別することができる。前者は、たとえば、ほとんどすべての社会的側面において特権的地位を占めるような白人男性であり、後者は、彼女が有する人間に特徴的な能力の多くを、理想的には、適当な男子もしくは男性、および彼の子どもたちに負っていると見なされる女性を指す（ある程度のばらつきは許容されるかもしれない。ただし、おおよそ異性愛・家父長制的な核家族にまるで取って代わるような代替案、もしくはそれにたいする批判的態度は許容範囲を越える）。そして、与える者は、愛情、セックス、注意、好意、敬愛、その他の形式の感情、社交、生殖、ケアの提供にかんする労働を、当該の役割や関係の数々を規定、構成するところの社会規範にしたがって、提供する義務を負う。

もちろん、人間的存在／与える者の区別はけっして網羅的ではない。だが、それは重要であると私は考える。そして、私の議論によれば、それは本書で論じたミソジニーの（すべてではないにせよ）多くの形態の根底にあって、それらを生み出すのであり、特権的位置を占める有力者は、社会制度によって助けられるかたちで、もしくは直接的にそれを使って、自らの意思を執行する。したがって、その種のミソジニーは、彼女が与える者として過ちを犯す——与え手であることの拒絶もそこに含まれる——、または、顧客として彼が不満を覚えるときに（とくに、彼に専属の与える者が彼の望みを何一つ実現できなかったために）発生するものとして理解できる。

人間的与える者こそがエリオット・ロジャーが望んだものであり、その享受にたいする権利意識を抱いていたものだった。少なくとも、「上玉」の恋人というかたちで、それを所有することによって、彼は彼の切望する、社会的により高い地位を得られたのだろう。だが、それはもしかすると彼にとってさらに重要なもの、つまり、彼自身の人間性の感覚に密接に結びついていたのかもしれない。少なくとも、彼の「宣言《マニフェスト》」に読み取れる心情、そして『オレンジ・イズ・ニュー・ブラック』のジョージ・「エロひげ」・メンデスの言葉が示唆するかぎりでは（第五章冒頭のエピグラフおよび同章最終節「女、あまりにも人間的な」を参照のこと）。

どん底に向かって落下するスパイラルの中で、もはや自分が人間であるとは感じられない。ロジャーはそう不満を口にした。人間化する女性の眼差し——そして、もちろん、彼女の感触——が彼の存在にとっては必要不可欠である。そんなイデオロギーに彼は掌握されていたのである。似たようなことは、第四章で取り上げた家庭内殺人者、クリス・フォスターにもあてはまる。ジョン・ロンソンの記事によれば、フォスターは事業に失敗した後、成功した起業家としてのそれまでの彼にたいする妻と娘たちからの敬愛の眼差しを失うことに耐えられなかったとされる。その時点で、男たちは、自らの存在にとって必要な道徳的サポートを、つまり、彼を喜ばせるような彼のイメージをその瞳に宿し、彼に向けて微笑み返すことによって与えてくれることのもはやない、あるいはもはやそうすることのできない彼女の息の根を止めることを決意した。彼にたいして彼の自己の感覚を効果的に供給すること。悲劇的なことに、これが、彼女の知らぬうちに、そしてしばしば予見不可能なかたちで、彼女自身の存在にとっての至上命令となっていたのである。

家庭内殺人、絞首といった有毒な男性的暴力の発生においては、ジェンダー役割や関係を維持し、それらを反映する家父長制的力のために、たいていの場合は女性が被害者で、男性が加害者である。それにもかかわらず私たちはそうした暴力がミソジニー的であるとはかならずしも考えない。このことは、いかに私たちが（ミソジニー的）敵意・反感というものについて心理学主義的な考え方をしているかを示すものである。恥はそれ自体においては敵対的な感情ではない、もしくは、少なくともそうである必然性はない。しかし、それが表面化するとき、それが向けられる被害者の観点からは、たしかに敵対的でありうる。こうした場合に起きているのがそういうことであるのはあまりに明白である。

　通常の社会関係の滑らかな表面の下にそうした暴力の可能性が兆していることはたやすく見逃されてしまう。そしてそれがその恐ろしさの一面でもある。だが、前述のような「爆発」が起こるとき、それは他の多くの事例の表面下に隠れているものについての重要な洞察を与えてくれる。そこに潜んでいるものは権利意識にもとづく絶対的で非対称的な彼の側の要求であって、社会規範や期待や社会的に同等の人々のあいだでの互恵的義務が弛緩したせいではないのである。

　すべてではないにせよ、ほとんどの重要な面で特権的な位置を占める白人男性、それも人間的与える者の不足もしくは欠如について憤慨するような人々は、何らかの事態（あるいはそれが実現しないこと）に落胆している。だが、どうやって、そして、なぜ、多くのミソジニー事例において、このことが個人的な事柄に転じるのだろうか。それはこれらの事例における剥奪の感覚に備わる特有の性質による。私は第一章でそう示唆したが、ここまで検討してきた「人間的与える者」もしくは「与える彼女」の力学を考慮することで、もう少し何か言えそうである。すなわち、関連する社会階級に属する女性たち（この場合、たとえば、ロジャーが自分を「見て」ほしいと望んだ女性たち）の一人ひとりが誰かに何かを与えることを期待されているのだとしたら、その誰かが彼であってならない理由があるだろうか。はっきり言って、彼女たちから見て、彼のどこが間違っているのだろうか。「彼女たちが僕のうちに見ないのは何なのだろうか？」彼の力ない問いかけを思い出してほしい。これは彼が彼女たちを十把一絡げに殺戮しようと計画しているときの言葉である。もし計画が実行に移されていなかったら、ほとんど滑稽に聞こえていたことだろう。ここでも、彼の言葉には、そうした可能性に思い及ぶ自己意識が欠如している。彼にとって彼女たちは、顔をもたない、ケチでお高くとまったたんなる意地悪女《ビッチ》の集団になっていた。彼女は誰かに与えることを義務づけられていたのだから、つまりは、彼のことを拒否していたにちがいない。彼女が実体化しないことは、だから彼を個人として傷つけることだったのである。

当該（つまり、人間的与える者）のクラスに属する女性が、対象となる聴衆との関係において、彼女が彼に与え、彼が彼女から受け取る（それとも、奪い取る）ことを特徴づけられる種類の財、恩恵、サービス、援助を要求するような場合についても考察した。そうした場合、彼女はあたかも相応分以上を要求しているかのように、まるで権利意識にとらわれた、恩知らずの人物であるかのように映る。彼女は身分不相応の野心を抱いているか、従来のジェンダー間契約での彼女側の約束を反故にしているかのように映るだろう。というのも、彼女は、とりわけ、人間的与える者（たとえば、妻や母など）となることを避ける目的で、そうした恩恵を欲しているからである。これは第二章で取り上げたラッシュ・リンボウの事例において、まさに彼がサンドラ・フルークについて抱いた考えであった。加えて、第三章で示したように、フルークは、堕胎医へのアクセスを欲するリベラル系女性の「典型例」でもあった。いまや、なぜ避妊費用への保険適用がしばしば争点となるのか、その理由を理解することもできる。つまり、彼女が求めているのは、人間的与える者とされることへの対抗手段が提供されることなのである。それも、彼女がもつ人間的能力の数々が、彼女自身の自己開発の目的で、または、彼の領分である経済的分野での自身の成功に向けて利用されることを強調するような仕方でそれを求めているのである。ちなみに、後者は彼女を簒奪者へと転じる危険性もある。

第八章と本章でも見たように、そうした女性は貪欲、強欲、傲慢であるとともに、けたたましく耳障りで、不道徳で信用ならないか、無表情で堅苦しいロボットのような存在として映るかもしれない。彼女は自分自身のためには諦めるべき種類の財を人に提供していない。彼女は怠慢、無責任、不注意で、無神経である。彼女にはそうした資源がそもそも備わってさえいないのかもしれない。萎びて干上がって干からびた、いわば不毛の地である。想定される（シスジェンダーの）女性としての身体とセクシュアリティにかんしても彼女はきわめて疑わしい。しかも彼女は、たとえば、支援要請を喧伝したり、寄付を求めたり、票を取り込もうとしたりして、自分が男性ライバルに負う資源のいくらかを要求している。公職は従来、男性に属するので、彼女のこうした行為は彼女を無情で不正直な策士のように見せる。つまり、彼女は選挙を盗みかねないと人の目には映る。彼女はミソジニーの観点からは、彼の取り分である権力と金銭を横取りする者なのである。

ある一群の男性（場合によっては少年）にたいして、すべてを――とりわけ、人間的注意、肯定、そして彼の物語への関心を――与えるべきだとの圧力の下に女性はある。ヒムパシーとマンスプレイニングは密接に関連する現象である。「与える者」グループに指定された女性は、特権的位置にある男性の側の話に、最初から最後まで自ら進んで耳を傾ける傾向があるかもしれない。このことは、とくに第六章でヒムパシーについて論じる中で明らかになった。ほぼ同様に、そして第四章で言及したように、特権的位置にある男性の中には、彼女の面前では問答無用とばかりに熱弁をふるう権利が自分にあると考える人がいる。そしてその場合、彼女は集中して熱心に彼の話に耳を傾けることを期待されている。そうだとすると、マンスプレイニングというのは、この規則の例外なのかもしれない。というのも、この場合、知識にかんするヒエラルキーの転倒があまりに甚だしくて、彼女がそれに気づき、少なくとも心の中で抗議するという状況が現出しているからである。だからこそ、それはたんなる会話ではなく、男《マン》が説明《エクスプレイニング》するなのである。

搾取されても法的な相談先をもたないだろうという想定の下、最も立場の弱い女性から問答無用で奪い取る男性もいる。悲しいことに、ダニエル・ホルツクローの場合に、この想定が破られたのは、あくまで偶然のことだった。しかも、そうした事例においては、白人女性の共感――または、ヒムパシー――は、アフリカ系アメリカ人である被害者にではなく、レイプ犯に向けられるかもしれない。これが、第六章でのこの事例についての考察の結果であり、それは米国におけるミソジノワールの特徴を例証すると述べた。

第七章で論じたように、自分自身のために共感を求める女性が存在するが、それは仕える者が奉仕を求めること、与える者が受け取ることを期待することに等しい。換言すれば、それは資源の提供を差し控えつつ、同時に、それを要求すること、つまり、傷口に塩を揉み込むように（それともむしろ、横領物品を乞うように）、彼に提供すべき種類の資源を彼女自身が求めることに等しいのである。

いわゆる被害者文化の観念についての一つの見方は、それは受動的な女性被害者、つまりは、王子様の助けを心待ちにする囚われのお姫様というたとえを利用すると見るものである。ロールモデルとしてお姫様は不十分だというのは物議を醸すような主張ではない。だが、「被害者性の文化」の批評家たちは、女性がこれを土台にしつつも、行為者性の感覚を維持しうることについて、彼女の身の上を案じながら、その可能性を否定するという、いわゆる「気配りトロール」的な行為に（無自覚的ではあるにせよ）事実上関与している。注意深く見てみれば、申し立てを行なうことと、受け身のお姫様のようにふるまうこととのあいだにほとんど類似性はない。女性が自ら責任を負って自分の物語を語るとき、もしくは、反動的と思われるような仕方か、加害者自身の言動のみを使って彼の恥ずべき行為を暴くような仕方で、自分の現在の役割を演じるとき、そこに行為者性は欠如していない。これは、彼女が受け身の状態にさせられたか、または、それよりもありそうなケースとして、（強制のようなかたちで）行動を強いられたか、それとも拙稿（Manne 2017）で述べた、権力関係およびそれに関連する社会的シナリオの濫用をともなう性犯罪の場合のように）誰かに利用されたとしても同じであり、二重の意味でそうである。このことが認識されるならば、次のように主張できるかもしれない。「それは行為者としての私の身に起こりました。不当に、適正な法的補償もなく、です。これから私の身に起こったことを証言します。ですから、あなた方、聴衆の皆さん——場合によっては読者の皆さん——、この犯罪にたいする証人となってください。そして、必要とされる道徳的判断を下してください。正義はなされませんでした。だから、陪審員となってください」。

ミソジニー的犯罪および不品行との関連では、家父長制的法秩序にたいする現実の、もしくは有名無実の違反を犯したかどで起訴され、裁判にかけられ、有罪判決を宣告され、投獄されたか、他所へ追いやられた結果、もはや自分の物語を語ることのかなわない女性たちのために、あなたはこの役割を担うことか、それとも、彼女たちを弁護するための証言を行なうことのいずれかを求められるかもしれない。そうした場合、あなたの中心的関心が向けられるべきは、容疑者たるミソジニスト、もしくは、ミソジニー的な社会諸力の片棒を担いで、彼女に不利益をもたらしたと想定される行為者を起訴することではない。むしろ、第一に、事実関係を明確にすること、そして彼女の行為にたいして「無罪判決」を言い渡すことにあなたの関心は向けられるべきである。

これを具体的に示すために、ここでシェル・シルヴァスタインの詩をもう一篇紹介しておこう。彼の作品中、男たちは一度でも少女なり成年女性に何かを与えることはあるのだろうか。このごく自然な問いを提起するための一助ともなるだろう。そしてこの問いにたいする答えは「イエス」である。ただし、その意味はどう見ても肯定的とは言いがたい。成人向けに書かれた、あまり知られていないこの小篇は、『愛の殺人（*Murder for Love*）』（一九九六年刊、オットー・ペンズラー編）と題するアンソロジーに収録されている。シルヴァスタインのその作品は次のタイトルで始まる。

「そのために女は殺される（For What She Had Done）」

あの娘の命をもらわなければならなかった。
オムーにはわかっていた。
けれど自分では手を下せないこともわかっていた。
殺すなんてとんでもない。
あの瞳。あの瞳で見つめられたら。とても殺せない。なら、どうすればいい？
そうだアングがいる。やつは洞窟に住んでいる。
あの険しい山の彼方の汚い洞窟の中に住んでいる。
村からはるか遠く離れたところに。
アングは石器で狩りをしていた。その手で獲物を殺した。
二頭の剣歯虎も殺した。

一頭の大きな熊も殺した。その毛皮をアングは今も毛むくじゃらの肩にかけていた。
アングは人間の男も殺した。たくさんの男を殺した。
それに噂では女も一人殺した。

この後、二人はどうやったら殺し屋役のアングが標的となる女を見定められるかを算段する。長い髪と黒い瞳、とても黒くて「夜のプールみたいな」瞳なのでそれで見分けられると、オムーがアングに伝える。女は滝の下で長い髪を洗っているだろう。アングはそれでは満足しない。水浴びをする女は大勢いるだろう。人まちがいはしたくない。約束の報酬を受け取れないことにならないようにしたい。報酬は女と同じ重量の熊の肉かトカゲの皮としよう（「同じ目方には同じ目方を」。そう取り決めたように）。
オムーはしばらく考えて、ある計画を思いつく。自らの行ないのために死なねばならない女には、花束をもたせよう。

丘に咲く鮮やかな花。それを摘んであの娘に渡す。
滝へ水を浴びに行く前に。
そうすればあの娘だとわかる。
そうすればあの娘を殺せる。(22)

そうすればたぶん、彼は幸せになるだろう。それとも、本当はそうではないのかもしれないが。いずれにせよ、結果は同じで彼女は息の根を止められ、沈黙させられる。永久に。私たちはもう二度と彼女の声を聞くことはない。彼女にはそんな目に遭う理由はない。自分が何をして、何をしていないか、彼女にそれを語る機会はけっして訪れない。与える木になりそこねたこと、木が少年を愛したように、その男のことを「とても、とても、自分自身よりもずっとたくさん」愛することがなかったこと。たぶんそれだけだろう。彼女がそうした愛をもたなかったこと、それを欠いたことは、彼にしてみれば、極刑に値するのかもしれない。このように、一人の女にとってのミソジニーは、男たちにとっての詩的正義なのである。

原注

(1) ブックカバーに付されたシルヴァスタインのいかめしい顔写真は、『グレッグのダメ日記』の映画版の劇中にも登場した。子どもたちを怖がらせる目的のためにである。

(2) 二〇一六年一〇月から一二月の二か月間、私は、アメリカ国内で起こった、男性の家族成員、または親密なパートナーによる女性の殺人事件を、私に知りうるかぎりの範囲で記録することにした。けれども、グーグル・アラート〔ユーザが選択したウェブやニュースの更新にかんして、メールやフィードで通知するサービス〕からの通知に追いついていくのは無理だった。そこで、さらに範囲を狭めて、「刺殺」に限定した。この種の殺人事件についての報道に目を凝らすことで、しばしば多くのことが明らかになった。一つには、被害者はほぼ例外なく、「誰某の誰某」、たとえば、誰某のパートナー、母、娘、祖母などと表現されること、もう一つとしては、しばしば加害者男性を非難することについての躊躇が読み取れることである。ここで念頭にあるのは、具体的には、シャネイ・マーシャル、アマンダ・ウィリアムズ、レベッカ・ホッジズ、ドロシー・ブラッドショーの事件である。特記すべきことに、これらの事件では、被害者はすべて有色人種の女性だった。

以下は、元恋人によるシャネイ・マーシャル刺殺事件についての報道記事からの引用。

シャネイ・マーシャル(三七歳)は三児の母親。思っていることを口に出すことを恐れない、愛情深く、忠誠心の強い女性だったと、友人たちは語る。加虐的な恋人との破局と和解を繰り返していたが、今回の破局は取り返しのつかないことになってしまったようだとも言われる。「あの男とはもうおしまい……彼女の顔にはっきりそう書いてあった」。ランバートン在住のニコール・ヴィエイラ(四二歳)は語る。「今回は本気だった。あの男にもそれがわかったのね」。

レベッカ・エヴェレット「思ったことをはっきり口に出す女性。殺害された三児の母親を偲ぶ」NJ.com、二〇一六年一一月一九日付。http://www.nj.com/burlington/index.ssf/2016/11/slain_mout_holly_mom_recalled_as_loving_woman_who.html

以下は、恋人によるアマンダ・ウィリアムズ刺殺事件についての報道記事からの引用。

去る水曜日の晩に、恋人によって刺殺されたファイエットビル在住の女性の家族は金曜日に次のように語った。今回の事件にかんして犯人を責め立てるつもりはないし、警官による犯人射殺の瞬間を含む、事件現場のビデオ映像がけっして公開されないことを希望する。

アマンダ・ウィリアムズは、ベッドロック・ドライブの自宅で、マーク・ヒックスによって殺害された。彼女の二人の息子からの九一一番通報で二人の警官が現場に駆けつけてみると、ナイフを手にしたヒックスが遺体の傍らに立っていた。ヒックスは、ナイフを捨てるようにとの警官の指示を拒否し、連行しようとする警官にたいして突進してきたと警官は語る。

「どうにかして、起こってしまったことを受け入れようと努めています」。ウィリアムズの伯母、ラワンダ・バーンウェルはそう語った。(中略)バーンウェルによると、ウィリアムズは長年にわたって精神的問題を抱えていたのであり、今回の惨劇にかんしては、誰か一人を責めることはできない。「彼はマンディのことを愛していたと思います。その場をただ立ち去ることもできたのに、手に負えないようなことになってしまったのでしょう。彼のことを許すつもりはありませんが、姪を許すつもりもありません」。バーンウェルはそう語る。「誰が正しくて、誰が間違ってるかなんて、もうどうでもいいんです。若い二人はもういないのです」。

件の九一一番通報中、マーク・ヒックスは自らの行為を謝罪しており、バーンウェルによると、被害者家族は犯人の言葉をそのまま受け入れることにしたと言う。「人を殺しちまった」。通信指令係にたいして彼はそう言った。「あいつは死んじまった。俺がやった。すまない。すまない」。

「人を殺した、すまない、という彼の言葉を私たちは聞きました。嘘ではないと思いました」。バーンウェルは言う。「声でわかりました。だから、彼が亡くなったのは残念です」。

アダム・オーウェンズ「ファイエットビルDV事件被害者の家族は語る。誰が正しくて、誰が間違ってるかはどうでもいい」WRAL.com、二〇一六年一二月九日付。http://www.wral.com/family-of-fayetteville-domestic-violence-victim-who-was-right-wrong-doesn-t-matter-/16325581

以下は、レベッカ・ホッジズおよびドロシー・ブラッドショー刺殺事件についての報道記事からの引用。

友人、家族、そして彼女と面識のない者もみな同じように、月曜日の晩、ランドルフ・アヴェニューのアパートで一体何が起きたのか、理解に苦しんでいる。そこで二人の女性がめった刺しにされたのである。当局によると、ケヴィン・ホッジズ（三六歳）は母親レベッカ・ホッジズ（五六歳）と祖母ドロシー・ブラッドショー（七六歳）を剣と肉切り包丁を使って殺害した。

（中略）「母親、祖母思いの青年」であるケヴィン・ホッジズによる惨殺事件は家族と近隣の住民を仰天させた。「三人はいつでも一緒だった」。『ジャージー・ジャーナル』紙のインタビューにたいして、親族のラマー・スコットはそう語る。「それぞれとても仲が良くて、絆の強さは周囲が羨むほどだった。ケヴィンとその家族には、故人二人の死を悼み、喪に服する時間が与えられて当然だ」。

これは驚くような引用である。繰り返すと、犯人ケヴィン・ホッジズは、彼が愛し、寝食をともにし、そして彼が惨殺した女性二人の死を悼む時間をもつに値するというのである。

ケイトリン・モタ「母と祖母、ハドソンDV二重殺人事件における最新被害者となる」、『ジャージー・ジャーナル』二〇一六年一二月七日付。http://www.nj.com/hudson/index.ssf/2016/12/on_heels_of_gruesome_double_murder_hudson_sees_spi.html

（3）ダニエル・アレンは、投票日にいたるまでの約一年間で、そして、とくに彼女の電子メールの数々を読んで後、なぜクリントンを尊敬するようになったかについて、その経緯を語っている。ダニエル・アレン「私はヒラリー・クリントンを尊敬するようになった。一体ぜんたい何が起こったのか？」、『ワシントン・ポスト』二〇一六年九月三〇日付。https://www.washingtonpost.com/opinions/ive-come-to-admire-hillary-clinton-what-on-earth-happened/2016/09/30/4a3a92a8-85c3-11e6-92c2-14b64f3d453f_story

（4）この点については、たとえば、『ガーディアン』紙に記事を寄稿しているライターの中で最も多くヘイトメールを受け取る一〇人のうち八人が女性である（残り二人は非白人男性）という研究を参照のこと。ベッキー・ガーディナー、マハナ・マンスフィールド、イアン・アンダーソン、ジョシュ・ホルダー、ダーン・ルーター、モニカ・ウルマヌ『ガーディアン』読者投稿欄の邪悪な側面」、『ガーディアン』二〇一六年四月一二日付。https://www.theguardian.com/technology/2016/apr/12/the-dark-side-of-guardian-comments

（5）「どうしたら改善できるでしょうか」。ディーン・フレンケルは藪から棒にそう問いかけると、自らその答えを提供した。それによると、彼はギラードにたいして次のようなアドバイスを与えたという。

母音の分節――「e」、「i」、「o」ははるかに抑制された仕方で発音されるべきです。母音を過度に分節するのは厳禁です。鼻にかかった、いわゆる「ギラード訛り」にならないよう、つとめて意識しましょう。声を変えたいなら、何を置いてもこれを実行するのが最も効果的です。

もっと軽さをもって――声が重すぎます。もっと広い音域を使って、機に応じて軽さを加えることを心がけて。もっと高い音域をより頻繁に使うように。そうすれば、もっと活気のある、自然な感じに聞こえます。（中略）

声の活気、調子――声色について考える時期。声の調子が重くて、品のない感じ。耳に心地よい、軽くて明るい音をもっと多く使うことで、改善は可能です。

発声――歌唱のレッスンをほとんど受けたことがないようで、スピーチに生かせるような、微妙な声の使い方を習得していません。歌唱レッスンは良い効果を期待できます。でも、勇ましい国歌みたいなのはＮＧです。

ご提案しかと承知。たしかに、首相は、もっと心地よい発声を習得するために、歌唱のレッスンを受けるべきだったのだろう。

ディーン・フレンケル、「ギラード訛りは厳禁――耳障りになり始めている」、『シドニー・モーニング・ヘラルド』二〇一一年四月二一日付。http://www.smh.com.au/federal-politics/political-opinion/drop-the-gillard-twang-its-beginning-to-annoy-20110420-1dosf.html

（6）以下が（署名を除いた）メールの全文である。念のため、メールの着信は二〇一四年一〇月であり、私のラジオ初出演よりも前である。したがって、送信者が使う「甲高い」という表現は、現実の私の声の音声的特性にもとづくものではないと言ってよいだろう。

マンさま

あなたの最近の『ニューヨーク・タイムズ』の記事、アメリカの白人男性を十把一絡げにけなした、あんな記事を書くなんて、私は本当に驚いたし、腹が立ちました。白人男性をまとめて全否定するなんて、あなたはよほどの憎悪を心のうちに溜め込んでいるのでしょう。公平な人物だったら、あれほどひどい一般化はしません。まったく性差別的で、人種差別的です。白人アメリカ人男性の一人として、腹の底から怒りが湧きました。あなたのねじ曲がった理屈は、この国屈指の大学の教授として相応しくない。生意気な一五歳の少女の理屈です。恨みがましくて、自己中心的で。アルコール依存の父親が酔っては母親を殴る。そんな風だったのなら同情します。でも、だからと言って、男という男に憎悪を向ける理由にはならないし、似非科学を使ってそれを正当化しようなんて言語道断です。

私はこれまで働いてきて、女性上司をもったことも幾度もあるし、彼女たちとは何の問題もありませんでした。仕事でも、仕事以外の付き合いでも、男性優越主義者、性差別主義者などと糾弾されたことは一度もありません。だが、最近そんな人物の気持ちがわかるような気がします。犬に向かって、お前は本当は猫だと言いつづけていれば、じきに、自分は猫なんじゃないのかと思いはじめる犬だっているかもしれません。とにかくわけがわからなくなってしまう犬だっているでしょう。だから、あなたがこの憎悪にしつこくこだわりつづけることで、じっさい、また一人そんな男ができあがるわけですし、あなた自身もそんなものになるというわけです。思うに、そんなのは論理的でもなければ道徳的でもないでしょう?

いまどき世の中は「白人男性憎悪」で溢れかえっています。そこいらじゅう怒りっぽい、浮かぬ顔した女だらけです。胸くその悪くなるような人たちです。私の見るかぎり、男よりもはるかに優越主義的で、自分の正義を振りかざすような連中です。憎悪を煽ることで、人の注意を引くのは楽しいでしょうし、戦闘的なフェミニスト連中からちやほやされるのも悪くないでしょう。けれども、とどのつまり、あなたはより多くの悲しみをもたらし、より多くの人を傷つけているだけのことです。世の中は良くなるどころか、前よりもひどくなる。まったくお見事です。

アメリカの白人男性がお気に召さないなら、パキスタンかイエメンあたりの部族の男でも試してみてはどうでしょう。あちらの男の女性の扱いは最高だと聞きます。いや失礼。もちろん、誰にでも合うわけではないですね。押しつけはよくありませんでした。それにしても、いったん自分の位置を俯瞰してみてはどうでしょうか。悪意や利己主義のかわりに、少しばかり優しさをもってみては。

あなたの恵まれた学歴と卓越した頭脳を、人と人とをもっと近づけるような目的で使ってみてはどうでしょう。悪意とけたたましさ（shrillness）を増長するのはよして。こちらのほうはもう十分すぎるほど世に溢れかえっているのですから。

署名

もちろん、このメール送信者が「けたたましい」という語を女性にも男性にも同じように使用するということもありうる。だが、この語には長く性差別的な歴史が存在するのである。たとえば、以下を参照のこと。ウィリアム・チェン「「けたたましい」女性についての長く、性差別的な歴史」、『タイム』二〇一六年三月二三日。http://time.com/4268325/history-calling-women-shrill

（7）男性政治家の声が「甲高い」もしくは「けたたましい」などと評されることがけっしてないというわけではない。たとえば、悪名高いハワード・ディーンの叫び声が頭に浮かぶ［バーモント州知事職を経て、二〇〇四年大統領選に出馬するも、アイオワ州民主党党員集会で敗北し、それを受けての支持者向けスピーチでの絶叫がメディアに繰り返し取り上げられて人気を失速した］。だが、注6に挙げたチェンの記事に述べられるように、男性の平常時の話し声にかんするこうした反応は、女性の場合のように、一般的でもなければ、デフォルトでもない。ところで、第八章で展開したミソジニーについての分析に照らしてみると、世論の反応に見られるこうしたジェンダー格差には簡単な説明を与えることができる。すなわち、（政治科学および社会心理学からの）経験的証拠によれば、歴史的に男性優位であった高位の指導的地位もしくは権威を女性が求める場合、そしてとくに、それをめぐって男性と争うような状況では、人々は男性候補者を利するようなバイアスにしたがう傾向をもつ。要するに、性別以外の他の条件が等しいとき、彼の側に味方して、彼が権力を獲得することを望むような一般的傾向性というものが存在する。そして、それが今度は彼女に抗するようなバイアスへと十中八九つながるのである（と私は論じた）。だから、彼女が彼に抗して、もしくは、彼の頭越しに口を利くとき——具体的には、同意を拒んだり、邪魔をしたり、彼を笑いものにしたり、彼にたいする勝利を宣言したりすることによって——、当然のごとく、彼女の声はざらざらとして、しわがれた、甲高い、または、痛々しい響きをともなうものとして相手の耳に入る。私たちは彼女が彼にたてつく言葉を聞きたくない。だから、その気持ちに応えるように、彼女の声は聞きにくくなる。もう一つの自然な説明としては、彼女は、一般的な立ち居ふるまいにかんして、無愛想で、不快な、付き合いにくい、あるいは不愉快な存在として知覚されやすくなるだろう。そうした印象のことを、「希望的観測」や「意図的否定」のような言い回しにならって、「嫌悪的聴覚知覚」や「有痛的視覚知覚」などと呼んでもよいかもしれない。偉大な一八世紀のスコットランドの哲学者デイヴィッド・

ヒュームによれば、私たちは主観的印象で世界に「メッキを施し、染色する」。つまり、世界のうえに、そうした印象を私たちに引き起こすような属性を投影したうえで、それらの属性が事物のうちに内在するかのように見なすとされる。その後の経験的証拠の多くは、ヒュームのこの仮説が正しい、すなわち、私たちはこの種の投影的錯誤を犯す傾向があるということを確証する。そうだとすると、たとえば、バーニー・サンダースにたいするヒラリー・クリントンの勝利宣言をクリス・プラントが痛みをもって聞いたというのは、おそらくは、聞き手の側の聴覚にバイアスがかかっているということによると考えることができるかもしれない。そして、他の多くの人にとって、彼女の声はとりたてて気にすることのほどもない、不愉快でも何でもない音として知覚されるというのは十分ありそうなことである。長期にわたる遊説の結果、喉を痛めて、声がしわがれ、枯れてしまったのだな、とくに驚くほどのことでもない、ありふれた声だ、という認識の下に。

（8）　したがって、ジェンダー・バイアスが私たちの感性的印象それ自体に影響を与えるかもしれないというわかりきった可能性はプラントにはさほど明らかでなかったということだろう。同様に、そうした印象は男性よりも女性にとってとくに有害であるかもしれないという可能性もしばしば軽視され、見過ごされがちであるが、そうした印象をもたれることによって、女性はガミガミ言う女、性悪女、口汚い女などと見られることになる。アレックス・グリスウォルド「ヒラリーは黒板の上を引きずられていく猫のように「けたたましい」、FOXテレビの男性ゲストは語る」、『メディエイト』二〇一六年三月一六日付。http://www.mediaite.com/tv/male-fox-guest-hillary-sounds-shrill-like-a-cat-being-dragged-across-a-blackboard/

（9）　眉をひそめたくなるようなツイートのいくつかを以下に挙げておこう。

@kate_manne　おい不細工な売女、ひでぇレイプされてエイズでももらっちまいな

@kate_manne　粛清だ！

@kate_manne　いいかげん黙れ

@kate_manne　これであの女が気持ちを変えるかは僕にはどうでもいい。でも彼女は僕の敵だ。いつかあの嘘つきの口が塞がれる日が来ることを願う。

その他のツイートは、右の最後のそれと同じように、偽善と虚偽を理由に私を非難する。またしても、そこに確固たる根拠は見当たらない。他には、凡庸、ニセ者、守銭奴、エスタブリッシュメント、ユダヤ女など、おなじみの罵

倒の言葉が並ぶ。

@kate_manne 〔君の使う〕二重基準は目新しくもないし、見え透いてる。

@kate_manne 左派から流れてくる偽善と愚かさには終わりがない。退屈で、こちらが恥ずかしくなるくらい。エジプトのナイル川も顔負けだ。

@kate_manne あの女の「人種」の忠誠心はせいぜい金庫までしか及ばない。いつものことだ。

@kate_manne ありきたりで陳腐なのはお前のほうだろう。エスタブリッシュメントの使い走りユダヤ女。哀れなもんだ。

@kate_manne もったいぶってるが、ただのアホ。それ以外だと思ってるなら大まちがいだ。

「偽善」というのは具体的には何を指しているのか、彼らの一人に尋ねてみた。返信はなく、私のアカウントはブロックされた。

(10) たとえば、以下を参照のこと。ショーン・キング、「ヒラリー・クリントンは、多くの民主党候補と同じく、選挙公約を大統領選後にすっぽかすだろうか?」、『ニューヨーク・デイリー・ニューズ』二〇一六年一二月二七日付。http://www.nydailynews.com/news/politics/king-hillary-join-crowd-democrats-bail-promises-article-1.2925441 この記事にたいする以下の秀逸な返答も参照のこと。オリバー・チニヤ「親愛なるショーン——ヒラリー・クリントンは敗けましたが、バーニー・サンダースも敗けましたよ」ExtraNewsfeed、二〇一六年一二月二八日付。http://extranewsfeed.com/dear-shaun-hillary-clinton-lost-and-so-did-bernie-sanders-trumps-your-president-7bf923406c37#.79e96gh44

(11) 「スティル・フェイス実験」パラダイムにおける幼児の性差の実証については、たとえば、Braungart-Rieker et al. 1999を参照のこと〔スティル・フェイス実験とは、幼児にたいして、母親が突然、無表情の顔を向け、そのまま無表情を保ち、幼児の反応を見る実験。母親からなんらかの反応が得られないと、幼児は動揺するが、男児は女児に比べて感情統制に困難を覚える傾向があると言われる〕。古典的なこの実験パラダイムにかんする文献レビューとして、以下を参照のこと。https://sites.duke.edu/flaubertsbrain/files/2012/08/Mesman-The-Many-Faces-of-the-Still-Face-Paradigm.pdf

(12) こうした相違点にかんする古典的研究によると、「同じ教室で、同じ教科書を読んで、同じ教師の授業を聞くとしても、男子と女子ではまったく異なる教育を受けることになる」(Sadker and Sadker 1995)。この問題を扱った最新の研究においても、二人の研究者の期待に反して、教育現場の状況は過去とほとんど変わっていないとされる(Sadker

and Zirtleman 2009)。サドカーらの研究（Sadker and Sadker 1995）の実験の追試験を行なった一〇本の論文を概観する論考において、サドカー（両論文の共著者）は次のように書く。

教室での教員と生徒とのやりとりは男子生徒にスポットライトをあて、女子生徒を脇へと押しやる。教員の言説についての研究も教室での男性優位を裏打ちする。教員は無意識に男子生徒を指導の中心に据え、彼らにたいしてより頻繁かつより的確な注意を向ける。（中略）この影響は甚大でありうる。教員からの注意が増せば、生徒のパフォーマンスの向上をもたらす。この等式においては、女子が割を食うことになる。たとえば、アフリカ系アメリカ人の女子生徒は入学時は積極的で外向的であるが、学年が進むにつれて、より受動的で消極的となる。教員がより多くの時間と注意を与えることによって、男子学生はより中身の濃い教育風土からの恩恵を手に入れる（Sadker 1999, 24）。

(13) このモデルはまた、ノンバイナリー（および、男なり女なりとして「通用」しないトランス）の子どもたちの受ける待遇について深刻な懸念を生じる。社会的シナリオがジェンダーの二分法をより実体化するとともに、よりそれに依存するほど、ジェンダーと性別にかんするこの誤った二分法に合致しない人たちが、（とりわけ）教育者との関係において、ある種の社会的な宙ぶらりん状態にとらわれてしまう不安が増す。この重要な問題については、より適任の理論家からの発言を俟ちたい。

(14) ファルーディの話はさまざまな意味で私自身の経験を思い起こさせる。かつて男子校だった高校が女子学生の受け入れを始めたその年度に、三人の女子学生の一人として私は入学した。ミソジニーという主題への私の関心は、このときの経験と、その後感じた、サバイバーに特有の罪の意識に、いくらかはその基礎をもつのかもしれない。

(15) イギリスを中心に活動する研究者であり、大学教員であるマリアンヌ・ヘスターは調査結果を次のように概括する。「警察の記録では、DV加害者の大多数は男性であり（九二パーセント）、被害者は主に女性である（九一パーセント）。累犯率も男性加害者のほうが女性加害者よりもはるかに高い（Hester et al. 2006）。警察の記録ではこのパターンが長年にわたって、イギリスの多くの地域において、典型的であり、そうした虐待の女性にたいする影響の大きさを物語る」（Hester 2013）。ヘスターはまた、警察データの分析にもとづいて、次のことも示した。男性のDV加害者は、女性加害者と比較して、支配的であり、より深刻で有害な形式の暴力に訴える、また、被害者にたいして恐怖感を植えつける傾向がある。

(16) たとえば次を参照のこと。「アップスピークからボーカル・フライへ――私たちは若い女性の話し方を「監視」

していたのだろうか?-」［アップスピークは、文尾の最後のイントネーションを上げるような話し方］、NPR、二〇一五年七月二三日。http://www.npr.org/2015/07/23/425608745/from-upspeak-to-vocal-fry-are-we-policing-young-womens-voices

(17) ユージン・スコット「ウォーレンの同僚男性上院議員たちは邪魔されずにキングの手紙を朗読」CNN、二〇一七年二月八日付。http://www.cnn.com/2017/02/08/politics/jeff-merkley-mark-udall-elizabeth-warren/

(18) プラチ・グプタ「オクラホマの立法者——妊婦は宿主であり、彼女の体は彼女のものではない」、『ジェゼベル』二〇一七年二月一三日付。http://theslot.jezebel.com/oklahoma-lawmaker-pregnant-women-are-hosts-whose-bodies-1792303950

(19) デイヴィッド・フレンチ「親愛なるクリントン支持者さま、野望は「犠牲」ではありませんし、「奉仕」ですらありません」、『ナショナル・レヴュー』二〇一六年八月一日付。http://www.natinalreview.com/article/438568/hillary-clintons-public-service-donald-trumps-sacrifice-are-empty-words

同趣旨の批判として、以下も参照のこと。

ロジャー・L・サイモン「ヒラリー・クリントンの真の病は身体ではない」PJ Media、二〇一六年九月一二日付。http://pjmedia.com/diaryofamadvoter/2016/09/12/hillary-clinton-real-sickness-is-not-physical/

ジョナ・ゴールドバーグ「ヒラリーの電子メール疑惑の原因は無能さではなく、身勝手さにある」、『ナショナル・レヴュー』二〇一六年七月九日付。http://www.nationalreview.com/g-file/437640/hillary-clinton-email-scandal-selfishness-not-incompetence-behind-it

ヒラリーにたいする敵意の歴史と、その著しい多様性については以下が行き届いている。ミシェル・ゴールドバーグ「ヒラリー嫌い」、『スレート』二〇一六年七月四日付。http://www.slate.com/articles/news_and_politics/cover_story/2016/07/the_people_who_hate_hillary_clinton_the_most.html

(20) 以下は、「禁書週間」中に投稿された、この詩にかんする最近のブログ記事である［「禁書週間」は、知的自由の重要性や検閲の危険性を訴えるためのイベントで、米国内で閲覧制限になった資料や、閲覧制限の申し立てがあった資料が紹介される。毎年九月の最終週に行なわれる］。

シルヴァスタインの作品は、その「危険な」内容（反抗的な子どもとか、ナンセンスとか）ゆえに、本を禁書にしたがるタイプの人々の怒りを買いやすい。だが、「レディー・ファースト」はカニバリズムを助長するという理由で（これは嘘ではない）、連中の逆鱗に触れた。言うまでもなく、ある程度の理解力の持ち主ならば、この詩の主眼は、貪欲さにたいする警告であることは容易に読み取れるはずなのだが、偏狭な精神はしばしば無知な精神でもある。だから、心を広げてこの詩を楽しんで、子どもとシェアしよう。

あなたがこのアドバイスにしたがうのだったら、一つ提案がある。多様な見方を促進し、ミソジニーに注意するという意味で、登場人物のジェンダーを女性から男性に交換してみてほしい。名づけて、ジェントルマン・ファースト。欲張りのキャメロン・コインが食人族に食べられる話である。

元の詩の内容にジェンダーが関係ないのなら、支障ないはずである。

(21) 私がシルヴァスタインの物語や詩を誤解していると思う人たちへ。その後、私は彼が大人向けの物語も書いているのを見つけた（よく知られている『プレイボーイ』誌の連載以外のものである）。そんな一つに「ゴーイング・ワンス」がある。ぜひこれを読んだうえでご意見を拝聴したい〔当該作品はシルヴァスタインの戯曲で、自らを競売にかける女性と、男性競売人との物語。タイトルの「ゴーイング・ワンス（Going Once）」は、オークションで、入札価格を決めるさいに、競売人が「この値段でよいですか。もっと高い値段を付ける人はいませんか」と、入札者に確認する決まり言葉〕。

(22) 詩は次のように続く。

> 見返りは同じ目方のあれだぞ、とアングは言った。
> わかった。同じ目方のな、とオムーは言った。
> 男がブーケとコサージュを贈る習慣はこうして始まったのである（邦訳四八一頁）。

こうして詩は終わる。この作品は、シルヴァスタインの他の作品とともに、以下のウェブサイトで閲覧できる。

https://m.poemhunter.com/for-what-she-had-done/

訳注

＊1 以下にホックシールドのその「手紙」を引用しておく。「あなたの政治的な殻の外にいる人たちを知ろうとしてみませんか。アイン・ランドのことはひとまず、わきに置いてみて。ランドは彼らにとっては教祖みたいなものだけ

れど、ひとりひとりに会ってみると、彼女の言葉にあるような、自分勝手な人ばかりではないことに気づくはずです。ほんとうにすばらしい人もいて、強い絆で結ばれたコミュニティや、勇気、逆境から立ち直る力について多くのことを教えられるでしょう。

あなたはこう思っているかもしれない。右派の組織作りを進める有力者たちは、自分たちの金銭的な利益を追求するために、一般の右派支持者の心に巣くう悪魔——欲、利己主義、人種的偏見、同性愛恐怖、恵まれない人たちのために使われたくないから税金を払わずにすませたいという願望——に訴えかけ、彼らを「引っかけ」ようとたくらむのだ、と。わたしがニューオリンズのトランプ支持者の集会で見たかぎりでは、確かにそうしたアピールはいくらかおこなわれています。しかしそれが目立つがために、右派の人々の別の一面——どんなに不安な経済状況でも列に並んで待つ辛抱強さ、忠誠心、自己犠牲、忍耐力——が見過ごされているのです。ディープストーリーを生きる彼らの、天使のような心が。

もし彼らと同じような状況におかれたら、あなたも同じような見方をするようになるかもしれません。その可能性を考えてみてください」(Hochschild 2016, 233-234; 邦訳三三一頁)。

＊2　帰無仮説とは、統計的仮説の検証にさいして、とりあえず立てる仮説のこと。ただし、対立(代替)仮説のほうが重要であることが多い。帰無仮説として「差がない」という仮説が立てられたうえで、これを棄却することによって、対立仮説の「差がある」を結論するというかたちで議論が進められることが多い。

＊3　性差別主義者は、男女間能力差が存在しないという帰無仮説からスタートして、これを否定するような反証に訴えることで、帰無仮説が誤りであり、性別間能力差が存在する(男性が女性に優越する)と議論すると想定される。ところで、この検証を行なうためには、実験群と対照群が必要であり、実験群が、歴史的に男女不平等社会であった社会に生きる人たち、つまりは、私たちであるとすると、対照群にはこれと異なる、つまり、歴史的に男女平等であった社会の成員を取り上げ、両群において、男女間の能力差が認められるかを検証する必要があるだろう。そうでなければ、私たちの、歴史的に男女不平等社会であった社会における現時点での男女間能力差は、過去の社会的環境(社会構造や制度など)によるものであって、生物学的ないし存在論的な理由によるものではないと反論されることが予想されるからである。ところが、じっさいには、ここで対照群として必要とされるような、歴史的に男女平等であったような社会というものが(少なくとも西洋を含む大部分の社会には)存在しないため、性差別主義者の議論はどんなにうまくいっても、せいぜいのところ、能力差は存在するかもしれないという程度であり、帰無仮説にたいする反証は得られないだろうというわけである。

訳者あとがき

本書は Kate Manne, *Down Girl: The Logic of Misogyny*, Oxford University Press, 2018 の完訳である。

オーストラリア、ヴィクトリア州コトルズブリッジ（メルボルンの北東三〇キロに位置する人口数百人ほどの町）出身の著者ケイト・マンは、いわゆるミレニアル世代に属する新進気鋭の哲学者であり、現在はコーネル大学哲学科准教授を務めるとともに、本書の出版とその成功により、SNSや各種メディア上での発言に世界中からの注目を集めるパブリック・フィロソフィの旗手でもある。メルボルン大学での学部生時代はグラハム・プリースト、グレッグ・レストルらの下で、論理学（認識論理、時相論理）を専攻、卒業が近づく頃に、フェミニズム分析哲学のリーダー的存在であるサリー・ハスランガーのメルボルンでの講演に強く感銘を受けて、渡米を決意し、マサチューセッツ工科大学（MIT）の大学院に進学、ハスランガー、レイ・ラングトン（現在はケンブリッジ大学教授）、ジュリア・マルコヴィッツ（現在はコーネル大学）、リチャード・ホルトン（現在はケンブリッジ大学教授）らの指導の下、メタ倫理の分野での学位論文で二〇一一年に博士号を取得し、ハーバード大学での二年間のジュニア・フェロー（博士後研究員）を経て、二〇一三年に現職に就いた。こと「公共的知識人」という点では、ラ・トローブ大学で二〇一二年まで政治学教授を務めた父ロバート・マンは、国内新聞によってもっとも重要なオーストラリアの公共的知識人の一人に選ばれたこともある有識者であり、母アンも、現代社会病理としてのナルシシズムについての著作などをもつジャーナリスト、文化評論家である。その意味で、ケイトの最初の単著となる本書が学術書ではなく、ポップカルチャー、大統領選挙から、人工妊娠中絶、ジェンダー犯罪までを論じる一般向け書籍であるのは両親からの影響もあるのかもしれない。ちなみに、コトルズブリッジでの家族との生活は知的ユーモアにあふれるとともに牧歌的なものでもあったようで、近隣には牧羊農場が広がり、マン家の庭でもニワトリ、馬などの家畜、そして番犬のボーダーコリーを飼い、ときにはカンガルーの群れが顔を出すこともあって、子どもの頃は動物たちと過ごすのが楽しみだったと彼女は語る。(1)

以下においては、広範におよぶ事例とそれらの考察をつうじて進められる哲学的探究からなる本書の中心的な考え方を簡単に説明し、議論全体への見晴らしを与えることができればと思う。[2] 読者にとって本書の副題にある「ミソジニー」は耳慣れない言葉かもしれない。辞書にあたれば、女性嫌悪（症）、女嫌いといった定義が目に入るが、日本語の文章にこの言葉を認めることはほとんどない。その理由の一つは、第二章で論じられるように、まさしくこの辞書的定義によるものであるが、「ミソジニー」は英語圏においても、最近まで、使用頻度の高い用語ではなかったようである。フェミニズム哲学の拠点とも呼べるＭＩＴ大学院に在籍していたマンでさえ、この語を使ったり耳にすることはなく、彼女の「レーダー上にそれが姿を現わした」のは二〇一二年の一〇月、母国オーストラリアの当時の首相ジュリア・ギラードによるいわゆる「ミソジニー・スピーチ」だったという。[3] 野党党首の言動を糾弾するギラードの演説中に、「性差別主義」に加えて、「ミソジニー」が使われたことが物議を醸したのである。ただし、じっさいには、それをさかのぼる二、三〇年前から、フェミニストたちのあいだでは、女性嫌悪とは異なる意味で「ミソジニー」は使われていたのであり、ギラードの用法はそれと連続性をもつものだった。そうしたフェミニズム的用法によれば、「ミソジニー」の下には、女性が被る害悪（誹謗中傷、精神的暴力から身体的、性的暴力など）のみならず、女性にたいする敵意に満ちた気分や心持ち、さらには、いわゆる「男の世界」に入ってきた女性にたいする監視や排斥的行為など、さまざまな事柄が含まれた。「女性差別」、「女性蔑視」、「セクハラ」、「モラハラ」、「ホモソーシャル」。日本だったら、そんな言葉で語られるような事象の数々である。いずれにせよ、オーストラリアではギラード演説を受けて、フェミニズム的用法を含むべく、「女性にたいする根深い偏見」という新たな定義を加えるかたちで辞書の改訂が行なわれた。しかし、フェミニズム的用法はその「寄せ集め」的性格ゆえにとうとう求心力を獲得することはなく、ミソジニー＝女嫌いという心理（学）主義的な「素朴理解」が一般的であるにとどまっていた。

こうした状況にたいして、マンは戦略的な「ミソジニー」定義の導入を提案する。彼女によれば、この語によって指示される事柄に共通するのは、それらがすべて女性を女性に「相応な」場所へと押さえつけることを目的とし、女性をおとしめ、卑小化し、面目をつぶし、品位を落とすよう意図されていることであり、つまり、ミソジニーの「根深い偏見」の核心には、場所または役割についての（強烈な）意識がある。決められた道を外れること、定められた場所を違《たが》えることへの反応。女性が規範を逸脱することにたいしての反応であるという一点において、「寄せ集め」と見えた事柄の統一性、そして同一語によってそれらを名指す根拠が見えてくる。すなわち、ミソジニーは一つの秩序ないし役割規範を維持するという、その機能において理解されるべきだとマンは考える。あえて単純化するならば、ここでの一つの秩序とは、女性（というジェンダーに分類される人々）を支配し、彼女たちの（社会的、感情的、および家事や生殖にかんする）労働を搾取する、家父長制という不平等経済のシステムのことであり、ミソジニーとは、伝統的な役割規範の遵守を監視し、その違反を取り締まり、違反者を処罰する（とともに規範に従う者を称賛する）ことを通じて、この秩序を維持、強化する仕組み、いわば、家父長制の法執行機関、処罰と報償のメカニズムなのである。もしくは、ミソジニーをそうした社会統制の仕組みとして理解してみようではないかというのが本書におけるマンの主張である。それは「ミソジニー」の既存の用法に忠実であるという意味で「記述的」であるが、社会変革、女性解放という政治的目標に向けて、そのためのツールとしてこの語を鋳直し、流通させることを提案するという意味で「改良的」でもある。

　マンが提案する「ミソジニー」理解についての社会・政治的かつ機能主義的転回によって、ミソジニーのありうる姿が明確な輪郭をもって描き出される。役割規範を施行し、違反を取り締まることにミソジニーの本分があるとするならば、（たとえ家父長制の支配対象が女性一般であるにせよ）その対象が女性すべてである必要はない。また、ミソジニーは恒常的に発動される必要はなく、潜在的あるいは潜勢的に作動していれば十分であり、取締りや処罰の方法もそれが効果をもつかぎりどんなものであってもかまわない。かくして、ミソジニーには女性を「ひれふせ」させるための行動ないし戦略が無数に含まれうることが予想される。さらにはミソジニーの実行（具現化）にあたって、その主体となるのは、男性であっても、女性であっても、また、個人行為者であっても、制度、法律、公的政策などの純粋に構造的なメカニズムであってもかまわない。換言すれば、ミソジニスト不在の場所でもミソジニーは起こりうる。なぜならば女性がミソジニーの対象となるのは、彼女が家父長制システムという社会環境において女性であるというその事実によるのであり、誰か別の女性の代理として処罰されることもありうる以上、ミソジニーの発動にはそれだけで十分だからである。

それでも、やはりミソジニーの背景（深層）には個人行為者の女性への憎悪ないし嫌悪の感情があり、それこそがミソジニーを構成するものなのではないか、そう考えられるかもしれない。じっさい、ミソジニー行為には特権意識に囚われた男性の、女性にたいする激しい憎悪や敵意を見て取れることが少なくないし、マンもそのこと自体を否定しはしない。しかし、彼女はここでも、ミソジニーにともなう否定的な反応的態度の奥底にある（とされる）内面感情にでなく、むしろ表出された「反応」としての敵意のほうに目を向けることを提案する。なぜならば、それこそが女性が現実世界で直面するものだからである。加えて、ミソジニーを「（深層）心理的」な事柄に還元することは、加害行為の究極的原因を行為主体（加害者）の自己コントロールの及ばない領域へと押しやり、つまりはその政治的、社会構造的な基礎を隠蔽することになり、ややもすれば行為主体にたいして（過度に）同情的な語りを呼び込んで（「ヒムパシー」）、加害行為にたいする責任から行為主体を免除しかねないばかりか、被害者である女性（および彼女の語り）の抹消や彼女にたいする証言的不正義、ひいては被害者非難というきわめて不当な結果をもたらしかねないからであり、しかも政治的な戦略として意図的にそうしたことが行なわれるかもしれないからである。その意味で、ミソジニー理解についての心理主義から機能主義への転回は、加害者（の内面）から被害者である女性の側に道徳的注意の焦点を移すことでもある。

　ミソジニーがジェンダーにもとづく役割規範を維持するための統制的メカニズムと理解されうること、そして個人行為主体によるミソジニーには否定的な反応的態度がともなうということから、マンはもう一つ大きな帰結を引き出す。P・F・ストローソンの反応的態度についての理論によれば、処罰や称賛につながるような怒りや非難、尊敬などの反応的態度を私たちが向けるのは、道理をわきまえた、分別のある成年と想定される相手、その行動にかんして抗議したいというような気になる、そして抗議することができるような相手に限定される。たしかに、私たちはたとえば岩や昆虫などにそうした態度を取ることはない。だが他方、女性にたいする性暴力、戦時の捕虜にたいする非道な行為などについて、それをもたらすのは人間性の剝奪、人のモノ化、人を人として見ない態度であると私たちはしばしば語る。だとすると、女性にたいする非道なミソジニー行為――性暴力もそこに含まれるだろう――における、反応的態度をどう理解すべきなのか。かくして、マンは彼女が「人間主義」と呼ぶ思想的立場との対決を試みる。議論の詳細は第五章に譲るとして、彼女の結論は次のとおりである。ミソジニーは女性の非人間化をともなわない。それどころか、女性の人間性（主体性、行為者性、自律性）が認知されるからこそ、彼女は彼女の支配者にとって優しいしもべともなれば、脅威の対象ともなるのであり、監視、取締り、処罰の必要性が生じるのである。本書の白眉とも言える人間主義批判は、ミソジニーと同じように、人を支配するシステムの形態と考えられる、人種差別主義や同性愛者嫌悪、トランスジェンダー嫌悪などを理解するうえでも今後その重要性を増すであろうし、また、議論の過程で取り上げられる文学テクストの読解はきわめて豊かな示唆を含む。

　ミソジニーの機能主義的理解がもたらすものにかんして、最後にもう一つ、「ミソジニー」と「性差別主義《セクシズム》」の峻別とそれが可能にする両者の意味分業ということが指摘されねばならない。ミソジニーが家父長制秩序を維持するためにそれが課す役割規範の施行とその遵守の監視、違反の取締り、処罰などにかかわる法執行部門だとすれば、他方、性差別主義は家父長制という不平等経済あるいは抑圧支配のシステムの正当性についての理論的基礎づけを担うイデオロギーあるいは信念体系であるとマンは述べる。具体的には、性差別主義は家父長制が課す、ジェンダーにもとづく（不平等かつ偽りの）役割規範が何らかの生物学的基盤にその基礎をもつというような「自然化」を行なうことでそれを試みる。マンによれば、ミソジニーと性差別主義は個人行為主体のレベルで二つに分かれうるのであり、その具体例としてドナルド・トランプ（実践上は性差別主義者ではない一方、明らかなミソジニスト）が挙げられているのが興味深い。

　それにしても、ミソジニー、性差別主義そして家父長制を打倒し、社会変革を実現する道はどこにあるのだろうか。この問いにたいする、マンの返答は「I give up」であり、変革に向けての処方は本書では示されない。ミソジニーに注意を引こうとすることは、さらなるミソジニーをもたらす。また、不平等の解消に向けて社会が進歩することは、「与える者」としての女性からの男性の（不当な）取り分が減じることであり、したがってフェミニズム的進歩にはかならずバックラッシュがともなう。だから変革は難しい。だが、マンが本書において提示する分析は、解決の道があるとすればそれはおそらく社会的、構造的、制度的であることを示唆するようである。また、管見では、第七章で述べられる、連帯の呼びかけとしての被害者性の申し立て、抑圧支配転覆の戦略としてのその可能性に一つの希望を見たい。そしていずれにせよ、本書が変革を模索する人々にとって、「問いを立て、問いに答え、議論するためのツールキット」となることを著者マンとともに切に願う。ただし、これは男というジェンダーに分類される者の一人として、自らがミソジニー的力を媒介してはいないか、また、それが下支えする不平等システムの永続化に加担してはいないか、そのことを自問しつづけるという決意とともにである。

本書の刊行にあたっては、校正について中村孝子さんに、編集について慶應義塾大学出版会の村上文さんにそれぞれ大変お世話になった。本書がいくらかでも読みやすいものとなったとすれば、それはお二人のお力によるところがきわめて大きい。この場を借りて心からお礼を申し上げたい。また、訳者からの質問について、快く答えてくれたケイト・マン教授に心から感謝したい。そして、それにもかかわらず、残されているであろう誤訳の数々については、識者からのご教示を切にお願いしたい。来るべき社会変革のために。

二〇一九年一〇月　訳者

注

（1）http://www.whatisitliketobeaphilosopher.com/kate-manne

（2）以下の説明は、ジェンダー二元制を前提とするかのように見えるかもしれないが、これは説明の複雑化を避けるということと、家父長制システムの「論理」を記述することを目的とするという理由による。この点については、五〇頁以下を参照。また、同様の理由から、「交差性」という重要な概念についてここでは触れない。

（3）https://www.guernicamag.com/kate-manne-why-misogyny-isnt-really-about-hating-women/

著者
ケイト・マン（Kate Manne）
コーネル大学哲学科准教授。専門は倫理・社会・フェミニズム哲学。学術雑誌のほか、『ニューヨーク・タイムズ』、『ハフィントンポスト』などにも寄稿。『ボストン・レヴュー』のミソジニーに関するフォーラムのために書いた記事が、「2016年度の最も好きなエッセイ25」のひとつに選ばれた。主に本書の成功により、イギリスの総合月刊誌『プロスペクト』が毎年選ぶ「50人の世界のトップ思想家（2019）」に、マーサ・ヌスバウムらとともに選出されている。
ウェブサイト katemanne.net　ツイッター @kate_manne

訳者
小川 芳範（おがわ よしのり）
翻訳家、ソーシャルワーカー（精神保健福祉士）。早稲田大学教育学部国語国文学科卒業。ブリティッシュ・コロンビア大学哲学科博士号取得。著書に『ハウジング・ファースト』（共編著、山吹書店、2018年）、訳書にM・アトウッド『青ひげの卵』（筑摩書房、1993年）、H・S・ベッカー『ベッカー先生の論文教室』（慶應義塾大学出版会、2012年）など。

ひれふせ、女たち
——ミソジニーの論理

2019年11月30日　初版第1刷発行
2021年 4 月15日　初版第2刷発行

著　者————ケイト・マン
訳　者————小川芳範
発行者————依田俊之
発行所————慶應義塾大学出版会株式会社
〒108-8346　東京都港区三田2-19-30
TEL〔編集部〕03-3451-0931
〔営業部〕03-3451-3584〈ご注文〉
〔　〃　〕03-3451-6926
FAX〔営業部〕03-3451-3122
振替 00190-8-155497
https://www.keio-up.co.jp/
装　丁————服部一成
組　版————株式会社キャップス
印刷・製本——中央精版印刷株式会社
カバー印刷——株式会社太平印刷社

Printed in Japan ISBN978-4-7664-2635-9

人名索引

ア行

アイヒマン，アドルフ　Eichmann, Adolf　86n18, 276, 290n22, 293
アイヤー，ディーパ　Iyer, Deepa　135
アーノルド，ジェフ　Arnold, Jeff　274, 279–281, 290n21, 291n25
アーパリィ，ノミー　Arpaly, Nomy　192–193, 211, 213, 236n30, n33
アブラムソン，ケイト　Abramson, Kate　23, 32, 145, 357, 378
アボット，トニー　Abott, Tony　121–122, 146n4, 354
アルコフ，リンダ　Alcoff, Linda Martin　49
アーレント，ハンナ　Arendt, Hanna　86n18, 276, 290n22, 293
インバー，ヨエル　Inbar, Yoel　336, 361n9
ヴァリザデ，ルーイ　Valizadeh, Rooj　65
ヴァレンティ，ジェシカ　Valenti, Jessica　63, 149n15
ヴィトゲンシュタイン，ルードヴィヒ　Wittgenstein, Ludwig　186
ウィートリー，タリア　Wheatley, Thalia　337–338
ウィリアムズ，バーナード　Williams, Bernard　51–52. 237n37,
ウィルソン，ダレン　Wilson, Darren　291n24, 298–299, 322n11
ウィルソン，デイヴィッド　Wilson, David　168–169
ウエスト，リンディ　West, Lindy　4, 78–79, 86n17, 187, 367
ウェブズデイル，ニール　Websdale, Neil　169
ウォルシュ，ジョーン　Walsh, Joan　367
ウォーレン，エリザベス　Warren, Elizabeth　376–377, 400n17
ウルフ，ヴァージニア　Woolf, Virginia　3, 9–10, 148n5
エレンブールク，イリヤー　Ehrenburg, Ilya　218–219
エリオット，エゼキエル　Elliott, Ezekiel　281
エリクソン，エリック　Erikson, Erik　165, 247
オーウェル，ジョージ　Orwell, George　196–197, 205–206, 232n15
オークス，ローリー　Oakes, Laurie　349, 362n13
オドネル，ロージー　O'Donnell, Rosie　127, 270
オバマ，バラク　Obama, Barack　150n4, 172–173, 342

カ行

カッド，アン　Cudd, Ann　18n4, 136
カミュ，アルベール　Camus, Albert　222–224
カルヴァン，ジョン　Calvin, John　141
カーン，M・R　Khan, M. R.　107–108
キャンベル，ブラッドリー　Campbell, Bradley　294, 301–304, 309, 319, 320n2
ギラード，ジュリア　Gillard, Julia　114n4, 115n14, 121–123, 145, 146n3, n4, 260, 328, 341–342, 349, 354, 357–358, 360n1, 362n13, n16, 368, 394n5
ギルバート，マリタ　Gilbert, Marita　55n7, 99, 242, 279
キンメル，マイケル　Kimmel, Michael　84n10, 110, 208–220
クイン，ゾーイ　Quinn, Zoe　182n12, 259, 287n9
クッツェー，J・M　Coetzee, J. M　25, 56n9, 375
クーパー，ブリトニー　Cooper, Brittney　367
クリントン，ヒラリー　Clinton, Hillary　36, 46, 129–130, 132, 137, 143–145, 149n20, 148n7, n9, 162, 171–172, 178, 224, 260, 270, 316–317, 329, 331, 334–335, 338–343, 345, 350, 352–355, 357–359, 360n2, 361n5, n9, n10, 362n11, n17, 363n18, 366–370, 379–380, 393n3, 397n7, 398n10, 400n18, n19
グリーンハウス，リンダ　Greenhouse, Linda　133
クレンショー，キンバリー・M　Crenshaw,

Kimberle W.　18n4, 34, 56n13, 99, 115n11, 303, 345
ゲイタ，レイモンド　Gaita, Raimond　189–192, 196, 214–215, 231n6
ケリー，ダニエル　Kelly, Daniel　336
ケリー，メーガン　Kelly, Megyn　127, 270
ゲレス，リチャード　Gelles, Richard　170
コーエン，マイケル　Cohen, Michael　24–26
コーエン兄弟　Coen brothers　245–246
ゴプニク，アダム　Gopnik, Adam, 233n24　270, 290n18
ゴフマン，アリス　Goffman, Alice　341–342, 353–354
コール，アリソン・M　Cole, Alyson M.　293
ゴールドバーグ，ミシェル　Goldberg, Michelle 367, 400n19

サ行

サットン，ボブ　Sutton, Bob　129
サルコウィッツ，エマ　Sulkowicz, Emma　294, 317–318
サンダース，バーニー　Sanders, Bernie　143, 145, 334, 354, 357, 377, 397n7, 398n10
シーゲル，リーヴァ・B　Siegel, Reva B.　133
シルヴァスタイン，シェル　Silverstein, Shel 364, 381–382, 289, 391n1, 400n20, 401n21, n22
シンガー，ピーター　Singer, Peter　208
シンピアン，アンドレイ　Cimpian, Andrei　374
スキップ，キャサリン　Skipp, Catherine 169–170, 184n16
スタンリー，ジェイソン　Stanley, Jason　15, 204, 216, 237n36
ストラス - カーン，ドミニク　Strauss-Kahn, Dominique　278
ストール，レスリー　Stahl, Lesley　355
ストローソン，P・F　Strawson, P. F.　8–9, 11, 58, 91–92, 175, 231n9, 233n23, 235n26, 279–280, 297
スナイダー，レイチェル・ルイーズ　Snyder, Rachel Louise　38–39
スプレイグ，ジョーイ　Sprague, Joey　348, 356
スミス，ジェシ　Smith, Jessi　330, 334, 361n7
セッションズ，ジェフ　Sessions, Jeff　377
ソルニット，レベッカ　Solnit, Rebecca　87n1, 367, 376

タ行

ダイアモンド，コーラ　Diamond, Cora　196–197, 205, 235n29
ダウド，モーリーン　Dowd, Maureen　316–317, 326n27
ターナー，ダン　Turner, Dan　261, 264
ターナー，ブロック　Turner, Brock　260–266, 269, 272–273, 276, 288n11
チュウ，アーサー　Chu, Arthur　4, 186, 235n30
チョウ，スミ　Cho, Sumi　345
ディアロ，ナフィサトウ　Diallo, Nafissatou 278–279
ディヴィス，キム　Davis, Kim　277, 149n17
デズモンド，マシュー　Desmond, Matthew 15, 99, 303
トウェイン，マーク　Twain, Mark　117, 193, 212–213
ドゥーセット，ノーマン　Doucet, Norman　161
ドトソン，クリスティ　Dotson, Kristie　18n4, 22–24, 55n6, n7, 99, 242, 249, 279, 323n15
トーマス，デクスター・Jr　Thomas, Dexter, Jr. 83n9, 84, 92
トランプ，イヴァナ　Trump, Ivana　24–27, 269
トランプ，ドナルド　Trump, Donald　14, 25–27, 29, 31, 36–37, 54n1, 55n8, 126–132, 136–137, 142–145, 148n7, n8, n9, 171–173, 181n10, 224, 269–272, 290n18, n19, 324n17, 329, 334–335, 338–340, 343–347, 350, 355, 358–359, 360n2, 361n8, 362n14, n17, 363n18, 366, 369–370, 376, 402n1

ナ行

ニクソン，リチャード　Nixon, Richard　133, 150n3
ニューマン，トロイ　Newman, Troy　136, 138, 145, 149n18

ニール，ダーシー　Neal, D' Arcee　303-307, 323n16
ヌスバウム，マーサ・C　Nussbaum, Martha C.　4, 82n3, 114n6, 125, 231n8

ハ行

ハイト，ジョナサン　Haidt, Jonathan　295, 320n4, 323n14, 337
パースキー，アーロン　Persky, Aaron　261-262, 264
パズダー，アンドルー　Puzder, Andrew　29-30, 36-37, 378
ハスランガー，サリー　Haslanger, Sally　15, 50, 60, 67-68, 82n3, 86n16, 91, 96, 109
パテル，プルヴィ　Patel, Purvi　135, 149n15, 183n13
バトラー，スー　Butler, Sue　115n14, 122, 146n4
バノン，スティーヴ　Bannon, Steve　37-40, 171, 183n12
バンディオパドヤイ，ムリデュラ　Bandyopadhyay, Mridula　108
ビアン，リン　Bian, Lin　374
ビーヴァー，アントニー　Beevor, Antony　218, 220, 238n40
ピカード，メアリ・ルイーズ　Piccard, Mary Louise　37-40
ピザーロ，デイヴィッド　Pizarro, David　336, 361n9
ヒトラー，アドルフ　Hitler, Adolf　92
ピンカー，スティーヴン　Pinker, Steven　63, 111, 179n3, 233n20
ファーガソン，クリス　Ferguson, Chris　63, 83n7, 112
ファルーディ，スーザン　Faludi, Susan　83n3, 161, 181n10, 376, 399n14
フィアシュティン，リサ　Fierstein, Lisa　29-30, 56n10
フィオリーナ，カーリー　Fiorina, Carly　270
フィリプス，ケヴィン　Phillips, Kevin　133
フォスター，カースティ　Foster, Kirstie　166-167
フォスター，クリス　Foster, Chris　166-167, 384
フォスター，ジル　Foster, Jill　166-167
フォーディ，トム　Fordy, Tom　58, 61, 82n2, 113
フックス，ベル　hooks, bell　21, 54n1
ブノワ，クリス　Benoit, Chris　170
ブライソン，スーザン　Brison, Susan　15-16, 18n4, 288n13
ブラウン，ウェンディ　Brown, Wendy　315
ブラウン，シェロッド　Brown, Sherrod　377
ブラウン，マイケル　Brown, Michael　217, 291n24, 298-299, 322n10, n11
プラント，クリス　Plante, Chris　368, 397n7, n8
フリッカー，ミランダ　Fricker, Miranda　18n4, 19n6, 55n7, 85n14, 114n7, 242, 249-250, 252-254, 256, 283, 286n5, n8
フリン，ギリアン　Flynn, Gillian　244-245
フルク，サンドラ　Fluke, Sandra　88-91, 126, 131, 139-140, 145, 153, 157, 185n1
フレンチ，デイヴィッド　French, David　380, 400n19
ベイリー，モヤ　Bailey, Moya　46, 98, 274, 290n20
ヘイルマン，マデリン　Heilman, Madeline　331-333, 343, 360n4, 376, 378, 361n6
ペニー，ローリー　Penny, Laurie　63
ヘニング，リサ　Henning, Lisa　27-31
ペンス，マイク　Pence, Mik　130, 149n16, 355, 362n17, 378
ボーヴォワール，シモーヌ・ド　Beauvoir, Simone de　188-189
ホックシールド，アーリー・ラッセル　Hochschild, Arlie Russell　156, 324n17, 371, 376, 401n1
ポール，デイヴィッド　Paul, David　330, 334, 361n7
ホルツクロー，ダニエル　Holtzclaw, Daniel　48, 265, 274-275, 277-284, 290n21, 387
ポールハウス，ゲイル・Jr　Paulhaus, Gaile Jr.　242, 249, 255-256, 286n6
ボーンスティール，マット　Bonesteel, Matt　280

マ行

マイヤーズ，ダイアナ・ティージェンス　Meyers, Diana Tietjens　300, 322n12
マクドナルド，ヘザー　Mac Donald, Heather　63–66, 108, 112, 174, 179n3, 180n3
マーコット，アマンダ　Marcotte, Amanda　367
マコネル，ミッチ　McConnell, Mitch　377
マッキー，J・L　Mackie, J. L.　155
マッキノン，キャサリン・A　McKinnon, Catharine A.　4, 83n3, 114n7, 188–189, 231n5
マッキノン，レイチェル・V　McKinnon, Rachel V.　23, 48, 55n7, 56n11, 249, 287n8
マッソーニ，ケリー　Massoni, Kelley　348, 356
マニング，ジェイソン　Manning, Jason　294–295, 301–303, 305, 309, 319, 320n2
マルキン，ミシェル　Malkin, Michelle　278
ミルズ，チャールズ・W　Mills, Charles W.　249–255
メガロジェニス，ジョージ　Megalogenis, George　350
メディナ，ホセ　Medina, Jose　55n7, 242, 249, 254–256, 286n8

ラ・ワ行

ライアン，ポール　Ryan, Paul　148n11, 270
ラクスネス，ハルドル　Laxness, Halldor　311–314, 325n22, n23, 326n25
ラッド，ケヴィン　Rudd, Kevin　260, 349
ラドマン，L・A　Rudman, L. A.　333–334, 361n6
リー，ハーパー　Lee, Harper　253
リヴィングストン・スミス，デイヴィッド　Livingstone Smith, David　190–192, 216–218, 220, 235n28, 236n28, 237n35, 238n38
リゴンズ，ジェイニー　Ligons, Jannie　275, 277–278, 283, 322
リニ，レジーナ　Rini, Regina　309–310, 319, 325n19
リンボウ，ラッシュ　Limbaugh, Rush　88–91, 96, 109, 114n1, n2, n3, n5, 126, 130, 139–140, 153–154, 157, 184n1, 366
ルビオ，マルコ　Rubio, Marco　339
レヴィ，プリモ　Levi, Primo　192
レスリー，サラ‐ジェイン　Leslie, Sarah-Jane　374
ロジャー，エリオット　Rodger, Elliot　61–66, 70, 74, 77–78, 81, 83n4, n7, n8, n9, 84n10, n11, 90–92, 96, 108, 111, 126, 130, 151, 154–155, 173–174, 178n2, 179n3, 202, 226–229, 257–258, 278, 384–385
ロード，オードリー　Lorde, Audre　35
ローハン，ティム　Rohan, Tim　281, 291n25
ローレンス，チャールズ III　Lawrence, Charles III　51
ロンソン，ジョン　Ronson, Jon　166–168, 184n15, n16, 384
ワトソン，ロゼッタ　Watson, Rosetta　99

事項索引

ア行

アイラ・ヴィスタ銃乱射事件　Isla Vista killings　13, 46, 61–67, 69, 81, 83n5, 85n12, 110, 174, 179n3, 186, 257, 278

『アウシュヴィッツは終わらない これが人間か』（レヴィ）　*Survival in Auschwitz*　192

悪党　thug　204, 299

悪の凡庸さ　evil, banality of　276

アシッドアタック（バングラデシュにおける）　acid attacks, in Bangladesh　107–108

「与える／受け取る」モデル　give/take model　174–175

『与える木』（シルヴァスタイン）　*Giving Tree, The*　364–365, 381–382

新たな幼稚症　new infatalism　301

『アラバマ物語』（リー）　*To Kill a Mockingbird*　253, 255, 283

怒り　resentment

—と女性および非白人の社会的進歩　and social progress of women and nonwhites　112–113

—と性的モノ化　and sexual objectification　124–125

—と被害者性の申し立て　and claiming victimhood　301

『異邦人』（カミュ）　*Stranger, The*　222–223

移民　immigrants　214, 292n4, 306, 366

インポスター症候群　imposter syndrome　357

ヴェトナム人の母親（の非人間化）　Vietnamese mother, dehumanization of　189, 191, 214–215

右派の女性たち　right-wing women　159–160

裏切り者（または反逆者）　Betrayers (or traitors)　163, 204, 210

英雄的な被害者　heroic victim　300

「＃女はみんなそう」運動　#YesAllWomen　58, 61–68, 80

カ行

階層関係　hierarchical relations　206–207, 249–260, 329–354, 336

概念的プロジェクト　coceptual projects　67, 69

下位の社会階級　subordinate social class

—が直面する構造的障壁　structural barriers facing　307–309

—と証言的不正義　and testimonial injustice　249–260

—と被害者を控えめに演じること　and downplaying victim　300–311

—の人間性の認知　recognition of humanity of　207–210

—の被害者性の強調　emphasizing victimhood of　319

怪物　monsters　51, 174, 218–220, 243, 276, 288n13, 350

改良的プロジェクト　ameliorative projects　34, 60, 68, 96, 121, 146n1, 174

ガスライティング　gaslighting　23, 32–33, 36, 56n11, 310

家庭内殺人者　family annihilators　165–173, 384

彼女の抹消　herasure　242

家父長制　patriarchy

—と証言的不正義　and testimonial injustice　249

—と性差別主義対ミソジニー　and sexism versus misogyny　117–120, 128

—と政治的および社会的現象としてのミソジニー　and misogyny as a political and social phenomenon　59–60

—と生殖にかんする権利　and reproductive rights　130–131

—と被害者性の申し立て　and claiming victimhood　300–304

—とフェミニズムにたいするバックラッシュ　and backlash against feminism　21, 141–145

—とミソジニーの意味　and meaning of

misogyny　71-77, 80
—と「与える／受け取る」ことのジェンダー経済　and gendered economy of giving and taking　151-165
—における社会的諸関係　social relations in　111-112
—におけるミソジニーの役割　misogyny's role in　97-98
—へのミソジニーの依存　misogyny's dependence on　101-102
ミソジニーをとおして下支えされる　upheld through misogyny　34, 51
感情移入　empathy　197, 200-201, 232n16, 325n18　→ヒムパシー　→共感
ドメスティック・バイオレンス　domestic violence　17, 29, 37, 39, 99, 115n10, 281, 291n25, 308, 393n2, 399n15　→パートナー間暴力
記述的プロジェクト　descriptive projects　67, 69, 96, 121
傷つけられた権利意識　aggrieved entitlement　110, 208
規範　norms
—監視取り締まりとしてのミソジニー　misogyny as policing　6
女性による—への抵抗と違反　women's resistance to or violation of　9-12, 76-81, 94-98, 102-103, 111-113, 122-123, 152
—と「与える／受け取る」ことのジェンダー経済　and gendered economy of giving and taking　155-165, 177-176
—と嫌悪によって媒介された社会的拒絶　and social rejection as mediated by disgust　336-337
—とジェンダー化された二重知覚　and gendered split perception　350-355
—と証言的不正義　and testimonial injustic　257-258
—と性差別主義対ミソジニー　and sexism versus misogyny　128
—と被害者性の申し立て　and claiming victimhood　301-304
—に従うこと　conformity to　106-107
非人間化と—への不服従　dehumanization and failed adherence to　221-230
規範執行メカニズム　norm-enforcement mechanism　6-7, 34, 41-42, 72-73, 97-98, 102-103
義務　obligation　152-157　→権利（意識）
帰無仮説　null hypothesis　372, 402n2, n3
客体への態度　objective stance　8, 279-280
キャットコーリング（性的冷やかしの野次）　catcalling　122, 160, 181n8, 375
共感　sympathy　→感情移入　→ヒムパシー
—と階層関係　and hierarchical relations　206-207
—と人間主義における道徳心理学的主張　and moral psychological claim in humanism　196-197, 200
—被害者への　for victims　297, 321n9, 300-307
競争　competition　6, 55n4, 64, 157-158, 164, 200-201, 204-208, 210, 234n25, 273, 287n8, 329
口封じ（沈黙）　silencing　4-7, 40, 278
ケア煽動（または脆弱性の専制政治）　care-mongering (or tyranny of vulnerability)　51, 347-350
ケア労働　care work　6, 44, 73, 112, 140, 156, 183n13, 222, 226, 302, 347, 350, 378, 383
軽蔑語　derogatory terms　217-218, 233
ゲーマーゲート　Gamergate　182n12, 259
嫌悪　disgust
—クリントンにたいする　toward Clinton　338-340
—によって媒介される社会的拒絶　social rejection mediated by　336-339
—の貼り付き　sticking of　341-343
権利（意識）　entitlement　44, 84n10, 90, 139-140, 145, 151-155, 160-161, 164-166, 171, 178, 184n18, 202-203, 208, 210, 222, 225, 263, 302-304, 371, 379, 384-386

行為者的（主体的）女性　agentic women　333-334
交差性　intersectionality　18n4, 34
絞首　strangulation　21-23, 29, 32, 38-39, 54n2, n4, 99, 265n1, 384
恒常性（規範の）　constancy, norms of　164, 176
「公明正大なブルータス」問題　“honorable Brutus” problem　243-244, 262
拷問（としての絞首）　torture, strangulation as　22
声（の甲高さ）　voice, shrillness of　368-369
黒人女性　black women　10, 46, 48, 98-99, 115n11, 209, 274, 279, 290n20, 303, 345　→ミソジノワール
個人間の反応的態度　interpersonal reactive attitudes　91-92, 94, 218, 233n23
子ども　children　8, 18n2, 22, 40, 55n4, 130, 136, 138, 145, 150n1, 163-167, 175, 226-227, 283n21, 247, 273, 283, 290n20, 311, 326n25, 351, 362n13, 364, 374, 381-383, 391n1, 399n13, 400n20
　窒息（対絞首）　choking, versus strangulation　22, 167
　―に教え込まれるジェンダーバイアス　gender bias instilled in　351, 374
ゴールデンボーイズ　golden boys　262-263, 285n1　→良いやつら
『ゴーン・ガール』（フリン）　*Gone Girl*　244, 259

サ行

サイコパス　psychopaths　64, 232n17, 243, 263
脆弱性（被傷性）　vulnerability/vulnerabilities　34-35, 41, 51, 99, 111, 140, 227, 258, 306, 326n26, 337, 349, 366
殺人　murder　4, 39, 63-34, 85n12, 134, 136-137, 164, 166-171, 175, 179n3, 183n13, 184n14, n16, n17, 196, 225, 242-249, 260-261, 265, 285n1, 299, 321n9, 341, 353, 384, 391n2　→家庭内殺人者　→ジェノサイド
簒奪者　usurpers　352, 360n1, 386
ジェノサイド　genocide　188, 198, 217, 233n24, 320n1
ジェンダー化された二重知覚　gendered split perception　347, 350-355
ジェンダー二分法　gender binarism　399n13
ジェンダーバイアス　gender bias　143, 158, 164, 329-336, 342, 347, 351, 355, 363n18, 368, 396n7, 397n8
ジェンダー分業（にもとづく社会的役割）　gender assignment, social roles based on　374-376
ジェンダー役割への服従　gender conformity　301-303　→規範執行メカニズム
自殺　suicide　166, 170, 184n16, 220, 260, 320n2
シタデル軍事大学　Citadel　161, 181n10, 376
嫉妬　jealousy　6, 107, 156, 179n3, 218, 258, 301, 306
『自分だけの部屋』（ウルフ）　*Room of One's Own, A*　3, 9
ジム（『ハックルベリー・フィンの冒険』の登場人物）　Jim　192-193, 211-214, 236n33
社会的拒絶（嫌悪に媒介された）　social rejection, mediated by disgust　336-338
社会的進歩　social progress　4, 68, 159, 198
社会的に状況づけられたモデル　socially situated model　203-210, 216-217
社会的役割　social roles
　女性による―への抵抗と違反　women's resistance to or violation of　9-12, 76-81, 94-98, 102-103, 111-113, 122-123, 152
　性別／ジェンダーにもとづき振り分けられる　divided on basis of sex/gender assignments　374
　―と証言的不正義　and testimonial injustice　258-259
　―と性差別主義対ミソジニー　and sexism versus misogyny　128
　―と被害者性の申し立て　and claiming victimhood　300-302
　―に従うこと　conformity to　106-107
　非人間化と―にたいする非服従

dehumanization and failed adherence to 221–230
証言的窒息　testimonial smothering　21–23, 40　→口封じ
証言的不正義　testimonial injustice　256–258, 281–284
「女性恐怖症」“gynophobia”　102
女性政治家　female politicians　114n4, 144, 336, 342, 357
女性にコード化された労働　feminine-coded work　73, 121, 123, 155–156, 161–163, 175–177, 281, 335, 374, 377　→「与える／受け取る」モデル
女性の財　women's goods　155–157, 302, 306, 347–350, 383–388
自律（性的モノ化をとおして否定された） autonomy, denied through sexual objectification　124–125
　―と人間主義　and humanism　195–202
　―「悪い」女性　“bad” women　78, 106, 119, 160, 257, 343, 348
人工妊娠中絶／堕胎　abortion　91, 121, 130–141, 148n8, n9, n10, 149n15, n19, 150n2, n3, 183n13, 281, 324, 378, 380
人種差別主義　racism　111, 172, 176, 186, 189–190, 211, 215, 236n33, 254, 299, 366, 369, 371　→ミソジノワール
真正性（の規範）　genuineness, norms of　164, 176　→「偽物」
信頼性の欠損　credibility deficits　251–253
「衰退するアメリカ」“America in Decline” 334–333
スケープゴート　scapegoat　142, 154–155　→代理標的
ステレオタイプ　stereotypes　108, 119, 135, 142–143, 252–254, 282–283, 286n5
スペイン内戦　Spanish Civil War　196
スマックダウン（お仕置き）　smackdown 126–131
成功した女性（へのペナルティ）　succussful women, penalization　343–347
性差別主義（対ミソジニー）　sexism, versus misogyny　43, 70, 117–124, 128–129
生殖にかんする権利　reproductive rights 130–133, 149n14　→人工妊娠中絶　→避妊
性的差異の自然化　naturalization of sex differences　118
性的独我論　sexual solipsism　82n3, 188
性的暴行　sexual assault　4, 18n4, 36, 100, 127, 179n3, 260–263, 266, 271, 274, 278–279, 287n10, 288n12, n13, 308, 317, 325n21, 346　→レイプ
性的欲求　sexual desire　63, 77, 247
性別（にもとづく社会的役割）　sex assignments, social roles based on　374–376
善意　good will　9, 11, 44, 95, 176, 313
全米家族計画連盟　Planned Parenthood　134, 148n11
ソビエト兵　Soviet soldiers　220, 238n40

タ行

大学教授（にたいするジェンダーバイアス） professors, gendered bias toward　356, 362n12
退去　eviction　303
「胎児痛覚」法　“fetal pain” law　134
大量残虐行為　mass atrocities　218, 188, 198, 217–218, 221, 234n24
大量レイプ　mass rape　192, 198, 218–221
他者との同一化　identification with others
　―と階層関係　and hierarchical relations 206–207
　―と人間主義における道徳心理学的主張　and moral psychological claim in humanism 194–195
堕胎罪　feticide　134
男性にコード化された特典や特権　masculine-coded perks and privileges　158–165, 176, 301–303
男性の免責　exoneration of men　242–244
　―テレビ版『ファーゴ』における　in *Fargo* TV adaptation　245–248

—とヒムパシー　and himpathy　259–268
—とフリンの『ゴーン・ガール』　and Flynn's *Gone Girl*　244–245
—とミソジノワール　and misogynoir　274–284
—と証言的不正義　and testemonial injustice　249–260
「小さなロボット女」(『異邦人』の登場人物)　"little robot woman"　222–225, 386
『恥辱』(クッツェー)　*disgrace*　25, 375
忠誠　loyalty
—の諸規範　norms of　164, 177
—有力な白人男性にたいする　to powerful white men　345–346, 371
抵抗（の行為として被害者を演じること）　protest/resistence, playing victim as act of　315
ディープストーリー　deep story　324n17, 402n1
敵　enemies　60, 200–201, 205–207, 210, 214, 234n25
敵意　hotility　34, 39, 41–44, 46, 59–60, 63, 70, 73–77, 91, 93–95, 98, 102–106, 110, 112, 119–120, 123, 129–130, 143, 173, 175, 178, 207, 219, 225, 257–258, 281, 295, 303, 307, 316, 329, 336, 348, 385, 400n19
ドイツ人女性（ソビエト兵によるレイプ）　German women, Soviet rape of　218–220
テキサス州　Texas　134
動機についてのヒューム的理論　Humean theory of motivation　196
同情　compassion
—と階層関係　and hierarchical relations　206–207
—と人間主義における道徳心理学的主張　and moral psychological claim in humanism　195–198
道徳的援助関係　moral support relations　5–6　→「与える／受け取る」モデル
道徳的ナラティヴ（被害者文化における）　moral narratives, in victim culture　140, 195, 296–300
道徳的配慮の環　circle of concern　208
動物（人間対非人間を表す用語）　animals, terminology for human versus nonhuman　102, 187, 191, 205, 217–218, 232n14, 383
『独立の民』(ラクスネス)　*Independent People*　311–316
トランスジェンダーにたいするミソジニー　transmisogyny　47–48
奴隷／奴隷制　slaves/slavery　191–192, 211–213, 237n37

ナ行

内面化されたミソジニー　internalized misogyny　199
仲間意識　fellow feeling　191, 197
ナラティヴ（男性優位の，およびコントロール掌握の）　narattive, male dominance and seizing control of　27–32
二重基準　double standards　113, 153, 331, 350–351, 367, 379, 398n9
「偽物」　"fake"　328, 355–356　→真正性の規範
人間性の認知　recognition of humanity　12, 45, 178, 196, 229
人間主義　humanism
—と非人間化　and dehumanization　187–192
—とミソジニーの心理学的源泉　and psychological source of misogyny　45
—にまつわる問題　trouble with　198–202
—人間主義的思考の記述　description of humanist thought　188–194
—の中心的主張の明確化　clarificationof key claims of　194–198
人間主義における概念的・知覚的主張　conceptual-cum-perceptual claim in humanism　194–195, 197, 200–201
人間主義における歴史的主張　historical claim in humanism　198, 201–202
人間性（の認知）　humanity, recognition of　203–208, 210–224
人間的存在／人間的与える者　human being/giver distinction　12, 45, 383–384　→「与え

る／受け取る」モデル　→女性にコード化された労働　→女性の財
妊産婦死亡率　maternal mortality　134, 148n12
妊娠　pregnancy　104, 134, 136–137, 150n2, 245, 378　→人工妊娠中絶　→避妊
妊娠中絶反対運動　anti-abortion movement　131–132, 136, 140, 281
能力（と証言的不正義）　competence, and testimonial injustice　250–251, 254

ハ行
売春婦（レイプ被害者としての）　prostitutes, as rape victims　88–89, 140, 277
白人女性　white women　4, 10, 35–36, 48, 115n11, 139, 208, 253, 255–256, 259, 269, 279, 284, 303, 335, 342–346, 366, 369, 371, 387
恥（恥辱）　shame　165–173, 247, 370–371, 385
パトス的被害者　pathetic victim　300
パートナー間暴力　intimate partner violence　4, 17, 22, 80
バングラデシュ　Bangladesh　107–108
反応的態度　reactive attitudes　8, 91–92, 94, 158, 175, 199, 218, 233n23, 297
反ユダヤ主義　anti-Semitism　80, 86n18, 92, 238n40, 370
被害者　victim
　—の諸類型　types of　300
　—の定義　defining　296–300
　—を控えめに演じる　downplaying　300–311
被害者非難　victim-blaming　257, 265, 273, 281, 299, 304, 307
被害者文化　victim culture　148n6, 178, 273, 293–296, 319, 388
非帰無仮説　non-null hypothesis　372–374
庇護的法律　coverture law　226
避妊　birth control/contraception　88–89, 139, 153, 184n1, 386
非人間化（人間性の剝奪）　dehumanization　19n5, 187, 191–192, 194, 204, 209, 216–221, 224–227, 229, 239n1
非人間化する言説　dehumanizing speech　216–217, 219, 233n21, 237n35, n36
ヒムパシー　himpathy　18, 128, 177, 260–268, 273, 300, 321n8, 346, 387
フェミニスト（ミソジニーの標的としての）　feminists, as targets of misogyny　64–65, 78
ファーガソン（ミズーリ州）　Feguson, Missouri　278, 298, 322n11
『ファーゴ』（テレビ版）　*Fargo* (TV adaptation)　245–248
夫婦間レイプ　marital rape　24–25
フェミニズム　feminism
　—にたいするバックラッシュ　backlash against　21, 48, 83n3, 131, 141–145, 237n34, 334, 367
　—についての学術的研究　scholarship on　7–8
服従，隷属　subordination　→下位の社会階級　→規範執行メカニズム
　家父長制文化における　in patriarchical culture　71–73
　従うこと　conformity to　106–107
　女性による—への抵抗と違反　women's resistance to and violation of　9–12, 76–81, 94–98, 102–103, 111–113, 122–123, 152
　—と「与える／受け取る」ことのジェンダー経済　and gendered economy of giving and taking　155–165, 176
　—と機能的および関係的用語による女性の役割割り当て　and casting of women in functional and relational terms　91
　—とジェンダー化された二重知覚　and gendered split perception　347, 350–355
　—と証言的不正義　and testimonial injustice　256–258
　—と性差別主義対ミソジニー　and sexism versus misogyny　128
　—と被害者性の申し立て　and claiming victimhood　300–302
　非人間化と—への非服従　dehumanizaiton and failed adherence to　221–230
復讐（の非人間化および行為）　revenge, dehumanization and act of　222, 225–230

ブラック・ライヴズ・マター　Black Lives Matter　291, 303-304, 323n16
分業　division of labor　108, 118, 155
分析的プロジェクト　analytical projects　60, 68, 85n13
ヘイトスピーチ　hate speech　233n21, 217-218
ベンガジ事件　Benghazi　316, 340
ポルノグラフィ　pornography　125, 188-189, 215-216, 231n5, 237n34
ホロコースト　Holocaust　192

マ行

マイクロアグレッション　micoraggression　294-295, 309-310, 320n2, n4, 325
マクオーリー英語辞典　Macquarie Dictionary　122-123, 147n4
抹消　erasure　53, 98, 115n11, 130-138, 192, 265, 279, 281　→彼女の抹消
マンスプレイニング　mansplaining　6, 17, 53, 63, 184n18, 229, 281, 376, 387
ミソジニー　misogyny
　内側からの理解　understanding, from inside　51
　自己隠蔽的現象としての　as self-masking phenomenon　12
　システム的なものとしての　as sytemic　106-107, 281-282
　女性を選別的に標的とするものとしての　as selective targetting of women　77-81, 91-92
　政治的および社会的現象としての　as political and social phenomenon　60, 174
　潜在的　as latent　105-106
　造語　coining of term　75
　—対性差別主義　versus sexism　43, 70, 117-123, 128-129
　—とクリントンの大統領選敗北　and Clinton's electoral loss　329, 366-368, 378-379
　—と権利意識　and entitlement　151-155
　—と証言的不正義　and testimonial injustice　249-260
　—と性的モノ化　and sexual objectification　124-126
　—との対決　fighting　52
　—と連関する人種差別主義　racism connected with　130, 366
　内面化された　internalized　199
　—における反応的態度　reactive attitudes in　7-9
　—についての「素朴理解」　naïve conception of　40-41, 59-60, 69-76, 120-121
　—によって下支えされる家父長制　patriarchy upheld through　34, 51-52
　—の表われ　manifestations of　374-380
　—の意味　meaning of　58-59
　—の意味，用法，指示対象についての議論　discussing meaning, use, and reference of　67-76
　—の影響力　impact of　34-35
　—の家父長制への依存　dependence of, on patriarchy　101-102
　—の危険　danger of　365-366
　—の機能　function of　41-42
　—の原因　causes of　94-95
　—の定義のアップデート　updating definition of　122-123
　—の道徳的特徴　moral characteristics of　107-108
　—の認識論　epistemology of　104-105
　—のパターン　patterns of　4
　—の凡庸さ　banality of　276
　—の理解にたいする人間主義的アプローチ　humanist approach to understanding　44-45
　恥の感覚にもとづくものとしての　as shame-based　370-371
　被害者観点からの概念化　cocepualizing, from victim's view　92-94
　フェミニズムにたいするバックラッシュとしての　as backlash against feminism　141-145
　フェミニズム的用法　feminist usage of term　120-121, 174, 257-258
　文化的伝播　cultural transmission　112
　ミソジニストを伴うもしくは伴わない場合の存

在　existence of, with or without misogynists　108–110
—を理解するための改良的提案　ameliorative proposal for understanding　96–101, 117–120
ミソジニスト　mysogynist(s)
—の諸類型　types of　126–127
—を伴うもしくは伴わないミソジニーの存在　existence of misogyny with or without 108–110
相対的，閾概念としての　as comparative, threshold concept　100–101
ミソジニー的敵意　misogynist hostility　60, 102–103, 112, 178, 295
家庭内殺人者　family annihilators　165–173, 184n16, n17, 384
—とパートナー間暴力　and intimate partner violence　164
—とミソジニーのパターン　and patterns of misogyny　4
—の原因　causes of　10–11, 111–113,
—の諸相　varieties of　102–103
バングラデシュにおける　in Bangladesh 107–108
抑止としての　as deterrent　122–123
ミソジニーの「素朴理解」　naïve conception of misogyny　40–44, 59, 69–71, 74–75, 87n3, 94, 98, 110, 120
ミソジニー理解についての改良的提案　ameliorative proposal for understanding misogyny　69, 96, 117, 120
ミソジノワール　misogynoir　46, 48, 98–100, 209, 265, 274, 279, 290n20, 387
ミレニアル世代　millenials　294, 335, 357, 361n6
無知　ignorance　23, 255–256
無知の認識論　epistemology of ignorance　255
妄想　delusion　64, 66, 81, 89, 110, 168, 181n9, 209–210, 229, 282
モノ化　objectification　4, 7, 18n4, 82n3, 84n10, 114n6, 124–126, 147n5, 189, 383

ヤ・ラ行

『屋根裏の明かり』（シルヴァスタイン）　*Light in the Attic, The*　381
友情（と人間性の認知）　friendship, and recognition of humanity　211–214
有毒な男性性　toxic masuculinity　13–14, 128
良いやつら　good guys　244, 285n1　→ゴールデンボーイズ
ライバル　rivals　47, 143, 153, 316, 329, 334, 350, 360n1, 387
『リプリー』　*Talented Mr. Ripley*　250
略奪者　looter　204
流産　miscarriage　134–135, 149n16, 378
ルサンチマン　resentment　125, 147n5, 315, 326n24
レイプ　rape　20n4, 24–25, 32, 84n10, 136–138, 149n16, 177, 179n3, 183n12, 188, 192, 198, 218, 220–221, 238n38, 253, 260–265, 268–269, 275–277, 280–281, 288n12, n13, 308, 318, 370, 375–376, 378, 387, 397n9　→性的暴行
列への割り込み　line-cutting　306, 324n17
「レディー・ファースト」（シルヴァスタイン）　“Ladies First”　381–382, 400n20
連帯　solidarity　156, 156, 219, 310, 319, 343
憐憫　pity　64, 227, 290n22
労働分業　labor, division of　108, 155
ロシア人　Russians　219
ロッカールームトーク　locker room talk　24, 268–274

文献一覧

Abramson, Jill. 2016. "This May Shock You: Hillary Clinton is Fundamentally Honest." *The Guardian*, March 28. https://www. theguardian.com/commentisfree/2016/mar/28/hillary-clinton-honest-transparency-jill-abramson.

Abramson, Kate. 2014. "Turning Up the Lights on Gaslighting." *Philosophical Perspectives* 28, no. 1: 1–30.

Alcoff, Linda Martín. 1991–92. "The Problem of Speaking for Others." *Cultural Critique* 20（Winter）: 5–32.

―― . 2009. "Discourses of Sexual Violence in a Global Framework." *Philosophical Topics* 37, no. 2: 123–39.

Aly, Götz. 2014. *Why the Germans? Why the Jews?: Envy, Race Hatred, and the Prehistory of the Holocaust.* New York: Metropolitan Books.

Anderson, Kristin J. 2014. *Modern Misogyny.* New York: Oxford University Press.

Anscombe, G. E. M. 1957. *Intention.* Oxford: Basil Blackwell.（G・E・M・アンスコム『インテンション――実践知の考察』菅豊彦訳、産業図書、1984年）

Appiah, Kwame Anthony. 2006. *Cosmopolitanism: Ethics in a World of Strangers.* New York: W. W. Norton.

――. 2008. *Experiments in Ethics.* Cambridge, MA: Harvard University Press.

Archer, John. 2000. "Sex Differences in Physically Aggressive Acts between Heterosexual Partners: A Meta-Analytic Review." *Psychological Bulletin* 126, no. 5: 651–80.

Arendt, Hannah. 1963. *Eichmann in Jerusalem.* London: Penguin.（ハンナ・アーレント『イェルサレムのアイヒマン――悪の陳腐さについての報告（新版）』大久保和郎訳、みすず書房、1969年）

Arpaly, Nomy. 2003. *Unprincipled Virtue: An Inquiry into Moral Agency.* Oxford: Oxford University Press.

――. 2011. "Open-Mindedness as a Moral Virtue." *American Philosophical Quarterly* 48, no. 1: 75–85.

Ashwell, Lauren. 2016. "Gendered Slurs." *Social Theory and Practice* 42, no. 2: 228–39.

Bailey, Moya. 2014. "More on the Origin of Misogynoir," *Tumblr*, April 27, http://moyazb.tumblr.com/post/84048113369/more-on-the-origin-of-misogynoir.

Bandyopadhyay, Mridula, and M. R. Khan. 2013. "Loss of Face: Violence against Women in South Asia." In *Violence against Women in Asian Societies*, edited by Lenore Manderson and Linda Rae Bennett, 61–75. London: Routledge.

Baragona, Justin. 2016. "'Corey, You're Being a Horrible Person': Van Jones and Lewandowski Battle Over Hillary's No Show," *Mediaite*, November 9. http://www.mediaite.com/online/corey-youre-being-a-horrible-person-van-jones-and-lewandowski-battle-over-hillarys-no-show/.

Barnes, Elizabeth. 2016. *The Minority Body.* New York: Oxford University Press.

Bauer, Nancy. 2015. *How to Do Things with Pornography.* Cambridge, MA: Harvard University Press.

Beeghly, Erin. 2015. "What Is a Stereotype? What Is Stereotyping?" *Hypatia* 30, no. 4: 675–91.

Beevor, Antony. 2003. *The Fall of Berlin 1945.* New York: Penguin Books.（アントニー・ビーヴァー『ベルリン陥落1945』川上洸訳、白水社、2004年）

Bennett, Jonathan. 1974. "The Conscience of Huckleberry Finn." *Philosophy* 49, no. 188: 123–34.

Bergoffen, Debra. 2011. *Contesting the Politics of Genocidal Rape: Affirming the Dignity of the Vulnerable Body*. London: Routledge.

Bettcher, Talia Mae. 2007. "Evil Deceivers and Make-Believers: On Transphobic Violence and the Politics of Illusion." *Hypatia* 22, no. 3: 43–65.

——. 2012. "Full-Frontal Morality: The Naked Truth about Gender." *Hypatia* 27, no. 2: 319–37.

——. 2013. "Trans Women and the Meaning of 'Woman.'" In *The Philosophy of Sex*, edited by Nicholas Power, Raja Halwani, and Alan Soble, 233–49. Lanham, MD: Rowman & Littlefield.

——. 2014. "Trapped in the Wrong Theory: Re-thinking Trans Oppression and Resistance." *Signs* 39, no. 2: 383–406.

Bian, Lin, Sarah-Jane Leslie, and Andrei Cimpian. 2017. "Gender Stereotypes about Intellectual Ability Emerge Early and Influence Children's Interests." *Science* 355, no. 6323: 389–91.

Bloom, Paul. 2016. *Against Empathy: The Case for Rational Compassion*. New York: Ecco.（ポール・ブルーム『反共感論――社会はいかに判断を誤るか』高橋洋訳、白揚社、2018年）

Bordo, Susan. 1993. *Unbearable Weight*. Berkeley: University of California Press.

Bornstein, Kate. 1994. *Gender Outlaw: On Men, Women, and the Rest of Us*. New York: Routledge.

Braungart-Rieker, J., S. Courtney, and M. M. Garwood. 1999. "Mother-and Father-Infant Attachment: Families in Context." *Journal of Family Psychology* 13: 535–53.

Brison, Susan, J. 2002. *Aftermath: Violence and the Remaking of a Self*. Princeton, NJ: Princeton University Press.

——. 2006. "Contentious Freedom: Sex Work and Social Construction." *Hypatia* 21, no. 4: 192–200.

——. 2008. "Everyday Atrocities and Ordinary Miracles, or Why I (still) Bear Witness to Sexual Violence (but Not Too Often)." *Women's Studies Quarterly* 36, no. 1: 188–98.

——. 2014. "Why I Spoke Out about One Rape but Stayed Silent about Another." *Time*, December 1, http://time.com/3612283/why-i-spoke-out-about-one-rape-but-stayed-silent-about-another/.

——. 2016. "Forum Response to 'The Logic of Misogyny.'" *The Boston Review*, July 11. http://bostonreview.net/forum/logic-misogyny/susan-j-brison-susan-j-brison-responds-kate-manne.

Brooks, David. 2016. "The Sexual Politics of 2016." *New York Times*, March 29. https://www.nytimes.com/2016/03/29/opinion/the-sexual-politics-of-2016.html.

Brown, Wendy. 1995. *States of Injury: Power and Freedom in Late Modernity*. Princeton, NJ: Princeton University Press.

Burgess, Alexis, and David Plunkett. 2013. "Conceptual Ethics I and II." *Philosophy Compass* 8, no. 12: 1091–110.

Butler, Judith. 1990. *Gender Trouble: Feminism and the Subversion of Identity*. New York: Routledge.（ジュディス・バトラー『ジェンダー・トラブル――フェミニズムとアイデンティティの攪乱（新装版）』竹村和子訳、青土社、2018年）

——. 2015. *Senses of the Subject*. New York: Fordham University Press.

——. 2016. *Vulnerability in Resistance*. Durham, NC: Duke University Press.

Cahill, Ann J. 2001. *Rethinking Rape*. Ithaca, NY: Cornell University Press.

Calhoun, Cheshire. 2004. "An Apology for Moral Shame." *Journal of Political Philosophy* 12, no. 2: 127–46.

Calvin, John. 1999. *Calvin' s Commentaries*. Edinburgh; repr. Grand Rapids, MI: Baker.

Campbell, Bradley, and Jason Manning. 2014. "Micro-Aggression and Moral Cultures." *Comparative Sociology* 13, no. 6: 692–726.

Camus, Albert. 1946. *The Stranger*. Translated by Stuart Gilbert. New York: Alfred A. Knopf. Originally published (in French) in 1942.（アルベール・カミュ『異邦人』窪田啓作訳、新潮文庫、1963年）

Card, Claudia. 2002. *The Atrocity Paradigm: A Theory of Evil*. New York: Oxford University Press.

——. 2010. *Confronting Evils: Terrorism, Torture, Genocide*. Cambridge: Cambridge University Press.

Cherry, Myisha. 2014. "What Is So Bad about Being Good?" *Huffington Post*, June 9. http://www.huffingtonpost.com/myisha-cherry/what-is-so-bad-about-being-good_ b_ 5460564.html.

Chu, Arthur. 2014. "Your Princess Is in Another Castle: Misogyny, Entitlement, and Nerds." *Daily Beast*, May 27. http://www.thedailybeast.com/articles/2014/05/27/your-princess-is-in-another-castle-misogyny-entitlement-and-nerds.html.

Coetzee, J.M. 1999. *Disgrace*. New York: Penguin.（J・M・クッツェー『恥辱』鴻巣友季子訳、早川書房、2000年）

Cole, Alyson M. 2006. *The Cult of True Victimhood*. Stanford, CA: Stanford University Press.

Craven, Peter. 2010. "Failing to Communicate the Campaign." *ABC News*, August 5, updated September 28. http://www.abc.net.au/news/2010-08-06/35762.

Crenshaw, Kimberlé W. 1991. "Mapping the Margins: Intersectionality, Identity Politics, and Violence Against Women of Color." *Stanford Law Review* 43: 1241–99.

——. 1993. "Beyond Race and Misogyny: Black Feminism and 2 Live Crew." In *Words That Wound*, edited by Mari J. Matsuda, Charles Lawrence III, Richard Delgado, and Kimberlé Williams Crenshaw, 111–132. Boulder: Westview Press.

——. 1997. "Intersectionality and Identity Politics: Learning from Violence against Women of Color." In *Reconstructing Political Theory: Feminist Perspectives*, edited by Mary Lyndon Shanley and Uma Narayan, 178–93. University Park: Pennsylvania State University Press.

——. 2012. "From Private Violence to Mass Incarceration: Thinking Intersectionally about Women, Race, and Social Control." *UCLA Law Review* 59: 1418–72.

Crenshaw, Kimberlé W., Julia Sharpe-Levine, and Janine Jackson. 2016. "16 Social Justice Leaders Respond to the 2016 Election." *African American Policy Forum*. November.

Cudd, Ann E. 1990. "Enforced Pregnancy, Rape, and the Image of Woman." *Philosophical Studies* 60, no. 1: 47–59.

——. 2006. *Analyzing Oppression*. New York: Oxford University Press.

Darcy, Oliver. 2015. "The 'F***ing Disgusting' Consequence Trump Lawyer Threatened Liberal News Site With for 'Rape' Story." *The Blaze*, July 27. http://www.theblaze.com/stories/2015/07/27/the-fing-disgusting-consequence-trump-lawyer-threatened-liberal-news-site-with-for-rape-story/.

Darwall, Stephen. 2006. *The Second-Person Standpoint: Morality, Respect, and Accountability*. Cambridge, MA: Harvard University Press.（スティーヴン・ダーウォル『二人称的観点の倫理学——道徳・尊敬・責任（叢書・ウニベルシタス）』会澤久仁子訳、法政大学出版局、2017年）

——. 2013. *Honor, History, and Relationship: Essays in Second-Personal Ethics II*. Oxford: Oxford

University Press.

Davis, Angela. 2003. *Are Prisons Obsolete?* New York: Seven Stories Press.（アンジェラ・デイヴィス『監獄ビジネス――グローバリズムと産獄複合体』上杉忍訳、岩波書店、2008年）

Daum, Meghan. 2014. "Misogyny and the Co-opting of the Isla Vista Tragedy." *Los Angeles Times*, June 4. http://www.latimes.com/opinion/op-ed/la-oe-daum-misogyny-isla-vista-20140605-column.html.

Dembroff, Robin A. 2016. "What Is Sexual Orientation?" *Philosophers' Imprint* 16, no. 3: 1–27. https://quod.lib.umich.edu/cgi/p/pod/dod-idx/what-is-sexual-orientation.pdf?c=phimp;idno=3521354.0016.003.

Desmond, Matthew. 2016. *Evicted: Poverty and Profit in the American City*. New York: Crown.

Diamond, Cora. 1978. "Eating Meat and Eating People." *Philosophy* 53, no. 206: 465–79.

Digby, Tom. 2003. "Male Trouble." *Social Theory and Practice* 29, no. 2: 247–73.

――. 2014. *Love and War: How Militarism Shapes Sexuality and Romance*. New York: Columbia University Press.

Dotson, Kristie. 2011. "Tracking Epistemic Violence, Tracking Practices of Silencing." *Hypatia* 26, no. 2: 236–57.

――. 2012. "A Cautionary Tale: On Limiting Epistemic Oppression." *Frontiers* 33, no. 1: 24–47.

――. 2014. "Conceptualizing Epistemic Oppression." *Social Epistemology* 28, no. 2: 115–38.

――. 2016. "Word to the Wise: Notes on a Black Feminist Metaphilosophy of Race." *Philosophy Compass* 11, no. 2: 69–74.

Dotson, Kristie, and Marita Gilbert. 2014. "Curious Disappearances: Affectability Imbalances and Process-Based Invisibility." *Hypatia* 29, no. 4: 873–88.

Du Toit, Louise. 2009. *A Philosophical Investigation of Rape: The Making and Unmaking of the Feminine Self*. New York: Routledge.

Dworkin, Andrea. 1976. *Woman Hating: A Radical Look at Sexuality*. New York: Dutton.

――. 1988. *Right-Wing Women: The Politics of Domesticated Females*. London: Women's Press.

Elon, Amos. 2013. *The Pity of It All: A Portrait of the German-Jewish Epoch, 1743–1933*. New York: Picador. Originally published in 2003.（アモス・エロン『ドイツに生きたユダヤ人の歴史――フリードリヒ大王の時代からナチズム勃興まで』滝川義人訳、明石書店、2013年）

Erikson, Erik H. 1963. *Youth: Change and Challenge*. New York: Basic Books.（E・H・エリクソン『青年の挑戦』栗原彬監訳、北望社、1971年）

Exley, Christine, Muriel Niederle, and Lise Vesterlund. 2016. "New Research: Women Who Don't Negotiate Might Have a Good Reason." *Harvard Business Review*, April 12. https://hbr.org/2016/04/women-who-dont-negotiate-their-salaries-might-have-a-good-reason.

Faludi, Susan. 2000. *Stiffed: The Betrayal of Modern Man*. London: Vintage.

――. 2006. *Backlash: The Undeclared War against American Women*. New York: Three Rivers Press. Originally published in 1991.（スーザン・ファルーディ『バックラッシュ――逆襲される女たち』伊藤由紀子・加藤真樹子訳、新潮社、1994年）

Fenske, Sarah. 2016. "Andrew Puzder, Trump's Pick for Labor Department, Was Accused of Abusing Wife." *Riverfront Times*, December 8. http://www.riverfronttimes.com/newsblog/2016/12/08/andrew-puzder-trump-pick-for-labor-department-was-accused-of-abusing-wife.

Ferguson, Chris. 2014. "Misogyny Didn't Turn Elliot Rodger into a Killer." *Time*, May 25. http://time.com/114354/elliot-rodger-ucsb-misogyny/.

Floridi, Luciano. 2011. "A Defence of Constructionism: Philosophy as Conceptual Engineering." *Metaphilosophy* 42, no. 3: 282–304.

Flynn, Gillian. 2012. *Gone Girl*. New York: Crown.（ギリアン・フリン『ゴーン・ガール』上下、中谷友紀子訳、小学館文庫、2013年）

Fricker, Miranda. 1999. "Epistemic Oppression and Epistemic Privilege." *Canadian Journal of Philosophy* 29 (Supplement): 191–210.

——. 2007. *Epistemic Injustice*. Oxford: Oxford University Press.

Friedan, Betty. 1963. *The Feminine Mystique*. New York: W. W. Norton.（ベティ・フリーダン『新しい女性の創造』三浦富美子訳、大和書房、1986年）

Frost, Amber A'Lee. 2016. "Forum Response to 'The Logic of Misogyny.'" *The Boston Review*, July 11. http://bostonreview.net/forum/logic-misogyny/amber-alee-frost-amber-alee-frost-responds-kate-manne.

Frye, Marilyn. 1983. *The Politics of Reality: Essays in Feminist Theory*. Berkeley, CA: Crossing Press.

——. 1996. "The Necessity of Differences: Constructing a Positive Category of Women." *Signs* 21, vol. 3: 991–1010.

Gaita, Raimond. 1998. *A Common Humanity: Thinking about Love and Truth and Justice*. New York: Routledge.

Garcia, J. L. A. 1996. "The Heart of Racism." *Journal of Social Philosophy* 27, no. 1: 5–46.

Gillard, Julia. 2014. *My Story*. Vintage Books.

Glick, Peter, and Susan T. Fiske. 1997. "Hostile and Benevolent Sexism." *Psychology of Women Quarterly* 21: 119–35.

——. 2001. "An Ambivalent Alliance: Hostile and Benevolent Sexism as Complementary Justifications for Gender Inequality." *American Psychologist* 56, no. 2: 109–18.

Goffman, Alice. 2014. *On the Run: Fugitive Life in an American City*. New York: Picador.

Gold, Hadas, and John Bresnahan. 2016. "Trump Campaign CEO Once Charged in Domestic Violence Case." *Politico*, August 25. http://www.politico.com/story/2016/08/steve-bannon-domestic-violence-case-police-report-227432.

Gopnik, Adam. 2006. "Headless Horsemen: The Reign of Terror Revisited." *The New Yorker*, June 5. http://www.newyorker.com/magazine/2006/06/05/headless-horseman.

Gornick, Vivian. 2016. "Forum Response to 'The Logic of Misogyny.'" *The Boston Review*, July 11. http://bostonreview.net/forum/logic-misogyny/vivian-gornick-vivian-gornick-responds-kate-manne.

Grant, Rebecca. 2016. "The Latest Anti-Abortion Trend? Mandatory Funerals for Fetuses." *The Nation*, October 11. https://www.thenation.com/article/the-latest-anti-abortion-trend-mandatory-funerals-for-fetuses/.

Greenhouse, Linda, and Reva B. Siegel. 2010. *Before Roe v. Wade : Voices That Shaped the Abortion Debate before the Supreme Court's Ruling*. New York: Kaplan Pub.

Halley, Janet. 2015. "Trading the Megaphone for the Gavel in Title IX Enforcement: Backing Off the Hype in Title IX Enforcement." *Harvard Law Review* 128, no. 4: 103–17.

Haslanger, Sally. 2000. "Gender and Race: (What) Are They? (What) Do We Want Them to Be?" *Noûs* 34, no. 1: 31–55.

——. 2012. *Resisting Reality*. New York: Oxford University Press.

——. 2016. "Epistemic Housekeeping and the Philosophical Canon: A Reflection on Jane Addams' 'Women and Public Housekeeping.'" In *Ten Neglected Classics of Philosophy*, edited by Eric Schliesser, 148–76. New York: Oxford University Press.

Hay, Carol. 2013. *Kantianism, Liberalism, and Feminism: Resisting Oppression*. New York: Palgrave-Macmillan.

Hedgepeth, Sonja M., and Rochelle G. Saidel, eds. 2010. *Sexual Violence against Jewish Women during the Holocaust*. Lebanon, NH: Brandeis University Press.

Heilman, Madeline E., Aaron S. Wallen, Daniella Fuchs, and Melinda M. Tamkins. 2004. "Penalties for Success: Reactions to Women who Succeed at Male Tasks." *Journal of Applied Psychology* 89, no. 3: 416–27.

Heilman, Madeline E., and Tyler G. Okimoto. 2007. "Why Are Women Penalized for Success at Male Tasks?: The Implied Communality Deficit." *Journal of Applied Psychology* 92, no. 1: 81–92.

Held, Virginia. 1987. "Feminism and Moral Theory." In *Women and Moral Theory*, edited by Eva Feder Kittay and Diana Tietjens Meyers, 111–28. Totowa, NJ: Rowman & Littlefield.

——. 2006. *The Ethics of Care*. Oxford: Oxford University Press.

Henwood, Doug. 2016. "Forum Response to 'The Logic of Misogyny.'" *The Boston Review*, July 11. http://bostonreview.net/forum/logic-misogyny/doug-henwood-doug-henwood-responds-kate-manne.

Hester, Mariane. 2013. "Who Does What to Whom? Gender and Domestic Violence Perpetrators in English Police Records." *European Journal of Criminology* 10, no. 5: 623–37.

Heyes, Cressida. 2007. *Self-Transformations: Foucault, Ethics, and Normalized Bodies*. Oxford: Oxford University Press.

Hill Collins, Patricia. 1998. "It's All in the Family: Intersections of Gender, Race, and Nation." *Hypatia* 13, no. 3: 62–82.

——. 2000. *Black Feminist Thought: Knowledge, Consciousness, and the Politics of Empowerment*. 2nd ed. New York: Routledge. Originally published in 1990.

Hochschild, Arlie Russell. 2016. *Strangers in Their Own Land: Anger and Mourning on the American Right*. New York: New Press.（A・R・ホックシールド『壁の向こうの住人たち――アメリカの右派を覆う怒りと嘆き』布施由紀子訳、岩波書店、2018年）

Hochschild, Arlie Russell, and Anne Machung. 2012. *The Second Shift: Working Parents and the Revolution at Home*. New York: Penguin. Originally pubished in 1989.（A・R・ホックシールド『セカンド・シフト 第二の勤務――アメリカ 共働き革命のいま』田中和子訳、朝日新聞社、1990年）

Hoff Sommers, Christina. 2016. "Forum Response to 'The Logic of Misogyny.'" *The Boston Review*, July 11. http://bostonreview.net/forum/logic-misogyny/christina-hoff-sommers-christina-hoff-sommers-responds-kate-manne.

hooks, bell. 2000. *Feminist Theory: From Margins to Center*. 2nd ed. London: Pluto Press. Originally published in 1984.（ベル・フックス『ベル・フックスの「フェミニズム理論」――周辺から中心

へ』野崎佐和・毛塚翠訳、あけび書房、2017年）

Hurt, Harry, III. 1993. *The Lost Tycoon: The Many Lives of Donald J. Trump.* Kindle ed. Echo Point: Brattleboro, VT.

Inbar, Yoel, and David A. Pizarro. 2016. “Pathogens and Politics: Current Research and New Questions.” *Social and Personality Psychology Compass* 10, no. 6: 365–74.

Irwin, Kirk. 2016. “Trump CEO Was Charged with Choking Wife.” *Daily Beast,* August 25. http://www.thedailybeast.com/trump-ceo-was-charged-with-choking-wife.

Jackson, Michelle Denise. 2014. “A Painful Silence: What Daniel Holtzclaw Teaches Us about Black Women in America.” *For Harriet,* September. http://www.forharriet.com/2014/09/a-painful-silence-what-daniel-holtzclaw.html.

Jaggar, Alison M. 1983. *Feminist Politics and Human Nature.* Totowa, NJ: Rowman & Littlefield.

——. 2009. “Transnational Cycles of Gendered Vulnerability.” *Philosophical Topics* 37, no. 2: 33–52.

Jenkins, Carrie. 2017. *What Love Is: And What It Could Be.* New York: Basic Books.

Jenkins, Kathryn. 2016. “Amelioration and Inclusion: Gender Identity and the Concept of Woman.” *Ethics* 126, no. 2: 394–421.

Jetter, Alexis, Jennifer Braunschweiger, Natasha Lunn, and Julia Fullerton-Batten. 2014. “A Hidden Cause of Chronic Illness.” Dart Center for Journalism and Trauma: A Project of the Columbia Journalism School, April 10, https://dartcenter.org/content/hidden-cause-chronic-illness.

Jones, Karen. 2002. “The Politics of Credibility.” In *A Mind of One' s Own: Feminist Essays on Reason and Objectivity,* edited by Louise M. Antony and Charlotte E. Witt, 154–76. Boulder, CO: Westview Press.

——. 2014. “Intersectionality and Ameliorative Analyses of Race and Gender.” *Philosophical Studies* 171, no. 1: 99–107.

Kelly, Daniel. 2011. *Yuck: The Nature and Moral Significance of Disgust.* Cambridge, MA: MIT Press.

Kelly, Daniel, and Erica Roedder. 2008. “Racial Cognition and the Ethics of Implicit Bias.” *Philosophy Compass* 3, no. 3: 522–40.

Khader, Serene J. 2011. *Adaptive Preferences and Women' s Empowerment.* New York: Oxford University Press.

——. 2012. “Must Theorising about Adaptive Preferences Deny Women' s Agency?” *Journal of Applied Philosophy* 29, no. 4: 302–17.

Kimmel, Michael. 2013. *Angry White Men: American Masculinity at the End of an Era.* New York: National Books.

King, Deborah K. 1988. “Multiple Jeopardy, Multiple Consciousness: The Context of a Black Feminist Ideology.” *Signs* 14, vo. 1: 42–72.

Kittay, Eva Feder. 1999. *Love' s Labor.* New York: Routledge.（エヴァ・フェダー・キテイ『愛の労働あるいは依存とケアの正義論』岡野八代・牟田和恵訳、白澤社、2010年）

——. 2013. “The Body as the Place of Care.” In *Exploring the Work of Edward S. Casey,* edited by Donald A. Landes and Azucena Cruz-Pierre, 205–13. New York: Bloomsbury Publishing.

Koyama, Emi. 2003. “The Transfeminist Manifesto.” In *Catching a Wave: Reclaiming Feminism for the 21st Century,* edited by Rory Dicker and Alison Piepmeier, 244–59. Boston: Northeastern University Press.

——. 2006. “Whose Feminism Is It Anyway? The Unspoken Racism of the Trans Inclusion Debate.” In *The Transgender Studies Reader*, edited by Susan Stryker and Stephen Whittle, 698–705. New York: Routledge.

Kukla, Rebecca. 2005. *Mass Hysteria: Medicine, Culture, and Mothers' Bodies*. Lanham, MD: Rowman & Littlefield.

——. 2008. “Measuring Mothering.” *International Journal of Feminist Approaches to Bioethics* 1, no. 1: 67–90.

——. 2014. “Performative Force, Convention, and Discursive Injustice.” *Hypatia* 29, no. 2: 440–57.

Langton, Rae. 2009. *Sexual Solipsism: Philosophical Essays on Pornography and Objectification*. Oxford: Oxford University Press.

Lawrence, Charles R., III. 1987. “The Id, The Ego, and Equal Protection: Reckoning with Unconscious Racism.” *Stanford Law Review* 39, no. 2: 317–88.

——. 2008. “Unconscious Racism Revisited: Reflections on the Impact and Origins of the Id, the Ego, and Equal Protection.” *Connecticut Law Review* 40: 931–78.

Laxness, Halldór. 1997. *Independent People*. New York: Vintage.（H・ラックスネス『独立の民』山室静・林穣二・山口琢磨訳、大日本雄弁会講談社、1957年）

Lebron, Christopher J. 2016. “The Invisibility of Black Women.” *Boston Review* blog, January 15. http://bostonreview.net/blog/christopher-lebron-invisibility-black-women.

——. 2017. *The Making of Black Lives Matter: A Brief History of an Idea*. New York: Oxford University Press.

Lerner, Gerda. 1986. *The Creation of Patriarchy*. Oxford: Oxford University Press.（ゲルダ・ラーナー『男性支配の起源と歴史』奥田暁子訳、三一書房、1996年）

Lindemann, Hilde. 2014. *Holding and Letting Go: The Social Practice of Personal Identities*. Oxford: Oxford University Press.

Livingstone Smith, David. 2011. *Less Than Human: Why We Demean, Enslave, and Exterminate Others*. New York: St. Martins Press.

——. 2016. “Paradoxes of Dehumanization.” *Social Theory and Practice* 42, no. 2: 416–43.

Lloyd, Genevieve. 1992. “Maleness, Metaphor, and the ‘Crisis’ of Reason.” In *A Mind of One's Own*, edited by Louise Antony and Charlotte E. Witt, 73–92. Boulder: Westview Press.

Lorde, Audre. 2007. *Sister Outsider: Essays and Speeches*. Berkeley, CA: Crossing Press.

Lubet, Steven. 2015a. “Did This Acclaimed Sociologist Drive the Getaway Car in a Murder Plot? The Questionable Ethics of Alice Goffman's *On the Run*.” *The New Republic*, May 27. https://newrepublic.com/article/121909/did-sociologist-alice-goffman-drive-getaway-car-murder-plot.

——. 2015b. “Ethnography on Trial.” *The New Republic*, July 15. https://newrepublic.com/article/122303/ethnography-trial.

Lugones, María. 1987. “Playfulness, ‘World’-Travelling, and Loving Perception.” *Hypatia: A Journal of Feminist Philosophy* 2, no. 2: 3–19.

——. 1990. “Structure/Antistructure and Agency under Oppression.” *Journal of Philosophy* 87, no. 10: 500–507.

Mac Donald, Heather. 2014. “The UCSB Solipsists.” *National Review*, June 1. http://www2.nationalreview.com/article/379271/ucsb-solipsists-heather-macdonald/page/0/1 (last accessed 2015).

MacKinnon, Catharine, A. 1987. *Feminism Unmodified: Discourses on Life and Law*. Cambridge, MA: Harvard University Press.（キャサリン・A・マッキノン『フェミニズムと表現の自由』奥田暁子ほか訳、明石書店、1993年）

——. 2006. *Are Women Human? And Other International Dialogues*. Cambridge, MA: Harvard University Press.

MacLachlan, Alice. 2010. "Unreasonable Resentments." *Journal of Social Philosophy* 41, no. 4: 422–41.

Maitra, Ishani. 2009. "Silencing Speech." *Canadian Journal of Philosophy* 39, no. 2: 309–38.

Maitra, Ishani, and Mary Kate McGowan. 2010. "On Silencing, Rape, and Responsibility." *Australasian Journal of Philosophy* 88, no. 1: 167–72.

Manne, Kate. 2013. "On Being Social in Metaethics." In *Oxford Studies in Metaethics*, vol. 8, edited by Russ Shafer-Landau, 50–73. Oxford: Oxford University Press.

——. 2014a. "Internalism about Reasons: Sad but True?" *Philosophical Studies* 167, no. 1: 89–117.

——. 2014b. "Punishing Humanity." Op-Ed. *New York Times*. The Stone, October 12. http://opinionator.blogs.nytimes.com/2014/10/12/in-ferguson-and-beyond-punishing-humanity/.

——. 2016a. "Before Hillary, There Was Another 'Witch' in Politics." *Huffington Post*. http://www.huffingtonpost.com/kate-manne/before-hillary-there-was-another-b_ 9722158.html.

——. 2016b. "Humanism: A Critique." *Social Theory and Practice* 42, no. 2: 389–415.

——. 2016c. "Life Is Triggering: What Follows?" *The New Philosopher*, Education, August 30. http://www.newphilosopher.com/articles/3418/.

——. 2016d. "The Logic of Misogyny." *Boston Review*, July 11. http://bostonreview.net/forum/kate-manne-logic-misogyny.

——. 2016e. "Response to Forum Responses to 'The Logic of Misogyny.'" *The Boston Review*, July 11. http://bostonreview.net/forum/logic-misogyny/kate-manne-kate-manne-responds.

——. 2016f. "Sympathy for the Rapist: What the Stanford Case Teaches." *Huffington Post*, June 9. http://www.huffingtonpost.com/entry/sympathy-for-the-rapist-what-the-stanford-case-teaches_ us_ 5758c0aae4b053e219787681.

——. 2016g. "Trumped-up Moral Outrage about Misogyny." *Huffington Post*, October 9. http://www.huffingtonpost.com/entry/trumped-up-moral-outrage-about-misogyny_us_57faa8e2e4b0d786aa52b693.

——. 2016h. "What Do We Do with Pornography?" Review of Nancy Bauer's *How to Do Things with Pornography*. *The Times Literary Supplement*, April 6. http://www.the-tls.co.uk/articles/public/where-anything-goes/.

——. 2016i. "When a Man Competes with a Woman." *Huffington Post*, October 19. http://www.huffingtonpost.com/entry/when-a-man-competes-with-a-woman_ us_ 5807abc9e4b08ddf9ece1397.

——. 2017. "Good Girls: How Powerful Men Get Away with Sexual Predation." *Huffington Post*, March 24 (updated March 28). http://www. huffingtonpost.com/entry/good-girls-or-why-powerful-men-get-to-keep-on-behaving_ us_ 58d5b420e4b0f633072b37c3.

——. 2018. "Shame Faced in Shadows: On Melancholy Whiteness." Symposium piece on Judith Butler's *Senses of the Subject*. *Philosophy and Phenomenological Research*, XCVI, no. 1: 233–242

Marcus, Ruth Barcan. 1966. "Iterated Deontic Modalities." *Mind* 75, no. 300: 580–82.

McDowell, John. 1995. "Might There Be External Reasons?" In *World, Mind and Ethics: Essays on*

the Ethical Philosophy of Bernard Williams, edited by J. E. J. Altham and Ross Harrison, 68–85. Cambridge: Cambridge University Press.

McIntosh, Peggy. 1988. "White Privilege and Male Privilege: A Personal Account of Coming to See Correspondences through Work in Women' s Studies." Wellesley, MA: Wellesley College, Center for Research on Women.

McKinnon, Rachel V. 2014. "Stereotype Threat and Attributional Ambiguity for Trans Women." *Hypatia* 29, no. 4: 857–72.

——. 2015. "Trans*formative Experiences." *Res Philosophica* 92, no. 2: 419–40.

——. 2016. "Epistemic Injustice." *Philosophy Compass* 11, no. 8: 437–46.

——. 2017. "Allies Behaving Badly: Gaslighting as Epistemic Injustice." In *The Routledge Handbook of Epistemic Injustice*, edited by Gaile Polhaus Jr., Ian James Kidd, and José Medina, 167–175. New York: Routledge.

Medina, José. 2011. "The Relevance of Credibility Excess in a Proportional View of Epistemic Injustice: Differential Epistemic Authority and the Social Imaginary." *Social Epistemology* 25, no. 1: 15–35.

——. 2012. *The Epistemology of Resistance: Gender and Racial Oppression, Epistemic Injustice, and Resistant Imaginations*. Oxford: Oxford University Press.

Mendelberg, Tali. 2016. "Forum Response to 'The Logic of Misogyny.'" *The Boston Review*, July 11. http://bostonreview.net/forum/logic-misogyny/tali-mendelberg-tali-mendelberg-responds-kate-manne.

Meyers, Diana Tietjens. 2011. "Two Victim Paradigms and the Problem of 'Impure' Victims." *Humanity* 2, no. 2: 255–75.

——. 2016. *Victims' Stories and the Advancement of Human Rights*. New York: Oxford University Press.

Milgram, Stanley. 1974. *Obedience to Authority: An Experimental View*. New York: Harper & Row.（スタンレー・ミルグラム『服従の真理』山形浩生訳、河出文庫、2012年）

Mills, Charles W. 1997. *The Racial Contract*. Ithaca, NY: Cornell University Press.

Moi, Toril. 1999. *What Is a Woman? And Other Essays*. Oxford: Oxford University Press.

Moody-Adams, Michele. 2015. "The Enigma of Forgiveness." *Journal of Value Inquiry* 49, nos. 1–2: 161–80.

Moraga, Cherríe, and Gloría Anzaldúa. 2015. *This Bridge Called My Back: Writings by Radical Women of Color*, 4th ed. Albany: State University of New York Press. Originally published in 1981.

Nichols, Shaun. 2004. *Sentimental Rules: On the Natural Foundations of Moral Judgment*. Oxford: Oxford University Press.

Norlock, Kathryn J. 2008. *Forgiveness from a Feminist Perspective*. Lanham, MD: Lexington Books.

——. 2016. "Doctor' s Orders: Menopause, Weight Change, and Feminism." *Ijfab: International Journal of Feminist Approaches to Bioethics* 9, no. 2: 190–97.

Nussbaum, Martha C. 1995. "Objectification." *Philosophy and Public Affairs* 24, no. 4: 249–91.

——. 2001. *Women and Human Development: The Capabilities Approach*. Vol. 3. Cambridge: Cambridge University Press.（マーサ・C・ヌスバウム『女性と人間開発——潜在能力アプローチ』池本幸生・田口さつき・坪井ひろみ訳、岩波書店、2005年）

——. 2004. *Hiding from Humanity: Shame, Disgust, and the Law*. Princeton, NJ: Princeton University Press.（マーサ・C・ヌスバウム『感情と法——現代アメリカ社会の政治的リベラリズム』河野哲也監訳、河野哲也・木原弘行・石田京子・齋藤瞳・宮原優・花形恵梨子・圓増文訳、慶應義塾大学出版会、2010年）

——. 2011. "Objectification and Internet Misogyny." In *The Offensive Internet: Speech, Privacy, and Reputation*, edited by Saul Levmore and Martha Nussbaum, 68–90. Cambridge, MA: Harvard University Press.

Orwell, George. 1981. *A Collection of Essays*. New York: Harcourt.

Parks-Stamm, Elizabeth J., Madeline E. Heilman, and Krystle A. Hearns. 2008. "Motivated to Penalize: Women's Strategic Rejection of Successful Women." *Personality and Social Psychology Bulletin* 34, no. 2: 237–47. Accessed via Sage Journals, http://journals.sagepub.com/doi/pdf/10.1177/0146167207310027.

Pateman, Carole. 1988. *The Sexual Contract*. Stanford, CA: Stanford University Press.（キャロル・ペイトマン『社会契約と性契約——近代国家はいかに成立したのか』中村敏子訳、岩波書店、2017年）

Paul, David, and Jessi L. Smith. 2008. "Subtle Sexism? Examining Vote Preferences When Women Run against Men for the Presidency." *Journal of Women, Politics and Policy* 29, no. 4: 451–76.

Paul, L. A. 2015. *Transformative Experience*. Oxford: Oxford University Press.（L・A・ポール『今夜ヴァンパイアになる前に——分析的実存哲学入門』奥田太郎・薄井尚樹訳、名古屋大学出版会、2017年）

Pawan, Mittal, and S. K. Dhattarwal. 2014. "Vitriolage: The Curse of Human Origin." *Medical Science* 6, no. 21: 61–64.

Penny, Laurie. 2014. "Let's Call the Isla Vista Killings What They Were: Misogynist Extremism." *New Statesman*, May 25. http://www. newstatesman.com/lifestyle/2014/05/lets-call-isla-vista-killings-what-they-were-misogynist-extremism.

Perry, Imani. 2016. "Forum Response to 'The Logic of Misogyny,'" *The Boston Review*, July 11. http://bostonreview.net/forum/logic-misogyny/imani-perry-imani-perry-responds-kate-manne.

Pinker, Steven. 2012. *The Better Angels of Our Nature: Why Violence Has Declined*. New York: Penguin.（スティーブン・ピンカー『暴力の人類史』上下、幾島幸子・塩原通緒訳、青土社、2015年）

Plattner, T., S. Bolliger, and U. Zollinger. 2005. "Forensic Assessment of Survived Strangulation." *Forensic Science International* 153: 202–7.

Pohlhaus, Gaile, Jr. 2012. "Relational Knowing and Epistemic Injustice: Toward a Theory of Willful Hermeneutical Ignorance." *Hypatia* 27, no. 4: 715–35.

Porpentine (pseud.). 2015. "Hot Allostatic Load." *The New Inquiry*, May 11 https://thenewinquiry.com/hot-allostatic-load/.

Preston-Roedder, Ryan. 2013. "Faith in Humanity." *Philosophy and Phenomenological Research* 87, no. 3: 664–87.

Rawls, John. 1955. "Two Concepts of Rules." *Philosophical Review* 64, no. 1: 3–32.

Raz, Joseph. 1989. "Liberating Duties." *Law and Philosophy* 8, no. 1: 3–21.

Resnick, Sofia. 2015. "In Sexual Assault Cases, New Laws on Strangulation Aid Prosecution." *Rewire*,

April 23. https://rewire.news/article/2015/04/23/sexual-assault-cases-prosecutors-look-method-control/.

Rosenfeld, Diane L. 1994. "Why Men Beat Women: Law Enforcement Sends Mixed Signals." *Chicago Tribune*, July 29.

——. 2004. "Why Doesn't He Leave?: Restoring Liberty and Equality to Battered Women." In *Directions in Sexual Harassment Law*, vol. 535, edited by Catharine A. MacKinnon and Reva B. Siegel, 535–37. New Haven, CT: Yale University Press.

——. 2015. "Uncomfortable Conversations: Confronting the Reality of Target Rape on Campus." *Harvard Law Review* 128, no. 8: 359–80. https://harvardlawreview.org/2015/06/uncomfortable-conversations-confronting-the-reality-of-target-rape-on-campus/.

Rudman, Laurie A., Corinne A. Moss-Racusin, Julie E. Phelan, and Sanne Nauts. 2012. "Status Incongruity and Backlash Effects: Defending the Gender Hierarchy Motivates Prejudice against Female Leaders." *Journal of Experimental Social Psychology* 48: 165–79.

Sadker, David. 1999. "Gender Equity: Still Knocking at the Classroom Door." *Educational Leadership* 56, no. 7: 22–26.

Sadker, David, and Karen R. Zittleman. 2009. *Still Failing at Fairness: How Gender Bias Cheats Girls and Boys in School and What We Can Do about It.* New York: Simon and Schuster.

Sadker, Myra, and David Sadker. 1995. *Failing at Fairness: How America's Schools Cheat Girls.* New York: Touchstone Press.

Santucci, John. 2015. "Donald Trump's Ex-Wife Ivana Disavows Old 'Rape' Allegation." *ABC News*, July 28. http://abcnews.go.com/Politics/donald-trumps-wife-ivana-disavows-rape-allegation/story?id=32732204.

Saul, Jennifer. 2006. "Gender and Race." *Proceedings of the Aristotelian Society*, Supplementary Volume 80: 119–43.

Schraub, David H. 2016. "Playing with Cards: Discrimination Claims and the Charge of Bad Faith." *Social Theory and Practice* 42, no. 2: 285–303.

Serano, Julia. 2016. *Whipping Girl : A Transsexual Woman on Sexism and The Scapegoating of Femininity.* 2nd ed. Berkeley, CA: Seal Press. Originally published in 2007.

Shrage, Laurie, ed. 2009. *You've Changed: Sex Reassignment and Personal Identity.* Oxford: Oxford University Press.

Siegel, Reva B. 2014. "Abortion and the 'Woman Question': Forty Years of Debate." *Indiana Law Journal* 89, no. 4: 1365–80.

Silvermint. Daniel. 2013. "Resistance and Well-Being." *Journal of Political Philosophy* 21, no. 4: 405–25.

Silverstein, Shel. 1964. *The Giving Tree.* New York: Harper & Row.（シェル・シルヴァスタイン『おおきな木』ほんだきんいちろう訳、篠崎書林、1976年／村上春樹訳、あすなろ書房、2010年）

Silverstein, Shel. 1981. *A Light in the Attic.* New York: Harper & Row.（シェル・シルヴァスタイン『屋根裏の明かり』倉橋由美子訳、講談社、1984年）

Silverstein, Shel. 1996. "What She Had Done," *Murder for Love*, edited by Otto Penzler, New Yprk: Delacorte Press.（シェル・シルヴァスタイン「そのために女は殺される」倉橋由美子訳、オットー・ペンズラー編『愛の殺人』ハヤカワ・ミステリ文庫、1997年）

Singal, Jesse. 2015. “The Internet Accused Alice Goffman of Faking Details in Her Study of a Black Neighborhood. I Went to Philadelphia to Check.” *New York Magazine*, June 18. http://nymag.com/scienceofus/2015/06/i-fact-checked-alice-goffman-with-her-subjects.html.

Singer, Peter. 2011. *The Expanding Circle: Ethics, Evolution, and Moral Progress*. Princeton, NJ: Princeton University Press.

Skipp, Catherine. 2010. “Inside the Mind of Family Annihilators.” *Newsweek*, February 10. https://www.newsweek.com/inside-mind-family-annihilators-75225

Solnit, Rebecca. 2014a. *Men Explain Things to Me*. Chicago, IL: Haymarket Books.（レベッカ・ソルニット『説教したがる男たち』ハーン小路恭子訳、左右社、2018年）

――. 2014b. “Our Words Are Our Weapons.” *Guernica*, June 2. https://www. guernicamag.com/daily/rebecca-solnit-our-words-are-our-weapons-2/.

Smith, Jessi L., David Paul, and Rachel Paul. 2007. “No Place for a Woman: Evidence for Gender Bias in Evaluations of Presidential Candidates.” *Basic and Applied Social Psychology* 29, no. 3: 225–33.

Snyder, Rachel Louise. 2015. “No Visible Bruises: Domestic Violence and Traumatic Brain Injury.” *The New Yorker*, December 30, http://www. newyorker.com/news/news-desk/the-unseen-victims-of-traumatic-brain-injury-from-domestic-violence.

Song, Sarah. 2007. *Justice, Gender, and the Politics of Multiculturalism*. Cambridge: Cambridge University Press.

Sorenson, Susan B., Manisha Joshi, and Elizabeth Sivitz. 2014. “A Systematic Review of the Epidemiology of Nonfatal Strangulation, a Human Rights and Health Concern.” *American Journal of Public Health* 104, no. 11: 54–61.

Sprague, Joey, and Kelley Massoni. 2005. “Student Evaluations and Gendered Expectations: What We Can' t Count Can Hurt Us.” *Sex Roles* 53, nos. 11–12: 779–93.

Stanley, Jason. 2015. *How Propaganda Works*. Princeton, NJ: Princeton University Press.

Strack, Gael B., George E. McClane, and Dean Hawley. 2001. “A Review of 300 Attempted Strangulation Cases Part I: Criminal Legal Issues.” *Journal of Emergency Medicine* 21, no. 3: 303–9.

Strawson, P. F.（1962）2008. “Freedom and Resentment.” *Proceedings of the British Academy* 48: 1–25. Reprinted in *Freedom and Resentment and Other Essays*, 2nd ed., 1–28. London: Routledge. Page numbers are from the Routledge edition.（P・F・ストローソン「自由と怒り」法野谷俊哉訳、門脇俊介・野矢茂樹編・監修『自由と行為の哲学（現代哲学への招待）』春秋社、2010年）

Suk Gersen, Jeannie. 2014. “The Trouble with Teaching Rape Law.” *The New Yorker*, December 15, http://www.newyorker.com/news/news-desk/trouble-teaching-rape-law.

Sveinsdóttir, Ásta Kristjana. 2011. “The Metaphysics of Sex and Gender.” In *Feminist Metaphysics*, edited by Charlotte E. Witt, 47–66. Dordrecht: Springer.

Swanson, Jordan. 2002. “Acid Attacks: Bangladesh' s Efforts to Stop the Violence.” *Harvard Health Policy Review* 3, no. 1. http://www.hcs.harvard.edu/~epihc/currentissue/spring2002/swanson.php.

Tessman, Lisa. 2005. *Burdened Virtues: Virtue Ethics for Liberatory Struggles*. New York: Oxford University Press.

――. 2016. *Moral Failure: On the Impossible Demands of Morality*. New York: Oxford University Press.

Thomas, Ashley J., P. Kyle Stanford, and Barbara W. Sarnecka. 2016. "No Child Left Alone: Moral Judgments about Parents Affect Estimates of Risk to Children." *Collabra 2*, no. 1: 10. http://doi.org/10.1525/collabra.33.

Thomas, Dexter, Jr. 2014. "Elliot Rodger Wasn't Interested in Women." *Al Jazeera*, June 7. http://www.aljazeera.com/indepth/opinion/2014/06/elliot-rodger-killing-sexism-20146219411713900.html.

Tirrell, Lynne. 2012. "Genocidal Language Games." In *Speech and Harm: Controversies over Free Speech*, edited by Ishani Maitra and Mary Kate McGowan, 174-221. Oxford: Oxford University Press.

Turkel, Allison. 2008. "'And Then He Choked Me': Understanding, Investigating, and Prosecuting Strangulation Cases." *American Prosecutors Research Institute* 2, no. 1. http://www.ndaa.org/pdf/the_ voice_ vol_ 2_ no_ 1_ 08.pdf.

Twain, Mark. 2010. *The Adventures of Huckleberry Finn*. New York: Vintage Classics.（マーク・トウェイン『ハックルベリ・フィンの冒険――トウェイン完訳コレクション』大久保博訳、角川文庫、2004年）

Valenti, Jessica. 2014. "Elliot Rodger's California Shooting Spree: Further Proof That Misogyny Kills." *The Guardian*, May 24. http://www.theguardian.com/commentisfree/2014/may/24/elliot-rodgers-california-shooting-mental-health-misogyny.

Valizadeh, Roosh. 2014. "Elliot Rodger Is the First Feminist Mass Murderer." *Return of Kings* blog, May 28. http://www.returnofkings.com/36397/elliot-rodger-is-the-first-male-feminist-mass-murderer.

Walker, Margaret Urban. 1998. *Moral Understandings*. New York: Routledge.

Watson, Gary. 1987. "Responsibility and the Limits of Evil: Variations on a Strawsonian Theme." In *Responsibility, Character, and the Emotions: Essays in Moral Psychology*, edited by F. Schoeman, 256-86. Cambridge: Cambridge University Press.

Websdale, Neil. 2010. *Familicidal Hearts*. Oxford: Oxford University Press.

West, Lindy. 2015. "What Happened When I Confronted My Cruellest Troll." *The Guardian*, February 2. http://www.theguardian.com/society/2015/feb/02/what-happened-confronted-cruellest-troll-lindy-west.

Wheatley, Thalia, and Jonathan Haidt. 2005. "Hypnotic Disgust Makes Moral Judgments More Severe." *Psychological Science* 16: 780-84.

Williams, Bernard. 1981. *Moral Luck*. Cambridge: Cambridge University Press.

Witt, Charlotte E. 2011. *The Metaphysics of Gender*. Oxford: Oxford University Press.

Woolf, Virginia. 2008. *A Room of One's Own: And, Three Guineas*. New York: Oxford University Press. Originally published in 1929.（ヴァージニア・ウルフ『自分だけの部屋』川本静子訳、みすず書房、1999年）

Young, Cathy. 2014. "Elliot Rodger's 'War on Women' and Toxic Gender Warfare." *Reason*, May 29. http://reason.com/archives/2014/05/29/elliot-rodgers-war-on-women-and-toxic-ge.

Young, Iris Marion. 2004. "Five Faces of Oppression." In *Oppression, Privilege, and Resistance*, edited by Lisa Heldke and Peg O'Connor, 37-63. Boston: McGraw Hill.

Zheng, Robin. 2016. "Attributability, Accountability, and Implicit Bias." In *Implicit Bias and Philosophy*, vol. 2, *Moral Responsibility, Structural Injustice, and Ethics*, edited by Jennifer Saul

and Michael Brownstein, 62–89. New York: Oxford University Press.
Zadrozny, Brandy and Tim Mak. 2015. "Ex-Wife: Donald Trump Made Me Feel 'Violated' During Sex." *Daily Beast*, July 7. http://www.thedailybeast.com/articles/2015/07/27/ex-wife-donald-trump-made-feel-violated-during-sex.